PROYECTO
SABER
HACER

W0379792

Filosofía

SERIE **REFLEXIONA**

El libro Filosofía, para el primer curso de Bachillerato, es una obra diseñada y creada en el Departamento de Ediciones Educativas de Santillana Educación, S. L., dirigido por **Teresa Grence Ruiz**.

AUTORES
Adela Cortina Orts
Begoña Domené Martínez
Domingo García Marzá
Emilio Martínez Navarro
Amparo Muñoz Ferriol
Norberto Smilg Vidal

EDICIÓN
Silvia Caunedo Madrigal

EDICIÓN EJECUTIVA
Estrella Molina Gete

DIRECCIÓN DEL PROYECTO
Mercedes Rubio Cordovés

Las actividades de este libro no deben ser realizadas en ningún caso en el propio libro. Las tablas, esquemas y otros recursos que se incluyen son modelos para que el alumno los traslade a su cuaderno.

SANTILLANA

BACHILLERATO 1

Presentación

La filosofía es una aventura. Es un saber que nos ayuda a organizar nuestras vidas de una forma inteligente, para que logremos vivir bien, es decir, desarrollarnos como seres humanos en una comunidad justa.

Los autores hemos creído necesario elaborar un manual completamente nuevo por estas razones:

- Para adaptar los contenidos de estudio a los nuevos currículos establecidos por el Ministerio de Educación y las Comunidades Autónomas, tras la entrada en vigor de la Ley Orgánica para la Mejora de la Calidad Educativa (LOMCE).
- Para actualizar los contenidos y las actividades, teniendo en cuenta los últimos avances tanto de las ciencias como de la propia filosofía.
- Para incluir elementos motivadores y nuevas tareas atractivas que ayuden a mejorar el aprendizaje de esta materia.

Un libro de texto es una herramienta, un recurso disponible para avanzar hacia un objetivo. El objetivo, en este caso, es aprender filosofía de un modo ameno, amigable y motivador. Con tal fin, este manual ofrece lo siguiente:

- Unas **páginas de procedimientos** en las que disponemos de las instrucciones generales para realizar prácticas como el comentario de textos filosóficos, la disertación, el debate, etc.
- Dieciocho **unidades didácticas** distribuidas en cuatro bloques. Cada bloque presenta los contenidos de una parcela concreta de la filosofía y cada unidad didáctica explica con cierto detalle un elemento básico del bloque correspondiente.
- La estructura de las unidades didácticas está diseñada para que el aprendizaje sea lo más autónomo posible. El estudiante tiene capacidad para comprender el texto principal sin ayuda, salvo alguna consulta ocasional al diccionario. La **doble página inicial** incluye el diálogo de un grupo de jóvenes mediante el cual se presenta de forma estimulante el tema de estudio de la unidad. Después, las **páginas de desarrollo** recogen los contenidos esenciales de dicho tema, para finalizar con **dos páginas de propuestas para actividades**. Las preguntas que aparecen en los márgenes de cada doble página son cuestiones de autocontrol para comprobar si se ha captado lo esencial de los contenidos que se exponen en dichas páginas. Por tanto, esas preguntas pueden servir como base para la preparación de pruebas de evaluación.

Esta aproximación a la filosofía tiene mucho que aportar a una más completa formación de las personas en aspectos tan fundamentales para la vida como el desarrollo de una visión coherente y rigurosa de la realidad, un agudo sentido crítico bien argumentado, una actitud reflexiva, abierta y dialogante, y especialmente, una actitud de respeto a todas las personas desde el reconocimiento mutuo de la igual dignidad de los seres humanos.

Los autores

Índice

PROCEDIMIENTOS

1. La disertación filosófica 10
2. El análisis y el comentario de texto 11
3. Las definiciones 12
4. El mapa conceptual 14
5. El debate y la investigación cooperativa 16
6. La búsqueda de información 16

BLOQUE I. EL SABER Y LA ARGUMENTACIÓN

1 El saber filosófico 20

1. La necesidad humana de saber 22
   - 1.1. ¿Qué es saber? 22
   - 1.2. Fuentes del saber 23
2. La historia de nuestro saber 24
   - 2.1. El saber mítico 24
   - 2.2. El saber literario 25
   - 2.3. El saber religioso 26
   - 2.4. Otros saberes 27
3. La filosofía 28
   - 3.1. La «mirada» de la filosofía 28
   - 3.2. Objetivos y objetos de la filosofía 29
   - 3.3. La filosofía en su historia 30
4. Filosofía hoy, ¿para qué? 32

2 El saber científico 36

1. Orígenes 38
   - 1.1. La ciencia en la Antigüedad 38
   - 1.2. La ciencia desde el Renacimiento hasta hoy 38
   - 1.3. Clasificación de las ciencias 39
2. Métodos 40
   - 2.1. El método de las ciencias formales 40
   - 2.2. El método de las ciencias naturales 41
   - 2.3. El método de las ciencias sociales 42
3. Diferencias entre la ciencia y la filosofía 43
4. Ciencia, técnica, tecnología y tecnociencia 44
   - 4.1. La técnica es tan antigua como el ser humano 44
   - 4.2. Relación entre la técnica, la ciencia y la tecnología 44
   - 4.3. Características de la actividad tecnológica 45
   - 4.4. La tecnociencia 45
5. Límites internos del saber científico-técnico 46
   - 5.1. Los límites de la tribu 46
   - 5.2. Los límites de la caverna 46
   - 5.3. Los límites de la plaza pública 47
   - 5.4. Los límites del teatro 47
6. Límites externos de la ciencia, la técnica y la tecnología 48
   - 6.1. Historicidad e interdisciplinariedad de los saberes 48
   - 6.2. El verdadero sentido de la ciencia, la técnica y la tecnología 49

3 Conocimiento y verdad 52

1. El ámbito del conocimiento 54
   - 1.1. ¿Qué es conocer? 54
   - 1.2. Los grados del conocimiento 54
   - 1.3. Los intereses del conocimiento 56
   - 1.4. ¿Es posible conocer? 56
   - 1.5. Modelos de conocimiento 58
   - 1.6. Conocimiento, inteligencia y emociones 60
2. Sobre la verdad 62
   - 2.1. Raíces culturales y campos de la palabra «verdad» 62
   - 2.2. Tener por verdadero 62
   - 2.3. Criterios de verdad 63
3. Teorías de la verdad 64
   - 3.1. La verdad como correspondencia o adecuación 64
   - 3.2. La verdad como coherencia 64
   - 3.3. Teoría pragmatista de la verdad 66
   - 3.4. Teoría consensual o dialógica de la verdad 67

4 Argumentos y lógica formal 70

1. Argumentar, razonar, inferir e implicar 72
2. Estructura y función de los argumentos 72
3. Tipos básicos de diálogo 73
4. Lógica, dialéctica y retórica 74
5. Argumentos deductivos e inductivos 76
   - 5.1. Criterio de validez de los argumentos deductivos 76
   - 5.2. Argumentos inductivos fuertes y débiles. Argumentos razonables 77
6. Lógica silogística 78
   - 6.1. Qué es un silogismo 78
   - 6.2. Diagramas para evaluar silogismos 79
7. Lógica proposicional 81
   - 7.1. Proposiciones simples y compuestas 81
   - 7.2. Algunas reglas de inferencia 83

5 Lógica informal, retórica y falacias 86

1. El lenguaje natural 88
   - 1.1. Sintaxis, semántica y pragmática 88
   - 1.2. El discurso argumentativo 89
   - 1.3. Argumentos razonables y argumentos falaces 89
2. Retórica y buenas prácticas argumentativas 90
   - 2.1. Los tres métodos para convencer 90
   - 2.2. Las partes del discurso según la retórica clásica 90
   - 2.3. Buenas prácticas argumentativas 91
3. Las falacias y sus tipos 92
   - 3.1. Algunas falacias formales 93
   - 3.2. Algunas falacias informales 93

BLOQUE II. LA REALIDAD

6 ¿Qué es la realidad? 100

1. La pregunta por la realidad 102
   1.1. Origen de la palabra «realidad» 102
2. La complejidad de definir lo real 102
   2.1. ¿Apariencia y realidad? 103
   2.2. Posibilidad y realidad 103
3. Algunos tipos de realidad 104
   3.1. Lo contingente y lo necesario 104
   3.2. Cosas naturales y cosas artificiales 104
   3.3. La realidad virtual: simulación y ficción 104
   3.4. La realidad física y psíquica 105
   3.5. La realidad-fundamento 105
4. Perspectivas filosóficas de la realidad 106
   4.1. La realidad sustancial 106
   4.2. La realidad relacional 108
   4.3. La realidad como proceso 109
5. Los dinamismos de la realidad: realidad, historia y vida 110
   5.1. El dinamismo de la historia 110
   5.2. El dinamismo de la vida 111
6. ¿Nos basta con la ciencia para comprender la realidad? 111

7 Cosmovisiones científicas sobre el universo. La filosofía de la naturaleza 114

1. La filosofía de la naturaleza 116
2. Cosmología, cosmogonía y cosmovisión 116
3. Las cosmovisiones científicas 117
   3.1. La cosmovisión teleológica 118
   3.2. La cosmovisión mecanicista 120
4. Cosmovisión contemporánea: el paradigma de la complejidad 122
   4.1. La crisis del mecanicismo y nuevo paradigma 122
   4.2. La teoría de la relatividad: leyes del macrouniverso 122
   4.3. La mecánica cuántica: una nueva forma de entender la materia 123
   4.4. Origen y evolución cosmológica: la teoría del Big Bang 123
   4.5. Universo termodinámico: entropía y teoría del caos 124
   4.6. Dinamismo, complejidad y otras implicaciones filosóficas 125

8 La explicación metafísica de la realidad 128

1. ¿Qué es la metafísica? 130
   1.1. Origen del término 130
   1.2. La metafísica como filosofía 130
   1.3. La metafísica como saber 131
2. Estructura y orientaciones de la metafísica 132
   2.1. La organización tradicional de la metafísica ... 132
   2.2. Orientaciones de la metafísica 132
3. Algunos temas de la metafísica 134
   3.1. El problema del ser 134
   3.2. La cuestión del alma 134
   3.3. Mundo, sustancia y causa 134
   3.4. Dios 135
4. Críticas a la metafísica 136
   4.1. La crítica empirista 136
   4.2. La crítica marxiana 136
   4.3. La crítica genealógica 136
   4.4. La crítica desde el análisis lingüístico 137
5. Necesidad de la metafísica 138
   5.1. La revolución kantiana 138
   5.2. La metafísica en la cotidianidad 139

BLOQUE III. EL SER HUMANO

9 El origen del ser humano 144

1. El origen de la vida 146
   1.1. Ontogénesis y filogénesis 146
2. Explicaciones para la filogénesis. Teorías fijistas y evolucionistas 146
   2.1. Concepto de fijismo 146
   2.2. Los comienzos del evolucionismo 147
   2.3. Desarrollo del evolucionismo 147
   2.4. ¿Tiene sentido la evolución biológica? Azar frente a teleonomía 148
   2.5. Creacionismo y evolucionismo 149
3. El origen del ser humano 150
   3.1. Los procesos de la antropogénesis 150
   3.2. Hominización: factores físico-biológicos específicos humanos 150
   3.3. Humanización: factores culturales, sociales, técnicos y lingüísticos 152
4. La especie humana: del australopiteco al *Homo sapiens* 155
   4.1. Principales eslabones de la cadena evolutiva humana 156

10 Naturaleza y cultura 160

1. Naturaleza y cultura como componentes del ser humano 162
   1.1. *Phýsis* y *nómos* 162
   1.2. Naturaleza y cultura, hoy 163
2. El estudio de la cultura 164
   2.1. La antropología cultural 164
   2.2. La noción de cultura 164
   2.3. Análisis de la cultura 166
3. La diversidad cultural 168

Índice

3.1. Un fenómeno antiguo y nuevo 168
3.2. Explicaciones para la diversidad cultural 169
3.3. ¿Existen culturas superiores e inferiores? 170
4. El proyecto intercultural 171
4.1. Noción de interculturalidad 171
4.2. La cultura local en un mundo globalizado 171

11 La reflexión filosófica sobre el ser humano 174
1. ¿Qué es la antropología filosófica? 176
1.1. El problema de una idea unitaria del ser humano 176
1.2. La doble estructura de la pregunta sobre el ser humano 177
2. ¿Qué es el ser humano? Dimensiones problemáticas del ser humano 178
2.1. ¿Un ser racional? 178
2.2. ¿Un ser sociable por naturaleza o por convención? 179
2.3. ¿Un ser condicionado o determinado? 180
2.4. ¿Un ser frágil pero que tiene dignidad? 180
2.5. ¿Un ser que es cuerpo y alma? 181
3. ¿Quiénes somos nosotros? El enigma de la identidad 182
3.1. La identidad se construye de muchas maneras 182
3.2. Identidad y persona 183

BLOQUE IV. LA RACIONALIDAD PRÁCTICA

12 La vida moral 188
1. La noción de ética 190
1.1. Moral cotidiana y ética filosófica 190
1.2. Tareas de la ética filosófica 191
2. Aclarar lo moral 192
2.1. Moral, derecho y religión 192
2.2. Bases biológicas de la moralidad 194
2.3. La forja del carácter 196
2.4. La conciencia moral 197
2.5. Principios morales 198
2.6. Valores en general y valores morales 198
2.7. Normas en general y normas morales 199
2.8. Los juicios morales 199

13 Referentes morales: lo bueno y lo justo 202
1. ¿Hay valores morales universales? 204
2. Negaciones del universalismo moral 204
2.1. El relativismo moral 204
2.2. El escepticismo 206
2.3. El subjetivismo 206
2.4. El emotivismo 206
2.5. Puntos débiles del subjetivismo y el emotivismo 207
3. Lo bueno y lo justo 208
3.1. Lo bueno como proyecto de felicidad 208
3.2. Lo justo como proyecto de convivencia 210
3.3. Éticas de mínimos y éticas de máximos 211
3.4. Ética cívica y orden moral universal 211
4. El razonamiento moral sobre lo justo 212
4.1. Teoría del desarrollo del razonamiento moral: Piaget y Kohlberg 212
4.2. Autonomía y responsabilidad cuidadora 212

14 Fundamentación de la moral: las teorías éticas 216
1. La pregunta por la fundamentación de la moral 218
1.1. La moral a lo largo de la historia 218
1.2. Los filósofos han ayudado a entender la moral 218
1.3. Clasificación de las teorías éticas 219
2. Las éticas de la felicidad 220
2.1. Contexto histórico de la ética eudemonista de las virtudes 220
2.2. Eudemonismo: la moralidad como forja del carácter 220
2.3. La prudencia como clave de la moralidad 221
2.4. Hedonismo y utilitarismo: el cálculo inteligente del placer 222
3. Las éticas de la justicia 224
3.1. La teoría ética de Kant 224
3.2. La ética del discurso 226
4. Cuatro modelos de racionalidad en relación con la moral 227

15 Estado y sociedad civil: el quehacer democrático 230
1. De la ética a la política 232
1.1. La realidad social y el orden político 232
1.2. Los retos de la filosofía política 232
1.3. Legalidad y legitimidad 233
2. Los fundamentos del Estado 234
2.1. Rasgos básicos del Estado moderno 234
2.2. La legitimación del poder político 234
2.3. La evolución del Estado moderno 236
3. La democracia hoy 238
3.1. La elección de representantes 238
3.2. La importancia de la participación 239
3.3. Una doble vía para la participación 239
4. La sociedad civil 240
4.1. Un espacio para la libertad 240
4.2. Dos visiones de la sociedad civil 240
4.3. Hacia una economía ética 241
5. El futuro de la democracia 242
5.1. La desafección democrática 242
5.2. Democracia cosmopolita 243

16 Justicia social y derechos humanos 246

1. La pregunta por la justicia social 248
   1.1. Respeto a la igual dignidad: la base moral de la justicia social 248
   1.2. De la ética a la política: el papel del derecho 248
2. Enfoques de la justicia 250
   2.1. La justicia en Platón 250
   2.2. La justicia como igualdad proporcional 250
   2.3. La justicia desde la ley natural 250
   2.4. La justicia como maximización de la utilidad 251
   2.5. La justicia desde el liberalismo propietarista 251
   2.6. La noción de justicia en la tradición socialista 252
   2.7. La justicia como equidad (*justice as fairness*) 253
   2.8. La justicia como igual consideración a todos los afectados 253
3. El contenido de la justicia: los derechos humanos 254
   3.1. ¿Derechos morales o derechos humanos? 254
   3.2. Tres generaciones de derechos humanos 254
   3.3. Los deberes humanos: asumir responsabilidades 255
4. La utopía realista de los derechos humanos 256
   4.1. El valor de la utopía 256
   4.2. Justicia cordial 257

17 La estética filosófica y la creación artística 260

1. El ser humano como animal simbólico 262
   1.1. Signo, señal y símbolo 262
   1.2. El universo simbólico 262
2. La cuestión de la belleza 264
   2.1. ¿A qué llamamos «belleza»? 264
   2.2. Algunas reflexiones sobre la belleza 264
3. El arte y la creación artística 266
   3.1. ¿El arte siempre busca la belleza? 266
   3.2. Orígenes del término «arte» 266
   3.3. Arte, creatividad y fases de la actividad creativa 266
4. Algunos hitos en la historia de la estética 268
   4.1. Platón 268
   4.2. Immanuel Kant 268
   4.3. Johann Christoph Friedrich Schiller 269
   4.4. La estética de las vanguardias 269
5. Tres manifestaciones artísticas 270
   5.1. Literatura 270
   5.2. Pintura 270
   5.3. Música 271

18 Filosofía de la empresa y de las organizaciones 274

1. Una sociedad de organizaciones 276
   1.1. La empresa en el contexto de los desafíos éticos de nuestra época 276
   1.2. El papel de las instituciones 276
   1.3. El origen de la empresa moderna 277
2. Filosofía de la empresa 278
   2.1. El sentido de la empresa 278
   2.2. Concepciones de la empresa 279
   2.3. Del diálogo a la confianza 280
   2.4. Carácter, cultura e identidad de la empresa 280
   2.5. Un proyecto común 281
   2.6. Valores éticos para la empresa 281
3. La empresa ciudadana 282
   3.1. Empresa y derechos humanos 282
   3.2. Responsabilidad social de la empresa 282
   3.3. Responsabilidad ecológica 283
4. Ética de la empresa y de las organizaciones 284
   4.1. Tareas para una ética empresarial 284
   4.2. La ética empresarial no es mera cosmética 284
   4.3. La ética en la toma de decisiones de la empresa 285

Leer y comprender textos filosóficos es el objetivo central de **Saber Hacer** en **Filosofía**. De esta manera, se plantea el estudio de la filosofía desde un enfoque práctico a lo largo de 18 unidades didácticas distribuidas en **cuatro bloques temáticos**.

En el **comienzo** de la unidad encontrarás:

Un **índice** con los contenidos que se desarrollan en la unidad.

Cuestiones iniciales en **Para pensar juntos**, referidas al diálogo entre los estudiantes y que servirán como punto de partida del tema. Buscan fomentar la reflexión personal interrelacionando los contenidos con las propias opiniones.

El novedoso apartado **La filosofía en tu vida** introduce diálogos protagonizados por un grupo de jóvenes, con la misma edad e inquietudes que los destinatarios del libro, que irán construyendo un hilo de reflexión sobre las cuestiones filosóficas que se abordan a lo largo del curso.

En las **páginas interiores** los contenidos se estructuran en epígrafes y subepígrafes.

Los **contenidos** se trabajan mediante un texto expositivo general, claro, conciso y bien argumentado.

Los contenidos están apoyados por una amplia selección de **textos filosóficos** acompañados de preguntas para su comentario: identificar términos y conceptos filosóficos, resumir y ordenar los contenidos, realizar un esquema, analizar la argumentación e identificar el tipo de discurso al que pertenecen.

Numerosas fotografías de actualidad, y otros elementos gráficos, ilustran las páginas para contextualizar los conceptos estudiados y establecer una relación con el pensamiento filosófico.

Las **actividades** que se proponen en todas las unidades son un apoyo para la comprensión puntual de los conceptos y un sencillo método de autoevaluación continuada.

Aparecen etiquetadas con las rúbricas **Interpreta**, **Reflexiona**, **Investiga**, **Argumenta**, para que los alumnos profundicen en el tema.

Las **páginas finales** se dedican especialmente al desarrollo de las competencias.

Al término de cada unidad didáctica disponemos de una doble página final de actividades (**SABER HACER**) para repasar y poner en práctica los procedimientos y técnicas propias de la filosofía, con variedad de ejemplos.

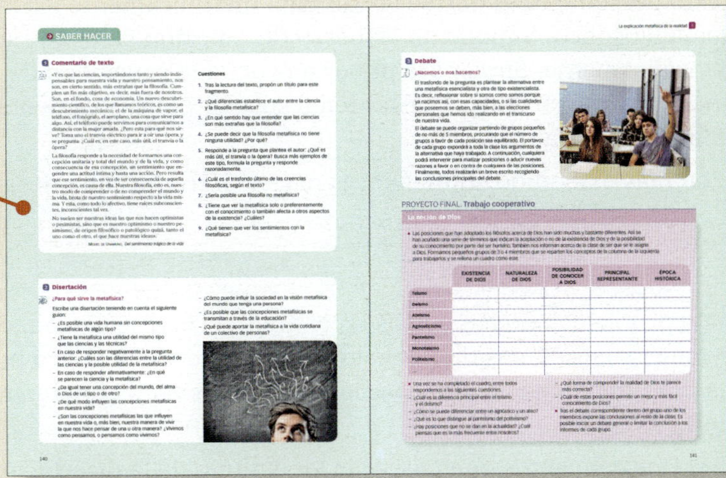

Se trata de propuestas de **comentarios de texto**, **debates**, **disertaciones**, etc.

Integra el trabajo de las distintas competencias clave.

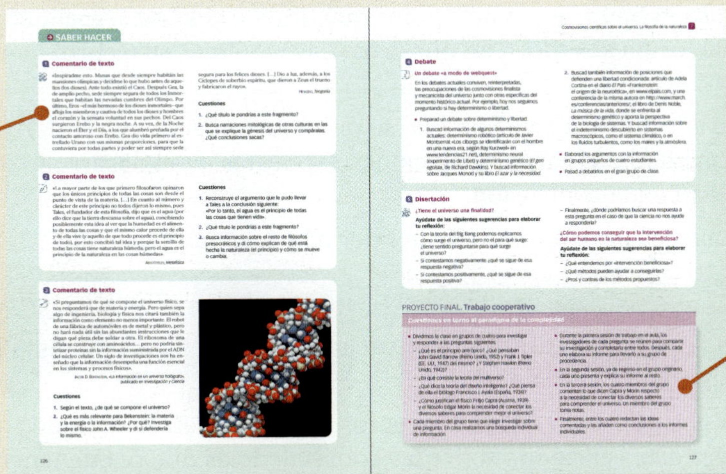

TRABAJO COOPERATIVO
El debate y la investigación cooperativa son procedimientos clave en el área de filosofía. Nos permiten poner en práctica las competencias en conjunto.

Las competencias clave

Estos iconos identifican las actividades más relacionadas con el desarrollo de las competencias:

- Comunicación lingüística
- Competencia matemática y competencias básicas en ciencia y tecnología
- Competencias sociales y cívicas
- Conciencia y expresiones culturales
- Sentido de iniciativa y espíritu emprendedor
- Competencia digital
- Aprender a aprender

1. La disertación filosófica

La disertación es un texto personal en el que se argumenta metódicamente y con rigor lógico sobre un problema filosófico. Supone un esfuerzo de reflexión en el que se aprende a pensar y a escribir filosóficamente. Sirve para poner a prueba la capacidad de plantear, analizar y criticar las nociones y problemas que un tema suscita y, especialmente, para conducir y expresar el propio pensamiento.

El modelo de disertación más extendido contiene tres partes: introducción, desarrollo y conclusión.

Introducción

- Presenta el problema o problemas presupuestos en el título de la disertación. Tiene que ser precisa y no muy extensa (unas diez líneas). Si el problema filosófico no está formulado como una pregunta, propón una o varias cuestiones para concretar y encauzar la reflexión.
- Aclara el significado de los conceptos que aparecen en el título de la disertación.
- Contextualiza el problema filosófico sobre el que vas a disertar: quiénes lo han planteado, en qué época filosófica lo han tratado más y por qué. Indica si tiene actualidad, aclarando cómo afecta y de qué forma se enfoca en nuestros días; con qué otros problemas se relaciona.
- No es necesario que adelantes la solución que se pretende defender (la tesis), ya que puedes descubrirla mediante las argumentaciones expuestas en el desarrollo o bien expresarla con claridad en la conclusión.
- Anuncia los pasos que vas a seguir para responder a la cuestión planteada.

Desarrollo

- Debes responder a la pregunta o problema planteado en la introducción. Esta parte ocupará alrededor de treinta líneas.
- Tienes que justificar el significado de los conceptos que aparecen en el título de la disertación. Para ello, reflexiona sobre las consecuencias que puede tener dar esas definiciones.
- Analiza todos los aspectos que presupone o implica el problema, proporcionando argumentos que justifiquen la conclusión a la que se quiere llegar.
- El desarrollo debe estar bien estructurado, teniendo en cuenta que algunos temas demandan un determinado plan. Por ejemplo, cuando un tema conduce a afirmar o negar una tesis, el plan puede empezar exponiendo la tesis que se va a rechazar, seguida de los argumentos que la sostienen, para luego rebatirlos y pasar a defender la tesis contraria (es decir, la que se quiere defender como válida).
- Hay que diferenciar bien entre lo que uno afirma y lo que entienden otros. Para ello, utiliza adecuadamente el sujeto de la enunciación, que puede ser un determinado filósofo, una opinión general o un punto de vista personal.
- Utiliza la máxima cantidad de información sobre el tema, pon ejemplos, haz comparaciones, inventa metáforas, etc.
- Para ayudar a la comprensión de la lectura, debes indicar con claridad la parte de la disertación que se está realizando o que se hará a continuación: «Paso a presentar...», «A continuación analizaré...», «Voy a enumerar las objeciones a...».

Conclusión

- Resume todos los argumentos expuestos en el desarrollo e indica a dónde conducen. Debe ocupar unas diez líneas, lo mismo que la introducción.

- Puedes comenzar usando conectores como: «En conclusión…», «Para terminar…», «En resumen…», etc.
- Ten presente el título de la disertación para conectarlo con lo que escribas en estas últimas líneas.
- La conclusión no tiene por qué cerrarse, ya que no todos los problemas tienen una solución definitiva. Puedes expresarla como una conclusión abierta a posibles futuras revisiones y matizaciones. Pero si llegas a una conclusión cerrada y definitiva, sería muy adecuado formular alguna pregunta que invite a seguir reflexionando, para que no se presuponga que el tema está agotado y no hay más que decir al respecto.
- No debes introducir nuevas ideas en la conclusión que no se hayan mencionado en el desarrollo, pero sí puedes implicarte personalmente y con más claridad, justificando siempre tu postura.
- Para finalizar, puedes utilizar algún recurso literario que cause una grata impresión al lector.

Una vez terminada la disertación, la revisamos

- Asegúrate de que la argumentación está ordenada y es coherente; para ello utiliza correctamente las partículas de enlace («luego», «así pues», «entonces», «por lo tanto»…).
- Define con precisión los conceptos que utilices.
- Separa claramente la introducción, el desarrollo y la conclusión utilizando el punto y aparte, el sangrado de la primera línea y un doble espacio interlineal.
- Redacta distinguiendo párrafos. Para ello utiliza el punto y aparte y el sangrado de la primera línea. Los párrafos son especialmente importantes en el desarrollo para separar las ideas y los argumentos expuestos.
- Puedes escribir una introducción provisional y redactar la definitiva al final, cuando tengas la visión de conjunto.
- Es aconsejable recurrir a ejemplos de la historia, de la literatura, del arte, de la religión y de tu experiencia de la vida, pero sin caer en un relato superficial.
- Recuerda que el vocabulario técnico de la filosofía no debe conducir a un texto incomprensible. No uses un término si no sabes lo que significa.
- Adopta un tono mesurado en tus juicios, tanto cuando apruebes algo como cuando lo critiques.
- Evita que la argumentación se pierda en frases demasiado largas, porque suelen resultar confusas y complicadas. Utiliza preferentemente frases cortas.
- Cuida la ortografía y, sobre todo, la puntuación, puesto que hará más comprensible el texto. Si lo presentas escrito a mano, no olvides escribir con letra legible.
- Es recomendable consultar en internet páginas sobre las diversas Olimpiadas Filosóficas que se organizan cada año.

2. El análisis y el comentario de texto

2.1 Lectura del texto

Haz una lectura rápida para aproximarte al contenido del texto, y, luego, una segunda lectura pausada y atenta, subrayando los conceptos importantes.

2.2 Proceso de análisis y síntesis

- Se trata, primero, de descomponer el texto en los elementos que lo integran (análisis) y, segundo, de sintetizar y resumir de forma clara las ideas y argumentos del texto (síntesis). Para ello: 1) pregúntate por el tema principal del que trata el texto, lo puedes formular con una palabra o una expresión conceptual; y 2) intenta reconocer si es un texto expositivo o argumentativo e indícalo.
  - Un texto expositivo es el que transmite una información, expone un conjunto de ideas, aclarándolas, comparándolas, poniendo ejemplos, etc.
  - Un texto argumentativo es el que defiende una idea aportando las razones que la justifican. La idea o posición defendida por el autor del texto de forma argumentada se llama «tesis». Puedes reconocer un texto argumentativo porque en él encontrarás conectores de causa-efecto como los siguientes: «por tanto», «porque», «en consecuencia», «por eso», etc.
- Si es un texto expositivo, fíjate en el número de párrafos en que se divide y observa si hay núcleos temáticos en los que se pueden agrupar las ideas. Nombra cada núcleo temático con una palabra o expresión; identifica las ideas principales y las ideas secundarias de cada núcleo temático, y escribe un esquema en el que veas con claridad la estructura del texto.
- Si es un texto argumentativo o tiene partes en las que hay algún argumento, identifica primero el tema sobre el que trata el texto y el problema filosófico al que se alude; para ello formula la pregunta a la que crees que el autor está respondiendo y resume la respuesta que ofrece, es decir, la tesis que defiende. Expresa la tesis en una frase.
- Una vez formulada la tesis, localiza las razones que el autor expone para defenderla y expón el argumento o argumentos ordenadamente: 1) Primera razón (premisa); 2) Segunda razón (premisa); 3) Tercera, etc. Por lo tanto..., tesis (conclusión).
- ¿Qué título le pondrías al texto? Puedes elaborarlo fijándote en el tema o en la tesis.
- Haz un resumen que no sobrepase el 25 % de la extensión del texto.

2.3 Proceso de comentario propiamente dicho

- Se trata de «dialogar» con el texto, para ello hay que tener presente el problema filosófico que desarrolla y la pregunta a la que el autor intenta responder.
- Se podría elaborar mediante una breve disertación, con su introducción, desarrollo y conclusión, que conteste a la pregunta que el autor trata de responder en el texto y con el comentario de sus respuestas, comparándolas con otras posibles.

3. Las definiciones

Una de las tareas de la filosofía es analizar con rigor y clarificar el significado de las palabras o expresiones que empleamos para describir la realidad y para defender nuestras ideas. Para aprender a pensar correctamente es fundamental, por lo tanto, definir bien.

Para dar una definición correcta, se suelen seguir estos criterios:

1) Ha de ser breve y, al mismo tiempo, completa. Por ejemplo: «El diámetro es el segmento que une dos puntos de la circunferencia pasando por su centro».

2) Debe convenir a todo lo definido y solo a lo definido: no debe ser ni muy amplia ni demasiado reducida. Por ejemplo, no sería correcta esta definición: «El libro es un objeto que contiene letras impresas».

3) Debe ser más clara que el término definido. Debemos evitar definiciones como esta: «El ordenador es una metaestructura dotada de algoritmos con una arquitectónica jerárquica hiperelástica».

4) El término definido no debe entrar en la definición, ni tampoco sus derivados gramaticales. Por ejemplo, no es correcto definir «democracia» como «el sistema político establecido en los países democráticos».

5) Debe expresarse en términos afirmativos. Por ejemplo, no sería correcta una definición de «líquido» como «todo aquello que no es sólido ni gaseoso».

6) Ha de señalar los principales atributos del término definido. Por ejemplo, Aristóteles define al ser humano como «animal racional»: en este caso, «animal» es el género próximo y «racional» es la diferencia específica; en otros casos, este modo de definir no es posible.

¿Qué procedimientos nos pueden ayudar a definir los conceptos filosóficos?

1. **La etimología de la palabra.** Permite conocer el significado originario de la palabra y, además, reflexionar sobre la permanencia o desaparición de ese sentido originario en su sentido actual. Por ejemplo, la palabra «filosofía» tiene su origen en dos palabras griegas: *philos* y *sophia*, y se traduce como «amor a la sabiduría».
2. **Comprobar si la palabra tiene varios significados.** Por ejemplo, si debes disertar sobre la pregunta: «¿La vida tiene sentido?», entonces tendrás que pensar si el término «vida» tiene uno o varios significados (eso te llevará a distinguir entre el concepto de vida biológico, biográfico y filosófico). También tendrás que ver si el término «sentido» tiene uno o varios significados (no es lo mismo considerar «sentido» como «finalidad», que nos conduce a la pregunta «¿La vida tiene un objetivo?», que entenderlo como «valor», que nos llevará a la pregunta «¿La vida vale la pena?»).
3. **Construir una red conceptual a partir de las palabras próximas u opuestas** (lista de sinónimos y antónimos: verdad, veracidad/mentira, error...). El ejercicio filosófico consistiría en definir la palabra «verdad» a partir de las palabras próximas y, luego, a partir de las opuestas. Y también en introducir matices, por ejemplo, al tener que aclarar si «error» y «mentira» se oponen a la palabra «verdad» de la misma forma o si son diferentes entre sí.
4. **Localizar los campos de aplicación:** científico, artístico, político, jurídico, moral, filosófico, religioso, económico...; o dentro de la filosofía: metafísico, epistemológico, antropológico, ético... Este procedimiento consiste en aclarar el significado específico de la palabra en los diferentes campos (no es lo mismo una ley científica que una ley moral); también se puede ver si hay algún elemento común (ley como expresión de regularidad y orden).
5. **Definir una noción por su género específico.** Aristóteles decía que el ser humano pertenece al género animal, pero que el concepto de hombre tiene una diferencia específica, propia de su especie: la razón. Esta última permitirá definir por este atributo al hombre como un «animal racional».
6. **Buscar símbolos, imágenes o metáforas.** Para representar una noción por analogía; por ejemplo, definir la justicia con la imagen de una balanza. El símbolo de la balanza nos ayuda a ilustrar, a concretar y entender una idea abstracta, que se tendrá que explicar, porque no hay que olvidar que una imagen no es más que una aproximación, en ocasiones confusa, a un concepto y que toda analogía tiene sus limitaciones. Tampoco olvidemos que hay definiciones persuasivas, que son valoraciones de los hechos disfrazadas de definición; podemos emplearlas, pero siendo conscientes de que lo hacemos y de que otros también lo hacen.
7. **Problematizar una definición o conceptualización.** Consiste en cuestionar una definición dada con precipitación, analizando críticamente sus presupuestos y las consecuencias que tiene el mantenerla. Mediante la crítica hecha a la definición problematizada se puede completar, matizar y también cambiar la definición y proporcionar otra más reflexionada y ajustada.

8. **Definir un concepto presente en un texto.** Se trata de lograr una definición clara y lo más completa posible. Para ello:

- Parte de la información que el texto aporta y amplíala con los conocimientos que tengas del concepto y de la filosofía del autor del texto.
- Subraya el término todas las veces que aparece y si el autor le atribuye uno o varios significados.
- Para definir el concepto, te puede ayudar localizar en el texto las palabras más próximas al término, y también las contrarias o antónimos. Agrúpalas en dos columnas, y, a partir de ellas, explica lo que es y no es el concepto.
- Para confeccionar la definición, sintetiza la información que hay en el texto sobre el término, indicando qué significado o significados le atribuye el autor.
- Si, además de la opinión del autor, se nombran en el texto otras formas de entender el concepto por otros autores, debes recogerlas y compararlas. Y, por supuesto, si tú conoces otras formas de comprender el término, sean tuyas o de otros autores, puedes hacer un ejercicio filosófico comparándolas también con el texto. No te olvides nunca de justificar tu propia definición.

4. El mapa conceptual

El mapa conceptual es una técnica que sirve para representar y ordenar el conocimiento, formando una red en la que se muestran las relaciones de los conceptos, como se puede ver en la página siguiente.

Elementos de un mapa conceptual

Conceptos. Aparecen enmarcados en recuadros, que se representan mediante etiquetas.

Palabras de enlace. Se utilizan para unir conceptos (preposiciones, conjunciones, verbos...) y describen la naturaleza de la relación entre los conceptos.

Líneas y flechas de enlace. Las líneas unen los conceptos que están subordinados y las flechas se utilizan para representar una relación cruzada entre dos conceptos situados en diferentes secciones del mapa.

Proposiciones. Las palabras de enlace, junto con los conceptos unidos por las líneas o flechas, forman frases con sentido completo o proposiciones, con las que se expresa el conocimiento organizado.

¿Cómo se hace un mapa conceptual?

1. Partiendo de un texto, un torbellino de ideas, etc., se seleccionan los conceptos más importantes y se hace una lista con ellos.
2. Se localiza el concepto más importante, el más general o inclusivo.
3. Se coloca el concepto más abarcador al principio de la lista y se ordena de mayor a menor generalidad, en tantas listas como criterios se consideren.
4. Se elabora el mapa empleando la/s lista/s ordenada/s de conceptos, conectándolos con líneas y seleccionando los enlaces más adecuados para poder formar las proposiciones y así leer correctamente el mapa.
5. Si hay conexiones cruzadas entre los conceptos de una sección del mapa y los de otra, se colocan las flechas correspondientes.
6. Si el mapa tiene mala simetría o presenta conceptos con localización deficiente respecto a otros conceptos, hay que rehacerlo. Se aconseja, antes de pasarlo a papel, que los conceptos tengan la movilidad de las fichas de dominó y no escribirlos hasta que no se sepa el lugar que deben ocupar.

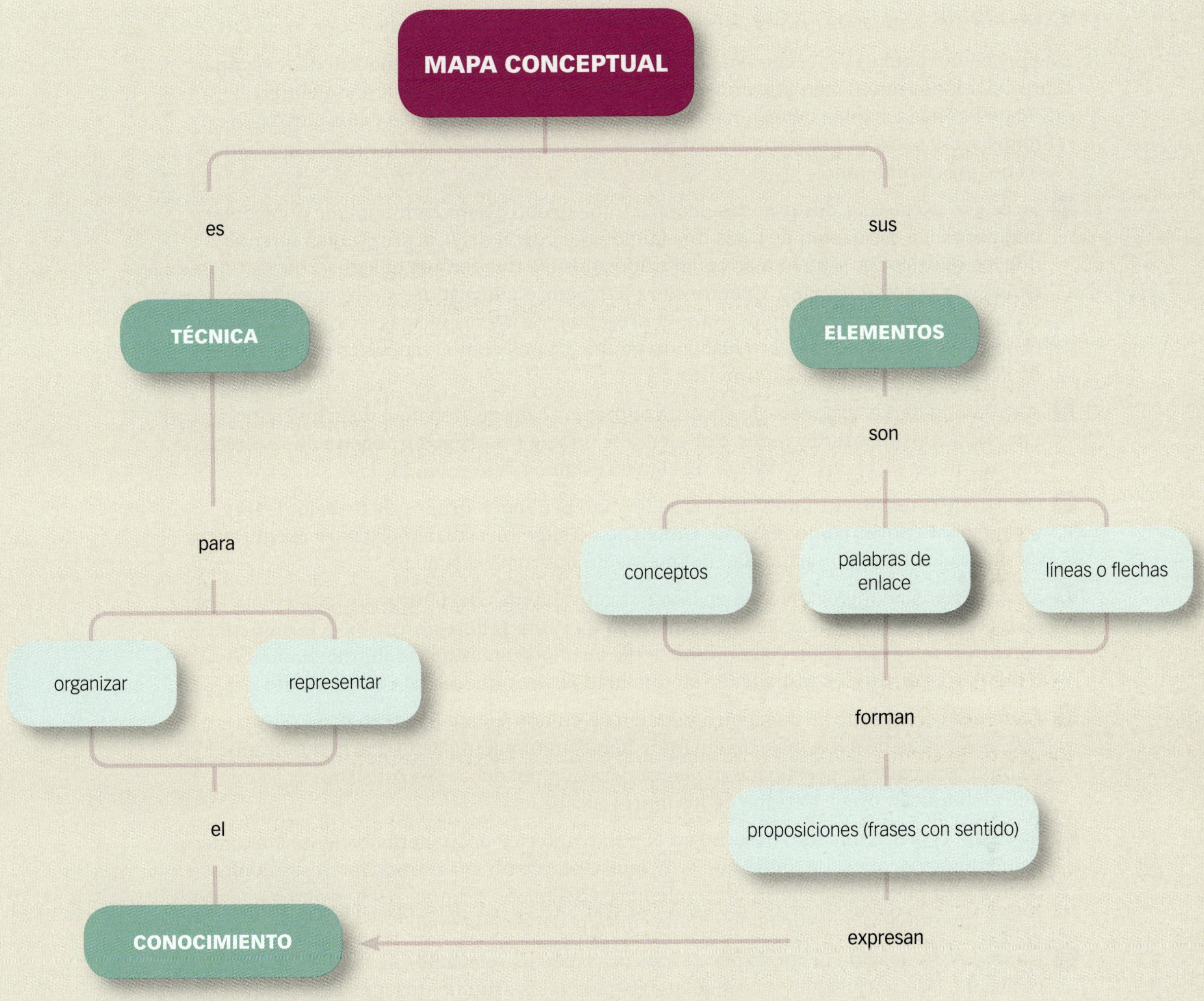

Aplicaciones del mapa conceptual

- Detectar las ideas que se conocen de un tema.
- Poner de manifiesto la evolución de los conocimientos y la comprensión alcanzada en un tema. Se pueden comparar los mapas iniciales y los de síntesis o acabado.
- Preparar una disertación.
- Componer un texto a partir de un mapa conceptual.
- Analizar un texto y visualizar las relaciones entre conceptos que hay en él.
- Tener sintetizado todo un tema y poder repasar, visualizar los elementos y las relaciones principales, estructurar nuestro conocimiento de forma clara y sencilla, etc.
- Combinar las tareas de análisis y síntesis respecto a un tema o problema del que se ha de hablar o escribir posteriormente, y decidir así el orden más adecuado para realizar la exposición oral o escrita.

5. El debate y la investigación cooperativa

Este procedimiento es especialmente adecuado cuando se trata de debatir o de investigar sobre cuestiones que tienen una doble posibilidad de respuesta, como, por ejemplo: «¿Somos libres o estamos determinados?», «¿Somos seres naturales o culturales?», «¿Somos seres sociales por naturaleza o por un pacto o convención?», y otras semejantes. Pasos del procedimiento:

1. Se divide la clase en dos grandes grupos. Cada grupo estará formado por unos quince miembros. La formación de estas dos mitades se puede dejar al azar o bien intentar que los dos grupos sean lo más equilibrados posible (número de chicos y chicas, líderes de la clase repartidos, etc.). Cuando se va a debatir o a investigar sobre cuestiones en las que, desde un principio, se van a presentar varias respuestas, se puede seguir el mismo procedimiento, pero haciendo tantos grupos como respuestas o direcciones de la investigación se hayan previsto.
2. A cada uno de los grupos se le encarga la preparación del debate o de la investigación en una de las posibles direcciones. Por ejemplo, uno de los grupos trabajará en la dirección «somos libres» y el otro investigará la línea «estamos determinados».
3. Dentro de estos dos grandes grupos se forman pequeños grupos de trabajo de tres o cuatro miembros como máximo. Conviene no superar este número para asegurarnos de que todos tienen oportunidad de intervenir, aportar y discutir.
4. Estos grupos pequeños pueden encargarse de subtemas del tema principal, como, por ejemplo, buscar experiencias que justifiquen que somos libres/estamos determinados, construir una explicación clara y directa del término «libertad»/«determinación», etc., o bien dejar que todos trabajen en su totalidad el tema que les ha correspondido.
5. Cada pequeño grupo se une a otro y ponen en común lo que han trabajado. Si se han encargado de subtemas, deben informarse mutuamente de lo que han logrado y comprobar que la investigación o la preparación del debate es consistente. Tienen que elaborar un breve informe de los logros alcanzados.
6. Se repite el procedimiento descrito en el punto anterior de manera creciente en número de pequeños grupos, de modo que se llegue a intercambiar información o resultados de la investigación entre los quince miembros del grupo grande. Así logramos que todos hayan investigado o participado en una «mitad» del debate final.
7. Un miembro de cada grupo explica todos los aspectos relevantes de la investigación realizada, las conclusiones a las que han llegado o los argumentos más importantes que han elaborado para defender la postura que se les había encargado. A partir de aquí, se puede abrir un turno de palabra libre, en el que intervengan todos los miembros de la clase, para pedir explicaciones sobre cualquier punto, expresar opiniones particulares bien argumentadas, criticar cualquier aspecto del proceso, etc. También se pueden desarrollar estos puntos individualmente y por escrito, como una breve composición filosófica.

6. La búsqueda de información

Además de buscar información en la red, haciendo uso de los buscadores habituales, es interesante consultar libros y revistas científicas que podamos tener a mano, sobre todo en la biblioteca del propio centro de estudios. Las enciclopedias y diccionarios especializados (por ejemplo, *Diccionario de Filosofía*, *Enciclopedia de Sociología*, etc.) son muy útiles para hacerse una idea general acerca de un tema concreto antes de profundizar en él. Cuando se quiere hacer una disertación sobre un tema cualquiera, lo primero que tenemos que hacer es consultar este tipo de fuentes de información generales para tomar nota de cómo se describe en ellas el asunto que nos ocupa.

Cuando consultamos cualquier fuente de información, además de quedarnos con un resumen de lo que se dice en ella o con algún fragmento literal para citarlo entrecomillado en el escrito que estemos elaborando, hemos de apuntar cuidadosamente la referencia de la fuente utilizada. En todo trabajo escrito es obligado citar las fuentes; copiar una información y no citar la fuente es un plagio, es decir, un engaño que consiste en hacer creer al lector que el texto es original de quien lo ha copiado, cuando en realidad lo ha escrito otra persona.

Para citar correctamente las fuentes utilizadas existen varias posibilidades, pero la más habitual hoy en día es la siguiente:

1. Si citamos textualmente unas palabras de cualquier documento consultado, hemos de escribirlas entre comillas angulares (« ») si son menos de tres líneas. Si citamos más de tres líneas, lo hacemos como párrafo aparte sin comillas, ni cursiva, sino con sangrado e interlineado distintos. Por ejemplo:

   La deportividad es fundamentalmente el respeto a las reglas de juego. Pero también incluye conceptos tan nobles como amistad, respeto al adversario y espíritu deportivo. Deportividad es, además de un comportamiento, un modo de pensar y una actitud vital favorable a la lucha contra la trampa y el engaño.

   (Consejo Superior de Deportes de España, 1997: 2)

2. Las referencias bibliográficas se deben incorporar en el texto, de modo similar a como aparece en el paréntesis del ejemplo anterior, y solo deben hacer constar el apellido del autor en minúscula, el año de edición de la obra citada y, para las citas textuales, la página o las páginas (autor, año: páginas). Para que cualquier lector sepa a qué obra se refiere la cita, debemos poner en la bibliografía final las referencias completas de los documentos citados, ordenados alfabéticamente por autores, conforme a las normas que siguen:

   a) Citar un **libro**:

      - CORTINA, A. (2013). *¿Para qué sirve realmente la Ética?* Barcelona: Paidós.

   b) Citar un **artículo de revista**:

      - SMILG VIDAL, N. (2011). «Ilustración y lenguaje en el pensamiento de J. G. Hamann». *Contrastes Revista Internacional de Filosofía*, 16, 365-383

   c) Citar un **capítulo de libro**:

      - MARTÍNEZ NAVARRO, E. (2000). «Ética para el Desarrollo». En Montes del Castillo, Á. (coord.). *Universidad y cooperación al desarrollo. Nuevas perspectivas para la docencia, la investigación y la consultoría.* (167-189) Murcia: Secretariado de Publicaciones de la Universidad de Murcia.

   d) Citar un **documento que está en una página electrónica**:

      - GARCÍA MARZÁ, D. (2013). «Neuropolítica y democracia: un diálogo necesario». *Daimon Revista Internacional de Filosofía*, 59, 171-182. Recuperado de http://revistas.um.es/daimon/article/view/170951

3. Este sistema permite ahorrar muchas notas a pie de página, porque las referencias a las fuentes consultadas quedan incluidas en el propio texto mediante las notas entre paréntesis.

   Al hacer la lista bibliográfica final, puede ocurrir que hayamos citado diferentes obras de un mismo autor y publicadas el mismo año. En ese caso, pondremos junto al año de la primera obra la letra «a»; en la segunda obra, la letra «b», y así sucesivamente. Por ejemplo:

   - CORTINA, A. (2011a). *Justicia cordial*. Madrid: Trotta.
   - CORTINA, A. (2011b). *Las raíces éticas de la democracia*. Valencia: Universidad de Valencia.

BLOQUE I

El saber y la argumentación

UNIDADES

1. El saber filosófico
2. El saber científico
3. Conocimiento y verdad
4. Argumentos y lógica formal
5. Lógica informal, retórica y falacias

Santiago Ramón y Cajal (1852-1934), científico español premiado con el Nobel de Medicina en 1906.

Poned sobre los campos
un carbonero, un sabio y un poeta.
Veréis cómo el poeta admira y calla,
el sabio mira y piensa…
Seguramente, el carbonero busca
las moras o las setas.
Llevadlos al teatro
y solo el carbonero no bosteza.
Quien prefiere lo vivo a lo pintado
es el hombre que piensa, canta o sueña.
El carbonero tiene
llena de fantasías la cabeza.

Antonio Machado
Proverbios y cantares

1 El saber filosófico

CONTENIDOS

1 La necesidad humana de saber

2 La historia de nuestro saber

3 La filosofía

4 Filosofía hoy, ¿para qué?

PARA PENSAR JUNTOS

Leemos el diálogo de la página siguiente, debatimos sobre él y, después de estudiar esta unidad didáctica, respondemos estas cuestiones:

- Para hablar de algo, por ejemplo de música, ¿hay que conocer aquello de que se habla?
- ¿Estás de acuerdo con lo que dice Luis, que el arte no es verdadero ni falso, ni bueno ni malo, sino bello o feo?
- ¿Crees que hay diferentes formas de saber?
- ¿Para qué te parece que puede servir la filosofía que vamos a estudiar este curso?

Ya estamos en 1.º de Bachillerato. Llevamos años estudiando, casi desde que nos acordamos de nosotros mismos. Hemos aprendido Matemáticas, Lengua Castellana y Literatura, Ciencias de la Naturaleza, Ciencias Sociales, Música, Dibujo, Tecnología, algunos Religión, idiomas y otras disciplinas; en fin, ya sabemos muchas cosas.

Conocemos, además, a personas que no han estudiado y no por eso son ignorantes: saben acerca de los elementos de su trabajo y de otros muchos asuntos relacionados con la vida.

Podemos ahora preguntarnos qué entendemos por «saber» en su doble significación, esto es, como la acción que entraña (infinitivo del verbo) y como definición y tipos del mismo (sustantivo). También vamos a indagar cómo pueden clasificarse los distintos saberes que estudiamos y qué lugar ocupa la filosofía entre ellos, su origen y su especificidad.

LA FILOSOFÍA EN TU VIDA

A lo largo del curso va a acompañarnos un grupo de estudiantes que compartirán con nosotros sus dudas y sus reflexiones. Cada uno tiene su personalidad y su manera de enfocar los temas; Ana: con ideas propias, pero tímida y poco habladora; Belén: irónica y de razonamientos elaborados; Brahim: estudioso, responsable y más maduro que los demás; Carmen: bastante crítica y portadora de reflexiones que desestabilizan las del grupo; Consuelo: espíritu crítico moderado y sentido realista; Fernando: defensor de la tecnología como signo del avance de la humanidad; Juan: defensor de los saberes científicos, mentalidad positivista; Paco: algo infantil, dependiente de las opiniones del grupo.

Habían quedado para tomar un helado y despedir las vacaciones cuando vieron venir a Paco, que parecía bastante enfadado.

CARMEN.- ¿Tienes calor?

PACO.- Vengo ardiendo. He dicho en casa que hay música buena y mala…, y se ha organizado una… Mi padre me ha dicho que no hable de cosas que desconozco; yo he contestado que la música no se conoce, se escucha. Mi hermana Consuelito, sabihonda, ha dicho que hay muchas clases de música y que se ha de educar el oído para apreciarlas. Mi madre ha dicho que la música forma parte de la historia de las personas y tiene un componente sentimental propio de cada uno…

BELÉN.- Para. Vienes acelerado; no se te puede llevar la contraria.

JUAN.- No parece que le hayan llevado la contraria, sino que le han pedido que piense antes de hablar.

PACO.- Pues quizá pretendían eso, pero mi hermano Luis me ha soltado: «Tienes que aprender a hablar con propiedad. La música es un arte; y el arte no es verdadero ni falso, ni bueno ni malo; es bello o es feo». Sabe que no me gusta que me hable con superioridad. Le he dicho que, cuando quiera que me dé clase, ya lo contrataré. Mi madre me ha reñido, mi padre ha movido la cabeza con disgusto y mi hermana ha dicho que lleva razón. Estoy harto, pero no he entendido lo que Luis quería decir. ¿Lo entendéis vosotros?

BRAHIM.- No mucho. Tu hermano es mayor y estudia cosas que nosotros todavía no sabemos. Sí sabemos que de verdad y falsedad hablan las ciencias, y la música no es una ciencia…

CARMEN.- En Ética aprendimos que bueno y malo se dice de las acciones libres de las personas, y la música no es propiamente una acción libre, aunque sea resultado de ellas.

FERNANDO.- Hemos oído hablar de lo bello y lo feo a propósito de una composición en Música y cuando hemos visto obras de arte en Ciencias Sociales.

ANA.- Bueno, Brahim, no solo las ciencias hablan de verdad y falsedad, porque en la catequesis para Confirmación también se utilizan esas palabras hablando de los hechos de Jesús.

BRAHIM.- Y cuando estudiamos el Corán.

JUAN.- Y este curso vamos a estudiar todos Filosofía, que no sé yo si tiene mucho sentido hoy.

FERNANDO.- Bueno, igual nos sirve para aclararnos, porque estudiamos muchas cosas que no sabemos relacionar entre sí y, si las estudiamos, es porque tienen un valor para nuestra vida. No paran de hablarnos de la sociedad del conocimiento y de la información. No sé, quizá hay diferentes formas de saber, y posiblemente se complementen.

CARMEN.- No parece que las ciencias lo solucionen todo. De ética sabemos poco y las artes, aunque para nosotros la música y el cine sean vitales, tampoco disfrutan de reconocimiento.

FERNANDO.- No, desde luego. En cambio, la tecnología es fundamental: mirad todo lo que hemos conseguido gracias a ella.

PACO.- ¡Uf! ¡Sois peores que mi familia! Si llego a saber que mi discusión iba a dar para tanto, no la cuento.

CONSUELO.- No, has hecho bien, porque fíjate en las cosas que han salido en la conversación: las artes, las ciencias, la ética, la técnica, las religiones, la filosofía… Ya tenemos asuntos en los que pensar y lo mismo nos sirven para clase.

Los niños tienen un desarrollo mucho más prolongado y lento que las crías de los animales.

1 La necesidad humana de saber

«Todos los hombres desean por naturaleza saber», así comienza la *Metafísica* de Aristóteles (Grecia, 384-322 a.C.). Esta afirmación ha sido explicada de diversas maneras a lo largo de la historia, y nosotros lo vamos a hacer desde la menesterosidad que caracteriza al ser humano: a diferencia de los animales, el ser humano nace muy desvalido, precisa de un período de crianza y cuidado muy largo, y es muy pobre en instintos y destrezas innatos.

A esta menesterosidad se ha de añadir que somos también los únicos capaces de preguntar y preguntarnos, y los únicos que sabemos que vamos a morir. Todas estas son razones para que deseemos «por naturaleza saber» y necesitemos ser educados, mientras que los animales pueden ser adiestrados, pero no educados.

Deseamos saber para conocer la realidad y hacernos con ella, y deseamos además orientar nuestra vida para ser felices. Podemos ignorar muchas cosas, porque no son indispensables para conservar nuestra vida, ni nuestra salud física y mental; y otras, incluso, ni siquiera son importantes para lograr una vida feliz. Pero hay otras cuyo desconocimiento puede dañarnos y hasta truncar nuestra vida; y otras que, si las ignoramos, nos conducirán a la infelicidad.

Quienes nos han precedido en la historia han elaborado distintos saberes y diferentes concepciones de los mismos según el momento histórico; todos ellos han dado como resultado el ser humano y la sociedad actuales, aunque hay que tener en cuenta que no todos los seres humanos ni todas las sociedades actuales participan en el mismo grado de los distintos saberes.

1.1. ¿Qué es saber?

El término «saber» procede del verbo latino *sapere*, que significa tanto «saber» como «saborear». En ese sentido, saber es saborear las cosas, gustar de ellas y distinguir sus componentes. Este término también puede ser usado como sinónimo de «conocer» y «conocimiento», pero veremos más adelante que no es exactamente lo mismo saber y conocer.

Del mismo modo que cuando sentimos hambre nos preguntamos qué nos apetece comer, conforme vamos viviendo nos preguntamos qué son cada uno de los objetos con los que nos tropezamos y qué es el conjunto de todos ellos, la realidad; y nos preguntamos quiénes somos nosotros, y quiénes son aquellos con quienes convivimos; y por qué existe todo ello y se nos muestra organizado de un modo y no de otro; y un sinfín de preguntas más que nos asaltan. Todas estas interrogaciones nos alejan del mero «vivir entre las cosas», de la ignorancia y de la inconsciencia, y nos conducen a intentar aprehender la realidad para hacerla nuestra, expresarla y transmitirla a los demás, sistematizarla e incorporarla a la tradición cultural a la que pertenecemos.

Por tanto, los saberes son necesariamente históricos, porque intentan dar razón de la realidad y están sujetos a los cambios que en ella se producen, del mismo modo que reflejan también los cambios que se dan en la propia vida de los hombres. Esta historicidad es especialmente interesante, como veremos, en el saber filosófico.

Doc. 1

«Todos los hombres y todas las mujeres son filósofos; o, permítasenos decir, si ellos no son conscientes de tener problemas filosóficos, tienen, en cualquier caso, prejuicios filosóficos. La mayor parte de estos prejuicios son teorías que inconscientemente dan por sentadas, o que han absorbido de su ambiente intelectual o de la tradición.

Puesto que pocas de estas teorías son conscientemente sostenidas, constituyen prejuicios en el sentido de que son sostenidas sin examen crítico, incluso a pesar de que puedan ser de gran importancia para las acciones prácticas de la gente y para su vida entera».

Karl R. Popper, *Cómo veo la filosofía*

- ¿Estás de acuerdo en que todos tenemos «prejuicios filosóficos», tal como se dice en el texto? Pon algún ejemplo de ello.
- Explica lo que entiendes por «examen crítico».
- Relaciona este texto con la frase de Aristóteles que da comienzo al tema.

1.2. Fuentes del saber

Podemos ya definir el saber como el resultado de un conjunto de operaciones en virtud de las cuales nos hacemos con un ámbito de la realidad, tomamos conciencia del mismo, lo sistematizamos y damos razón de él ante otras personas. Conocer, en cambio, es la actividad que realizamos cuando nos hacemos con un objeto o con un estado de cosas, de modo que podemos compartir el resultado de dicha actividad con los demás.

El conjunto de operaciones que entraña saber lo llevan a cabo dos facultades principales del conocimiento, que son los sentidos y la razón. Los sentidos nos proporcionan la experiencia fundamental de las cosas en un contexto teórico que las hace inteligibles, porque no funcionan aislados, sino entremezclados con la razón: no percibimos, por ejemplo, un color, sino un objeto que tiene un color y que es igual o se parece a alguna otra cosa ya percibida. Además, todos nos desenvolvemos en diferentes ámbitos de experiencia: la vida cotidiana, la experiencia amorosa, la experimentación científica, el disfrute artístico, la experiencia religiosa y otros.

En todos estos ámbitos nuestros sentidos son la primera herramienta de la que disponemos para acercarnos a los objetos y hacernos con ellos. Algunos filósofos han resaltado la importancia de uno de los sentidos sobre el resto; por ejemplo, para Platón (Grecia, 427-347 a.C.) la vista es el más importante, porque alcanzamos la sabiduría cuando somos capaces de ver la realidad auténtica, y por eso, según él, la auténtica educación de las personas no consiste en transmitirles contenidos de conocimiento, sino en enseñarlas a mirar más allá de la apariencia, a los auténticos seres. Para Aristóteles, en cambio, el sentido más importante es el tacto, pues mientras que solo podemos ver los objetos que entran en nuestro campo de visión, el tacto está distribuido por todo el cuerpo y, por consiguiente, nos suministra más información acerca de la realidad en torno.

Por su parte, la razón también produce diversas formas de saber según el tipo de experiencia en el que repara; sabemos por intuición a partir de una experiencia inmediata, y sabemos por deducción, por inducción o por reflexión a partir de la elaboración de la experiencia.

Los animales son capaces de imitar conductas. El chimpancé de la fotografía utiliza un palito para sacar hormigas de un hormiguero, tal como ha visto hacer a sus mayores.

Doc. 2

«Los sentidos engañan a la razón con falsas apariencias, y esta misma trampa que ellos le juegan a la razón la reciben de ella como revancha. Las pasiones del alma turban los sentidos y crean en ellos falsas impresiones. Estas dos facultades se mienten y se engañan en una especie de competencia».

BLAISE PASCAL, *Pensamientos*

- ¿De qué facultades humanas se habla en el texto?
- Según el autor, ¿por qué se mienten los sentidos y la razón? ¿Estás de acuerdo con él? Razona tu respuesta.

ACTIVIDADES

COMPARA

1. ¿Cuáles son las diferencias entre «adiestrar» y «educar»?
2. Pon ejemplos de conocimientos indispensables y de otros que son superfluos para conservar nuestra vida y nuestra salud.

REFLEXIONA

3. ¿Qué te parece fundamental saber para lograr la felicidad?
4. Piensa en algo que sabes y explica las operaciones que has realizado para llegar a saberlo.

RELACIONA

5. Busca en el diccionario los significados de «ignorancia» e «inconsciencia» y di en qué se parecen y en qué se diferencian.
6. Elige un cambio social que hayas estudiado y relaciónalo con las modificaciones producidas por el mismo en la vida cotidiana y con su incidencia en el saber correspondiente.

Doc. 3

«Siempre en tu pensamiento ten a Ítaca.
Llegar hasta allí es tu destino.
Pero no apures tu viaje en absoluto.
Mejor que muchos años dure:
y viejo ya ancles en la isla,
rico con cuanto ganaste en el camino,
sin esperar que riquezas te dé Ítaca.
Ítaca te dio el bello viaje.
Sin ella no hubieras salido al camino.
Otras cosas no tiene ya que darte».

KONSTANTINOS KAVAFIS, *Viaje a Ítaca*

- Busca información sobre el contenido del poema y relaciónalo con el saber mítico.

2 La historia de nuestro saber

Si intentamos determinar cómo los hombres fueron conociendo y transformando la realidad que los rodeaba, a sí mismos y a los demás hombres, pronto caeremos en la cuenta de que fue gracias al lenguaje oral, primer vehículo de transmisión del saber: elaboraron relatos mediante los cuales contaban a sus compañeros de vida sus descubrimientos, y también sus fantasías, suposiciones y conjeturas. Estos relatos orales se convirtieron después en narraciones escritas, por lo que podemos afirmar que la primera forma de saber que surge en nuestra historia es la literatura. Entre los antiguos griegos, fueron los poetas Homero y Hesíodo quienes recogieron buena parte de los relatos orales y los pusieron por escrito, en forma de poemas épicos y en forma de relatos, llamados mitos.

Vamos a detenernos en estas formas de saber.

2.1. El saber mítico

Los mitos fueron las primeras explicaciones de la realidad que se elaboraron en nuestra cultura y son narraciones maravillosas situadas fuera del tiempo histórico y protagonizadas por personajes de carácter divino o heroico. Elaborados por los poetas, los mitos se caracterizan por dos rasgos:

- Tomados en su conjunto, constituyen una explicación total acerca del origen del universo, del hombre, de la civilización, de la organización social y de todos los aspectos problemáticos de la vida humana.
- Suponen una manera de pensar, que se plasma en que las fuerzas naturales son concebidas como personas y dioses, y en que los fenómenos naturales y la propia conducta humana dependen de la voluntad caprichosa de los dioses, aunque tanto los hombres como los dioses y los acontecimientos cósmicos aparecen en los mitos sujetos al destino (*moira* o *fatum*), una fuerza abstracta que se impone sobre la voluntad de unos y otros.

Los mitos, pues, son relatos, subgénero del género literario narrativo, y se hallan muy relacionados con las leyendas y con los cuentos. No son leyendas, porque no relatan hechos fantásticos acaecidos a personajes de la historia o situados en un lugar real; y no son cuentos, porque tienen una pretensión de explicar la realidad que sobrepasa la intención pedagógica y de entretenimiento de los mismos.

El mito del rapto de Europa ha inspirado numerosas representaciones artísticas. La de esta página es un mosaico romano hallado en Mérida. Museo Nacional de Arte Romano.

Doc. 4

«Zeus, conquistador incansable, se enamoró de Europa, joven princesa fenicia hija del rey Agenor. Para seducirla, tomó la forma de un toro y se mezcló entre el ganado de su padre. Mientras Europa y sus damas recogían flores a la orilla de la playa, la joven quedó fascinada por el toro, lo acarició y, viendo que era manso, terminó por subir sobre él. Entonces el toro se precipitó al mar, nadando con ella a su espalda hasta la isla de Creta. Al llegar, Zeus reveló su auténtica identidad y Europa se convirtió en la primera reina de Creta.

El padre de Europa la buscó durante el resto de su vida al grito de "¡Europa!, ¡Europa!", que quedó grabado en la memoria de los habitantes de los lugares por los que pasó y que acabó dando nombre al continente.

Zeus regaló a Europa un autómata de bronce, un perro que nunca soltaba a su presa y una jabalina que nunca erraba, y tuvo con ella tres hijos: Minos, Sarpedón y Radamantis».

El rapto de Europa, relato adaptado

- ¿Por qué crees que se elaboraría este mito?
- Los regalos de Zeus a Europa ¿guardan alguna relación con la evolución histórica de Europa? Explícala.

En el siglo VI a.C. surge en Mileto (Grecia) una nueva forma de acercarse a la realidad, una actitud distinta ante el mundo: la filosófica, que convivirá con los mitos y conservará de ellos la pretensión de ofrecer una explicación total de la realidad. Pero lo hará apoyándose en la razón y tratando de abandonar el antropomorfismo (personificación de las fuerzas naturales) y la arbitrariedad que va ligada a él.

2.2. El saber literario

La palabra «literatura» procede del latín *littera*, que significa «letra»; por tanto, etimológicamente, se refiere a la palabra escrita, pero, como hemos visto, la primera forma de lenguaje es el lenguaje oral, que goza como aquel de la posibilidad de expresar la belleza y, por tanto, de convertirse en arte.

De «literatura» encontramos diferentes definiciones a lo largo de la historia y en el momento presente, y de todas ellas la de María Moliner (España, 1900-1981) parece la más comprehensiva, para quien «la literatura es el arte que emplea la palabra como medio de expresión, la palabra hablada o escrita».

Siguiendo a Aristóteles, primer pensador que reflexionó sobre el arte de la producción literaria en su obra *Poética*, diremos que las características de la obra literaria son las siguientes:

- Es una imitación (*mímesis*) de la realidad.
- No cuenta lo que sucede, sino lo que puede suceder (*verosimilitud*).
- Tiene que «purgar» al autor y al receptor de afecciones negativas o dolorosas (*catarsis*).

La literatura, pues, es el arte que crea o recrea, mediante el lenguaje escrito, situaciones fantásticas o vinculadas a algún ámbito de la realidad, produciendo en los lectores emociones diversas y goce estético. Se diferencia de la filosofía en que, mientras aquella nos presenta situaciones y personajes nacidos de la imaginación en el ámbito de lo posible y alternativo, la filosofía se apoya en la razón para ofrecer argumentos que expliquen las soluciones a los problemas que se plantea, elaborando un discurso sistemático.

ACTIVIDADES

COMPARA

7. ¿Siguen vigentes en la actualidad los mitos? Razona la respuesta y pon ejemplos.

8. ¿En qué se parecen y en qué se diferencian los mitos, los cuentos y las leyendas?

INVESTIGA

9. Busca algún ejemplo literario que haya traspasado el lugar y el momento histórico en los que surgió y explica tu elección.

10. Consulta otras definiciones de «literatura» y explícalas; elige la que creas más adecuada a tu experiencia como lector y justifica tu elección.

RECUERDA

11. ¿Cuáles son las características de la obra literaria según Aristóteles?

Doc. 5

«Acaeció que, llegando a un lugar que llaman Almorox al tiempo que cogían las uvas, un vendimiador le dio un racimo de ellas en limosna, y como suelen ir los cestos mal tratados, y también porque la uva en aquel tiempo está muy madura, desgranábasele el racimo en la mano; para echarlo en el fardel tornábase mosto, y lo que a él se llegaba. Acordó de hacer un banquete, así por no lo poder llevar, como por contentarme, que aquel día me había dado muchos rodillazos y golpes.

–Y ahora quiero yo usar contigo de una liberalidad, y es que ambos comamos de este racimo de uvas, y hayas de él tanta parte como yo; partirlo hemos de esta manera: tú picarás una vez y yo otra, con tal que me prometas no tomar cada vez más de una uva; yo haré lo mismo hasta que lo acabemos, y de esta suerte no habrá engaño.

Hecho así el concierto, comenzamos; mas luego, al segundo lance, el traidor mudó propósito, y comenzó a tomar de dos en dos, considerando que yo debería hacer lo mismo. Como vi que él quebraba la postura, no me contenté con ir a la par con él, más aún, pasaba adelante, dos a dos, y tres a tres, y como podía las comía.

Acabado el racimo, estuvo un poco con el escobajo en la mano, y meneando la cabeza, dijo:

–Lázaro, engañado me has; ¡juraré yo a Dios que has tú comido las uvas tres a tres!

–No comí –dije yo–, mas ¿por qué sospecháis eso?

Respondió el sagacísimo ciego:

–¿Sabes en qué veo que las comiste tres a tres? En que comía yo dos a dos, y tú callabas».

ANÓNIMO, *El lazarillo de Tormes*

- Explica cómo se reflejan en el texto las tres notas que, según Aristóteles, caracterizan a la obra literaria.
- ¿Crees que el texto tiene una finalidad que va más allá de la belleza literaria? Di cuál.
- Analiza la conducta de los dos personajes que intervienen y califícala.

Así representó el pintor Jerónimo Bosch, llamado El Bosco (Flandes, 1450-1516), el relato bíblico sobre la creación de Eva, el pecado de Adán y Eva y su expulsión del Paraíso.

2.3. El saber religioso

Es común a todas las religiones intentar responder a la pregunta sobre el sentido de la vida: cómo, cuándo, para qué surgió y qué nos espera tras la muerte. Elaboran sus respuestas valiéndose no solo de lo revelado en los libros sagrados, como la Torá, la Biblia y el Corán, sino también del saber legado por la tradición y la fe de los creyentes.

A diferencia de los demás saberes, las religiones contienen una fuerte dimensión vital y personal que impregna todos los ámbitos de la vida de quienes creen en ellas, porque se saben en presencia de Alguien: Yahvé, Jesucristo, Alá, y porque su visión de sí mismos y de la realidad está penetrada por su fe.

Por lo que hace a su relación con el mito y la literatura, las religiones contienen elementos del primero, en cuanto que recurren a explicaciones que sobrepasan la realidad, pero se diferencian del mismo por la fuente de la que nacen, el dato revelado, y por la dimensión vital de la que hemos hablado.

Recurren también a la literatura, pues nos presentan relatos, dramatizaciones y poemas, pero no lo hacen con pretensión artística, sino para hacer más comprensibles a los creyentes los contenidos de la fe.

En cuanto a su diferencia con la filosofía, radica principalmente en que las religiones parten de verdades indubitables, mientras que la filosofía se pregunta por ellas y no acepta ninguna afirmación como incuestionable. Este hecho no es óbice para que la filosofía se haya ocupado durante siglos, y aún hoy lo siga haciendo, de cuestiones religiosas, dado que las religiones constituyen cosmovisiones que la filosofía, en su pretensión de universalidad y radicalidad, no puede dejar de lado.

Doc. 6

«Proclama mi alma la grandeza del Señor,
se alegra mi espíritu en Dios, mi Salvador;
porque ha puesto sus ojos en la humildad de su esclava,
y por eso desde ahora todas las generaciones me llamarán bienaventurada,
porque el Poderoso ha hecho obras grandes en mí:
su nombre es Santo,
y su misericordia llega a sus fieles de generación en generación.

Él hace proezas con su brazo:
dispersa a los soberbios de corazón,
derriba del trono a los poderosos
y enaltece a los humildes,
a los hambrientos los colma de bienes
y a los ricos los despide vacíos.

Auxilia a Israel, su siervo,
acordándose de la misericordia
–como lo había prometido a nuestros padres–
en favor de Abraham
y su descendencia por siempre».

Evangelio de Lucas

- Examinando solo la forma del texto, ¿a qué tipo de saber crees que pertenece? ¿Por qué?
- ¿Quién lo pronuncia y en qué situación?
- ¿Qué obras se atribuyen en él al «Poderoso»?
- ¿Qué idea de Dios te transmite?

2.4. Otros saberes

Del saber científico nos ocuparemos en un tema posterior. Baste decir ahora que las ciencias son saberes rigurosos y sistemáticos, con un método –un modo determinado de proceder– que les permite estudiar sus objetos formulando hipótesis –que se afirman o rechazan empíricamente– y leyes.

Muy relacionado con la ciencia se encuentra el saber técnico, encaminado a producir determinadas cosas. Ciencia y técnica se complementan y ayudan: el saber científico ha alcanzado muchos de sus descubrimientos gracias a los avances de la técnica, que le ha proporcionado medios espectaculares para la investigación; y, por otra parte, la técnica se está desarrollando tanto que, a veces, reta al saber científico, produciendo herramientas cuyas posibilidades aún no se conocen. Esta interacción entre ambos saberes se denomina «tecnología».

Por su parte, el saber artístico, en su conjunto: música, pintura, cine, etc., constituye una narración de la experiencia vital de las personas. No solo la literatura, de la que ya hemos hablado, sino también las demás artes suponen un conocimiento de la realidad, en dos sentidos: todas ellas tienen una parte que podríamos llamar técnica, porque conllevan un saber hacer; y, además, son formas de conocer la realidad y nos acercan al resto de saberes.

También hay personas que no han estudiado y no por eso son ignorantes; jamás han ido a un centro educativo o han ido muy poco tiempo, y, sin embargo, son expertas en las tareas a las que se dedican; quizá no saben dar razón de por qué hacen su trabajo como lo hacen, pero saben hacerlo gracias a su propia experiencia, que es la base de su conocimiento. Estamos hablando del saber común u ordinario, que no es sistemático y que frecuentemente va acompañado de prejuicios.

Los museos de arte dan a conocer a los visitantes obras de artistas de todas las épocas y su visión de la realidad. En la imagen, una profesora explica a un grupo de niños el cuadro de Joaquín Sorolla (España, 1863-1923) *El baño del caballo*, en el Museo Sorolla de Madrid.

Doc. 7

«Tenemos, pues, que mientras el simple vivir, el vivir en sentido biológico, es una magnitud fija que para cada especie está definida de una vez para siempre, eso que el hombre llama vivir, el buen vivir o bienestar es un término siempre móvil, ilimitadamente variable. Y como el repertorio de necesidades humanas es función de él, resultan estas no menos variables, y como la técnica es el repertorio de actos provocados, suscitados por e inspirados en el sistema de esas necesidades, será también una realidad proteiforme, en constante mutación».

José Ortega y Gasset, *Meditación de la técnica*

- Pon ejemplos de necesidades para el bienestar en el pasado que en la actualidad no lo son.
- Elige un producto de la técnica o de la tecnología y di qué necesidades satisface. ¿En qué medida contribuye a nuestro bienestar? ¿Qué problemas nos genera su uso?
- ¿Qué significa que la técnica es «una realidad proteiforme»?

ACTIVIDADES

EXPLICA

12. Explica la siguiente afirmación: «Las religiones contienen una fuerte dimensión vital y personal».
13. Elige una obra de arte y explica en qué sentido nos proporciona conocimiento de la realidad.

IMAGINA

14. Haz una redacción sobre cómo sería nuestra vida cotidiana sin los actuales avances técnicos y tecnológicos.

RAZONA

15. ¿Por qué decimos que el saber común va frecuentemente acompañado de prejuicios?

3 La filosofía

3.1. La «mirada» de la filosofía

Ya se ha dicho que la filosofía, como nosotros la conocemos, surge en el siglo VI a.C. en Grecia, concretamente en Mileto. Su nacimiento se debe a un cambio en la «mirada» sobre la realidad: mientras que en el mito se mira el mundo circundante con los «ojos» de la imaginación, en la filosofía se mira con los «ojos» de los sentidos y de la razón, y busca en unos y otra los elementos para explicarlo.

La filosofía conservará del mito la pretensión de elaborar una explicación de la realidad completa, pero irá eliminando paulatinamente el recurso a la fantasía y a personajes con poderes extraordinarios.

La causa de ese cambio de «mirada» es una nueva actitud, la actitud filosófica, que se caracteriza por la admiración, la duda y la conciencia de estar perdido o desorientado en el mundo. En la raíz del pensamiento filosófico se encuentra la admiración ante la regularidad de los fenómenos naturales y el orden apreciable en el conjunto del universo, regularidad y orden que los mitos no consiguieron explicar; admiración también ante la existencia de una naturaleza común a la inmensa diversidad de seres que pueblan el mundo, que ha de ser definida y explicada.

Acompaña a la admiración la duda que se suscita en el ser humano cuando toma conciencia de su ignorancia, cuando cae en la cuenta de que lo que creía verdadero puede no serlo; de la duda nacerá una tarea que caracterizará al saber filosófico a lo largo de la historia: preguntar hasta poner de manifiesto los supuestos en los que se apoya cualquier afirmación.

La palabra «filosofía» significa «amor a la sabiduría» y surge en el entorno de Sócrates (Grecia, siglo V a.C.), para quien la sabiduría es el más alto anhelo y la ignorancia, el peor de los males. Solo podrá buscar la sabiduría quien se sepa ignorante, por lo que el reconocimiento de la propia ignorancia es el principio de la sabiduría. Y así cabalgará el filósofo de todo tiempo, a caballo entre la ignorancia, de la que es consciente, y la sabiduría, que no termina de alcanzar.

Doc. 8

«El que quiera ser filósofo debe ejercitarse en el ejercicio libre de su razón y no en un ejercicio imitativo y, por así decirlo, mecánico [...]. Todo pensador construye, por así decirlo, su propia obra sobre las ruinas de otro; pero nunca sucede que una obra llegue a estar terminada en todas sus partes. Por ello, y fundamentalmente, nadie puede aprender filosofía, porque esta nunca está dada... Quien desee aprender a filosofar debe considerar todos los sistemas de filosofía únicamente como historia del uso de la razón y como objeto de ejercicio de su propio talento. El verdadero filósofo, como pensador autónomo, debe hacer un uso libre y personal de su razón, no un uso esclavo e imitativo».

IMMANUEL KANT, *Crítica de la razón pura*

- ¿Qué entiendes por «ejercicio libre de su razón»? Pon un ejemplo.
- ¿Y por «ejercicio imitativo»? Pon un ejemplo.
- Explica lo que es un uso esclavo de la razón y pon un ejemplo del mismo.

La observación de los fenómenos y prodigios de la naturaleza, como la nebulosa de la fotografía, es una fuente de sabiduría, que puede ayudarnos a meditar y a conocernos a nosotros mismos.

3.2. Objetivos y objetos de la filosofía

A lo largo de su historia, la filosofía se ha propuesto dos fines u objetivos:

- **Conocer con verdad la realidad**, lo que ha convertido la realidad entera en su primer objeto; la mirada filosófica trata de elaborar una explicación de toda la realidad para descubrir su estructura (el qué, el cómo, el cuándo, etc.) y su sentido (el porqué y el para qué). A esta tarea se dedica la filosofía teórica, así llamada porque el verbo griego *theoréin*, que en un principio significaba «observar», «contemplar», y se usaba para nombrar la mirada de los espectadores en el teatro, tomó después la significación de entender la diversidad del mundo, comprenderla mediante conceptos y teorías, y expresarla mediante el lenguaje.

  Por eso se ocupa de las normas de corrección del pensamiento; de la estructura de la realidad, del conocimiento de la misma y del mal que hay en ella frente a Dios; del hombre; de la naturaleza como un todo; de la ciencia y de la técnica; y del lenguaje como herramienta privilegiada para expresar la realidad entera y lo que sabemos de ella.

- **Vivir una vida feliz**, objetivo para el que es preciso saber elegir, ordenar adecuadamente los bienes y los fines que pretendemos, y realizar las acciones que nos llevan a ellos, así como participar en la organización de los grupos humanos en los que vivimos, para alcanzar en ellos la justicia y hacer posible que, en su seno, las personas seamos felices. De este objetivo se ocupa la filosofía práctica, que tiene por objeto las acciones libres del hombre en su vertiente individual y social.

  Son, pues, sus objetos, además de las acciones libres del hombre consideradas individualmente, también de ellas en cuanto miembro de un Estado; las leyes y la legitimidad del propio Estado y de las leyes que rigen en él la vida de los ciudadanos; el lenguaje como instrumento de persuasión y disfrute; el correcto uso de los bienes y las producciones artísticas.

EL SABER FILOSÓFICO

Filosofía teórica

Lógica: se pregunta por las reglas del pensar y es propedéutica de todo saber.

Metafísica: se pregunta por la estructura de la realidad entera.

- **Ontología**: se pregunta por el ser en toda su diversidad y complejidad.
- **Gnoseología o teoría del conocimiento**: se pregunta por el conocimiento humano desde sus fundamentos.
- **Teodicea**: se ocupa de la existencia de Dios en relación con el mal.

Antropología filosófica: se pregunta por la realidad humana.

Filosofía de la naturaleza: reflexiona sobre el mundo físico.

Filosofía de la ciencia y de la técnica: reflexiona sobre la investigación científica, los avances técnicos y la relación entre ambos saberes.

Filosofía del lenguaje: se ocupa del sentido y del significado del lenguaje, así como del uso del mismo.

Filosofía práctica

Filosofía moral o ética: reflexiona sobre las acciones libres de las personas, en cuanto se orientan a la justicia y a la felicidad.

Filosofía política y social: se ocupa de la dimensión social del hombre y de su capacidad para organizarse en una comunidad política orientada a la justicia.

Filosofía del derecho: se pregunta por la legitimidad del Estado y de las leyes.

Retórica: indaga en la eficacia del lenguaje, escrito o hablado, para persuadir, deleitar o conmover.

Filosofía de la economía: estudia los fundamentos morales sobre los que debe apoyarse el uso de los bienes.

Filosofía del arte o estética: reflexiona sobre la creación artística y su relación con la belleza y el bien.

Doc. 9

«La filosofía, tal como yo entiendo esta palabra, es algo que se encuentra entre la teología y la ciencia. Como la teología, consiste en especulaciones sobre temas a los que los conocimientos exactos no han podido llegar; como la ciencia, apela más a la razón humana que a una autoridad, sea esta de tradición o de revelación. Todo conocimiento *definido* pertenece a la ciencia –así lo afirmaría yo– y todo *dogma*, en cuanto sobrepasa el conocimiento determinado, pertenece a la teología. Pero entre la teología y la ciencia hay una *tierra de nadie*, expuesta a los ataques de ambas partes: esa *tierra de nadie* es la filosofía».

BERTRAND RUSSELL, *Historia de la filosofía*

- ¿Qué quiere decir que la ciencia posee un conocimiento «definido»?
- ¿Qué es un dogma? Pon ejemplos.
- ¿Piensas que la filosofía sigue expuesta a los ataques de la teología y de la ciencia? Razona tu respuesta.

ACTIVIDADES

EXPLICA

16. Explica con tus palabras, y con ejemplos, la admiración, la duda y la conciencia de sentirse perdido en el mundo como origen del conocimiento.

REFLEXIONA

17. Explica alguno de los problemas que plantea el conocimiento verdadero de la realidad.

18. Haz lo mismo con respecto al logro de la felicidad.

RAZONA

19. ¿Por qué es importante para ser feliz vivir en una sociedad que aspire a la justicia?

IMAGINA

20. ¿Puede haber alguna persona que no desee ser feliz? Justifica tu respuesta.

NO

3.3. La filosofía en su historia

A lo largo de la historia se han sucedido diversos períodos, autores y problemas en el quehacer filosófico. Vamos a exponer a continuación dos divisiones de la historia de la filosofía: la más común, por períodos; y otra, temática, atendiendo a los grandes temas de interés de cada período.

Por períodos

- **Historia de la filosofía antigua**, que comprende desde el siglo VI a.C. hasta el siglo V d.C.; o lo que es lo mismo, desde el primer filósofo del que tenemos noticia, Tales de Mileto, hasta la caída del Imperio romano. A este período pertenecen los filósofos presocráticos, los sofistas, Sócrates, Platón, Aristóteles, el estoicismo y el epicureísmo, la filosofía helenística y el neoplatonismo, como figuras y movimientos principales.
- **Historia de la filosofía medieval**, que abarca del siglo V al siglo XV, período al que pertenecen, como pensadores más destacados, Agustín de Hipona, san Anselmo, Averroes, Maimónides, Tomás de Aquino y Guillermo de Ockham.
- **Historia de la filosofía renacentista y moderna**, desde el siglo XV hasta el XVIII, período en el que sobresalen Maquiavelo, Descartes, Leibniz, Spinoza, Voltaire, Rousseau y Kant en el continente europeo, y Hobbes, Locke, Berkeley y Hume en las islas británicas.
- **Historia de la filosofía contemporánea**, desde el siglo XIX hasta nuestros días, período en el que surgen multitud de movimientos filosóficos entre los que conviene destacar:
  - En el siglo XIX: el idealismo alemán (Hegel), la crítica materialista del mismo (Feuerbach y Marx), el vitalismo (Nietzsche), el positivismo (Comte), la hermenéutica (Schleiermacher), el utilitarismo (Stuart Mill) y el historicismo (Dilthey).
  - En el siglo XX: la fenomenología (Husserl), el pragmatismo (Dewey), la filosofía del lenguaje (Wittgenstein), la escuela de Fráncfort (Horkheimer), el personalismo (Mounier) y el existencialismo (Heidegger, Sartre).
  - En España: destacan pensadores como Ortega y Gasset, Zubiri, Laín Entralgo y Aranguren.

Doc. 10

«Porque al fin y al cabo, ¿qué es un sabio? Puede ser una persona que inspire cierto respeto (o que debería inspirarlo) por lo que sabe. Entonces la pregunta correcta debería ser: ¿Qué clase de saber debería inspirar respeto? "A priori" todos, aunque sea lo que más le cueste a un profesor hacer entender a sus alumnos. Pero si tuviera que escoger el más preciado de entre todos, escogeríamos un saber que todos los hombres reconocerían como el más útil. Nuestra tradición filosófica consideró entonces, hace 2.500 años, que el saber supremo sería aquel que nos ayude a encontrar la felicidad».

Atlas básico de filosofía

- ¿Qué es un sabio desde tu punto de vista?
- ¿Por qué crees que debe inspirar respeto un saber?
- ¿Estás de acuerdo en que el saber supremo es el que nos ayuda a encontrar la felicidad? Razona la respuesta.
- Selecciona, entre los saberes que ya conoces, los que pienses que más ayudan a conseguir la felicidad y razona la contribución de cada uno de ellos a la misma.
- Cuenta alguna situación en la que te hayas sentido dichoso porque has sabido lo necesario para enfrentarte a ella.

Ruinas de Paestum, la antigua Elea, cuna del filósofo griego Parménides, situada en el golfo de Salerno.

Por temas

NO

Atendiendo a las grandes preguntas que han servido de punto de partida para filosofar, distinguimos los siguientes períodos:

- **Período ontológico**, desde el origen de la filosofía hasta la llegada del cristianismo a Occidente. Como su nombre indica, el problema fundamental de los filósofos de este tiempo es la verdad de la naturaleza y del ser, tomado en toda su generalidad.
- **Período ontoteológico**, desde la llegada del cristianismo hasta el siglo XV, en el que la filosofía, sin abandonar su primer objeto, se ocupa ahora principalmente de Dios, como causa de todo cuanto existe, y de su relación con el mundo.
- **Filosofía de la conciencia**, desde el Renacimiento hasta el siglo XIX, período en el que el centro prioritario de interés de la reflexión filosófica es el hacerse del hombre con la realidad, esto es, el conocimiento del mundo y de sí mismo.
- **«El giro lingüístico»**, período que comprende desde el siglo XX hasta nuestros días y en el que gran parte de la reflexión filosófica se centra en el lenguaje y en la importancia del mismo, no solo como herramienta para acercarnos a la realidad, sino como elemento organizador de ella en todos los ámbitos del saber.
- **«El giro práctico»**, período que comprende desde el siglo XX hasta nuestros días y en el que la reflexión filosófica se centra en la ética personal, en la ética de la vida social y política, y en las éticas aplicadas a los diferentes saberes y a los diversos ámbitos de la vida en nuestra sociedad.

Los temas enunciados –la verdad del ser y de la naturaleza, Dios, el conocimiento de sí mismo y del mundo, el lenguaje, la ética y sus aplicaciones, y la política– no agotan los problemas que los filósofos se han planteado; hay más objetos de reflexión filosófica no especificados y muchos de ellos han convivido en diferentes momentos; estos son solo los que han concitado un interés más general en una etapa de la historia del pensamiento, interés que ha producido nuevos planteamientos de los mismos, nuevos métodos para su estudio y nuevos logros en su conocimiento. Pongamos ejemplos:

- La preocupación por el conocimiento de la realidad está presente desde los orígenes de la filosofía y es constante en toda su historia, desde los filósofos presocráticos hasta hoy.
- La importancia del conocimiento de nosotros mismos es prioritaria desde Sócrates hasta el presente.
- Lo divino, sea como un saber anhelado o como primer principio y fin último de todo cuanto existe, es objeto de la filosofía desde su nacimiento en Grecia; serán los filósofos cristianos de la Edad Media quienes harán de ello su centro de reflexión y el concepto de Dios no desaparecerá del horizonte filosófico desde entonces.
- Del lenguaje se ocuparon, entre otros, Platón, los sofistas y Aristóteles, y al origen del mismo y a su uso para conocer y convivir dedicaron importantes obras.
- Y por lo que hace a la reflexión ético-política y a la aplicación de sus conclusiones a otros saberes y ámbitos de la vida personal y social, su presencia en el saber filosófico se remonta a los orígenes de la filosofía y se extiende a lo largo de toda su historia. Todos los filósofos se han interrogado acerca de la felicidad del hombre y sobre la presencia o ausencia de la justicia en sus sociedades respectivas, así como acerca de la necesaria contribución de todos los saberes al logro de ambas.

Doc. 11

«Hace ya algún tiempo que me di cuenta de que, desde mi infancia, había tenido por verdaderas numerosas opiniones falsas, y que lo construido posteriormente sobre principios tan poco firmes no podía dejar de ser altamente dudoso e incierto; de modo que debía emprender seriamente por una vez en mi vida la tarea de deshacerme de todas las opiniones que había tomado hasta entonces por verdaderas, y comenzar completamente de nuevo, desde los cimientos, si quería establecer algo firme y constante en las ciencias. Pero, pareciéndome demasiado grande esta empresa, esperé a haber alcanzado una edad que fuese lo suficientemente madura como para no poder esperar otra después de ella que fuese más propicia para ejecutarla».

René Descartes, *Meditaciones metafísicas*

- ¿Cuál es la actitud inicial de Descartes que lo lleva a la filosofía? Explícala desde sus palabras en el texto.
- ¿Crees que es posible, como dice el autor, «comenzar completamente de nuevo» en el saber?

ACTIVIDADES

RELACIONA

21. Haz un cuadro de doble entrada en el que relaciones los períodos de la historia de la filosofía y los temas que centran la atención de los filósofos.

INVESTIGA

22. Busca información sobre alguno de los filósofos que aparecen nombrados y elabora una redacción sobre su vida y su pensamiento.

REFLEXIONA

23. Elige alguno de los problemas de la filosofía enunciados y redacta un informe con lo que tú piensas del mismo.

4 Filosofía hoy, ¿para qué?

Observatorio astrofísico de Roque de los Muchachos, en la isla de La Palma, Canarias. Está situado a 2.396 metros de altitud, y es un lugar de referencia mundial para la observación del cosmos.

De todo lo visto hasta ahora podemos sacar algunas conclusiones. En concreto, acerca del saber filosófico, que es un saber crítico y riguroso que pretende conocer la estructura fundamental de la realidad y de la razón misma, entendida la realidad como totalidad de lo que hay, también de la vida personal y social del ser humano.

A lo largo de la historia se han ido acumulando las grandes preguntas, que son el centro de la actividad filosófica, y también las respuestas y controversias en torno a tales cuestiones.

Cabe ahora preguntarnos si tiene sentido filosofar hoy, cuando las ciencias, la técnica y la tecnología, los llamados «saberes positivos», parecen dominar ya la realidad o les falta muy poco para ello; y cuando los cambios sociales se producen con tal celeridad que parece inútil dedicarse a responder las cuestiones más generales y más radicales. Y la respuesta es que, precisamente por estas razones, es muy necesaria la filosofía, porque:

- Los saberes positivos, cada uno de ellos ocupado en una parcela de la realidad, deben ser integrados y valorados desde el punto de vista de su contribución a la felicidad de las personas y a la justicia en los grupos humanos. Esta tarea no la realiza ninguno de los saberes no filosóficos.
- Es necesario reflexionar para conseguir criterios que nos ayuden a superar los prejuicios y dogmatismos que pueblan el saber ordinario sobre la realidad, de nosotros mismos y de nuestras sociedades.
- Los saberes positivos carecen de instrumentos para cuestionar sus propios prejuicios acerca de la realidad natural y social.
- Además, hoy convivimos con algunas amenazas especialmente peligrosas en cuanto a la información y el conocimiento, pues la presunta información es muy veloz y supera todas las fronteras, incluso las de la propia intimidad; internet y el teléfono móvil, que tanto nos ayudan en muchos momentos, son, en otros, instrumentos deshumanizadores y que nos alejan de la realidad.
- Es preciso adoptar una posición crítica que nos permita determinar si hay fines razonables para nuestra vida y cuáles son, de lo que se ha ocupado, desde su origen hasta hoy, la filosofía.
- Para todo ello es indispensable conocer los conceptos y argumentos que la filosofía ha producido, y elaborar otros nuevos que nos permitan integrar todos los conocimientos en una visión lo más completa posible.

Detalle de un fragmento de piel de tiburón observado con microscopio.
El mejor conocimiento de la naturaleza y de todos los seres vivos que la habitan debe orientarse al cuidado y a la preservación por solidaridad con las generaciones futuras.

Es común la experiencia del niño que, a temprana edad, pregunta sin cesar «¿Esto qué es?» y «¿Por qué?». A la primera pregunta suele bastarle con que se le responda el nombre del objeto por el que pregunta, pero la respuesta a la segunda la encadena con otra igual, y con otra, y continúa sucesivamente con la misma interrogación a partir de cada respuesta, hasta que el adulto se cansa y lo distrae con cualquier juego u objeto cercano, lo que nos lleva a pensar que preguntar y preguntar*se* es inherente a la condición humana, así como a sospechar de quienes, cansados o interesados, intentan distraernos con juegos u objetos para que dejemos de hacerlo.

Cuando en un momento histórico o en una sociedad los seres humanos renunciamos a preguntar y a preguntarnos, caemos en la desorientación, aceptamos sin crítica acciones y afirmaciones de dudosa índole, podemos deslizarnos hacia comportamientos prejuiciosos y no sometemos a análisis nuestras vivencias y las de aquellos con quienes convivimos y construimos la sociedad. Todo ello conlleva una renuncia a la dignidad de la que estamos investidos por el hecho de ser personas.

Doc. 12

«Y a continuación –seguí–, compara con la siguiente escena el estado en que, con respecto a la educación o a la falta de ella, se halla nuestra naturaleza. Imagina una especie de cavernosa vivienda subterránea provista de una larga entrada, abierta a la luz, que se extiende a lo ancho de toda la caverna, y unos hombres que están en ella desde niños, atados por las piernas y el cuello, de modo que tengan que estarse quietos y mirar únicamente hacia delante, pues las ligaduras les impiden volver la cabeza; detrás de ellos, la luz de un fuego que arde algo más y en plano superior, y entre el fuego y los encadenados, un camino situado en alto, a lo largo del cual suponte que ha sido construido un tabiquillo parecido a las mamparas que se alzan entre los titiriteros y el público, por encima de las cuales exhiben aquellos sus maravillas.

–Ya lo veo –dijo.

–Pues bien, ve ahora, a lo largo de esa paredilla, a unos hombres que transportan toda clase de objetos, cuya altura sobrepasa la de la pared, y estatuas de hombres o animales hechas de piedra y de madera y de toda clase de materias; entre estos portadores habrá, como es natural, unos que vayan hablando y otros que estén callados.

–¡Qué extraña escena describes –dijo– y qué extraños prisioneros!

–Iguales que nosotros –dije–, porque en primer lugar, ¿crees que los que están así han visto otra cosa de sí mismos o de sus compañeros sino las sombras proyectadas por el fuego sobre la parte de la caverna que está frente a ellos?

–¿Cómo –dijo–, si durante toda su vida han sido obligados a mantener inmóviles las cabezas?

–¿Y de los objetos transportados? ¿No habrán visto lo mismo?

–¿Qué otra cosa van a ver?

–Y si pudieran hablar los unos con los otros, ¿no piensas que creerían estar refiriéndose a aquellas sombras que veían pasar ante ellos?

–Forzosamente.

–¿Y si la prisión tuviese un eco que viniera de la parte de enfrente? ¿Piensas que, cada vez que hablara alguno de los que pasaban, creerían ellos que lo que hablaba era otra cosa sino la sombra que veían pasar?

–No, ¡por Zeus! –dijo.

–Entonces no hay duda –dije yo– de que los tales no tendrán por real ninguna otra cosa más que las sombras de los objetos fabricados.

–Es enteramente forzoso –dijo.

–Examina, pues –dije–, qué pasaría si fueran liberados de sus cadenas y curados de su ignorancia y si, conforme a naturaleza, les ocurriera lo siguiente. Cuando uno de ellos fuera desatado y obligado a levantarse súbitamente, y a volver el cuello y a andar, y a mirar a la luz y cuando, al hacer todo esto, sintiera dolor y, por causa de las chiribitas, no fuera capaz de ver aquellos objetos cuyas sombras veía antes, ¿qué crees que contestaría si le dijera alguien que antes no veía más que sombras inanes [...]?».

PLATÓN, *República*

- ¿Estás de acuerdo con Platón en las consecuencias que la falta de educación tiene para los hombres? Razona tu respuesta.
- Describe alguna situación en la que tú u otra persona se haya sentido «prisionera» en el sentido que describe Platón.
- Partiendo del texto, haz una redacción en la que aparezcan «las sombras» y «los ecos» de nuestro tiempo.
- ¿Dirías que este es un texto literario, mítico o filosófico? ¿Por qué?

ACTIVIDADES

INVESTIGA

24. Pon ejemplos de prejuicios que hayas detectado, en ti o en otras personas, y cómo pueden superarse.
25. Busca el significado de «dogmatismo» y explícalo con tus palabras.

REFLEXIONA

26. Explica por qué el uso indebido del teléfono móvil e internet puede llevarnos a la enajenación y a la deshumanización.
27. ¿Te has planteado alguna vez si tiene sentido tu vida? Responde dando razones.

Teatro de Sombras de Java.
Todo lo real proyecta sombras; vivir de verdad no es otra cosa que distinguir lo real de las sombras.

SABER HACER

1 Los diferentes saberes

Responde a las siguientes preguntas:

1. Nombra diferentes saberes que conozcas y explica brevemente en qué consisten.
2. ¿Cuáles de los saberes nombrados pertenecen a la filosofía? Relaciónalos con los objetivos y los objetos de la misma.
3. ¿Crees que la tecnología es fundamental en nuestra vida? Razona tu respuesta.
4. Expón algún problema que hayas vivido para el que las ciencias no tienen respuesta.

2 Comentario de texto

«Los hombres comienzan y comenzaron siempre a filosofar movidos por la admiración; al principio, admirados ante los fenómenos sorprendentes más comunes; después, avanzando poco a poco y planteándose problemas más grandes, como los cambios de la Luna y los relativos al Sol y a las estrellas, y a la generación del universo. Pero quien se plantea un problema o se admira reconoce su ignorancia. (Por eso también quien ama los mitos es en cierta manera filósofo; ya que el mito consta de elementos maravillosos). De manera que, si filosofaron para huir de la ignorancia, es claro que buscaban el saber en vista del conocimiento, y no por alguna otra utilidad. Y así lo testimonian los hechos. Porque esta disciplina comenzó a buscarse cuando ya existían todas las cosas necesarias y las relativas al descanso y al adorno de la vida. Es, pues, evidente que no la buscamos por ninguna otra utilidad, sino que, tal como llamamos hombre libre al que lo es por sí mismo y no por otro, así consideramos esta como la única ciencia libre, ya que lo es por sí misma».

ARISTÓTELES, *Metafísica*

Cuestiones

1. Haz un resumen del texto.
2. Señala la idea principal del texto y las razones con las que el autor la sostiene.
3. Explica la relación que Aristóteles establece entre el mito y la filosofía.
4. ¿Opone el autor la idea de utilidad a la de libertad? Razona la respuesta y expón tu visión al respecto.

3 Disertación

La necesidad de la filosofía hoy

Redacta la disertación de acuerdo con el siguiente guion:

- Definición de filosofía.
- Ámbitos del saber filosófico.
- Etapas de la historia de la filosofía.
- Algunos problemas filosóficos actuales.
- Conclusión: ¿Es necesaria la filosofía hoy? ¿Por qué?

4 Debate

La sociedad de la información

Durante una semana, recoged grabaciones de noticias de la televisión, de la radio y de los periódicos digitales; también recortad noticias de prensa escrita; mejor si se trata de la misma noticia en diferentes medios.

Juntaos en un recreo y revisad todo el material, ordenándolo de modo que reunáis las noticias sobre los mismos acontecimientos.

En clase, como presentación, exponed el material recopilado indicando sus fuentes.

Abrid un debate en el que intentaréis responder a las siguientes preguntas:

1. En las diversas fuentes, ¿está expuesto con claridad el acontecimiento al que se refiere la noticia?
2. ¿Aparecen valoraciones en las noticias? ¿De qué índole, en cada caso?
3. Una persona que solo recibe información de una fuente ¿está de verdad informada?

Poned luego por escrito vuestras conclusiones.

5 Comentario de texto

«Un ser humano es parte de un todo, llamado por nosotros "universo", una parte limitada en el tiempo y el espacio. Se experimenta a sí mismo, sus pensamientos y sentimientos, como algo separado del resto, [...] algo así como una ilusión óptica de su conciencia. Esta falsa ilusión es para nosotros como una prisión que nos restringe a nuestros deseos personales y al afecto que profesamos a las pocas personas que nos rodean. Nuestra tarea debe ser liberarnos de esta cárcel ampliando nuestro círculo de compasión para abarcar a todas las criaturas vivas y a la naturaleza en conjunto en toda su belleza. Nadie es capaz de conseguirlo completamente, pero esforzarnos en este sentido es ya una parte de la liberación y es la base de nuestra seguridad interior».

ALBERT EINSTEIN, *Mi visión del mundo*

Cuestiones

1. Pon título al texto.
2. Reescríbelo con tus palabras explicando su contenido.
3. ¿A qué llama el autor «falsa ilusión»? ¿Por qué piensas que la califica así?
4. ¿Qué semejanzas encuentras entre este texto y el mito de la caverna de Platón? Explícalas.
5. ¿Qué diferencias hay entre ambos textos? Explícalas.
6. Expresa razonadamente tu valoración del contenido del texto y la relación del mismo con el quehacer filosófico.

6 Sombras y ecos de nuestro tiempo: la publicidad

1. Elaborad una lista de grupos de productos de consumo sobre los que se hacen anuncios.
2. Haced luego grupos de cuatro o cinco compañeros y elegid los temas según vuestros intereses.
3. Grabad los anuncios que os resulten más sugerentes relativos al tema elegido.
4. Analizadlos siguiendo estas pautas:
   - Producto que se anuncia.
   - Situación espacio-temporal.
   - Personajes: edades, sexo, nivel cultural y económico, aspecto físico, trabajo o profesión.
   - Elementos de atracción de los que se han servido los publicistas.
   - Cualidades del producto destacadas en el anuncio.
   - Necesidad real o superflua del producto.
   - Verdadera adecuación entre la necesidad y la satisfacción del producto.
5. Luego haced un montaje con los anuncios seleccionados y una presentación en Power Point con vuestras conclusiones, en las que deberéis reflejar los elementos reales y los aparentes de cada uno de ellos.
6. Redactad un informe en el que aparezcan las sombras y los ecos de «nuestra caverna».

PROYECTO FINAL. **Trabajo cooperativo**

Las metas de la filosofía: sabiduría y felicidad

- Dividimos la clase en dos subgrupos, uno se encargará de la sabiduría y el otro de la felicidad. En cada subgrupo, formamos equipos de cuatro o cinco personas cada uno.
- Elaboramos entre todos un índice del proyecto que sea adecuado al número de equipos que tengamos, de modo que cada equipo pueda trabajar con autonomía sobre un aspecto concreto del proyecto. Para elaborar el índice se pueden tener en cuenta aspectos como los siguientes: definición de los conceptos («sabiduría» un subgrupo, «felicidad» el otro) en la actualidad, devenir histórico de los mismos, personajes reales e imaginarios que los hayan ejemplificado en sus vidas, posibilidad de realización de los mismos en nuestro mundo actual, etc.
- En cada equipo investigamos sobre un apartado del índice y buscamos información sobre el mismo, citamos sus fuentes y elaboramos un documento con los resultados de la investigación. Puede haber encuestas, cuestionarios y entrevistas a personas que el equipo considere interesantes. Podemos hacer búsquedas en Internet, consultas bibliográficas (libros, revistas, periódicos), hacer referencia a películas, canciones, documentales, etc.
- Terminado el trabajo por equipos, se reunirá cada subgrupo por su lado para poner en común los resultados obtenidos y preparar una presentación pública de los mismos, preferiblemente en un soporte informático, con una duración aproximada de quince minutos.
- Un pequeño grupo de voluntarios hará una síntesis de las aportaciones de los equipos y la enviará por correo electrónico a todos los miembros del grupo de clase.
- Todo el proceso de elaboración durará en torno a dos semanas.

2 El saber científico

CONTENIDOS

1 Orígenes

2 Métodos

3 Diferencias entre la ciencia y la filosofía

4 Ciencia, técnica, tecnología y tecnociencia

5 Límites internos del saber científico-técnico

6 Límites externos de la ciencia, la técnica y la tecnología

PARA PENSAR JUNTOS

Leemos el diálogo de la página siguiente, debatimos sobre él y, después de estudiar esta unidad didáctica, respondemos estas cuestiones:

- Señala en el texto los prejuicios con respecto a los diferentes saberes y los personajes que los sostienen.
- ¿Todos los científicos son ateos? Razona la respuesta y pon ejemplos.
- ¿Tienes noticia de algún error en la ciencia? Cuéntalo y explica las razones que han llevado a calificarlo como tal.
- Describe un problema resuelto por la ciencia y la técnica, y un problema generado por ellas.
- ¿Qué críticas plantean a las ciencias Carmen y Belén en su última intervención?

Acelerador de partículas del CERN en Ginebra, artefacto de avanzadísima tecnología con el que se pretende hallar respuesta a grandes incógnitas del universo.

El nuestro es, sin duda, un tiempo marcado por los descubrimientos científicos y por los inventos tecnológicos. Nunca antes en nuestra cultura ha habido tal profusión de todos ellos. Quizá por eso hay quienes piensan que los saberes científicos y tecnológicos resolverán todos los problemas que los seres humanos nos planteamos a lo largo de nuestra vida; este modo de pensar es acrítico, es decir, no repara en la diversidad e historicidad de dichos problemas y de sus soluciones, ni en los nuevos problemas que se generan a partir de los descubrimientos e inventos mencionados, ni mucho menos en los límites infranqueables a los que se enfrentan los saberes científicos, técnicos y tecnológicos. Vamos a ocuparnos de todo ello a continuación.

LA FILOSOFÍA EN TU VIDA

CONSUELO.- ¿Habéis visto lo que ha pasado en el laboratorio?

JUAN.- Sí, yo todavía estoy un poco sorprendido.

FERNANDO.- ¡Me he quedado muerto cuando nos ha dicho la de Física y Química que unas veces se saca adelante un experimento y otras veces no!

BRAHIM.- Es que tenemos más confianza en la ciencia de la que deberíamos, y por eso nos pasan estas cosas.

CARMEN.- Pero esa confianza la tenéis solo algunos, parece que la ciencia fuera la panacea de la humanidad. Si la ciencia fuera tan maravillosa, para qué seguimos cultivando las artes, o por qué nos fiamos de personas experimentadas que apenas saben leer ni escribir, o por qué rezamos en algunas situaciones…

JUAN.- Bueno, lo de rezar es un poco pintoresco, corresponde más a momentos anteriores de la historia. Y lo de las artes, tiene que haber gente para todo. La ciencia demuestra sus afirmaciones, es objetiva y rigurosa, y ha hecho progresar a la humanidad.

CONSUELO (irónica).- Y el que no sirve para científico a algo se tendrá que dedicar para poder comer.

ANA.- Hay científicos que son creyentes; decir que la religión está pasada no sé yo si tiene mucho fundamento.

JUAN.- Pero esos científicos creyentes son del pasado, porque en su tiempo la religión tenía mucho poder y no iban a arriesgarse a ser condenados.

BRAHIM.- Y actuales, Juan. Dices que la ciencia demuestra, vale, pero durante siglos la humanidad pensó que la Tierra estaba quieta y el Sol giraba a su alrededor, hasta que se descubrió justo lo contrario. ¿Cómo demostró aquello y esto? ¿Quién nos asegura que muchas de sus afirmaciones actuales no cambiarán en el futuro?

BELÉN.- ¿Y la filosofía, Juan? Intentar conocer la realidad y aprender a vivir para ser justos y felices, ¿también son cosas del pasado?

PACO.- Bueno, es el colmo. Solo porque ha fallado un experimento en el laboratorio, ¿queréis decir que la ciencia y la técnica están de más?

BRAHIM.- Nadie ha dicho eso, Paco. Lo que decimos es que no son los únicos saberes, ni han sido siempre como ahora, ni son los únicos que contribuyen al progreso. Yo añado que hemos

de ser respetuosos: no se puede decir que rezar sea «pintoresco»; no lo hagáis si no os parece adecuado, pero no debéis llamar anticuados a los que lo hacemos.

JUAN.- Lo siento, Brahim, no he querido molestar a los creyentes. Pero es que lo que vivís como misterio y lo atribuís a la religión, un día la ciencia lo descubrirá.

CARMEN.- O no, Juan. Hay problemas que la ciencia y la técnica no se plantean porque caen fuera de su campo; además, resuelven unos problemas y generan otros. En cuanto a la objetividad y el rigor, no sé yo qué papel juega la imaginación en la investigación. Y eso de demostrar… ¿Tú crees que la observación y los experimentos dan para tanto?

BELÉN.- ¿Y cuando no se puede experimentar ni observar, no hay rigor? Yo llevo unos días pensando por qué se investigan unas cosas y no otras, y por qué hablamos tanto de los adelantos técnicos, que disfrutamos unos pocos, mientras muchísimas personas carecen de lo necesario para vivir. ¿Qué ciencia se ocupa de esto? Porque a mí me da la impresión de que las ciencias ganan en rigor porque reducen mucho su campo.

CONSUELO.- Quizá tanto que la mayor parte de nuestra realidad queda fuera de ellas. Por eso, muchachos, y porque se acabó el recreo, volvamos a clase, a ver si con la Lengua conseguimos ampliar nuestro mundo.

El telescopio de Galileo, que ahora parece elemental, supuso un gran avance para la ciencia y la filosofía.

Doc. 1

«Expongamos, ahora, una ciencia nueva acerca de un tema muy antiguo. No hay, tal vez, en la naturaleza nada más viejo que el movimiento, y no faltan libros voluminosos sobre tal asunto, escritos por los filósofos. A pesar de todo esto, muchas de sus propiedades, muy dignas de conocerse, no han sido observadas ni demostradas hasta el momento. Se suelen poner de manifiesto algunas más inmediatas, como la que se refiere, por ejemplo, al movimiento natural de los cuerpos que al descender se aceleran continuamente, pero no se ha demostrado hasta el momento la proporción según la cual tiene lugar tal aceleración. En efecto, que yo sepa, nadie ha demostrado que un móvil que cae partiendo de una situación de reposo recorre, en tiempos iguales, espacios que mantienen entre sí la misma proporción que la que se da entre los números impares sucesivos comenzando por la unidad».

GALILEO GALILEI, *Discorsi*

- ¿Qué sentido tiene en el texto la palabra «ciencia»?
- ¿Por qué se refiere Galileo a los filósofos y no a los científicos?
- ¿Qué echa en falta el autor en los estudios sobre el movimiento? Explícalo.
- ¿Qué concepción de la ciencia se critica y cuál se propone? Razona tu respuesta.

1 Orígenes

1.1. La ciencia en la Antigüedad

La palabra «ciencia» procede del sustantivo latino *scientia*, derivado del verbo *scire*, que significa «saber»; y esta etimología latina se remonta al griego, en el que la ciencia se denominaba *epistéme*. Para los griegos, en general, la *epistéme* hace referencia al conocimiento verdadero de lo que realmente es o existe, y no de lo que las cosas parecen ser.

Según Platón (Grecia, 427-347 a.C.), la *epistéme* designa el conocimiento relacionado con el mundo superior o mundo inteligible, mientras que todo el conocimiento relativo a este mundo sensible en el que vivimos lo engloba en la opinión (*dóxa*); la ciencia es, pues, para este filósofo, el conocimiento de la verdadera realidad, eterna e inmutable.

Para Aristóteles (Grecia, 384-322 a.C.), en cambio, la *epistéme* es un tipo de conocimiento universal, necesario y enseñable, deducido de principios y distinto del conocimiento sensible, que es siempre un tipo de conocimiento de lo particular y contingente. Considera que la finalidad de la ciencia es la contemplación de la verdad.

A lo largo de toda la Edad Media, la ciencia es concebida, bien al modo platónico, bien al modo aristotélico, según la influencia recibida de uno u otro filósofo, y en esa época no se distingue con claridad entre filosofía y ciencia.

1.2. La ciencia desde el Renacimiento hasta hoy

Francis Bacon (Reino Unido, 1561-1626) puso de manifiesto una nueva concepción de la ciencia, sosteniendo que esta tiene una dimensión fundamentalmente «práctica»: el cometido de la ciencia no es contemplar la naturaleza ni la verdad que hay en ella, sino tratar de dominarla, de conocer las leyes que rigen los fenómenos naturales para utilizarlas en beneficio de la humanidad. Para conseguir este objetivo es fundamental eliminar los prejuicios que nos alejan de un conocimiento objetivo de la naturaleza, prejuicios a los que Bacon denomina «ídolos» y que son de cuatro tipos:

- **Ídolos de la tribu.** Son los prejuicios comunes a la humanidad que nos llevan a interpretar erróneamente la naturaleza; por ejemplo, la tendencia a considerar verdaderas las explicaciones que están más de acuerdo con nuestros deseos y a desechar lo que contradice nuestras opiniones.
- **Ídolos de la caverna.** Son los prejuicios particulares de cada ser humano derivados de su educación, sus convicciones y sus costumbres.
- **Ídolos de la plaza pública.** Son los prejuicios que nacen del uso del lenguaje para comunicarnos, pues el significado de las palabras es a menudo impreciso.
- **Ídolos del teatro.** Son los prejuicios que nos llevan a considerar verdaderas las afirmaciones de autoridades pasadas sin someterlas a análisis.

La Revolución Científica de los siglos XVI y XVII trajo consigo la distinción tajante entre filosofía y ciencia, porque algunas de las ciencias que estudian la naturaleza, como la física y la astronomía, adoptaron nuevos métodos de investigación que ya no eran métodos filosóficos, sino empíricos. Tales métodos incluyen dos nuevos elementos: la experimentación y la matematización.

Hasta este momento, quienes se dedicaban al quehacer científico leían las teorías de sus predecesores, las discutían y a veces aportaban nuevos argumentos, pero no se hacían experimentos.

En cambio, a partir de este momento, se dedicarán a conocer cómo se producen los hechos y a provocar experiencias previamente diseñadas para responder al objetivo del investigador. La experiencia ya no se limita a lo que sucede espontáneamente, sino que se planifica con ayuda de fórmulas matemáticas, se construye mentalmente un posible resultado del experimento y se comprueba si realmente se produce lo planificado. Los resultados también se expresan en lenguaje matemático.

1.3. Clasificación de las ciencias

Como hemos visto, la física y la astronomía se constituyeron como ciencias en los siglos XVI y XVII, y lo hicieron porque determinaron sus objetos de estudio y propusieron un método propio para investigarlos. Estos son los dos rasgos que proporcionan la autonomía y el estatuto propio a los saberes científicos. Es especialmente importante el método, palabra que procede del griego *méthodos*, que significa «camino hacia», y que es concebido como el modo previamente planificado de abordar un ámbito de la realidad con vistas a alcanzar un fin. Conviene tener presente que, en esta conquista de autonomía y estatuto propio, cada una de las ciencias ha tenido sus vicisitudes y su evolución histórica.

De acuerdo con los objetos determinados por cada ciencia y los tipos de métodos de las mismas, podemos establecer la siguiente clasificación:

ACTIVIDADES

RECUERDA

1. ¿Cómo concebían la ciencia los filósofos griegos?
2. ¿Qué rasgos caracterizan a las ciencias desde el Renacimiento?

REFLEXIONA

3. ¿Crees que los tipos de ídolos que estableció Bacon siguen vigentes hoy? Responde dando razones y poniendo ejemplos.

INVESTIGA

4. Elige la ciencia por la que sientas más interés y busca información sobre su historia. Redacta luego los principales hitos de la misma a través del tiempo.

CLASIFICACIÓN DE LAS CIENCIAS

FORMALES		**EMPÍRICAS**		
Lógica	**Matemáticas**	**Naturales**		**Sociales**
		FÍSICAS	BIOLÓGICAS	
Lógica de enunciados Lógica de predicados (incluye silogística) Lógicas no clásicas (modal, deóntica, multivalente, etc.)	Aritmética Teoría de conjuntos Geometría Álgebra	Física Química Geología Astronomía Geografía física	Biología Fisiología Anatomía Botánica Genética Zoología	Sociología Antropología Psicología Historia (del arte, de la ciencia, de la política, etc.) Economía Politología Geografía humana Sociobiología

Doc. 2

«Tradicionalmente, la reflexión sobre la definición posible del hombre se desarrollaba en el marco del discurso religioso o filosófico. Al mismo tiempo, la historia, que no podía ofrecer ninguna verdad de tipo científico, fue adquiriendo cierto valor a partir del Renacimiento a la hora de meditar sobre la naturaleza humana. Con el progreso de las ciencias de la naturaleza (física y química), el estudio de la realidad humana intentó imitar los métodos científicos, y así es como aparecieron varias disciplinas a partir del siglo XIX que se proponían estudiar cada una un aspecto determinado de la realidad humana».

Atlas básico de filosofía

- ¿Por qué crees que se dice en el texto que la historia no puede «ofrecer ninguna verdad de tipo científico»? ¿Estás de acuerdo con esta afirmación? Razona tu respuesta.
- ¿Qué importancia tiene la historia para el conocimiento del ser humano?
- Busca información sobre alguna de las disciplinas relativas al ser humano que surgen en el siglo XIX y elabora una redacción sobre su evolución.

Doc. 3

«–Es exacto –confirmó Muñoz, que miraba el tablero desde lejos, sin acercarse–. El alfil blanco, al retirarse de C4 a D3, permite un jaque doble: dama blanca al rey negro, y el propio alfil a la dama negra. El rey no tiene más remedio que huir de A4 a B3 y abandonar la dama negra a su suerte [...]. La reina blanca aún dará otro jaque en C4, empujando al rey enemigo hacia abajo, antes de que el alfil blanco remate a la dama.

–La torre negra se comerá ese alfil.

–Sí, pero eso carece de importancia. Sin la dama, las negras están acabadas. Además, al desaparecer esa pieza del tablero, la partida pierde su razón de ser.

–Quizá esté en lo cierto.

–Lo estoy. La partida, o lo que queda de ella, la decide ahora el peón blanco, que se encuentra en D5, que tras comerse al peón negro en C6 avanzará hasta entrar en dama sin que nadie pueda impedirlo [...]. Eso sucederá dentro de seis, o como mucho, nueve jugadas.

–Reconozco que no hay salida. Las negras pierden».

ARTURO PÉREZ-REVERTE, *La tabla de Flandes*

- Haz un esquema sobre el proceso deductivo que aparece en el texto.

Laboratorio del Instituto Astrofísico de Canarias.

2 Métodos

2.1. El método de las ciencias formales

Como hemos visto en la clasificación de las ciencias, pertenecen a las formales la lógica y la matemática, y se denominan «formales» porque no se ocupan de objetos ni de hechos que podamos encontrar directamente en la experiencia sensible, sino de la forma que han de tener nuestros razonamientos para ser válidos (en la lógica) o de objetos abstractos (como números, formas geométricas o conjuntos, en la matemática). Al no ser experimentales, estas ciencias son puramente deductivas: partiendo de ciertas premisas como punto de partida, demuestran que de ellas se siguen necesariamente ciertas conclusiones.

Es característico de estas ciencias formales la utilización como método de un formalismo: un sistema simbólico definible sin atender a su posible interpretación (a su semántica). Para ello se requiere disponer de un alfabeto (un conjunto de símbolos) y de unas reglas que establezcan qué combinaciones de esos símbolos consideramos como fórmulas bien formadas y cuáles no (una sintaxis formal). Con ello dispondremos de un lenguaje formal, al que podremos añadir entonces un mecanismo deductivo que nos permita derivar unas fórmulas a partir de otras. Con todo ello tendremos entonces un sistema o cálculo formal puramente sintáctico, que aportará un rigor, una exactitud y una claridad muy superior a la que se lograría usando el lenguaje natural en el proceso de la deducción.

- Sistema o cálculo formal
  - Lenguaje formal
    - Alfabeto
    - Reglas de formación de fórmulas
  - Reglas de derivación

A finales del siglo XIX y durante la primera parte del XX, esos cálculos formales adoptaban la forma de sistemas axiomáticos: contaban con unas leyes que se aceptaban sin demostración como punto de partida (axiomas), de las cuales se pretendía poder derivar como teoremas todo el conjunto de leyes del campo que se quería axiomatizar (fuera la lógica de enunciados o la aritmética elemental, por ejemplo). Posteriormente, a partir de los años 30 del siglo XX, se desarrollaron otros cálculos basados exclusivamente en reglas de deducción, sin axiomas, capaces de demostrar exactamente los mismos teoremas, pero de modo mucho más simple que en un sistema axiomático.

Adopte ese cálculo una u otra forma, lo importante es que se adecúe a la semántica o campo de conocimientos (lógicos o matemáticos) que pretende formalizar. Ello requiere que se cumplan dos condiciones fundamentales:

- **Corrección:** que todos los teoremas demostrables en el cálculo sean leyes válidas del campo que se trata de formalizar (pues si el cálculo nos permitiera probar una ley inválida, sería un cálculo incorrecto).
  - Por cierto, la corrección de un cálculo implica automáticamente su consistencia: no existirá en su seno ninguna contradicción, ya que es imposible que dos leyes válidas sean una la negación de la otra.
- **Completitud:** que todas las leyes válidas sean demostrables en el cálculo formal (si alguna no lo fuera, el cálculo sería incompleto).

Durante los años 30, gracias a los trabajos de Kurt Gödel (Austria-Hungría, 1906-1978) se demostró que cualquier sistema formal para la lógica de orden superior, o la teoría de conjuntos, o la aritmética elemental, resultaría irremediablemente incompleto, suponiendo que fuera consistente (es decir, habrá leyes que, siendo válidas, no podrán ser demostradas en el cálculo).

El método formal simbólico continúa usándose en estas ciencias como su mejor instrumento metodológico.

2.2. El método de las ciencias naturales

Las ciencias naturales, por su parte, utilizan un método en el que hay momentos deductivos e inductivos, por lo que se denomina «método hipotético-deductivo».

Inducir es razonar, partiendo de una serie de casos singulares dados, para llegar a una conclusión general. La inducción puede ser completa, si se conocen todos los casos del ámbito del que se trate; o incompleta, en la que el conocimiento de los casos abarca solo algunos de ellos. La conclusión a la que lleguemos en este segundo supuesto no será considerada como verdadera, sino como probable, con una probabilidad mayor o menor según el número de casos comprobados.

El método hipotético-deductivo se organiza en tres niveles:

- **Enunciados protocolarios.** Describen hechos comunicables que se pueden constatar en la experiencia.
- **Leyes.** Empiezan siendo hipótesis, que, una vez verificadas por la experiencia y aceptadas como válidas por la comunidad científica, se convierten en leyes, enunciados universales sobre el acontecer y las relaciones de fenómenos de modo regular e invariable.
- **Teorías.** Son enunciados universales de los que se deducen todas las leyes de una ciencia y hacen posible formular nuevas leyes.

El camino que sigue el método hipotético-deductivo consta de los siguientes pasos:

1. A partir de la observación y experimentación, se plantea un problema no resuelto; después se proponen hipótesis explicativas del mismo, para lo que es indispensable la imaginación del investigador.
2. Dichas hipótesis se formulan matemáticamente y se deducen de ellas consecuencias empíricamente comprobables. Este es el momento deductivo del método.
3. Las consecuencias deducidas se comprueban empíricamente, comprobación que puede hacerse mediante:
   a) Verificación: si los hechos observados coinciden con los deducidos de la hipótesis.
   b) Falsación: si los hechos observados no coinciden con los deducidos de la hipótesis.
4. Comprobada la hipótesis en un cierto número de casos, se eleva a ley, con validez general.

Una vez que se han formulado varias leyes siguiendo este método, el investigador o investigadores proceden a elaborar una teoría de la que puedan deducirse aquellas. Esta nueva teoría, que se postula como hipótesis, vuelve a someterse al método hipotético-deductivo: se formula matemáticamente, se deducen de ella nuevas leyes, se contrastan en la experiencia y, si son confirmadas, la teoría queda validada.

Doc. 4

«Este pavo descubrió que, en su primera mañana en la granja avícola, comía a las 9 de la mañana. Sin embargo, siendo como era un buen inductivista, no sacó conclusiones precipitadas. Esperó hasta que recogió una gran cantidad de observaciones del hecho de que comía a las 9 de la mañana e hizo estas observaciones en una gran variedad de circunstancias, en miércoles y en jueves, en días fríos y calurosos, en días lluviosos y en días soleados. Cada día añadía un nuevo enunciado observacional a su lista. Por último, su conciencia inductivista se sintió satisfecha y efectuó una inferencia inductiva para concluir: "Siempre como a las 9 de la mañana". Pero, ¡ay!, se demostró de manera indudable que esta conclusión era falsa cuando, la víspera de Navidad, en vez de darle la comida, le cortaron el cuello. Una inferencia inductiva con premisas verdaderas ha llevado a una conclusión falsa».

Alan F. Chalmers, *¿Qué es esa cosa llamada ciencia?*

- Pon título al texto y haz un resumen.
- Explica qué problema se plantea en el texto a la investigación científica.
- El autor del cuento originario fue Bertrand Russell. Busca información sobre él y exponla en una redacción.

ACTIVIDADES

5. Pon ejemplos de axiomas, reglas de formación y de transformación, y de teoremas. Justifica por qué lo son cada uno de ellos.
6. Haz lo mismo con los enunciados protocolarios, leyes y teorías.

REFLEXIONA

7. ¿Qué tipo de inducción es más usado en las ciencias naturales, la completa o la incompleta? ¿Por qué?

RAZONA

8. Aplica el método hipotético-deductivo a un hecho o conjunto de hechos. ¿Su comprobación es por verificación o por falsación? Razona la respuesta.

2.3. El método de las ciencias sociales

Las ciencias sociales estudian la realidad social del ser humano y en ellas se da una relación singular entre el sujeto y el objeto de conocimiento, pues el sujeto es al mismo tiempo objeto de estudio, lo que, por un lado, dificulta la objetividad del conocimiento, aunque, por otro, las hace muy valiosas de cara a resolver los problemas que se plantean.

Este rasgo les otorga unas características propias, la primera de las cuales es que han de contar con la libertad de los seres humanos, por lo que las ciencias sociales no pueden enunciar leyes universales en el mismo sentido que lo hacen las ciencias de la naturaleza.

Del mismo modo, también es más difícil predecir cómo va a actuar un grupo humano, pues, usando de nuestra libertad, podemos modificar nuestro comportamiento en un momento determinado. En eso consiste, al menos en parte, la dificultad para predecir, por ejemplo, los resultados en unas elecciones.

Estas características hacen imposible que el método de investigación sea el de las ciencias naturales, y nos llevan a preguntarnos cuál es el método más adecuado al objeto de estudio. Aparecen entonces ante nosotros tres formas de concebir las ciencias sociales:

- **La empírico-analítica**, que pretende aplicar a la realidad social el mismo método de las ciencias naturales, basándose en el ideal de una ciencia unificada; su intención es explicar los fenómenos sociales mediante el conocimiento de las causas que los producen.
- **La hermenéutica**, que reconoce un estatuto propio a las ciencias sociales, diferenciadas de las naturales; su intención es comprender los fenómenos sociales alcanzando, no las causas, sino el sentido de los mismos. Algunos autores hablan de explicación comprensiva, porque a veces no es posible separar explicación y comprensión, sino que ambas interactúan.

Doc. 5

«El problema de cómo sea posible un conocimiento objetivo en las ciencias del espíritu se revierte en la cuestión de cómo puede ser realizado en la historia. ¿Cómo es posible la historia? En este planteamiento del problema entra, como supuesto, un concepto de la historia. Ya vimos que este concepto depende del de la vida. Vida histórica es una parte de la vida general. Pero esta es lo que "se da" en la vivencia y en el comprender. [...] La vida [...] es lo conocido por dentro, aquello más allá de lo cual no se puede ir. La vida no puede ser llevada ante el tribunal de la razón».

WILHELM DILTHEY, *El mundo histórico*

- Explica el primer problema que señala el autor con respecto a las ciencias sociales.
- ¿Qué quiere decir el autor cuando afirma que la posibilidad de la historia depende del concepto que se tenga de la vida?
- Redacta, desde tu punto de vista, las razones por las que «la vida no puede ser llevada ante el tribunal de la razón».

La realidad social tiene muchas caras, por lo que su conocimiento y comprensión exigen métodos diversos que, a veces, producen resultados dispares.

Doc. 6

«La física sirve para muchas cosas, mientras que la filosofía no sirve para nada. Ya lo dijo, conste, un filósofo, el patrón de los filósofos, Aristóteles. Precisamente por eso soy yo filósofo, porque no sirve para nada serlo. La notoria inutilidad de la filosofía es acaso el síntoma más favorable para que veamos en ella verdadero conocimiento. Una cosa que sirve es una cosa que sirve para otra, y en esa medida es servil. La filosofía, que es la vida auténtica, la vida poseyéndose a sí misma, no es útil para nada ajeno a ella misma. En ella, el hombre es siervo de sí mismo, lo que quiere decir que solo en ella el hombre es señor de sí mismo. Mas, por supuesto, la cosa no tiene importancia. Queda usted en entera libertad de elegir entre estas dos cosas: o ser filósofo o ser sonámbulo. Los físicos, en general, van sonámbulos, dentro de su física, que es el sueño egregio, la modorra genial de Occidente».

JOSÉ ORTEGA Y GASSET, *Bronca en la física*

- Explica la «inutilidad» de la filosofía como la concibe el autor. ¿Estás de acuerdo con él? Razona la respuesta.
- ¿Por qué piensas que se califica la física como «el sueño egregio, la modorra genial de Occidente»?
- Haz una redacción en la que relaciones el título del texto, su fecha y la situación de las investigaciones físicas en ese momento.

- **La crítico-racional**, que añade a la explicación y a la comprensión la crítica, pues considera que toda investigación responde a un interés, y en el caso de las ciencias sociales tal interés es el emancipador o liberador, pues no solo han de explicar y comprender los fenómenos sociales, sino también ayudar a orientarlos de modo que la vida de los seres humanos se encamine a la justicia y a la felicidad.

En cuanto a los métodos que usan los investigadores de las ciencias sociales, son de dos tipos:

- **Cuantitativos:** cuestionarios, muestreos, test, escalas, todos ellos orientados hacia resultados estadísticos. Estos métodos no consiguen la precisión, la seguridad, la generalidad ni la capacidad predictiva de las ciencias naturales, por muy diversas razones, entre las que destacan los elementos no cuantificables de la personalidad de los sujetos estudiados, como son sus intereses, su grado de libertad y sus valores morales.
- **Cualitativos:** entrevistas, grupos de discusión, grupos nominales, historias de vida y otros. En este caso no se pretende la generalización, sino la comprensión de hechos y situaciones concretos. Se suelen combinar con los métodos cuantitativos.

ACTIVIDADES

9. Elige un fenómeno social relevante y di cómo actuarían ante él los investigadores de las corrientes empírico-analítica, hermenéutica y crítico-racional.

RAZONA

10. Elige una ciencia social y di qué método es más adecuado a su objeto. Razona los motivos.

REFLEXIONA

11. Valora las diferencias entre la ciencia y la filosofía, y explica la necesidad de ambas.

INVESTIGA

12. Busca una noticia en la que aparezca el resultado de una encuesta y consideraciones sobre el mismo. Resúmela y di por qué estás de acuerdo, o no, con dichas consideraciones.

3 Diferencias entre la ciencia y la filosofía

El siguiente cuadro refleja las diferencias que se dan entre ciencia y filosofía tal y como son concebidas en la actualidad.

	CIENCIA	FILOSOFÍA
Actitud	Los científicos se preocupan por conocer fenómenos observables y medibles, indagando por qué y cómo se producen los fenómenos.	Los filósofos intentan conocer la totalidad de lo que hay, lo que son en realidad el ser humano y el mundo.
Interés	La ciencia busca el conocimiento para poder predecir acontecimientos, controlarlos e intervenir en ellos.	El filósofo está impulsado por la búsqueda de la sabiduría, es decir, por el deseo de alcanzar la verdad y lograr la felicidad personal y una sociedad justa.
Objeto	Cada ciencia selecciona un ámbito de realidad (físico, químico, biológico, psíquico, etc.), que se convierte, así, en su objeto de estudio.	La filosofía tiene que determinar desde qué perspectiva va a estudiar la realidad, pues su objeto es toda ella. Cada rama de la filosofía estudia la realidad centrándose en un aspecto distinto: la verdad, la belleza, la bondad, el sentido, etc. En general, la filosofía adopta una perspectiva transcendental, es decir, busca verdades universales y necesarias.
Método	Las ciencias se caracterizan por emplear métodos, es decir, procedimientos muy concretos que aseguren al máximo que los conocimientos que se obtienen son verdaderos. Rigor y precisión o exactitud son dos características sobresalientes de estos métodos.	En filosofía también existen diferentes métodos, dependientes de la perspectiva concreta que adopte cada filósofo. En general, la filosofía intenta no olvidar que quien realiza la actividad de conocer es siempre una persona, por lo que hay que tener en cuenta la condición humana en todo conocimiento.
Razonamiento	Las ciencias se plantean problemas, es decir, situaciones conflictivas que siempre tienen solución. No siempre la conocemos o podemos ponerla en práctica, pero existe. En realidad, solo hay una solución válida para cada problema. Por eso la ciencia se puede entender como un proceso acumulativo de conocimientos.	La filosofía se plantea el enigma de la existencia humana. Ante él no hay solución, sino todo lo más respuestas, diferentes formas de convivir con el misterio de la existencia, distintas maneras de dar sentido a la vida, distintas opciones ante nosotros mismos, ante los demás y ante la muerte. Todos respondemos de diferentes maneras a estas cuestiones a lo largo de nuestra vida.

4 Ciencia, técnica, tecnología y tecnociencia

4.1. La técnica es tan antigua como el ser humano

Entendemos por «técnica» un saber teórico-práctico encaminado a realizar instrumentos capaces de transformar el medio con el fin de satisfacer las necesidades humanas. Es un saber que nos identifica como seres humanos: cuando se hallan restos arqueológicos de nuestros ancestros, la aparición de herramientas junto a ellos es un signo claro de que se trata de seres inteligentes, que lograron fabricar instrumentos para sobrevivir o para realizar algunos rituales.

A veces se usa el término «técnica» en relación con las habilidades de ciertos animales; por ejemplo, se dice que el pájaro construye su nido «con una técnica perfecta», pero, en realidad, las habilidades animales son, en su gran mayoría, conductas instintivas programadas en su dotación genética, mientras que la técnica es un saber que tiene un alto componente de aprendizaje y de uso de la inteligencia, lo que lo convierte en algo característico y casi exclusivo de nuestra especie. La técnica es muy anterior a la ciencia. Ciertos inventos han sido decisivos para la especie humana: encender fuego, la rueda, la agricultura, los metales, etc.

El artesano precisa de un largo aprendizaje para dominar su técnica, porque la suya no es una tarea mecánica, sino creativa y, por tanto, no depende solo de su saber hacer, sino también de su estado de ánimo y de sus condiciones de vida en general.

El filósofo José Ortega y Gasset (España, 1883-1955) distinguía tres estadios de evolución de la técnica:

- **La técnica del azar.** Es la del hombre prehistórico. Se caracteriza por ser muy simple y por estar al alcance de casi todos los miembros de una colectividad. Se convierte en una rutina semejante a los actos naturales. Por ejemplo, hacer fuego casi como andar o golpear.
- **La técnica del artesano.** Es la de la Grecia antigua, Roma y la Edad Media. Es más complicada, y por ello algunas personas se especializan en cada una de las técnicas. El artesano tiene conciencia de inventor y pasa por un largo aprendizaje para adquirir su dominio de la técnica. Solo produce utensilios, no máquinas.
- **La técnica del técnico.** Este estadio se desarrolla plenamente a finales del siglo XIX. Se pasa del utensilio a la máquina, que es un instrumento que actúa por sí mismo. Ahora hay dos tipos de técnicos: los que construyen máquinas (ingenieros) y los que cuidan de ellas y las utilizan para fabricar productos (obreros).

Doc. 7

«No basta, pues, poder hacer algo para que lo hagamos, ni basta que el hombre posea inteligencia técnica para que la técnica exista. La inteligencia técnica es una capacidad, pero la técnica es el ejercicio efectivo de esa capacidad, que muy bien podía quedar en vacación. Y la cuestión importante no es apuntar si el hombre tiene tal o cual aptitud para la técnica, sino por qué se da el hecho de esta, y ello solo se hace inteligible cuando se descubre que el hombre, quiera o no, tiene que ser técnico, sean mejores o peores sus dotes para ello».

José Ortega y Gasset, *Meditación de la técnica*

- ¿Cuál es la diferencia entre la inteligencia técnica y la técnica?
- ¿Qué significa y qué consecuencias tiene para el hombre «ser técnico»?

4.2. Relación entre la técnica, la ciencia y la tecnología

El paso del segundo estadio al tercero se comienza a gestar en el siglo XVI, porque el técnico va a empezar a proceder como la «nueva ciencia». Ya no es el azar sino el método el que marca su trato con los objetos materiales: análisis racional y experimento son las bases de la «nueva técnica». Se puede decir que la tecnología es, por un lado, el fruto de la incorporación del método experimental en la técnica y, por otro, de la interacción de la propia técnica con la ciencia.

El desarrollo técnico solo puede producirse en interacción con el desarrollo científico. De hecho, la ciencia avanza gracias a la precisión de los instrumentos tecnológicos y la tecnología lo hace gracias a los nuevos conocimientos científicos. Por ejemplo, sería imposible avanzar en neurociencia sin la ayuda de los aparatos que realizan resonancias magnéticas funcionales (fMRI) o electroencefalografías (EEG-ERP); y viceversa, no se podrían construir estas máquinas sin la ayuda del conocimiento científico proporcionado por la física y las matemáticas.

La ciencia pretende, sobre todo, adquirir conocimientos verdaderos y la tecnología trata de ayudar a realizar proyectos, pero ambas persiguen la liberación humana mediante el dominio y el control de la naturaleza.

4.3. Características de la actividad tecnológica

Para dominar una tecnología se requieren a la vez conocimientos y habilidades de ejecución. Los conocimientos abarcan dos aspectos: uno representacional, en el que es decisivo el conocimiento científico para disponer de información sobre la estructura y funcionamiento del contexto en el que se genera la acción tecnológica; y otro operacional, que consiste en conocer los pasos a seguir para que la acción tenga el resultado esperado.

Por ejemplo, para fabricar un medicamento complejo se necesitan conocimientos teóricos de química (representacional) y conocimientos prácticos de laboratorio (operacional).

Las características de la tecnología son:

- Es un saber sistemático que requiere un método y, por ello, es repetible y enseñable.
- Se concreta en una serie de actividades sobre ciertos objetos.
- Pretende transformar y controlar algún aspecto de la realidad para satisfacer deseos humanos.
- Su valor clave es la eficiencia. Una actividad es más eficiente cuanto mejor es la relación coste-beneficio. Una tecnología podría ser eficaz (sirve para resolver un problema) pero no ser eficiente, porque los costes (no solo económicos) superan los beneficios.

4.4. La tecnociencia

En la actualidad, la unión entre la tecnología y la ciencia ha dado lugar a la noción de tecnociencia.

Este término se utiliza, sobre todo, para poner de manifiesto que la ciencia contemporánea está indisolublemente ligada al contexto social y tecnológico: ya no es mera ciencia (búsqueda de la verdad sobre el mundo material), sino tecnociencia (un producto de la interacción entre ciencia, tecnología y sociedad).

Nuestra sociedad está muy condicionada por los procesos de innovación tecnocientífica, especialmente en ámbitos como los siguientes:

- Biotecnología y biogenética (ciencias de la vida).
- Tecnologías de la información y la comunicación.
- Fuentes de energía (era del petróleo) y nuevos materiales.
- Robótica y automatización, tanto en el ámbito del trabajo como en el hogar, el automóvil, la cirugía, etc.

Estamos ante una revolución que requiere una visión más integral de la ciencia, una aproximación más global a la naturaleza y una interpretación nueva de la tecnología y de la ingeniería que se abre a nuevas áreas del saber, que exige un compromiso con la interdisciplinariedad y que plantea nuevos retos éticos.

La imagen corresponde a un detalle de la planta tecnológica de Silicon Valley, en Estados Unidos, donde se producen componentes de avanzada tecnología.

ACTIVIDADES

13. ¿Qué entendemos por «técnica» cuando decimos que los castores emplean una «técnica perfecta» para construir presas?

RELACIONA

14. ¿Cuál es la relación que existe entre la técnica, la ciencia y la tecnología?
15. Compara las actividades de un artesano y un técnico.

INVESTIGA

16. Infórmate del impacto de las tecnologías de la información en la sociedad. Escribe diez líneas sobre sus ventajas, inconvenientes y nuevos retos éticos que plantea.

RECUERDA

17. ¿Cuáles son las características de la tecnología?

Doc. 8

«Hay que atender a la manera en la que se forman los científicos, las estructuras de sus carreras, la manera en la que los científicos hablan en el laboratorio y la manera en la que usan su instrumental, las maneras como consiguen subvenciones y son evaluados, las maneras como escriben y leen un artículo».

GREG MYERS, *Sociology of Science Without Sociology*

- Según el autor, estos son los requisitos para entender el discurso científico. Elige el que consideres más importante y justifica tu opción.
- Explica cómo influye cada uno de estos requisitos en el quehacer de los científicos.
- ¿Piensas que el lenguaje de la ciencia es objetivo? ¿Hay algún ámbito en el que el lenguaje sea objetivo o neutro? Razona tu respuesta.

Mazorca de maíz transgénico. La difusión de especies transgénicas es objeto de polémica ideológica.

5 Límites internos del saber científico-técnico

Vivimos en un momento histórico en el que las ciencias, sobre todo las naturales, han alcanzado un alto nivel de desarrollo. Además, hay quienes piensan que tal evolución las llevará a resolver todos los problemas que se plantean a los seres humanos, pues al menos algunos de ellos se nos siguen enfrentando, porque todavía la ciencia no se ha ocupado de ellos o porque aún no se ha llegado a un resultado victorioso sobre los mismos. Este optimismo cientificista nos lleva a preguntarnos por los límites del saber científico. Vamos a ocuparnos de ellos retomando la clasificación de los ídolos de Bacon.

5.1. Los límites de la tribu

Hay quienes afirman que las ciencias son los productos más logrados de la razón humana, y se olvidan de que el saber científico, como todos los saberes por otra parte, está condicionado por nuestras capacidades cerebrales en interacción con el medio físico y social, por el grado de evolución de las mismas y por el nivel de desarrollo social, político, económico y cultural de los grupos humanos en los que vivimos.

Además, en nuestra sociedad es habitual considerar a la ciencia como un saber definitivo porque demuestra con los hechos. Sin embargo, se olvida que en el siglo pasado se analizó el método de las ciencias de la naturaleza y se llegó a la conclusión de que sus afirmaciones pueden sostenerse como probables, pero no como verdaderas.

Karl Popper (Austria, 1902-1994), en su crítica al razonamiento inductivo, ya mostró que las afirmaciones que se asientan en la observación dependen de cómo se conciba esta; también sostuvo la incorrección lógica de formular enunciados universales a partir de enunciados particulares, puesto que no se observan todos los casos posibles de un fenómeno natural, sino un número reducido de los mismos y en unas condiciones determinadas por los investigadores. Popper propuso entonces que el principio de verificación debería ser sustituido por el de falsación, mediante el cual habremos de revisar una afirmación universal en cuanto no se cumpla en uno de los casos posibles. Las teorías científicas, desde este punto de vista, ya no pueden ser afirmadas como indudablemente verdaderas, y pueden ser descartadas como falsas en cuanto se descubran casos en los que fallen.

5.2. Los límites de la caverna

Otro límite del saber científico lo constituye el propio investigador, que es, obviamente, un ser humano con una trayectoria vital, unos intereses, una educación, perteneciente a una cultura, heredero de unas tradiciones, de unas creencias o de la ausencia de ellas, con una ideología y con una visión del mundo y de los demás seres humanos. Responde a una visión ingenua pensar que una persona se desprende de todo ello cuando desarrolla una actividad profesional, porque nadie puede hacer tal cosa, ni siquiera el científico. Albert Einstein (Alemania, 1879-1955) abandonó la investigación a raíz de su polémica con Niels Bohr (Dinamarca, 1885-1962) acerca del determinismo o indeterminismo como rectores del universo. Einstein afirmó que «Dios no juega a los dados», mientras que Bohr postulaba el segundo.

5.3. Los límites de la plaza pública

Desde el último cuarto del siglo pasado han comenzado a acercarse dos ámbitos de saber que hasta ese momento se habían mantenido separados: las ciencias y la retórica. Esta última, desde Aristóteles, se ha ocupado de la argumentación y de la persuasión, de modo que hasta hace muy poco tiempo ciencia y retórica se excluían mutuamente, pues se pensaba que donde hay conocimiento científico no cabe la retórica.

Sin embargo, en la actualidad hay estudiosos que sostienen que el discurso científico no busca solo, ni principalmente, exponer investigaciones o descubrimientos, sino que pretende convencer de la bondad y superioridad de sus métodos y persuadir para obtener colaboración: las formulaciones de los problemas, explicaciones, hipótesis y teorías científicas constituyen discursos llenos de metáforas, sumamente eficaces y persuasivos, que tienen la finalidad de convencer de su verdad y de satisfacer los intereses de los propios investigadores y de quienes financian los proyectos de investigación.

En 1976 Joseph Gusfield (EE. UU., 1923) publicó un estudio que se considera pionero en una nueva disciplina surgida a partir del mismo: la retórica de la ciencia. En él sostiene que los científicos, lejos de utilizar un lenguaje neutral, como se presumía hasta ese momento, intentan convencer de la verdad de sus descubrimientos y orientar las valoraciones sociales y las actitudes de los individuos. Es el caso de los conductores que han consumido alcohol y otros tipos de droga, que en el pasado han sido vistos como personas irresponsables y temerarias, merecedoras de sanciones, y que, gracias a las publicaciones científicas actuales, han pasado a ser consideradas enfermos que deben ser acogidos y tratados médica y psicológicamente.

5.4. Los límites del teatro

Contemporáneo de Popper, Thomas S. Kuhn (EE. UU., 1922-1996) incorpora a la reflexión sobre la ciencia los aspectos históricos y sociológicos con los que aquella convive. Los científicos reciben una formación determinada, investigan de acuerdo con unos supuestos, se comunican entre sí, comparten una forma de ver el mundo y un lenguaje propio; y todo ello lo hacen en un marco metodológico y conceptual mucho más amplio que el de la sola disciplina científica a la que se dedican. Kuhn llama «paradigmas científicos» a cada uno de esos marcos generales en los que se instalan los investigadores de cada época, y «revoluciones científicas» a los cambios de paradigma que ocurren cada cierto tiempo. Por ejemplo, el paradigma aristotélico en física fue sustituido por el paradigma de Newton a partir del siglo XVII, y este, a su vez, está siendo completado-corregido por el paradigma de Einstein y de Max Planck en la actualidad. Pero nada nos asegura que no se vaya a producir ninguna otra revolución científica, ni que, por tanto, el paradigma actual se vaya a mantener indefinidamente.

Posición semejante sostiene Imre Lakatos (Hungría, 1922-1974), que analiza el devenir histórico de la ciencia desde dos puntos de vista: desde lo que llama «historia externa» de la ciencia, que abarca los elementos que rodean los descubrimientos científicos (ideologías, prejuicios, factores culturales, económicos, sociales y otros); y desde lo que denomina «historia interna», que comprende las cuestiones metodológicas.

Finalmente, Paul Feyerabend (Austria, 1924-1994) defiende que la supremacía de la que disfruta hoy el saber científico es injustificada, pues no pasa de ser una forma más de explicación de una parcela de la realidad, en nada superior a otras, como los mitos o las concepciones mágicas.

Doc. 9

«Los científicos tienen ideas. Y tienen métodos especiales para perfeccionar ideas. Las teorías de la ciencia han pasado la prueba del método. Dan una mejor cuenta del mundo que las ideas que no han pasado esa prueba [...]. Pero el cuento de hadas es falso. No hay un método especial que garantice el éxito o lo haga probable. Los científicos no resuelven problemas porque posean una vara mágica –metodología–, sino porque han estudiado el problema por largo tiempo, porque conocen bien la situación, porque no están demasiado faltos de inteligencia y porque los excesos de una escuela científica son casi siempre equilibrados por los excesos de alguna otra escuela. (Además, los científicos solo raramente resuelven sus problemas, cometen muchos errores, y muchas de sus soluciones son absolutamente inútiles)».

PAUL FEYERABEND, *El mito de la ciencia y su papel en la sociedad*

- Haz un resumen del texto con tus palabras.
- Según el autor, ¿los hechos son anteriores a las teorías científicas o posteriores? ¿Por qué?
- ¿A qué se refiere el autor cuando dice que «el cuento de hadas es falso»? ¿Qué razones da para tal afirmación?
- ¿Estás de acuerdo con que los científicos raramente resuelven sus problemas? Razona la respuesta.

ACTIVIDADES

INVESTIGA

18. Redacta un informe en el que aparezcan los cuatro tipos de límites señalados y un momento de la historia de la ciencia en el que se haya puesto de manifiesto cada uno de ellos.

19. Busca información sobre la polémica entre Einstein y Bohr y elabora un eje cronológico en el que aparezcan los acontecimientos que tuvieron lugar al respecto.

6 Límites externos de la ciencia, la técnica y la tecnología

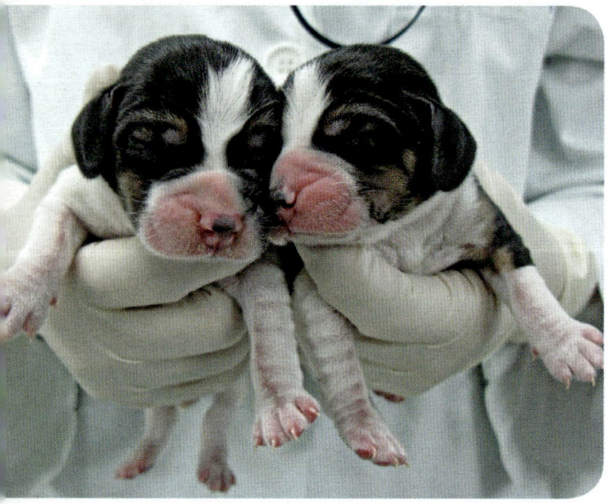

Cachorros clonados. La clonación de animales suscita dudas y controversia entre la comunidad científica.

6.1. Historicidad e interdisciplinariedad de los saberes

Dos rasgos caracterizan todos los saberes de los que hemos hablado:

- **Historicidad.** En todos los saberes apreciamos que son fruto de distintas etapas de la historia de las culturas. Son, como los mismos seres humanos que los cultivan y producen, hijos de su historia: han ido delimitando sus objetos, perfeccionando sus procedimientos, abundando en el conocimiento de los ámbitos de realidad de los que se ocupan, proporcionando a las personas nuevos recursos para la vida y proponiendo nuevas metas. Han vivido revoluciones, abandonos y entusiasmos; en definitiva, han gozado y sufrido las experiencias vitales de sus cultivadores. Ninguno de ellos ha sido superado por alguno de los demás y todos se mantienen vigentes: el mito, las artes, las religiones, las ciencias, la técnica, el saber común y la filosofía.
- **Interdisciplinariedad.** Hablamos de ellos por separado, incluso se llega a ser experto o especialista en alguno de ellos, pero todos están interconectados y ninguno es autosuficiente. Todos son necesarios para vivir una vida digna: ignorar completamente alguno de ellos nos condena no solo al desconocimiento, sino también a la infelicidad, pues nos impide realizarnos plenamente como personas. Según el momento histórico en el que nos detengamos, comprobaremos que unos saberes reciben más consideración social que otros, pero enseguida advertimos que esa relevancia decae y son sustituidos por otros, porque ninguno de ellos, por separado, satisface completamente el natural deseo de saber de las personas.

Doc. 10

«La política científica, del mismo modo que los restantes ámbitos de las políticas públicas, es el resultado de la interacción dinámica entre actores que representan diferentes intereses y expresan distintas culturas políticas. Por este motivo, su análisis debe tomar en cuenta centralmente la lógica y las estrategias de los actores en pugna por orientar la política en un sentido determinado. El conjunto de lógicas y valores propios de cada actor configura culturas que expresan modos diferentes de concebir la relación entre la ciencia, la tecnología, la sociedad y, más propiamente, el ámbito de las políticas. El examen de estas culturas resulta imprescindible para comprender los conflictos propios de la relación entre la ciencia y el poder en distintos momentos y contextos sociales. Elzinga y Jamison identifican cuatro culturas típicas diferentes que influyen en la formulación de la política científica:

- **Burocrática:** encarnada en el aparato del Estado, que procura administrar y organizar la ciencia para disponerla al servicio de la política.
- **Académica:** encarnada en la comunidad científica, que busca preservar los valores y la autonomía tradicionales de la ciencia frente a otros intereses.
- **Económica:** encarnada en los empresarios y los responsables de la política económica, que se interesa por las aplicaciones tecnológicas de la ciencia, orientadas hacia innovaciones rentables.
- **Cívica:** encarnada en los movimientos sociales tales como el feminismo, el ecologismo, y los defensores de los derechos humanos, que presta atención a las repercusiones sociales de la ciencia.

[...] La posición favorable a la neutralidad de la ciencia, arraigada en la comunidad científica, enfatiza el carácter instrumental de los conocimientos científicos y tecnológicos, atribuyendo el bien y el mal a los fines a los que se los aplique. [...] Los dilemas y disputas acerca del control de los efectos de la ciencia ponen en cuestión tales fundamentos».

Mario Albornoz,
Los problemas de la ciencia y el poder

- ¿Cuál de las cuatro formas de entender la política científica predomina en nuestro tiempo? ¿Por qué?
- ¿Hasta qué punto es influyente la llamada «cultura cívica» en la actualidad? Da razones de tu respuesta y busca ejemplos que la avalen.

6.2. El verdadero sentido de la ciencia, la técnica y la tecnología

La ciencia, la técnica y la tecnología guardan una estrecha relación entre sí, de modo que el avance científico se halla condicionado en gran medida por los avances de la técnica y de la tecnología; y, al mismo tiempo, estas plantean retos a la ciencia y la encaminan a nuevos descubrimientos.

En esta carrera conviene detenerse y preguntarse cuál es el verdadero sentido de la misma: hacia dónde nos encaminamos o qué metas pretendemos alcanzar con el desarrollo científico-técnico, y esta ya no es una pregunta científica, técnica o tecnológica, sino una cuestión ética y, por tanto, filosófica. Para responder a ella nos apoyaremos en dos valores fundamentales:

- **La responsabilidad**, que nos lleva a reparar, en primer lugar, en los intereses que guían los proyectos de investigación y a la investigación misma. Estos intereses no siempre son universales: no se investiga por saber más, ni por hacer la naturaleza más hospitalaria para el ser humano, ni para que este se emancipe de las esclavitudes que amenazan incluso su propia vida, como es el caso del hambre y de la falta de agua potable en amplios sectores de la Tierra. Las empresas y los Gobiernos apoyan proyectos de investigación guiados por intereses particulares de índole económica y política, para ganar más dinero o tener más poder sobre la ciudadanía. Y las consecuencias que se derivan de dichos proyectos son, en muchos casos, nocivas para la naturaleza y para los seres humanos. Los peligros de la contaminación, de la manipulación genética y de la fabricación de armamento cada vez más sofisticado nos amenazan a todos y no se consulta a los ciudadanos para que participemos en las decisiones al respecto; es más, se hacen oídos sordos a las protestas de organizaciones que piden mayor control sobre todo ello.
- **La autorrealización individual y social de los seres humanos** nos lleva a evaluar el quehacer científico, técnico y tecnológico en virtud de la felicidad y de la justicia que nos reportan como individuos y como ciudadanos de una sociedad que abarca ya al planeta entero. Y desde este valor no podemos más que sentirnos defraudados: solo un tercio de la humanidad disfruta de los avances científico-técnicos; los otros dos tercios viven en una pobreza extrema y, eso sí, padecen las consecuencias nocivas de nuestro «progreso».

Conviene, pues, hacer una llamada a la reflexión y al diálogo, pues todos somos afectados, sobre las justas metas de la ciencia, la técnica y la tecnología, y valorar responsablemente las consecuencias de las investigaciones.

ACTIVIDADES

REFLEXIONA

20. ¿Por qué la pregunta por las metas de la investigación científico-técnica es una pregunta filosófica?

INVESTIGA

21. Redacta un ejemplo de historicidad e interdisciplinariedad de los saberes.

22. Elige un ejemplo de irresponsabilidad en la investigación científico-técnica y redáctalo.

23. Haz lo mismo con un ejemplo que haya conllevado injusticia y desdicha.

Doc. 11

«En 1938 trabajaba en el Laboratorio Curie, de París. Me da risa y asco contra mí mismo cuando me recuerdo entre electrómetros, soportando todavía la estrechez espiritual y la vanidad de aquellos dentistas, vanidad tanto más despreciable porque se revestía siempre de frases sobre la Humanidad, el Progreso y otros fetiches abstractos por el estilo; mientras se aproximaba la guerra, en la que esa Ciencia, que según esos señores había venido para liberar al hombre de todos sus males físicos y metafísicos, iba a ser el instrumento de la matanza mecanizada.

[...] En cuanto a la Ciencia, que iba a dar solución a todos los problemas del cielo y de la tierra, había servido para facilitar la concentración estatal y mientras por un lado la crisis epistemológica atenuaba su arrogancia, por el otro se mostraba al servicio de la destrucción y de la muerte. Y así aprendimos brutalmente una verdad que debíamos haber previsto, dada la esencia amoral del conocimiento científico: que la ciencia no es por sí misma garantía de nada, porque a sus realizaciones les son ajenas las preocupaciones éticas».

ERNESTO SÁBATO, *El hombre y los engranajes*

- Haz un resumen del contenido del texto.
- ¿A qué guerra se refiere el autor y qué descubrimiento científico fue crucial durante la misma?
- ¿Estás de acuerdo en que la ciencia es esencialmente «amoral»? Razona la respuesta.
- ¿De qué «crisis epistemológica» habla el autor? Relaciónala con el contenido del tema.

SABER HACER

1 Ciencia, técnica, progreso y felicidad

Responde a las siguientes preguntas:

1. ¿Se ha concebido la ciencia siempre como ahora?
2. ¿Existen diferentes tipos de ciencias?
3. ¿Qué relación hay entre ciencia, técnica y tecnología?
4. ¿Piensas que el saber científico es objetivo e imparcial?
5. ¿Solo la ciencia y la técnica contribuyen al auténtico progreso de la humanidad?
6. ¿Gracias a la tecnología somos más felices que nuestros antepasados?
7. Describe un problema de la realidad social en la actualidad sobre el que estén investigando las ciencias sociales.

2 Comentario de texto

«Pensemos en un estudiante de medicina que sigue un curso de diagnóstico de enfermedades pulmonares por rayos X. Mira, en una habitación oscura, trazos indefinidos en una pantalla fluorescente colocada contra el pecho del paciente y oye el comentario que hace el radiólogo a sus ayudantes, en un lenguaje técnico, sobre los rasgos significativos de esas sombras. En un principio, el estudiante está completamente confundido, ya que, en la imagen de rayos X del pecho, solo puede ver las sombras del corazón y de las costillas, que tienen entre sí unas cuantas manchas como patas de araña. Los expertos parecen estar imaginando quimeras; él no puede ver nada de lo que están diciendo. Luego, según vaya escuchando durante unas cuantas semanas, mirando cuidadosamente las imágenes siempre nuevas de los diferentes casos, empezará a comprender; poco a poco se olvidará de las costillas y comenzará a ver los pulmones. Y, finalmente, si persevera inteligentemente, se le revelará un rico panorama de detalles significativos: de variaciones fisiológicas y cambios patológicos, cicatrices, infecciones crónicas y signos de enfermedades agudas. Ha entrado en un mundo nuevo. Todavía ve solo una parte de lo que pueden ver los expertos, pero ahora las imágenes tienen por fin sentido, así como la mayoría de los comentarios que se hacen sobre ellas».

MICHAEL POLANYI, *Conocimiento personal*

Cuestiones

1. Haz un resumen del texto.
2. ¿Qué principio del método científico está cuestionando el autor? ¿Cómo lo hace?
3. Busca algún ejemplo histórico de la ciencia en el que haya sido determinante la falta de adiestramiento en la observación.
4. Haz una valoración personal del contenido de este texto.
5. Busca información sobre el proceso que el tribunal de la Inquisición instruyó a Galileo, las dificultades con las que se encontró el científico para demostrar sus tesis utilizando el telescopio, las reacciones de quienes miraban a través de él y las consecuencias de la impericia de estas personas para observar y comprobar la veracidad de las afirmaciones de Galileo.

   Redacta después un informe con todo lo que hayas averiguado.

3 Disertación

Ciencia, tecnología y sociedad

Redacta una disertación de acuerdo con el siguiente guion:

- Historia y definición de ciencia y de tecnología.
- Tipos de ciencias y su relación con la tecnología.
- Los métodos científicos y la contribución de la tecnología.
- Limitaciones internas y externas del saber científico-técnico.
- Aportaciones y rémoras de la ciencia y de la tecnología en la actualidad.
- Describe algunos problemas importantes para la humanidad aún no abordados o que lo han sido insuficientemente.

Ciencia y tecnología en la vida cotidiana

Escribe una disertación siguiendo este guion:

- Selecciona un electrodoméstico y di por qué lo has elegido.
- Describe las aportaciones de la ciencia que lo han hecho posible.
- A continuación, haz lo mismo con las aportaciones de la tecnología.
- Explica los cambios que dicho electrodoméstico ha conllevado en la vida cotidiana de la familia con respecto a cuando no existía.
- ¿En qué sentidos ha contribuido a liberarnos y en cuáles nos ha esclavizado?

4 Debate

¿*Solo* ciencia y tecnología o *también* ciencia y tecnología?

Haced cinco grupos: uno, el de los apasionados por las ciencias de la naturaleza; otro, el de los defensores de las ciencias sociales; otro, formado por quienes valoran mucho la matemática; otro, constituido por los entusiastas de la técnica y la tecnología; y, finalmente, otro compuesto por quienes dan valor a todas las disciplinas nombradas, pero piensan que aún falta algo para satisfacer el deseo de saber de los seres humanos y para que puedan realizar plenamente sus vidas.

Cada uno de los grupos buscará información durante una semana para defender su postura y para neutralizar las críticas que los demás hagan de ella.

- Realizad luego un debate en el que respondáis a las siguientes cuestiones:
  - ¿Qué aportaciones más relevantes ha hecho cada tipo de saberes a la vida de los seres humanos?
  - Los beneficios que se derivan de estos saberes ¿han alcanzado justamente a todos? ¿Por qué?
  - ¿Qué problemas humanos escapan de las soluciones que aportan las ciencias y la tecnología?
  - ¿Quiénes se ocupan o deberían ocuparse de ellos?
  - Poned luego por escrito vuestras conclusiones.
  - Elegid uno de los problemas que habéis señalado y desarrolladlo, de modo que pongáis de manifiesto su origen, las situaciones injustas o dolorosas que haya generado y, al menos, una de las posibles soluciones al mismo.
- Comenta la frase siguiente:

> «No saber lo que ha sucedido antes de nosotros es como ser incesantemente niños». (Cicerón)

  - ¿Estás de acuerdo con esta afirmación? ¿Por qué?
  - ¿Piensas que en nuestra sociedad se da a la historia la importancia que merece? Razona tu respuesta.
  - ¿Consideras la historia una ciencia? ¿Por qué?
  - Explica brevemente lo que han aportado los conocimientos de historia a tu vida.
  - ¿Podemos ser «incesantemente niños»?
  - ¿Cómo calificamos hoy a quienes persisten en no madurar?
  - ¿Por qué razones te parece deseable «ser mayor»? Explícalas.
  - ¿Te parecen importantes tus recuerdos para tu evolución personal? ¿Por qué?
  - Decía Aristóteles que los animales, a diferencia de nosotros, no tienen memoria; por eso no tienen tampoco «experiencia». ¿Estás de acuerdo con él? Razona la respuesta.

PROYECTO FINAL. **Trabajo cooperativo**

Los hechos y las teorías científicas

- Dividimos la clase en equipos de cuatro o cinco personas cada uno. Entre todos los equipos intentamos responder a la siguiente pregunta:

  ¿Qué relación hay entre los hechos que podemos observar y las teorías científicas que tratan de explicar tales hechos?

  Por ejemplo: vemos que el sol sale por el este y se pone por el oeste (esto es un hecho), pero sabemos que ha habido a lo largo de la historia al menos dos teorías distintas para explicar este hecho: la teoría geocéntrica y la heliocéntrica.
- Elaboramos entre todos un índice del proyecto que sea adecuado al número de equipos que tengamos, de modo que cada equipo pueda trabajar con autonomía sobre un aspecto concreto del proyecto. Para elaborar el índice se pueden tener en cuenta aspectos como los siguientes: definición de los conceptos (hechos, teorías) en la actualidad, filósofos y científicos que han sido relevantes en este asunto, etc.
- En cada equipo investigamos sobre un apartado del índice y buscamos información sobre el mismo, citamos sus fuentes y elaboramos un documento con los resultados de la investigación; puede haber encuestas, cuestionarios y entrevistas a personas que el equipo considere que pueden hacer aportaciones interesantes. Podemos hacer búsquedas en Internet, consultas bibliográficas (libros, revistas, periódicos), películas, documentales, etc.
- Terminado el trabajo por equipos, nos reunimos para poner en común los resultados obtenidos y preparar una síntesis y una presentación pública de los mismos, preferiblemente en un soporte informático, con una duración aproximada de quince minutos.

  Conviene que en la presentación aparezcan ejemplos de hechos diversamente interpretados a lo largo de la historia, las personalidades más relevantes que han trabajado sobre ellos y sus conclusiones.
- Un pequeño grupo de voluntarios hará una síntesis de las aportaciones de los equipos y la enviará por correo electrónico a todos los miembros del grupo de clase.
- Todo el proceso de elaboración durará en torno a dos semanas.

3 Conocimiento y verdad

CONTENIDOS

1. El ámbito del conocimiento
2. Sobre la verdad
3. Teorías de la verdad

PARA PENSAR JUNTOS

Leemos el diálogo de la página siguiente, debatimos sobre él y, después de estudiar esta unidad didáctica, respondemos estas cuestiones:

- Señala los diferentes grados de conocimiento que aparecen en el diálogo indicando los personajes que los manifiestan y sus palabras al respecto.
- Haz lo mismo con las concepciones de la verdad que exponen.
- ¿Hay alguna contradicción en ellas? Explica en cuáles y por qué.
- ¿Estás de acuerdo con Carmen en que para el conocimiento «siempre hacen falta palabras»? Razona tu respuesta.
- Partiendo de las palabras de cada interlocutor, intenta descubrir el interés que mueve a cada uno en su pretensión de conocer y elabora una redacción con tus pesquisas.

Conocer el mundo, a los demás y a nosotros mismos, una aventura apasionante.

Vivimos una época en la que nos pasamos unos a otros toneladas de información y en la que conviven muchas formas de ver las cosas. Sin embargo, las explicaciones de la ciencia y la tecnología son las más aceptadas en nuestro contexto cultural, porque se cree que nos permiten o nos permitirán conocer la verdad. Pero ¿qué se entiende por verdad al creer esto?, ¿qué es conocer?, ¿por qué queremos conocer?, ¿es lo mismo creer que saber?, ¿se puede conocer con verdad la realidad?, ¿la realidad condiciona nuestra forma de conocer?, ¿o es el modo de conocer empleado lo que genera un tipo de realidad u otro?, ¿por qué decimos que algo es verdadero?, y, si algo es verdad para una persona y falso para otra, ¿qué es la verdad?, ¿cómo afecta lo que alguien tiene por verdad al conjunto de su vida?

LA FILOSOFÍA EN TU VIDA

CARMEN.- Entonces, al final, ¿qué fecha se ha puesto para el examen oral de inglés?

PACO.- Pues no lo sé, porque con el revuelo que se ha montado cuando ha dicho la profesora que teníamos que hacerlo… Creo que ha sido para la vuelta de vacaciones de Navidad.

BELÉN.- ¿Pero lo «crees» o estás seguro de que ha sido así?

JUAN.- No, seguro no está, porque lo primero que ha dicho es que no lo sabe. Yo creo que Paco ha dicho esa fecha porque es la que le parece mejor para nosotros.

CONSUELO.- Ya, pero que nos venga bien a nosotros no quiere decir nada.

ANA.- Yo sí que no puedo ayudar, porque estaba recogiendo mis cosas y solo he oído gritos incoherentes. Seguramente, si le preguntamos a Brahim, que siempre mantiene la calma, él puede haberse enterado. Mirad, por ahí viene.

BRAHIM.- ¡Uf, qué jaleo! Bueno, al final ha dicho la profesora que haremos el examen a la vuelta de vacaciones.

PACO.- ¿Veis? Si ya os lo he dicho yo, pero no me habéis hecho caso. Me voy a enfadar, porque siempre pasa lo mismo: yo digo algo y dudáis; luego otra persona dice lo mismo y os lo creéis.

FERNANDO.- Pues no tienes razones para enfadarte, porque eres tú quien nos provoca dudas; has empezado diciendo que no lo sabías y, claro, no es un asunto de opinión, sino que es importante.

JUAN.- Además, tú a veces confundes lo que pasa con lo que quieres que pase, y así no hay modo de saber la verdad.

CARMEN.- Bueno, tampoco es para tanto. No llevemos las cosas más allá de los límites. Una cosa es que se opine de algo, que yo creo que es lo que hace Paco, y otra distinta es que tergiverse la verdad.

FERNANDO.- ¿Os dais cuenta de que siempre nos pasa lo mismo? Cuando intentamos aclarar lo que sabemos de una situación, siempre nos encontramos con diferentes versiones según las personas que están implicadas.

JUAN.- Excepto si se trata de asuntos que son como son, porque ante los hechos no valen palabras.

BELÉN.- ¡Hombre que no! ¿No hacen falta palabras en clase de Física o de Biología? Mira, podemos decírselo a los profesores respectivos, a ver si se callan y nos dejan en paz.

JUAN.- Ya estamos con la ironía. Me has entendido perfectamente: en Física o en Biología los hechos confirman o desmienten lo que se dice, y listo.

BRAHIM.- Pero no siempre es así, porque tú sabes que durante mucho tiempo se han afirmado cosas en las ciencias que después se ha visto que no eran verdad.

FERNANDO.- Hombre, Brahim, porque los saberes progresan y en un momento de la historia puede haber afirmaciones que son impensables, y es después cuando surgen como posibles explicaciones.

CARMEN.- Ya, pues entonces siempre hacen falta palabras, porque no parece que los hechos se expliquen por sí mismos, y nuestro conocimiento de ellos, menos todavía.

ANA.- Y además, porque hay muchos asuntos que no dependen de los hechos, sino de nuestra interpretación de ellos.

CONSUELO.- ¡Hay que ver cómo complicáis las cosas! Si lo que se dice o se piensa ante un problema es suficiente para solucionarlo, ya está; no hay que darle más vueltas.

PACO.- Pues yo no estoy de acuerdo con lo que acabas de decir, Consuelo, porque uno puede escapar de un problema y no haberlo resuelto. Y antes has dicho que porque algo nos convenga no va a ser verdadero, y ahora estás diciendo lo contrario.

BELÉN.- ¡Mirad a Paco, cómo se le nota lo que va aprendiendo!

PACO.- ¡Si es que pensáis que soy un ignorante! Y es verdad que desconozco muchas cosas, pero pongo interés y me fijo. ¡Tenía razones para enfadarme, Fernando! Me voy.

TODOS.- ¡No, que te queremos mucho!

sujeto → objeto
↳ conocimiento objetivo

1 El ámbito del conocimiento

A las preguntas formuladas en el texto introductorio se les busca respuestas desde la teoría del conocimiento o gnoseología, es decir, desde la disciplina filosófica que se pregunta, en general, por el conocimiento.

PERSPECTIVA FILOSÓFICA DEL CONOCIMIENTO

Estructura de la relación cognoscitiva: bipolaridad (I)

Objeto del conocimiento (polo objetivo)

Sujeto del conocimiento (polo subjetivo)

Conocimiento
Acto (proceso) y resultado (contenido) gnoseológico o cognitivo

1.1. ¿Qué es conocer?

Entendemos por «conocer» una actividad que tiene como objetivo aprehender un objeto o un estado de cosas de tal forma que lo podamos expresar y compartir con los demás.

En dicha actividad podemos distinguir dos polos: el sujeto, protagonista de la acción de conocer; y el objeto, aquello sobre lo cual recae dicha acción, aquello que resulta aprehendido o conocido.

También podemos diferenciar entre la actividad de conocer y el resultado de tal actividad, que solemos denominar «conocimiento». La actividad de conocer está ligada a la búsqueda de la verdad y, tanto si se alcanza como si no, tiene como pretensión conseguir resultados verdaderos. Por ejemplo, cuando alguien quiere conocer, no quiere que los profesores expliquen cosas que no son, o que los libros de texto estén llenos de errores, tampoco que sus padres le engañen. Si queremos conocer, pretendemos descubrir conocimientos verdaderos: lo que son las cosas, lo que ha pasado de verdad, lo que sentimos de verdad por alguien, lo que somos de verdad nosotros mismos, etc. Nuestro afán de conocimiento es muy amplio y no termina de satisfacerse nunca. Pero ¿hasta qué punto es fiable nuestro conocimiento?, ¿cuándo podemos decir que tenemos razones suficientes para afirmar que conocemos algo?

PERSPECTIVA FILOSÓFICA DEL CONOCIMIENTO Estructura de la relación cognoscitiva: bipolaridad (II)	
Objeto (objetivo)	Aquella parte de la realidad que podemos captar mediante nuestras capacidades cognitivas.
Sujeto (subjetivo)	Aquel que realiza la acción de conocer, condicionado por sus capacidades y su entorno.
Conocimiento (gnoseológico o cognitivo)	Acción y efecto de la apropiación intelectual de un objeto por un sujeto.

1.2. Los grados del conocimiento

En ocasiones nos atrevemos a opinar sin conocer demasiado del tema y, aunque algo conocemos, reconocemos con humildad que solo se trata de una mera opinión. En cambio, otras veces estamos tan convencidos de que lo que conocemos es verdad que no dudamos en defender nuestra idea contra viento y marea. El pensar sobre esto condujo a Immanuel Kant (Alemania, 1724-1804) a distinguir entre tres grados de conocimiento:

- **Opinión.** Es un estado de conocimiento en el que el sujeto considera algo como verdadero sin tener seguridad de que lo sea. Esto se comprende bien por dos razones: 1) Desde el punto de vista objetivo, porque la persona no encuentra ninguna justificación, es decir, no encuentra pruebas suficientes para convencer a los demás; una justificación es objetivamente válida cuando la puede aceptar cualquier persona que la examine. 2) Desde el punto de vista subjetivo, porque no se atreve a afirmar que está seguro de lo que dice y por ello prefiere decir «es lo que opino» o «a mí me parece así».

- **Creencia.** Consiste en que alguien está convencido de que lo que piensa es verdad, pero no puede aducir una justificación aceptable para todos. En este estado de conocimiento, la seguridad es solo subjetiva, porque lo que creemos no tiene una justificación objetiva suficiente. Por ejemplo, cuando una persona dice que cree en su amigo, en el partido político X o en Dios, lo justifica dando razones que le convencen personalmente, pero que es posible que no sean convincentes para otra persona cualquiera. Así, quien cree lo expresa diciendo: «Tengo la convicción de que...» o «Creo firmemente que...».
- **Saber.** En sentido estricto es una opinión fundamentada, tanto subjetiva como objetivamente. Es decir, quien afirma «yo sé que *p*» está subjetivamente convencido de aquello que sabe y, además, tiene razones objetivas, pruebas para convencer a los demás. Saber algo es poder dar razón de ello ante los demás. Pero dentro de este tipo de conocimiento podemos distinguir entre el saber cotidiano, el científico, el tecnológico, el filosófico, el artístico, el religioso, etc.

Cuando formulamos ante los demás las razones por las que opinamos, creemos o sabemos algo estamos entrando en el plano de lo intersubjetivo, porque cualquiera puede criticar o aceptar nuestro conocimiento, de manera que ya no pertenece solo a nuestra vivencia privada, sino también al ámbito de lo compartido, de lo intersubjetivo.

Y por ello, cuando las razones que justifican nuestro conocimiento son aceptadas por los demás, dicho conocimiento pasa a ser considerado como intersubjetivo, adquiriendo así un carácter de objetividad, porque no solo lo conoce el sujeto, sino que todo sujeto racional puede verlo.

TIPOS DE CONOCIMIENTO: CLASIFICACIÓN DE KANT

	Opinión	Creencia	Saber
¿Hay pruebas objetivas?	No	No	Sí
¿Hay seguridad subjetiva?	Escasa	Sí	Sí
¿Hay intersubjetividad?	No	No	Sí

ACTIVIDADES

1. ¿Qué es la teoría del conocimiento o gnoseología? Busca qué es la epistemología y relaciónala con la teoría del conocimiento.

REFLEXIONA

2. Piensa en alguna de tus creencias respecto al amor, la familia, la política, la vida tras la muerte... ¿Cuál es su origen? ¿Quién o qué ha contribuido a que las tengas? ¿Te sirven para vivir?
3. ¿Se podría argumentar que el conocimiento intersubjetivo es una forma de lograr una justificación objetiva del conocimiento? ¿Por qué?

Doc. 1

«El tener algo por verdadero es un suceso de nuestro entendimiento, y puede basarse en fundamentos objetivos, pero requiere también causas subjetivas en el psiquismo del que formula el juicio. Cuando este es válido para todo ser que posea razón, su fundamento es objetivamente suficiente y, en este caso, el tenerlo por verdadero se llama "convicción". Si solo se basa en la índole especial del sujeto, se llama "persuasión". [...]

Solo puedo afirmar –es decir, formular como juicio necesariamente válido para todos– lo que produce convicción. La persuasión puedo conservarla para mí, si me siento a gusto con ella, pero no puedo ni debo pretender hacerla pasar por válida fuera de mí.

El tener por verdad, o validez subjetiva del juicio, en relación con la convicción (que posee, al mismo tiempo, validez objetiva) tiene los tres grados siguientes: opinión, creencia y saber. La opinión es un tener por verdad con conciencia de que es insuficiente tanto subjetiva como objetivamente. Si solo es subjetivamente suficiente, se llama "creencia". Finalmente, cuando el tener por verdad es suficiente tanto subjetiva como objetivamente, recibe el nombre de "saber". La suficiencia subjetiva se denomina "convicción" (para mí mismo); la objetiva, "certeza" (para todos)».

IMMANUEL KANT, *Crítica de la razón pura*

- ¿Qué expresiones pertenecen al plano objetivo y al subjetivo del conocimiento? Preséntalas en una tabla de dos columnas.
- ¿Qué diferencia existe entre «persuasión» y «convicción»?
- ¿Qué relación guardan la opinión, la creencia y el saber?

Lámina del botánico José Celestino Mutis, quien emprendiera la Real Expedición Botánica del Virreinato de Nueva Granada en 1783 para hacer un inventario de la naturaleza de la actual Colombia.

Nuestras ciencias y saberes tienen su origen en el interés por conocer.

1.3. Los intereses del conocimiento

Aristóteles (Grecia, 384-322 a.C.) comenzó su tratado de *Metafísica* poniendo de manifiesto que el saber es una inclinación natural del ser humano. Ahora bien, cuando reflexionamos nos damos cuenta de que todo conocimiento está guiado por intereses: nos interesa conocer para resolver problemas, para aumentar nuestro nivel de vida, para que no nos engañen, etc. En definitiva, nos interesa conocer para sobrevivir y para ser más libres.

Los intereses pueden ser particulares, propios de un individuo o grupo, o universalizables y comunes a todos. Por ejemplo, un investigador médico puede que quiera conocer un nuevo remedio para una enfermedad movido por su deseo de conseguir más dinero (interés particular) o bien por el afán de hallar una solución para todos los pacientes de esa enfermedad (interés general o universal). Los intereses comunes los descubre nuestra razón cuando nos damos cuenta de que hay bienes que todos deseamos o deberíamos desear: salud, educación, etc. ¿Cuáles son esos intereses comunes y universalizables que nos animan a conocer?

Karl-Otto Apel (Alemania, 1922) y Jürgen Habermas (Alemania, 1929) elaboraron una teoría de los intereses del conocimiento en la que se distinguen:

- **El interés técnico** por dominar y explotar la naturaleza: es el que está en la base de las ciencias empírico-analíticas, como, por ejemplo, la física y la biología, es decir, de las ciencias que pretenden explicar lo que ocurre en el mundo material.
- **El interés práctico**, orientado a la comunicación y al entendimiento entre los seres capaces de comunicarse: es el que origina las ciencias histórico-hermenéuticas, como, por ejemplo, la historia, es decir, las ciencias que no solo se contentan con explicar los hechos, sino que también tratan de comprender los fenómenos humanos que estudian.
- **El interés emancipador** por liberar a los seres humanos de la dominación y la opresión: es el que conduce a desarrollar las ciencias sociales críticas, como la psicología cognitiva y la crítica de las ideologías, que también pertenecen al ámbito de la filosofía. Estas disciplinas dan un paso más porque no solo buscan la explicación de hechos y la comprensión de lo humano, sino que también quieren desarrollar la crítica y las propuestas de reformas.

Entre estos intereses existe una jerarquía, porque todos han de ponerse al servicio del interés supremo de todo conocimiento, que es la liberación de los seres humanos. Todo saber y toda ciencia adquieren su verdadero sentido y alcanzan su objetivo auténtico cuando se ponen al servicio de la conquista de la libertad, tanto a nivel personal como social.

Está claro que tenemos intereses por conocer. Sin embargo, cabe preguntarse si conocer es posible o no.

Doc. 2

«Los intereses rectores del conocimiento están determinados así por dos momentos: por una parte son testimonio de que los procesos cognoscitivos surgen de contextos vitales y cumplen sus funciones dentro de ellos; pero, por otra parte, en ellos queda también de manifiesto que lo que caracteriza la forma de vida reproducida socialmente es la conexión específica entre conocimiento y acción. [...] Este entrelazamiento de conocimiento e interés hemos tratado de aclararlo valiéndonos de esa categoría de "acciones" que coinciden con la "actividad" de la reflexión, a saber, las acciones emancipatorias. Un acto de autorreflexión que "cambia una vida" es un movimiento de la emancipación».

JÜRGEN HABERMAS, *Conocimiento e interés*

- ¿Cómo relaciona Habermas conocimiento, interés y acción?
- ¿Qué expresiones del texto tienen que ver con el interés emancipador? ¿Qué significan? Busca un ejemplo.

1.4. ¿Es posible conocer?

El problema más radical que presenta el conocimiento es su posibilidad. ¿Es posible conocer con verdad la realidad? Esta decisiva cuestión ha provocado diversas respuestas:

- **El dogmatismo** parte de una confianza total en las facultades cognoscitivas del ser humano; quien lo defiende considera que ya está en posesión de la verdad, entendida esta como un conocimiento cierto, seguro, innegable e incuestionable. Es criticable, porque se inmuniza frente a toda crítica.

- **El escepticismo** considera imposible obtener conocimientos fiables, porque piensa que nunca hay una justificación suficiente para aceptar algo como verdadero. Por eso, algunos escépticos proponen que, para no caer en el error, lo mejor es suspender el juicio, no afirmar ni negar nada. Por su parte, algunos críticos del escepticismo argumentan diciendo que las acciones que realizamos ya transparentan nuestras creencias, por lo que sería necesario convertirse en un vegetal para no afirmar ni negar nada y ser un escéptico consecuente hasta el final.
- **El criticismo** está a caballo entre el dogmatismo y el escepticismo; ofrece una respuesta que intenta superar ambos: afirma que es posible obtener conocimientos verdaderos, pero siempre que realicemos al menos una de las dos tareas siguientes, o bien que tratemos de aclarar hasta dónde pueden llegar nuestras facultades de conocer, o bien que intentemos contrastar críticamente nuestros conocimientos con la realidad. El primer tipo es el criticismo kantiano, que hace una crítica de las facultades del conocimiento para averiguar hasta dónde pueden conocer. El segundo es propio del racionalismo crítico, que sostiene que todo saber es falible y, por tanto, tiene que ser puesto a prueba. Sus principales representantes son Karl Popper (Austria, 1902-1994) y Hans Albert (Alemania, 1921).
- **El subjetivismo y el relativismo** niegan la posibilidad de alcanzar verdades universalmente válidas. Para el subjetivismo, averiguar qué es verdadero depende de cada sujeto. El relativismo entiende que reconocer algo como verdadero o falso depende de cada cultura, época o grupo social.
- **La filosofía analítica del lenguaje** defiende que los conceptos, categorías, términos y reglas gramaticales de nuestro lenguaje son los que determinan las posibilidades de nuestro pensar y, por tanto, de nuestro conocimiento del mundo. Ludwig Wittgenstein (Austria, 1889-1951), desde el marco de la filosofía analítica, mantenía que los límites de nuestro lenguaje son los límites de nuestro mundo, es decir, que solo podemos entender aquello para lo cual contamos con un vocabulario, y además, solo lo entendemos bajo los condicionamientos que impone la gramática de nuestro idioma materno; el lenguaje, como decía Wilhelm von Humboldt (Alemania, 1767-1835), nos impone cierta visión del mundo de la que es imposible escapar.
- **El perspectivismo**, propuesto por José Ortega y Gasset (España, 1883-1955), mantiene que sí se puede llegar al conocimiento de la realidad, pero conjugando diferentes perspectivas, dado que cada uno de nosotros, y cada generación histórica, tiene su propia visión de la realidad.

Doc. 3

«Desde distintos puntos de vista, dos hombres miran el mismo paisaje. Sin embargo, no ven lo mismo. La distinta situación hace que el paisaje se organice ante ambos de distinta manera. Lo que para uno ocupa el primer término y acusa con vigor todos sus detalles, para el otro se halla en el último y queda oscuro y borroso. Además, como las cosas puestas unas detrás de otras se ocultan en todo o en parte, cada uno de ellos percibirá porciones del paisaje que al otro no llegan. ¿Tendría sentido que cada cual declarase falso el paisaje ajeno? Evidentemente, no; tan real es el uno como el otro. Pero tampoco tendría sentido que puestos de acuerdo, en vista de no coincidir sus paisajes, los juzgasen ilusorios. Esto supondría que hay un tercer paisaje auténtico, el cual no se halla sometido a las mismas condiciones que los otros dos. Ahora bien, ese paisaje arquetipo no existe ni puede existir. La realidad cósmica es tal que solo puede ser vista bajo una determinada perspectiva. La perspectiva es uno de los componentes de la realidad. Lejos de ser su deformación, es su organización.

Cada vida es un punto de vista sobre el universo. En rigor, lo que ella ve no lo puede ver otra. Cada individuo –persona, pueblo, época– es un órgano insustituible para la conquista de la verdad. He aquí cómo esta, que por sí misma es ajena a las variaciones históricas, adquiere una dimensión vital. Sin el desarrollo, el cambio perpetuo y la inagotable aventura que constituyen la vida, el universo, la omnímoda verdad, quedaría ignorada».

José Ortega y Gasset, *El tema de nuestro tiempo*

- Según el texto, ¿se puede conocer la realidad?
- Recoge todas las expresiones que aparecen en el texto que tengan que ver con el término «perspectiva» y coméntalas.
- ¿Qué relación tienen los conceptos de «perspectiva» y de «omnímoda verdad»?

ACTIVIDADES

RELACIONA

4. Pon ejemplos de intereses que hayan conducido a conocer cosas, ¿eran particulares o universales?
5. ¿Qué tiene que ver el conocimiento con la libertad del ser humano?
6. ¿Cómo supera el criticismo el dogmatismo y el escepticismo?
7. Compara el subjetivismo, el relativismo y el perspectivismo.

COMENTA

8. Comenta la afirmación: «Nuestra visión del mundo es lingüística».

EMPIRISMO CLÁSICO	RACIONALISMO CLÁSICO
Prioridad de la experiencia sensible.	Prioridad de la razón.
Razonamientos inductivos.	Intuición y razonamientos deductivos.
Nuestra mente está en blanco y se llena de datos aportados por los sentidos.	Nuestro entendimiento contiene ideas claras y distintas, previas a los datos de los sentidos.
El conocimiento depende de la experiencia sensible.	Las ideas fundamentan el conocimiento.

1.5. Modelos de conocimiento

Existen diversos modelos de conocimiento que se diferencian entre sí por dar distinta importancia a los elementos que integran el conocer. Algunos de ellos son los siguientes:

Empirismo y racionalismo

El empirismo considera que la fuente de conocimiento más importante es la experiencia sensible. Los datos que obtenemos a través de los sentidos llenan nuestra mente, que se supone vacía, con representaciones de las cosas, mientras que la razón se encarga de relacionar unas representaciones con otras formando los conceptos y los razonamientos de manera inductiva. Los filósofos más destacados del empirismo clásico son John Locke (Reino Unido, 1632-1704), George Berkeley (Irlanda, 1685-1753) y David Hume (Reino Unido, 1711-1776), autores que siguen teniendo una influencia enorme en el empirismo contemporáneo.

El racionalismo, por el contrario, otorga primacía a la razón frente a la experiencia sensible. Considera que lo primero que tenemos ante nosotros no son las sensaciones que vienen del exterior, sino ciertas ideas que proceden del entendimiento mismo. El fundamento del conocimiento se encuentra, según este modelo, en las verdades claras y distintas que proceden de la propia razón, como por ejemplo «yo pienso» y «yo existo». A partir de verdades intuitivas tan indudables como estas, el racionalismo clásico aspiraba a demostrar de modo casi matemático todas las demás verdades. Los pensadores más destacados del racionalismo clásico son René Descartes (Francia, 1596-1650), Baruch Spinoza (Holanda, 1632-1777) y Gottfried Leibniz (Alemania, 1646-1716). En el siglo XX aparece el racionalismo crítico de Popper y Albert, que pone el acento en la necesidad de revisar críticamente todos los conocimientos desde la razón.

Realismo e idealismo

El realismo da prioridad a las cosas, que son el objeto inmediato del conocimiento. Considera que las cosas existen por sí mismas, independientemente del sujeto que las conoce, y que se pueden conocer tal y como son.

La actitud del sujeto al conocer es receptiva, porque se limita a captar la realidad tal como es. Los modelos realistas del conocimiento suelen entender que la mente humana funciona como un espejo en el que se refleja fielmente la realidad. Asumen una actitud confiada en nuestras facultades de conocimiento.

El realismo tiene su formulación más característica en Aristóteles y pervive hasta hoy con matices muy diversos.

El idealismo, en cambio, subraya que no podemos estar seguros de que la realidad existe independientemente del sujeto que la conoce. Lo indudable, según este modelo de conocimiento, es la existencia de la conciencia: podemos dudar de que los objetos que pensamos o conocemos existen más allá de nuestra conciencia, sin embargo, no podemos dudar de que estamos pensando o conociendo, de que tenemos conciencia y conocimiento de ellos. Las concepciones idealistas del conocimiento defienden que no conocemos «cosas» propiamente dichas, sino únicamente sus representaciones mentales, a las que Descartes denominó «ideas». Para el idealismo, la realidad no es directamente alcanzable. De aquí que lo que entendamos por «realidad» no pueda ser considerado como independiente del sujeto que la

Doc. 4

«Se ha supuesto hasta ahora que todo nuestro conocer debe regirse por los objetos. Sin embargo, todos los intentos realizados bajo tal supuesto con vistas a establecer a priori, mediante conceptos, algo sobre dichos objetos –algo que ampliara nuestro conocimiento– desembocaban en el fracaso. Intentemos, pues, por una vez, si no adelantaremos más en las tareas de la metafísica suponiendo que los objetos deben conformarse a nuestro conocimiento [...]. Ocurre aquí como con los primeros pensamientos de Copérnico. Este, viendo que no conseguía explicar los movimientos celestes si aceptaba que todo el ejército de estrellas giraba alrededor del espectador, probó si no obtendría mejores resultados haciendo girar al espectador y dejando las estrellas en reposo».

IMMANUEL KANT, *Crítica de la razón pura*

- ¿Por qué considera Kant que su nueva forma de entender el conocimiento se puede comparar con la aportación que hizo Copérnico en astronomía?

conoce. Los objetos se adaptan al sujeto, lo que hace que nuestro conocimiento de los objetos dependa de nuestra forma de conocer. Además de Descartes, defienden este modelo Kant y Georg Wilhelm Friedrich Hegel (Alemania, 1770-1831).

Fenomenología y hermenéutica

La fenomenología aspira a «ir a las cosas mismas», es decir, pretende conocer lo que son las cosas en su puro y simple presentarse a la conciencia, al sujeto. Así intenta mediar entre idealismo y realismo: le da prioridad a la conciencia porque en la conciencia se capta la realidad (en esto se opone al realismo); pero también considera que los objetos no se adaptan al sujeto, sino que se le manifiestan (con lo que se diferencia del idealismo).

Propone que, para conocer con objetividad, es preciso despojarse de todos los prejuicios, teorías e interpretaciones previas. Y mediante un proceso de abstracción, que realiza la razón y que se llama «reducción fenomenológica», se llega a lo universal y esencial de todo fenómeno particular. Este conocimiento depurado sería el auténtico conocimiento.

Algunos pensadores representativos de este modelo son: Edmund Husserl (Chequia, 1859-1938) y Martin Heidegger (Alemania, 1889-1976).

La hermenéutica, aunque estrechamente ligada a la fenomenología, guarda con ella algunas diferencias significativas, que nos permiten hablar de un nuevo modelo de conocimiento. La hermenéutica pretende comprender las acciones humanas y la realidad histórica interpretando cada acontecimiento en su singularidad, tratando de captar su sentido. Por eso afirma que conocer es comprender y que no hay hechos desnudos o puros, como pretendía la fenomenología, sino hechos ya comprendidos por un sujeto determinado, es decir, lo que hay son interpretaciones.

Nuestra conciencia no está aislada, sino situada históricamente y condicionada por el lenguaje; siempre comprendemos desde una situación histórica, desde una mentalidad, desde una familia, desde unas tradiciones. Partimos de prejuicios, es decir, de juicios previos que hemos adquirido sin darnos cuenta, y que hemos de ir aclarando. Frente a la fenomenología, la hermenéutica considera que los prejuicios son constitutivos del conocimiento, y que la razón no es pura, sino impura, pues, cuando conocemos, no podemos eliminar los factores sociales, culturales, sentimentales, lingüísticos, etc., que condicionan inevitablemente nuestro modo de conocer.

Existe una rama de la hermenéutica llamada «hermenéutica no normativa» que afirma que la filosofía puede ayudar a descubrir los elementos que hacen posible las distintas comprensiones o interpretaciones; tales elementos son, entre otros, la tradición, la autoridad, el lenguaje, la historia, etc.

Pero solo se puede aspirar a conocer mejor las distintas interpretaciones; no cree que se pueda decir que ciertas interpretaciones son mejores que otras, por eso no considera que haya progreso, sino diversas comprensiones de la realidad. Representantes de esta corriente hermenéutica son Hans Georg Gadamer (Alemania, 1900-2002) y Richard Rorty (EE. UU., 1931-2007).

También existe otra rama de la hermenéutica denominada «hermenéutica normativa» que defiende la posibilidad de encontrar unos criterios con los que discernir entre interpretaciones correctas e incorrectas; las «falsas comprensiones» serían las que no respetan las «pretensiones de validez del habla»: verdad, veracidad, inteligibilidad y corrección moral, entendiendo así que es posible progresar en la comprensión de la realidad. Representantes de esta corriente son Apel y Habermas.

REALISMO	IDEALISMO
Prioridad del objeto.	Prioridad del sujeto.
El objeto de conocimiento son «las cosas».	El objeto de conocimiento son «las ideas».
Actitud receptiva del sujeto.	Actitud constructiva del sujeto.
La realidad puede conocerse tal como es.	El conocimiento de la realidad depende del sujeto que la conoce.

FENOMENOLOGÍA	HERMENÉUTICA
Prioridad a la conciencia, donde se capta la realidad. En esto se opone al realismo.	Al conocer se rebasa la conciencia porque se tiene en cuenta el contexto.
Los objetos de conocimiento –los hechos fenoménicos– se manifiestan al sujeto. En esto se opone al idealismo.	No hay hechos puros, solo hay interpretaciones.
Para conocer hay que despojarse de todos los prejuicios.	Los prejuicios son constitutivos del conocimiento.
La razón tiene una dimensión básica de razón pura.	La razón es radicalmente impura.

ACTIVIDADES

INVESTIGA

9. Busca información sobre Descartes y di por qué defiende un modelo de conocimiento racionalista y, también, idealista.

ARGUMENTA

10. ¿Se pueden conocer los objetos tal como son? ¿Qué dirían un realista y un idealista? ¿Por qué?
11. ¿Cómo crees que influyen los prejuicios a la hora de conocer? ¿Qué diría un fenomenólogo?
12. ¿Qué pretensión de validez se incumple cuando un periodista conscientemente incluye datos falsos en una noticia?

1.6. Conocimiento, inteligencia y emociones

Tradicionalmente se ha considerado que la actividad de conocer y también el conocimiento obtenido como resultado son actividades exclusivamente intelectuales. Eso significa que se entiende el conocimiento como una actividad que lleva a cabo la razón o, si se prefiere, la inteligencia. De ahí que se haya considerado como una actividad exclusivamente humana: solo los seres humanos somos capaces de conocer, en el sentido pleno de la palabra.

Sin embargo, en algún momento concreto todos hemos tenido alguna experiencia que prueba que conocer no es una cuestión exclusivamente racional o intelectual. Por ejemplo, nos cuesta trabajo aprender determinadas fechas y relacionarlas con los acontecimientos históricos que ocurrieron. En cambio, cualquier aficionado al fútbol recuerda la alineación de su equipo, quién marcó goles, etc.; o cualquier aficionado a la música es capaz de repetir letras de canciones de su artista favorito, sabe dónde ha dado conciertos y otras cosas por el estilo. Lo importante en estos casos es que esos aprendizajes se han llevado a cabo sin esfuerzo, casi sin darnos cuenta. Los sentimientos y emociones que nos provoca nuestro equipo o nuestro cantante favorito facilitan la realización de aprendizajes que, de otro modo, serían mucho más lentos y costosos. Esto significa que en el conocimiento no solo intervienen factores racionales e intelectuales, sino también emocionales.

Hacia la idea de una inteligencia emocional

El precedente más inmediato del concepto inteligencia emocional lo encontramos en el psicólogo Edward Thorndike (EE. UU., 1874-1949), que fue el primero en distinguir tres tipos de inteligencia: la abstracta (entendida como la capacidad para entender y manejar ideas), la mecánica (entendida como la habilidad para manejar objetos) y la inteligencia social (entendida como «la habilidad para comprender y dirigir a los hombres y mujeres, y actuar sabiamente en las relaciones humanas»).

Otro precedente importante lo encontramos en la teoría de las inteligencias múltiples de Howard Gardner (EE. UU., 1943). Esta teoría destaca que todas las personas tenemos ocho tipos de inteligencia que operan en nosotros de forma compleja pero relativamente independiente y que se pueden adquirir y desarrollar mediante la educación. No existen inteligencias superiores e inferiores, sino solo mayor o menor habilidad con una inteligencia o con otra.

Pero fue Daniel Goleman (EE. UU., 1947) quien difundió la expresión «inteligencia emocional», uniendo en ella las habilidades de la inteligencia intrapersonal y la inteligencia interpersonal que había definido Gardner. Por «inteligencia emocional» hay que entender la capacidad de sentir, entender, controlar y modificar las emociones, tanto en uno mismo como en los demás. Es importante señalar que no se trata de reprimir sentimientos, sino de encauzar, dirigir y equilibrar nuestros estados emocionales, para guiar nuestra forma de pensar y nuestro comportamiento de la manera que consideremos más adecuada.

Dimensiones de la inteligencia emocional

La inteligencia emocional tiene dos direcciones:

- **Hacia dentro o consigo mismo.** Se trata de conocerse a sí mismo, autorregularse y automotivarse, siendo capaz de expresar lo que uno siente.
- **Hacia fuera o con los demás.** Consiste en tener empatía y capacidad de persuadir, influir, escuchar activamente y ser asertivo.

Doc. 5

«En un sentido muy real, todos nosotros tenemos dos mentes, una mente que piensa y otra mente que siente, y estas dos formas fundamentales de conocimiento interactúan para construir nuestra vida mental. Una de ellas es la mente racional, la modalidad de comprensión de la que solemos ser conscientes, más despierta, más pensativa, más capaz de ponderar y de reflexionar. El otro tipo de conocimiento, más impulsivo y más poderoso –aunque a veces ilógico–, es la mente emocional.

[…] La mente emocional es mucho más veloz que la mente racional y se pone en funcionamiento sin detenerse ni un instante a considerar lo que está haciendo. Su rapidez hace imposible la reflexión analítica deliberada que constituye el rasgo característico de la mente pensante.

[…] Cuando las cosas vuelven después a su lugar –o incluso, a veces, a media respuesta– nos descubrimos pensando "¿por qué he hecho esto?", señal de que la mente racional está comenzando a activarse con una velocidad mucho más lenta que la de la mente emocional.

[…] Esta versión rápida y tosca de respuesta emocional tiene lugar antes incluso de que sepamos claramente qué está ocurriendo.

Esta modalidad rápida de percepción sacrifica la exactitud a la velocidad, confiando en las primeras impresiones y reaccionando a la imagen global o a sus aspectos más sobresalientes».

Daniel Goleman, *Inteligencia emocional*

- ¿Qué crees que quiere decir el autor cuando habla de que tenemos «dos mentes»?
- ¿Qué características tienen cada una de nuestras dos mentes?
- Busca alguna experiencia en la que se muestre que las dos mentes se oponen.
- ¿Piensas que es posible y deseable la complementariedad entre las dos mentes? ¿Qué ventajas nos puede reportar esa complementariedad?

En realidad no existen emociones o estados afectivos positivos y negativos. Todas las emociones son respuestas que damos a determinadas situaciones y pueden ser respuestas útiles, adaptativas, que nos ayuden a resolver la situación o todo lo contrario. Todas las emociones son positivas, con tal de que se utilicen adecuadamente.

Por eso, podemos decir que el conocimiento de nosotros mismos y el control de nuestras emociones (en lugar de que ellas nos impulsen incontroladamente) favorecen tanto nuestros procesos de conocimiento como nuestras relaciones sociales y nuestra capacidad de establecer consensos, cooperar, trabajar en equipo y reconocer el punto de vista de los demás.

En conclusión, la realización de nuevos conocimientos y aprendizajes, así como el desarrollo de la creatividad, se ven favorecidos por el desarrollo de la vida intelectual, pero también y en la misma medida de la vida emocional. Somos capaces de conocer determinadas realidades porque las percibimos teñidas, coloreadas por sentimientos y emociones.

Por eso, cuando la educación no incluye el conocimiento de los propios sentimientos y emociones, se queda en una mera instrucción o adiestramiento, que puede ser técnicamente muy eficaz, pero que carece de motivación, compromiso y espíritu de cooperación y eso produce cierta ceguera a determinados conocimientos, pues nos pasan desapercibidos.

ACTIVIDADES

INVESTIGA

13. ¿Qué es la inteligencia emocional?

REFLEXIONA

14. ¿Cómo influyen los sentimientos y emociones en nuestros conocimientos y aprendizajes?

15. ¿Cuál es la diferencia entre dirigir las propias emociones y ser dirigido por ellas?

APLICA

16. Busca situaciones propias en las que las emociones te han facilitado o dificultado realizar un determinado conocimiento.

MAPA DE COMPETENCIAS EMOCIONALES

Habilidades	Contenidos
1. Conciencia de uno mismo	– Conciencia emocional – Valoración adecuada de uno mismo – Confianza en uno mismo
2. Autorregulación	– Autocontrol – Fiabilidad – Responsabilidad – Adaptación – Innovación
3. Motivación	– Motivación de logro – Compromiso – Iniciativa y optimismo
4. Empatía	– Comprensión de los demás – Desarrollo de los demás – Orientación hacia el servicio – Aprovechamiento de la diversidad – Comprensión social
5. Habilidades sociales	– Comunicación – Liderazgo – Catalización del cambio – Resolución de conflictos – Establecimiento de vínculos – Colaboración y cooperación
	– Habilidades de equipo

El sentido de la palabra latina *veritas* se hace presente en la persona que es sincera o que miente.

2 Sobre la verdad

El conocer está relacionado con la búsqueda de la verdad, de ahí que podamos considerar que el conocimiento tiene que ver con la verdad hallada. Pero ¿qué entendemos por verdad cuando utilizamos la palabra «verdad»?

2.1. Raíces culturales y campos de la palabra «verdad»

El significado actual de la palabra «verdad» contiene rasgos de lo que se entendía por verdad en el mundo griego, latino y hebreo. Lo podemos entender mejor si rastreamos su origen etimológico en cada una de sus lenguas:

- El griego utiliza *alétheia*, que significa «lo que no está oculto», «lo que está manifiesto», «lo descubierto». La falsedad, el *pseudos*, es su contrario, es «lo encubierto». Así pues, verdad en griego equivale a descubrimiento de las cosas, a «desvelamiento» de lo que son. Se consideraba como una propiedad del ser, de la realidad, la propiedad de desvelarse ante la razón humana, de quitarse los velos y mostrar su rostro.
- El latín emplea el término *veritas* para referirse a la exactitud y el rigor en el decir: así conecta lo que se dice con quien lo dice. Este matiz lo recoge la palabra castellana «veracidad», que se opone a «mentira» o «engaño».
- Y, por último, en hebreo, el término *emunah* expresa la verdad en el sentido de confianza. Por ejemplo, un amigo verdadero es aquel con el que se puede contar. El vocablo *emunah* remite, pues, a la confianza de que se cumplirá algo que esperamos.

En la actualidad, en nuestro idioma, no deberíamos confundir el significado de «verdad» cuando se opone a «falsedad» con el significado de «verdad» cuando se opone a «mentira». Por ejemplo, alguien puede decir algo que es falso sin saber que es falso, y en ese caso no dice una mentira, sino que simplemente yerra, se equivoca, porque dice una falsedad creyendo que es verdad. En cambio, alguien puede decir algo falso sabiendo que es falso, y en tal caso sí dice una falsedad y al mismo tiempo una mentira.

El término «verdad» también se ha aplicado de diferentes formas y a diferentes campos. Por ejemplo, al lenguaje o al pensamiento: verdad lógica, del logos; al ser, a la realidad: verdad ontológica o metafísica; al ámbito de la ciencia: verdad científica; a la acción o al comportamiento: verdad práctica o ética; al arte: verdad estética; al campo de la religión: verdad revelada o teológica.

2.2. Tener por verdadero

Muchos filósofos han coincidido en afirmar que nuestra tarea fundamental, tanto en ciencia como en filosofía, es, o debiera ser, la búsqueda de la verdad. Por ello, el objetivo de la investigación es buscar esos resultados verdaderos. Ahora bien, es problemático determinar si se puede estar seguro de que algo es verdadero. De nuestra seguridad respecto a su veracidad se pueden indicar los siguientes estados mentales:

- **Ignorancia:** estado de la mente en el que se admite el desconocimiento sobre un determinado asunto.
- **Duda:** estado en el que no se puede afirmar o negar la verdad de un juicio, porque las razones a favor y en contra tienen una fuerza similar. Este estado mental es el que está asociado a la mera opinión (véase el apartado 1.2).

Doc. 6

«... convendrá recordar la forma en que aparece la noción de verdad en el mundo del niño. Tres son los modos principales en que los niños viven la verdad: el ser una cosa de verdad, el prometer, dar o amenazar de verdad, el decir la verdad. Estos tres modos surgen en la mente infantil al choque de tres formas de *decepción*, de fallo de la realidad en torno; estas formas –las tres formas primarias de "falsedad" para el niño– son, respectivamente, el ser de "mentirijillas", la "broma" y la "mentira". La primera forma se refiere a la realidad misma de las cosas [...] Las otras dos formas de decepción afectan al trato con los hombres y, especialmente, al decir».

JULIÁN MARÍAS, *Introducción a la filosofía*

- ¿Cuáles son los tres modos en que los niños viven la verdad según Julián Marías?
- Relaciona esos tres modos infantiles de vivir la verdad con los sentidos griego, latino y hebreo, presentes en el significado actual de la palabra «verdad».

- **Certeza:** estado en el que la mente afirma la verdad de un juicio, el sujeto tiene seguridad completa de que lo que dice es verdad. Este estado mental es el que corresponde al saber propiamente dicho (véase el apartado 1.2).

La conciencia de la propia ignorancia (Sócrates) y la duda (Descartes) son elementos fundamentales para el avance del conocimiento, puesto que constituyen un fuerte incentivo que nos impulsa a buscar la verdad. No hay que tener miedo a reconocer la propia ignorancia, ni a poner en duda algo de lo que estemos seguros; puede que alguien piense que hacer tal cosa es «complicarse la vida», pero saberse ignorante y dudar es un paso necesario para llegar a pensar por uno mismo y desarrollar nuestra capacidad crítica. Ser personas con sentido crítico nos exige tomar conciencia de los criterios que utilizamos cuando afirmamos la verdad de nuestro conocimiento.

2.3. Criterios de verdad

Se llama «criterios de verdad» a aquellas pautas o reglas que nos permiten distinguir la verdad o falsedad de un enunciado y nos proporcionan un estado de seguridad plena acerca del mismo. Veamos algunos de ellos:

- **La autoridad.** Se acepta una afirmación como verdadera por proceder de alguien a quien se concede crédito por su conocimiento en una materia, de alguien en quien confiamos. En la actualidad es habitual que, cuando se trata de ciertos temas muy complejos, confiemos en la autoridad de personas expertas en dichos temas, aunque lo prudente en tales casos es consultar a varias y no solo a una.
- **La tradición.** Se toma por verdadero aquello que recibimos de las generaciones anteriores y que a lo largo del tiempo se acepta como verdadero.
- **La evidencia.** Es el criterio que se basa en pruebas objetivas, comprobables de modo intersubjetivo, tanto si son racionales –demostraciones en lógica y en matemáticas, por ejemplo– como si son empíricas –comprobaciones experimentales–. En principio, se considera evidente, y por ello verdadero, lo que se nos presenta como indiscutible, con claridad y distinción, lo que se nos desvela sin necesidad de mediación alguna. En el orden de la razón, se han considerado evidentes los primeros principios, como el principio de identidad: todo ente es igual a sí mismo; y el de no-contradicción: no pueden ser verdaderos al mismo tiempo un enunciado y su contrario. Sin embargo, también se puede considerar evidente lo que se muestra como verdadero tras un proceso de demostración racional; es el caso de un teorema matemático, o de comprobación experimental, por ejemplo, cómo el agua se descompone en oxígeno e hidrógeno en el laboratorio.

Los estudiantes utilizan el criterio de autoridad cuando aceptan como verdaderos los conocimientos que proceden de una persona experta en la materia que estudian.

ACTIVIDADES

RELACIONA

17. ¿Qué significado de «verdad», griego, latino o hebreo, late tras las siguientes expresiones: «Antonio es un amigo de verdad»; «Hay que esclarecer la verdad del caso»; «Siempre va con la verdad por delante»; «La verdad libera»; «La verdad es una conquista»?

18. ¿Hay diferencia entre «error» y «engaño»?, ¿dice la verdad quien dice lo que piensa?, ¿es lo mismo «sinceridad» que «verdad»?

19. ¿Cuál es la relación entre el ejercicio de «la duda», el «pensar por uno mismo» y «la capacidad crítica»?

Doc. 7

«He advertido hace ya algún tiempo que, desde mi más temprana edad, había admitido como verdaderas muchas opiniones falsas, y que lo edificado después sobre cimientos tan poco sólidos tenía que ser por fuerza muy dudoso e incierto; de suerte que me era preciso emprender seriamente, una vez en la vida, la tarea de deshacerme de todas las opiniones a las que hasta entonces había dado crédito, y empezar todo de nuevo desde los fundamentos, si quería establecer algo firme y constante [...]

Arquímedes, para trasladar la tierra de lugar, solo pedía un punto de apoyo firme e inmóvil; así yo también tendré derecho a concebir grandes esperanzas, si por ventura hallo tan solo una cosa que sea cierta e indubitable».

DESCARTES, *Meditaciones metafísicas con objeciones y respuestas*

- ¿Qué significan «duda» y «certeza» en el texto?

3 Teorías de la verdad

A lo largo de la historia, diferentes autores han propuesto formas distintas de entender el significado del término «verdad». Algunas de las teorías de la verdad más significativas son las siguientes:

3.1. La verdad como correspondencia o adecuación

Se trata de una forma de entender la verdad que recoge lo que en nuestra cultura nos parece de sentido común. Afirma que la verdad consiste en la correspondencia o adecuación entre lo que decimos o pensamos y la realidad. Por ejemplo, si alguien piensa o dice «Ahora está lloviendo» y a continuación se asoma a la ventana y ve caer la lluvia, tendremos que admitir que ese enunciado es verdadero. Por eso, esta teoría sostiene que la verdad es una propiedad de ciertos enunciados que se corresponden con lo que hay en el mundo o con lo que sucede en él, mientras que los enunciados falsos son los que carecen de esa propiedad.

En la teoría de la verdad como correspondencia podemos descubrir los elementos básicos que constituyen la actividad de conocer: el sujeto del conocimiento (que piensa o afirma algo) y el objeto (aquello a lo que se refiere el sujeto como algo que es o que ocurre). Así pues, cuando hay correspondencia entre lo que se piensa-dice y lo que es o sucede, hay verdad; mientras que, en cualquier otro caso, hay falsedad. Pero los objetos no entran en nosotros al ser conocidos; por eso no hay una correspondencia material, sino formal, entre el objeto del conocimiento y la representación mental obtenida al conocerlo.

Algunos autores afirman que esta teoría está presupuesta por todas las demás teorías; sin embargo, plantea algunos problemas:

- No proporciona un procedimiento claro para averiguar si hay correspondencia entre lo pensado y la realidad, puesto que no podemos salir de nosotros mismos ni de nuestro lenguaje para comprobar la correspondencia entre nuestro pensamiento y la realidad. No podemos saber si el lenguaje describe realmente los hechos o no.
- Esta teoría implica un doble criterio de falsedad. Un enunciado será falso cuando la cualidad que se predica del sujeto no se corresponda con una propiedad del objeto. Por ejemplo, «Esta mesa es verde» será un enunciado falso cuando la mesa que tenemos delante no posea la propiedad de ser verde. Por otra parte, un enunciado será falso en el caso en el que el sujeto no se corresponda con ningún objeto real, como ocurre en el enunciado «El actual rey de Francia es calvo», dado que actualmente no existe ninguna persona a la que se pueda designar como «rey de Francia».

La comprensión de la verdad como correspondencia o adecuación se la debemos a Aristóteles. Posteriormente fue adoptada con ciertas matizaciones por Tomás de Aquino (Italia, 1224-1274), Ludwig Wittgenstein (Austria, 1889-1951) y Alfred Tarski (Polonia, 1902-1983).

3.2. La verdad como coherencia

Nuestros actos de conocer no están aislados, sino que todo conocimiento nuevo entra a formar parte de un conjunto previo y estructurado, es decir, de un sistema de conocimientos ya establecido. Así, cuando nos preguntamos

Doc. 8

«Decir de lo que es que no es, o de lo que no es que es, eso es falso; decir de lo que es que es y de lo que no es que no es, es verdadero».

Aristóteles, *Metafísica*

- Intenta encontrar en la formulación de Aristóteles los dos polos del conocimiento y la relación de correspondencia entre ellos.

«Nosotros nos hacemos figuras de los hechos. Para conocer si una figura es verdadera o falsa debemos compararla con la realidad. La proposición es una figura de la realidad».

Ludwig Wittgenstein, *Tractatus*

- ¿Entre qué debe haber correspondencia según Wittgenstein para reconocer que algo es verdad?

Doc. 9

«Lo verdadero es el todo, pero el todo es la esencia que se realiza a través de su desarrollo. Es preciso afirmar que el Absoluto es esencialmente el resultado, que solo al final es lo que es en verdad. En esto precisamente consiste su naturaleza, en ser real, sujeto al desarrollo de sí mismo».

G. W. F. Hegel, *Fenomenología del espíritu*

- Comenta la frase «lo verdadero es el todo».
- Señala las expresiones del texto que confirman la idea de Hegel de que la verdad se gana históricamente.

por la verdad de un conocimiento nuevo o de un enunciado cualquiera, lo hacemos teniendo en cuenta el sistema de conocimientos que ya poseemos. Según la teoría de la coherencia, ese conocimiento nuevo será verdadero si es «coherente» con el sistema de conocimientos en el que se integra y será falso si entra en contradicción con dicho sistema. Por ejemplo, generalmente pensamos que lo ocurrido en los sueños es falso, porque no es coherente con los conocimientos acumulados mientras estamos despiertos, y otorgamos prioridad a estos últimos frente a los contenidos soñados.

Lo que hace que un enunciado sea verdadero o falso, según esta teoría, es el contexto de enunciados o conocimientos en el que lo introducimos. Por ejemplo, el enunciado «1 + 1 = 2» es verdadero en el sistema (contexto) de numeración decimal, pero no es verdadero si lo introducimos en un sistema binario de numeración, aunque sería traducible a ese sistema binario y el equivalente traducido seguiría siendo verdadero. Por eso, decimos también que lo verdadero, según la teoría de la coherencia, no es un conocimiento aislado, sino el sistema completo. Así lo expresó Hegel, uno de los principales defensores de esta forma de entender la verdad: «Lo verdadero es el todo». Hegel también defendía que la verdad se alcanza históricamente: el todo que expresa la verdad del saber es histórico y solo al final de la historia se mostrará en toda su magnitud y sentido.

La teoría de la verdad como coherencia ha tenido un enorme desarrollo en las ciencias formales (lógica y matemáticas), pero también tiene aplicación en las ciencias empíricas y en el análisis de los códigos morales. Sin embargo, encontramos en ella algunos problemas como, por ejemplo:

- Cuando desechamos un enunciado como falso, por no ser coherente con el sistema de nuestros conocimientos en un área determinada, puede suceder que estemos prescindiendo de una verdad capaz de revolucionar todo el sistema. Es decir, siempre cabe la posibilidad de que, en la comparación coherencial, lo falso sea el sistema y no el enunciado.
- Siguiendo a Bertrand Russell (Reino Unido, 1872-1970), caemos en la cuenta de que tanto un enunciado como su contrario pueden ser coherentes con sistemas de conocimientos diferentes, con lo que tendríamos que admitir que ambos son verdaderos. Esto es lo que ocurre en el caso de «Matar a un ser humano es malo» y «Es legítimo matar en defensa propia». Por otra parte, en el ejemplo «1 + 1 = 2» que hemos analizado antes, tendríamos un enunciado que es «verdadero y falso» al mismo tiempo.

Además de Hegel, han realizado aportaciones a esta forma de entender la verdad Carl Gustav Hempel (Alemania, 1905-1997) y Otto Neurath (Austria, 1882-1945).

ACTIVIDADES

20. ¿Por qué la teoría de la verdad como correspondencia o adecuación se llama así? ¿Entre qué cosas se supone que ha de haber correspondencia o adecuación?

21. ¿Es posible comparar lo que decimos-pensamos con lo que sucede en el mundo? ¿En qué consiste el problema para llevar a cabo tal comparación?

22. ¿Por qué la teoría de la verdad como coherencia se llama así? ¿Entre qué cosas se supone que ha de haber coherencia?

23. ¿Con qué problemas se enfrenta la teoría de la verdad como coherencia? Explícalos con tus propias palabras.

Doc. 10

«¿Qué se entiende habitualmente por "verdad"? Esta palabra, "verdad", elevada y al mismo tiempo desgastada, casi hueca, alude a aquello que hace verdadero lo verdadero. ¿Qué es algo verdadero? Decimos, por ejemplo: "Es una verdadera alegría colaborar en el éxito de esta tarea". Pensamos: es una alegría pura, real. Lo verdadero es lo real. De acuerdo con esto hablamos de oro verdadero a diferencia del falso. El oro falso no es realmente lo que parece. Es solo una "apariencia" y por tanto irreal…

Sin embargo, no solo a una alegría real, al oro auténtico y a todo ente de esa especie, los llamamos verdaderos, sino que llamamos verdadero o falso, también y ante todo, a nuestros enunciados sobre el ente, que puede ser, él mismo, según su especie, auténtico o inauténtico, y en su realidad así o de otra manera. Un enunciado es verdadero cuando lo que dice coincide con la cosa sobre la que enuncia. También en este caso decimos: concuerda. Pero ahora no concuerda la cosa, sino la proposición. Lo verdadero, sea una cosa verdadera o una proposición verdadera, es aquello que concuerda, lo concordante. Ser verdadero y verdad significan concordar y, por cierto, de un doble modo: por un lado, la concordancia de una cosa con lo que se presume acerca de ella y, por otro, la coincidencia de lo mentado en el enunciado con la cosa.

Este doble carácter del concordar […] puede significar: verdad es la adecuación de la cosa al conocimiento. Pero también puede decir: verdad es la adecuación del conocimiento a la cosa. Sin embargo, la verdad comprendida así, la verdad de la proposición, solo es posible sobre el fundamento de la verdad de la cosa».

Martin Heidegger, *De la esencia de la verdad*

- ¿Cuándo decimos que una cosa es verdadera? Pon ejemplos.
- ¿Cuándo una proposición es verdadera según el texto?
- Compara lo que dice Heidegger con la concepción de la verdad iniciada por Aristóteles.

El efecto placebo cuestiona que sea verdad todo lo que produce consecuencias beneficiosas.

3.3. Teoría pragmatista de la verdad

La teoría pragmatista de la verdad presupone, al menos, dos cosas:

- Que las personas solemos considerar verdaderas aquellas afirmaciones en las que creemos. Por eso el pragmatismo habla de «creencias» verdaderas.
- Que las personas solemos considerar que una creencia es verdadera cuando es útil para la resolución de un problema, es decir, cuando nos conduce a solucionarlo con éxito, tanto si se trata de satisfacer necesidades humanas como de cualquier otro tipo de problema.

Así, la teoría pragmatista introduce una dimensión práctica en la comprensión de la verdad. El criterio para distinguir lo verdadero de lo falso en esta teoría es la utilidad. Examinemos, por ejemplo, el siguiente enunciado: «Beber zumo de naranja evita el resfriado».

Será considerado verdadero por aquellas personas que creen haberse librado del resfriado porque habían bebido zumo de naranja. Para tales personas, ese enunciado ha mostrado su utilidad y, por tanto, lo admitirán como verdadero.

Se trata de una concepción dinámica de la verdad, porque las creencias se verifican, se hacen verdaderas, mostrando su utilidad o su eficacia en determinados contextos problemáticos. No hay, por tanto, verdades fijas y definitivas, pues un enunciado que resuelve un problema hoy puede ser perfectamente inútil en el futuro. Un enunciado es verdadero en la medida en que se pone en práctica y resulta exitoso.

Aunque el pragmatismo hace aportaciones importantes para la comprensión de la verdad, también presenta dificultades, como las siguientes:

- En ocasiones, las personas usan enunciados en los que no creen, o dejan de aplicar enunciados en los que creen porque les resulta útil. ¿Cómo decidir, en estos casos, la verdad de esos enunciados? ¿Qué hacemos con las verdades inútiles y las mentiras útiles? ¿Y con las verdades amargas?
- Hay veces en las que sabemos que un enunciado es falso, pero que funciona exitosamente para resolver un problema. Por ejemplo, supongamos que alguien dice: «El medicamento X es eficaz contra el mareo», y que lo pone a prueba y funciona bien en un alto porcentaje de casos; pero se sabe que se trata de un caramelo y que es la sugestión de quienes lo toman la que induce a su eficacia. Esto se llama «efecto placebo» y plantea el siguiente interrogante a quienes defienden la teoría pragmatista de la verdad: ¿Es verdadero el enunciado de este ejemplo o es falso? El criterio pragmatista obliga a considerarlo verdadero, pero un análisis más detenido obliga a considerarlo falso.
- Para que un enunciado sea considerado verdadero, ¿es necesario que haya demostrado de hecho su utilidad, o basta con que pueda servir para resolver un problema?
- Además, ¿las verdades útiles son las mismas para un grupo y otro?, ¿para el explotador y el explotado?, ¿para el partido gobernante y la oposición? Es decir, ¿cómo responde el pragmatismo a la pregunta por la intersubjetividad de la verdad? Porque es una condición indispensable, para afirmar un enunciado como verdadero, el que numerosos sujetos estén de acuerdo en que lo es.

Los más destacados representantes del pragmatismo fueron Charles Sanders Peirce (EE. UU., 1839-1914), William James (EE. UU., 1842-1910), John Dewey (EE. UU., 1859-1952) y, más recientemente, Hilary Putnam (EE. UU., 1926).

Doc. 11

«La importancia para la vida humana de poseer creencias verdaderas acerca de hechos es algo demasiado evidente. [...] Si me hallo perdido en un bosque, y hambriento, y encuentro una senda de ganado, será de la mayor importancia que piense que existe un lugar con seres humanos al final del sendero, pues si lo hago así y sigo el sendero, salvaré mi vida. El pensamiento verdadero, en este caso, es útil, porque la casa, que es su objeto, es útil. El valor práctico de las ideas verdaderas se deriva, pues, primariamente de la importancia práctica de sus objetos para nosotros. Sus objetos no son, sin duda alguna, importantes en todo momento. En otra ocasión puede no tener utilidad alguna la casa para mí, y entonces mi idea de ella, aunque verificable, será prácticamente inadecuada y convendrá que permanezca latente. [...] Almacenamos tales verdades en nuestra memoria..., y cuando una de esas ideas extra se hace prácticamente adecuada para uno de nuestros casos de necesidad [...], pasa a actuar en el mundo y nuestra creencia en ella se convierte en activa. Se puede decir de ella que "es útil porque es verdadera" o que "es verdadera porque es útil". Ambas frases significan exactamente lo mismo, a saber: que se trata de una idea que se cumple y que puede verificarse».

WILLIAM JAMES, *El pragmatismo*

- ¿Cuándo una idea es verdadera según el pragmatismo?
- ¿James entiende el término «adecuado» de la misma manera que lo utiliza la teoría de la verdad como adecuación o correspondencia? ¿Por qué?

3.4. Teoría consensual o dialógica de la verdad

La teoría consensual o dialógica de la verdad se basa principalmente en que:

- Cuando una persona dice que un enunciado es verdadero, está afirmando implícitamente que tiene razones o argumentos en los que basarse para considerarlo verdadero y para convencer a cualquier interlocutor de la verdad del mismo.
- La búsqueda de la verdad es una tarea cooperativa, en la que el diálogo con los demás acerca de la validez de nuestras razones y argumentos es el mecanismo más fiable para alcanzar la verdad, o al menos para avanzar hacia ella.
- La verdad se entiende como resultado de un acuerdo –consenso– que se alcanza cuando se ha llevado a cabo un proceso de diálogo argumentativo en serio, es decir, cumpliendo unas condiciones elementales para que sea un auténtico diálogo.

Esta teoría se inspira en los procedimientos que siguen –o deberían seguir– los científicos en los métodos de fijación de los conocimientos. En efecto, cuando un grupo de científicos cree haber realizado un descubrimiento, lo publica en revistas especializadas y lo presenta en los congresos científicos de su especialidad, para darlo a conocer.

Se inicia entonces un diálogo entre expertos en el que se argumenta, se aducen pruebas a favor y en contra, hasta que finalmente se alcanza un acuerdo general entre ellos, y es entonces cuando se considera ese descubrimiento como una nueva verdad; es entonces cuando la comunidad científica lo va a tener por verdadero.

Estos procedimientos pueden extenderse a otros campos de interés, como la moral, la política, etc. Por ejemplo, una norma moral será válida –el equivalente a «verdadera» en el plano normativo– cuando sea aceptada –consensuada– por todos los afectados por dicha norma, tras haber realizado un proceso de diálogo sin coacciones y en igualdad de condiciones para todos los participantes.

Los autores que defienden esta teoría de la verdad son conscientes de que los consensos a los que se llega habitualmente en la comunidad científica y en la comunidad ética y política son siempre consensos fácticos, es decir, parciales, limitados, porque los diálogos reales donde se alcanzan esos consensos no respetan todas las condiciones de una situación ideal de comunicación. Por eso, estos autores insisten en que hay que diferenciar entre tales consensos fácticos y el consenso ideal, que sería aquel acuerdo último en el que toda la humanidad podría coincidir acerca de la verdad de un enunciado o la validez de una norma. Este consenso ideal, último y perfecto, presuponen que se alcanzará algún día, pero ya hoy sirve de guía a la hora de realizar los acuerdos fácticos.

La aportación más relevante de esta teoría consiste en mostrar que los seres humanos no tenemos otra forma de acceder a la verdad que no sea aduciendo razones y escuchando las de otros, con la pretensión de alcanzar un consenso lo más amplio posible acerca de lo que tenemos por verdadero. Esta teoría muestra que existe un marco intersubjetivo donde los equipos de investigación científica, o los ciudadanos, o las personas en general, nos comunicamos con la voluntad de encontrar la verdad.

La teoría consensual o dialógica de la verdad fue elaborada a partir de los años sesenta del siglo XX por Apel y Habermas; se inspira en Peirce y en aportaciones analítico-lingüísticas y hermenéuticas.

Doc. 12

«Por eso, es necesario diferenciar netamente entre los *consensos fácticos* y el *consenso ideal*. Aquellos pueden efectuarse y, de hecho, se efectúan (también en ámbitos distintos al de las ciencias experimentales: en los procedimientos de toma de decisiones por mayoría, en el compromiso que se asume al cerrar un contrato, etc.). Obviamente en estos casos no se puede considerar que la verdad *depende* del consenso logrado, esto es, el logro de un consenso fáctico no puede considerarse como *criterio suficiente* de verdad, sino solo como *una anticipación del consenso último: una anticipación contrafáctica*. Esto es lo realmente fundamental: [...], el sentido de la verdad está en aquella opinión que podemos alcanzar *entre todos* (en condiciones ideales, universalmente) y acerca de la cual *no cabe seguir discutiendo más*, [...]. La validez intersubjetiva del consenso se fundamenta en que *se tienen en consideración todos los criterios disponibles* para la verdad, entendiendo que ninguno de ellos tomado individualmente puede servir por sí solo como criterio suficiente. Ninguno de ellos es criterio suficiente aunque todos son criterios necesarios».

NORBERTO SMILG, *Consenso, evidencia y solidaridad*

- ¿Qué diferencia existe entre «consenso fáctico» y «consenso ideal»? Pon un ejemplo de cada uno de ellos.
- ¿La verdad depende del consenso logrado? ¿Por qué?
- ¿Qué significa la expresión «validez intersubjetiva del consenso»?

ACTIVIDADES

24. ¿Según el pragmatismo, si una teoría resuelve más problemas que otra, es más verdadera?

REFLEXIONA

25. ¿Qué papel tiene el diálogo en la búsqueda de la verdad?
26. ¿La teoría dialógica de la verdad puede respetar el pluralismo de interpretaciones sin caer en el dogmatismo y el relativismo?

SABER HACER

1 Sobre creencias

1. Piensa sobre la siguiente pregunta: ¿cuáles son las ideas que me creo y convencen personalmente? Da un par de razones que tengas para creer en ellas. Te puede ayudar señalar las respuestas con las que te identifiques de los siguientes temas:
   - Me considero: creyente, ateo o agnóstico.
   - Me convencen más los partidos: liberales, socialistas, comunistas, anarquistas, ecologistas, nacionalistas…
   - Me fío más de: mis padres, mi mejor amiga o amigo, mis profesores, mis tutores…
   - Creo en la solidaridad de las personas o pienso que el egoísmo es insuperable.
2. ¿De dónde provienen mis creencias o lo que pienso? ¿Qué personas me influyeron? ¿Qué ideas me convencieron? ¿Qué vivencias personales han sido claves?
   a) ¿Cómo he llegado a ser creyente, ateo o agnóstico?
   b) ¿Cómo he llegado a adquirir las ideas políticas que tengo?
   c) ¿Por qué he llegado a creer en la solidaridad o a desconfiar de ella?
3. Escribe una disertación que lleve el siguiente título: «¿Qué es lo que yo creo?».

2 Comentario de texto

«Las máximas siguientes del entendimiento común humano […]: 1.ª Pensar por sí mismo. 2.ª Pensar en el lugar de cada otro. 3.ª Pensar siempre de acuerdo consigo mismo. La primera es la máxima del modo de pensar libre de prejuicios; la segunda, del extensivo; la tercera, del consecuente. La primera es la máxima de una razón nunca pasiva. La inclinación a lo contrario, por tanto, a la heteronomía de la razón, se llama prejuicio, y el mayor de todos consiste en […] la superstición. […] la ceguera en que la superstición sume, […], da a conocer la necesidad de ser conducido por otros y, por tanto, más que nada, el estado de una razón pasiva. En lo que toca a la segunda […] muestra, sin embargo, un hombre amplio en el mundo del pensar, cuando puede apartarse de las condiciones privadas subjetivas del juicio, dentro de las cuales tantos otros están como encerrados y reflexiona sobre su propio juicio desde un punto de vista universal (que no puede determinar más que poniéndose en el punto de vista de los demás)».

IMMANUEL KANT, *Crítica del juicio*

Cuestiones

1. ¿«Pensar por sí mismo» se puede identificar con todas y cada una de las siguiente expresiones: «pensar sin ayuda de los demás», «pensar sin dejarse manipular» o «pensar buscando razones que me convenzan»? ¿Por qué?
2. ¿Qué significa «pensar por sí mismo» según el texto?
3. ¿Cómo explica el texto la regla «pensar en el lugar de cada otro»?
4. Aunque Kant no utiliza el concepto de intersubjetivo, ¿crees que la segunda regla tiene que ver con lo intersubjetivo? ¿Por qué?
5. Comenta lo que dice el texto de la regla «pensar siempre de acuerdo consigo mismo».

3 Comentario de texto

«Mucho antes de que nosotros nos comprendamos a nosotros mismos en la reflexión, nos estamos comprendiendo ya de una manera autoevidente en la familia, la sociedad y el estado en que vivimos. La lente de la subjetividad es un espejo deformante. La autorreflexión del individuo no es más que una chispa en la corriente cerrada de la vida histórica. Por eso los prejuicios de un individuo son, mucho más que sus juicios, la realidad histórica de su ser […].

Si se quiere hacer justicia al modo de ser finito e histórico del hombre, es necesario llevar a cabo una drástica rehabilitación del concepto del prejuicio y reconocer que existen prejuicios legítimos».

HANS GEORG GADAMER, *Verdad y método*

Cuestiones

1. ¿Qué diferencia hay entre un juicio y un prejuicio?
2. ¿Según el texto, el hecho de nacer en una sociedad determinada condicionará nuestra forma de comprender las cosas?
3. ¿Qué prejuicios consideras que funcionan en tu entorno respecto a los inmigrantes, a las mujeres, a los políticos, a los pobres, a los cristianos, a los musulmanes, a los empresarios, a los sindicalistas, a los medios de comunicación…?
4. ¿Según Gadamer, conocer los prejuicios nos puede ayudar a conocernos mejor?

4 Comentario de texto

«Cuánto ama la naturaleza humana el conocimiento y cuánto rehúsa ser engañada puede colegirse al menos de que cualquiera prefiere lamentarse con mente sana a alegrarse en la locura. Esta virtualidad tan maravillosa solo la posee el hombre y ningún otro animal mortal, aunque algunos tengan el sentido de la vista mucho más agudo que nosotros para mirar la luz visible. Pero son incapaces de contemplar la luz incorpórea que de algún modo ilumina nuestra mente para poder juzgar con rectitud de todo esto. [...]».

AGUSTÍN DE HIPONA, *La ciudad de Dios*

Cuestiones

1. ¿Cómo justifica el autor del texto la preferencia por conocer la verdad aunque sea amarga? ¿Tú qué opinas?
2. ¿Por qué crees que el autor dice que esa preferencia solo la posee el hombre y ningún otro animal mortal?

5 Relaciona con lo estudiado

Di si estás de acuerdo o no y relaciona con los contenidos estudiados las siguientes afirmaciones:

- Chema: «Una idea es verdadera si me ayuda a vivir».
- Sara: «La verdad no existe».
- Héctor: «Un enunciado es verdadero si lo dice alguien que tiene autoridad en la materia».
- Ana: «A veces siento que algo es verdadero, por lo tanto, debe ser verdad».
- Javier: «Algo es verdad si es coherente con otros enunciados verdaderos».
- Rosa: «Se tiene por verdadero el enunciado que acuerda un equipo de investigación después de haber dialogado seriamente sobre el mismo».

6 Disertación

Sobre el conocimiento

Formad grupos de cuatro personas y elegid un tema de disertación. Haced conjuntamente una lluvia de ideas del contenido estudiado que utilizaríais y, luego, confeccionad la disertación individualmente. Intercambiad por parejas las disertaciones y daos sugerencias para mejorarlas.

- ¿La realidad es tal como yo la conozco y la expreso?
- ¿Se puede conocer la verdad?
- ¿Hay que tener miedo de dudar?
- ¿La actividad de conocer descubre el objeto estudiado o lo crea?
- ¿La verdad científica tiene la misma naturaleza que la verdad ética?
- ¿Qué pasaría si la verdad dependiera de la valoración de cada individuo o grupo de individuos?

PROYECTO FINAL. **Trabajo cooperativo**

Las teorías sobre la verdad

- Dividimos la clase en equipos de cuatro personas cada uno. Cada equipo se encargará de investigar sobre alguna de las teorías de la verdad que hemos estudiado en esta unidad didáctica. Para llevar a cabo la investigación tenemos en cuenta aspectos como los siguientes: definición de la verdad para cada teoría, devenir histórico de la misma, filósofos que han apoyado cada teoría, etc.
- En cada equipo investigamos sobre un apartado del índice y buscamos información sobre el mismo, citamos sus fuentes y elaboramos un documento con los resultados de la investigación; puede haber encuestas, cuestionarios y entrevistas a personas que el equipo considere que pueden hacer aportaciones interesantes. Hacemos búsquedas en Internet, consultas bibliográficas (libros, revistas, periódicos), películas, documentales, etc.
- Terminado el trabajo por equipos, nos reunimos para poner en común los resultados obtenidos y preparar una síntesis y una presentación pública de los mismos, preferiblemente en un soporte informático, con una duración aproximada de quince minutos.
- Un pequeño grupo de voluntarios hará una síntesis de las aportaciones de los equipos y la enviará por correo electrónico a todos los miembros del grupo de clase.
- Pedimos que cada grupo haga una tira de cómic en la que se exprese con humor alguno de los problemas que presenta la teoría de la verdad que ha investigado.
- Todo el proceso de elaboración durará en torno a dos semanas.

4 Argumentos y lógica formal

CONTENIDOS

1. **Argumentar, razonar, inferir e implicar**
2. **Estructura y función de los argumentos**
3. **Tipos básicos de diálogo**
4. **Lógica, dialéctica y retórica**
5. **Argumentos deductivos e inductivos**
6. **Lógica silogística**
7. **Lógica proposicional**

PARA PENSAR JUNTOS

Leemos el diálogo de la página siguiente, debatimos sobre él y, después de estudiar esta unidad didáctica, respondemos estas cuestiones:

- Señala en el diálogo un ejemplo de argumentación, otro de razonamiento, otro de inferencia y otro de implicación. Explica por qué lo son.
- En el texto aparecen distintos tipos de diálogo. Nómbralos y analízalos.
- Recoge en una redacción los momentos dialécticos y retóricos del texto.
- Señala los razonamientos inductivos del texto y explícalos.
- ¿Cómo justificarías la última intervención de Ana?

Las personas aducen argumentos para dar razón de lo que hacen y de lo que piensan. Del mismo modo, exigen que los demás presenten también argumentos para justificar lo que hacen y piensan.

En la vida cotidiana todos necesitamos tener buenas razones para hacer lo que hacemos y para mantener nuestras creencias. Cuando hablamos, generalmente intercambiamos razones. Todos ofrecemos y escuchamos argumentos que pretenden ser buenas razones. Sin embargo, no todos los argumentos son buenas razones. Algunos de los argumentos que usamos cotidianamente son claramente erróneos, mientras que otros tienen la apariencia de ser válidos, pero en realidad esconden algunos errores que no se advierten sin un análisis detenido. Para poder diferenciar cuándo pensamos o actuamos basándonos en buenas razones y no en malas excusas, así como para distinguir cuándo un argumento está bien construido y es sólido, necesitamos conocer qué tipo de actividad es la argumentación y cuáles son las principales reglas que la rigen.

LA FILOSOFÍA EN TU VIDA

CONSUELO.- ¿Habéis oído lo que estaba diciendo Elisa cuando salíamos de clase?

BELÉN.- No. La verdad es que hace tiempo que no presto atención a sus palabras.

FERNANDO.- Pues haces mal. A veces dice cosas interesantes, como hoy.

JUAN.- ¿Qué decía?

CONSUELO.- Pues estaba diciendo que los que estudian aprueban, pero que también se puede aprobar sin estudiar. ¿Os lo podéis creer?

CARMEN.- Yo sí. Lo sabe por experiencia: se pasa las clases hablando, igual que en los exámenes; y copia también: fijaos en que siempre se sienta estratégicamente para poder hacerlo.

PACO.- Pues mi padre me sermonea sin cesar con que quienes estudian aprueban, y quienes suspenden es porque no estudian.

BRAHIM.- Pero no forzosamente es así, porque ni siquiera hace falta copiar para aprobar; basta con que convenzas al profesor de que has estudiado, ya sea con preguntas rebuscadas o valiéndote de cualquier otra trampa que lo impresione.

JUAN.- ¿Tú crees? Yo no estoy tan seguro. Al final la verdad termina imponiéndose y solo los alumnos trabajadores salen adelante.

ANA.- Yo no soy tan optimista, la verdad. He visto a gente defender su pereza de modo tan eficaz que el profesor ha terminado aprobándolos y casi sintiéndose culpable por no haberlo hecho antes.

PACO.- Pero ¿qué defensa puede uno hacer de sí mismo cuando no ha estudiado? Porque yo no encuentro respuesta para los sermones de mi padre al respecto. Me quedo callado y espero a que termine para irme a mi habitación.

BELÉN.- ¡Desde luego, Paco! Pues se pueden decir muchas cosas, desde que no te encuentras bien hasta que los compañeros han conseguido que el profesor se enfade y ponga los exámenes más difíciles de la cuenta, pasando por la manía que te tiene… y por el tiempo tan malo que hace.

PACO.- ¿Tú crees que mi padre es tonto? Si le digo que no estoy bien, al día siguiente toca médico y análisis; si le cuento que los compañeros habéis hecho enfadar al profesor y nos ha castigado en los exámenes, toca arresto domiciliario; con lo de la manía, ni os cuento la que me monta, aparte de reírse de mí descaradamente; y en cuanto a lo del tiempo tan malo, la verdad es que nunca se me ha ocurrido.

JUAN.- Ni debe ocurrírsete, ¿no ves que Belén se está quedando contigo? ¿Qué relación hay entre el tiempo que hace y estudiar o no; y entre el tiempo y suspender o no?

ANA.- Dejadlo tranquilo, que va a terminar haciéndose un lío y va a ser peor. A ver si conseguimos que su padre lo aparte de nosotros.

FERNANDO.- Tampoco es para tanto. A ver, Paco, tienes que pensar buenas razones para hablar con tu padre, porque está claro que él no se conforma con cualquier cosa.

BRAHIM.- Ni nosotros tampoco. ¿O es que nosotros no hacemos un repaso de todos nuestros amigos ante nuestros padres para conseguir algo que queremos? «En el instituto hay conexión a Internet; mis amigos tienen todos acceso a la red. ¿Queréis decirme por qué yo no?». Y entonces te sueltan: «Pues porque no tenemos dinero para ello». Y te dejan muerto, porque lo que responden no tiene nada que ver con lo que tú has preguntado ni con las razones que tú has pensado para contraatacar.

PACO.- Yo creo que lo mejor es callar hasta que seamos mayores y entonces hacer lo que nos parezca mejor, sin necesidad de hablar ni de discutir.

CARMEN.- ¿Y eso cuándo va a ser? Porque yo no veo el momento.

ANA.- Cuando estemos cada uno en una isla desierta. Pero ahora toca clase, que ha sonado el timbre.

1 Argumentar, razonar, inferir e implicar

Argumentar es dar razón de nuestras creencias y comportamientos, sobre todo ante los demás, pero también ante uno mismo. Es tratar de persuadir a alguien de algo por medio de razones. Argumentamos para justificar nuestro comportamiento y para criticar la conducta ajena, para sopesar los pros y los contras de una decisión, para mostrar que una determinada opinión es acertada, para valorar una situación, etc.

Este intercambio de razones se produce en el ámbito de la investigación científica, en la política, en la ética y en toda clase de situaciones en las que sea preciso justificar que ciertas creencias son preferibles frente a otras y que ciertos comportamientos son mejores que otros. La argumentación puede servir para reducir las discrepancias y las dudas que las personas tenemos a menudo con respecto a alguna cuestión.

La argumentación, también llamada «actividad discursiva», es un tipo de acción humana que utiliza sobre todo el lenguaje, aunque en algunos casos también es posible proporcionar argumentos por medio de imágenes, al menos en parte. En todo caso, se trata de un tipo de acción que siempre es social: incluso si una persona argumenta para convencerse a sí misma de algo y así eliminar sus propias dudas, el acto de argumentar presupone que hay un contexto social en el que las palabras tienen ciertos significados socialmente establecidos, y en el que hay que tener en cuenta ciertos criterios que indican qué es lo que puede valer como una buena razón y lo que no.

La argumentación presupone que quien argumenta está razonando, pero el razonamiento es un proceso psicológico, mientras que argumentar es una práctica comunicativa. Cuando usamos argumentos estamos expresando algún razonamiento previo, pero hay otras muchas maneras de razonar que no se expresan en forma de argumentos: razonamos para resolver un problema, para hacer un cálculo, para jugar al ajedrez, para entender algo, etc.

Por otra parte, inferir es también un proceso psicológico, que consiste en pasar de unas creencias a otras. Por ejemplo, si observamos que la calle está mojada, inferimos que ha estado lloviendo. Las inferencias nos pueden ayudar a construir argumentos, pero en sí mismas no son argumentos.

También ocurre a menudo que los argumentos contienen implicaciones. Por ejemplo, si decimos «Todos los estudiantes de primero de Bachillerato saben leer y escribir», esto implica necesariamente que «Ningún estudiante de Bachillerato es analfabeto». La implicación es una relación entre proposiciones, esto es, entre enunciados que expresan algo que puede ser verdadero o falso. Como hemos visto en el ejemplo, una proposición implica otra cuando, supuesta la verdad de la primera, se sigue necesariamente la verdad de la segunda.

Doc. 1

«El empleo de argumentos tiene lugar tanto en la vida cotidiana como en el ejercicio de las tareas científicas. Por lo demás, la utilización de este instrumento lingüístico que es el argumento es obvia. Su empleo permite pasar, por la sola reflexión, de la aceptación de unos enunciados a la aceptación de otros. Con ello queda rebasado el ámbito del conocimiento inmediato y de algún modo ampliada, o cuando menos aclarada, nuestra información sobre el mundo –lo cual incrementa nuestra probabilidad de sobrevivir en él».

MANUEL GARRIDO, *Lógica simbólica*

- ¿Qué utilidades tiene la argumentación, según el texto?

Doc. 2

«Si digo "el triángulo *abc* es trilátero" y se me pregunta por qué, podría responder "porque todos los triángulos son triláteros". He aquí un caso de "justificación teórica" de un cierto tipo de juicio. Justificar un juicio teóricamente no es sino deducirlo de una serie de premisas [...]

El caso sería muy distinto si pidiéramos una "justificación pragmática" del juicio "la democracia es la forma más justa de gobierno". Si se me preguntase "¿por qué lo cree usted así?", yo podría acaso responder "porque la democracia permite el control de los poderes públicos". En cuyo caso habría alegado una razón –que será o no válida, esa es otra cuestión [...]–; para justificar mi juicio de valor sobre la democracia».

JAVIER MUGUERZA, *La razón sin esperanza*

- ¿De qué dominios argumentativos habla el texto?
- ¿En qué se diferencian?

2 Estructura y función de los argumentos

Un argumento es un discurso en el que el autor da razones para sustentar una opinión, de manera que un enunciado, al que llamamos «conclusión», se sustenta en otros enunciados llamados «premisas». El término «argumento» procede del latín *arguere*, que significa «sacar a la luz» o «dejar claro». Desde este punto de vista, los argumentos deberían ser siempre un modo de aclarar lo que uno quiere decir. Los argumentos son utilizados para justificar creencias, acciones o valoraciones. Podemos distinguir dos dominios argumentativos y tres tipos de argumentos:

- **Dominio teórico**
  - **Argumentos teóricos.** Son los que tratan de qué creer o tener por verdadero; la conclusión expresa que tal o cual cosa es un hecho.
- **Dominio práctico**
  - **Argumentos normativos.** Tratan de qué hacer; la conclusión indica una recomendación o una orden, del tipo «haz esto» o «haz aquello».
  - **Argumentos valorativos.** Tratan de qué preferir o valorar; la conclusión es una valoración como «tal conducta es buena» o «tal comportamiento está mal».

Un encuestador pregunta a una familia para conocer su opinión sobre un determinado asunto.

3 Tipos básicos de diálogo

La argumentación se produce casi siempre en el contexto del diálogo. Entendemos por diálogo una práctica comunicativa, sometida a ciertas reglas, en la que dos o más personas intercambian razones para tratar de alcanzar un fin compartido.

El filósofo Douglas Walton (Canadá, 1942) distingue siete tipos básicos de diálogo, que recogemos en la tabla que figura a continuación. Cada uno de estos tipos de diálogo tiene sus propias reglas, de modo que los participantes tienen que respetar ciertas obligaciones dialécticas, que son las que damos por supuestas cuando participamos en un diálogo cualquiera.

Algunas de esas reglas son positivas (indican lo que se debe hacer durante el diálogo, por ejemplo, «respetar el turno de palabra») y otras negativas (expresan prohibiciones durante el diálogo, por ejemplo, «no insultar»).

TIPOS DE DIÁLOGO	SITUACIÓN INICIAL	FIN DE LOS PARTICIPANTES	FIN DEL DIÁLOGO
Deliberación	Dilema o elección práctica	Coordinar objetivos y acciones	Elegir el mejor curso de acción posible
Descubrimiento	Necesidad de una explicación de los hechos	Encontrar y defender una hipótesis apropiada	Elegir la mejor hipótesis para contrastarla
Disputa	Conflicto personal	Ofender al oponente	Ahondar en el conflicto
Indagación	Necesidad de información	Adquirir o dar información	Intercambiar información
Investigación	Necesidad de pruebas	Encontrar y contrastar pruebas	Probar o rebatir una hipótesis
Negociación	Conflicto de intereses	Satisfacer los propios intereses	Llegar a un acuerdo aceptable para las partes
Persuasión	Conflicto de opiniones	Persuadir a la otra parte	Resolver o aclarar un asunto

Fuente: Douglas Walton, *Types of dialogue and burdens of proof*, 2010

ACTIVIDADES

1. ¿Qué es argumentar?
2. ¿Cuántos tipos de argumentos podemos distinguir? ¿Cuáles son?
3. ¿Cuál es la principal diferencia entre «argumentar» –por una parte– y «razonar», «inferir» e «implicar» –por otra?
4. Busca las semejanzas y diferencias entre los argumentos teóricos y los prácticos.
5. Distingue entre un argumento normativo y un argumento valorativo.
6. Busca un ejemplo para cada uno de los tipos de argumento que hemos estudiado (teórico, normativo, valorativo).
7. Indica distintas situaciones de la vida cotidiana que se corresponden con los siete tipos de diálogo de Walton.

INVESTIGA

8. Observa distintos debates en diferentes cadenas de televisión. ¿Con qué tipos de diálogo se corresponden preferentemente?

Doc. 3

«La noción de "forma de un razonamiento" –que sería algo así como su "perfil"– puede ilustrarse por analogía con las formas poéticas o las formas musicales. La misma relación habría entre una forma de razonamiento, por una parte, y, por otra parte, los infinitos razonamientos distintos [...] que podrían hacerse con esa forma [...], que entre el soneto, por ejemplo, y los infinitos poemas [...] escritos en forma de soneto, o que entre la forma sonata y las diferentes sonatas que nos es dado escuchar.

A la lógica le importa únicamente la forma de los razonamientos».

ALFREDO DEAÑO, *Introducción a la lógica formal*

- Explica con tus propias palabras qué es la «forma de un razonamiento».
- ¿Por qué se dice que la lógica es una «ciencia formal»?

Doc. 4

«[La lógica informal] centra su atención en el lenguaje cotidiano, en los intereses de los hablantes y en el contenido informativo de las premisas de los razonamientos. Pero detectar cuándo un razonamiento es válido (lógica formal) o cuándo no se dispone de "buenas razones" (lógica informal) nos exige atender también a aquellos que parecen razonamientos correctos pero que en realidad no lo son: las falacias».

EDELMIRA MELLO, *Metodología de las ciencias*

- ¿De qué otra manera se puede denominar la «lógica informal»?
- ¿Cuáles son los intereses principales de la lógica informal?
- ¿Qué es una falacia?
- ¿Qué importancia tiene detectar las falacias para la lógica informal?

4 Lógica, dialéctica y retórica

La palabra «lógica» procede del término griego *lógos*, que significa «lenguaje» y también «argumentación» y «razonamiento». Desde este punto de vista, la lógica es un saber que se ocupa de las reglas para argumentar correctamente. En algunos contextos el término «lógica» se usa para referirse a la habilidad de argumentar –la lógica entendida como arte, como destreza–, mientras que en otros contextos se usa esta palabra en el sentido de una ciencia que estudia los principios y reglas que indican si un argumento es válido o no.

¿Cuáles son los criterios para distinguir entre argumentos válidos y no válidos? Para contestar a esta pregunta comenzaremos por distinguir entre tres saberes que estudian los argumentos: la lógica, la dialéctica y la retórica:

- **Lógica.** Estudia si la conclusión del argumento se sigue o no se sigue de las premisas o, lo que es lo mismo, si es *implicada* o no por las premisas. La lógica se interesa únicamente por la relación de implicación entre unos enunciados y otros. Por ejemplo: el argumento (1) se considera válido en lógica porque la conclusión se sigue de las premisas, mientras que el argumento (2) se considera lógicamente inválido porque la conclusión no se sigue de las premisas:

  (1) Todos los estudiantes son personas reflexivas.
  Ana es estudiante.
  Por tanto, Ana es una persona reflexiva.

  (2) Algunos ingenieros son filósofos.
  Algunos astronautas son filósofos.
  Por tanto, todos los astronautas son filósofos.

  A la lógica se la suele llamar también «lógica formal» para subrayar esta característica de que su objetivo es el estudio de la forma de los argumentos, dejando de lado los contenidos y el contexto de diálogo en el que sean utilizados.

  La forma de un argumento se puede simbolizar, de manera que los elementos que lo componen (proposiciones, nombres, etc.) se sustituyen por símbolos. Por ejemplo, el argumento (1) se puede simbolizar de este modo:

  (1′) Todo x que sea E es también R,
  a es E,
  luego a es R.

  Así se facilita la comparación entre las diversas formas o estructuras de los argumentos, para poder valorar mejor cuáles de esas formas son correctas y cuáles no.

  Es importante percatarse de que, en realidad, la validez o invalidez lógica de los argumentos depende de su forma, y no de su contenido: (1) es un argumento válido porque (1′) es una forma válida de argumentar. De ahí que hablemos de lógica *formal*.

- **Dialéctica.** Es una rama de la lógica que estudia los argumentos atendiendo al contexto de diálogo en el que son utilizados. Cada uno de estos contextos de diálogo tiene sus propias reglas de juego que los participantes deben respetar, de manera que los argumentos serán válidos si se cumplen dos condiciones:

  1) Se trata de argumentos válidos desde el punto de vista de la lógica formal, es decir, que la conclusión se sigue de las premisas.

2) Se utilizan respetando las reglas de juego del tipo de diálogo en el que esté participando el argumentador, de manera que no se cometen falacias (errores debidos a la falta de respeto a dichas reglas de juego).

A la dialéctica se la llama también «lógica informal», para subrayar la diferencia con la lógica formal.

- **Retórica.** Es el arte de convencer a un determinado público mediante los procedimientos de persuasión que resulten más adecuados para cada caso. Un argumento será válido, desde la perspectiva de la retórica, si consigue convencer a las personas a las que va dirigido dicho argumento. Aquí el contexto importa mucho: no es lo mismo, por ejemplo, tratar de convencer a un grupo de soldados para que abandone las armas que dirigirse a un grupo de pacifistas para criticar el uso de la violencia.

  Un argumento que puede ser convincente para un grupo tal vez no lo sea para el otro. La retórica considera válidos los argumentos que logran convencer. De manera que un determinado argumento será tanto más válido cuanto mayor sea la cantidad de público que lo acepta. Un argumento sería 100 % válido desde el punto de vista retórico si fuera convincente para toda la humanidad.

  Algunos autores distinguen entre la buena retórica, que sería aquella que trata de encontrar este tipo de argumentos válidos para toda persona, y la mala retórica, que sería aquella que utiliza toda clase de recursos para lograr persuadir a toda costa a un auditorio determinado. La mala retórica sería un conjunto de técnicas para persuadir a colectivos concretos, como, por ejemplo, un jurado popular, una asamblea de vecinos, un grupo de amas de casa, etc. Este tipo de retórica no tendría un criterio universal de validez de argumentos, sino más bien un criterio relativista: la validez de un argumento siempre depende del tipo de auditorio al que haya que convencer.

CRITERIOS DE VALIDEZ DE ARGUMENTOS	LÓGICA (Lógica formal)	DIALÉCTICA (Lógica informal)	BUENA RETÓRICA	MALA RETÓRICA
La conclusión se sigue de las premisas	Criterio necesario	Criterio necesario	Criterio necesario	No importa si realmente no se cumple
Respeto a las reglas del tipo de diálogo de que se trate	Se prescinde de este aspecto	Criterio necesario	Criterio necesario	No importa si realmente no se cumple
Se logra convencer a cierto auditorio	Se prescinde de este aspecto	Se prescinde de este aspecto	Criterio importante, pero no imprescindible	Criterio necesario

ACTIVIDADES

REFLEXIONA

9. ¿Por qué se llama a la lógica «lógica formal»?

EXPLICA

10. Explica las condiciones que han de cumplir los argumentos válidos según la dialéctica.
11. Explica la diferencia entre la buena retórica y la mala retórica.

Doc. 5

«Pero es útil la retórica por ser por naturaleza más fuertes la verdad y la justicia que sus contrarios [...]

Además es preciso ser capaz de persuadir a los contrarios, lo mismo que en los silogismos, no para hacer una y otra cosa, pues no se debe persuadir de lo malo, sino para que no nos pase desapercibido cómo es, y para que cuando otro use las mismas razones injustamente, podamos deshacerlas».

ARISTÓTELES, *Retórica*

- ¿En qué consiste la utilidad de la retórica?
- ¿Por qué dice Aristóteles que es necesario «persuadir a los contrarios»?
- ¿Piensas que es válida cualquier persuasión? ¿Qué dice el texto al respecto?

Viñeta de la revista de humor *La Codorniz*. El humor puede ser un recurso utilizado en el diálogo, puesto al servicio de la buena retórica (para hacer ver al adversario las contradicciones en las que cae) o bien de la mala retórica (para ridiculizar al adversario o para crear confusión).

El argumento inductivo: es aquel que quiere llegar de lo particular o lo universal, a partir de la generalización de muchos casos particulares.

Doc. 6

«El término "inducción" procede de la traducción latina del aristotélico *epagoge* y será usado aquí para designar todos los casos de argumentación no demostrativa, en los que la verdad de las premisas, aunque no entraña la verdad de la conclusión, pretende ser una buena razón para creer en ella. Tales argumentaciones pueden ser incluso llamadas "ampliativas", como C. S. Peirce las llamó, porque la conclusión puede presuponer la existencia de individuos cuya existencia no es presupuesta por las premisas».

MAX BLACK, *Inducción y probabilidad*

- ¿Cuál es la diferencia entre una demostración y una argumentación inductiva?
- ¿Cuál es la diferencia entre «demostrar» algo y «tener buenas razones» para aceptarlo?
- ¿Es adecuado denominar «ampliativas» a las argumentaciones inductivas? ¿Por qué?

5 Argumentos deductivos e inductivos

La relación que existe entre las premisas y la conclusión puede ser de dos tipos: deductiva e inductiva. En los argumentos deductivos válidos, la verdad de las premisas implica necesariamente la verdad de la conclusión. El argumento (1) es un ejemplo de este tipo.

En cambio, en los argumentos inductivos, de la verdad de las premisas no se sigue necesariamente la verdad de la conclusión. Veamos un ejemplo de argumento inductivo:

(3) En las ocasiones *x*, *y*, *z*, etc., se observó que la fiebre disminuyó al bañar al enfermo en agua fría.
Por lo tanto, cuando se baña al enfermo en agua fría, baja la fiebre.

En el caso de los argumentos inductivos, el paso de las premisas a la conclusión presupone la existencia de una premisa implícita del tipo «si no interviene ningún otro factor imprevisto», o alguna parecida. Esto es lo que los lógicos llaman «supuestos auxiliares» o también «cláusulas *ceteris paribus*».

5.1. Criterio de validez de los argumentos deductivos

Por definición, un argumento deductivo es válido únicamente cuando, supuesta la verdad de las premisas, se sigue necesariamente la verdad de la conclusión. Para comprender bien este criterio hemos de distinguir claramente entre dos conceptos: verdad y validez lógica. La verdad de una proposición depende de su contenido semántico, esto es, de lo que significa la proposición y de la relación de tal significado con nuestro conocimiento acerca de la realidad.

Por ejemplo, la verdad o falsedad de la proposición «Todos los estudiantes son personas reflexivas» (de nuestro ejemplo 1) depende de que se haya podido comprobar previamente mediante alguna investigación fiable. Y lo mismo ocurre con la proposición «Ana es estudiante»: es necesario comprobar de algún modo fiable que Ana es realmente estudiante.

Pero una vez que consideramos como verdaderas ambas premisas, podemos estar seguros de que la conclusión también será verdadera: «Ana es una persona reflexiva». Si en lugar de tener esta conclusión, el argumento terminase con una frase como «Por tanto, Ana es una mujer», tendríamos tres proposiciones verdaderas, pero el razonamiento no sería válido, porque esta última conclusión no se sigue de aquellas premisas.

En cambio, puede darse el caso de que un argumento sea válido a pesar de que sus premisas y su conclusión son falsas. En tales casos, lo que ocurre es que, si las premisas fueran verdaderas, entonces la conclusión sería necesariamente verdadera también. Esto es lo que ocurre en el ejemplo (4):

(4) Los arbustos son animales peligrosos.
Los coches son arbustos.
Por tanto, los coches son animales peligrosos.

Este argumento es válido porque su forma lo es, pero no es un argumento correcto, porque sus premisas son falsas.

Para que un argumento sea correcto ha de ser válido y además ha de tener premisas verdaderas.

Para que un diálogo sea razonable, los hablantes deben tener cuidado de no confundir el plano de los hechos con el de las valoraciones personales.

5.2. Argumentos inductivos fuertes y débiles. Argumentos razonables

En el caso de los argumentos inductivos, el vínculo entre las premisas y la conclusión no es de necesidad lógica, sino de probabilidad, como podemos observar en el ejemplo (3): si en los casos observados hasta ahora siempre ha sucedido X (premisa), lo más probable es que en todos los casos similares suceda también X (conclusión), pero no podemos estar completamente seguros de tal cosa.

Por eso podemos distinguir entre argumentos inductivamente fuertes, que serán aquellos en los que la verdad de las premisas hace muy probable la verdad de la conclusión (aunque no la garantice), y argumentos inductivamente débiles, en caso contrario. Así pues, en el caso de los argumentos inductivos no hablaremos de su validez o invalidez, ni tampoco de su corrección o incorrección, sino más bien de si son más razonables o menos: cuanto más fuerte es un argumento inductivo, más razonable es, y cuanto más débil, menos razonable.

Un argumento inductivo será tanto más fuerte, es decir, tanto más razonable, cuanto mayor sea la probabilidad de que dadas las condiciones *x*, *y*, *z*, etc. (premisas), ocurra lo que se menciona en la conclusión. Eso significa que hay que intentar evitar los factores imprevistos. Para evitarlos, es muy importante seleccionar bien las condiciones en las que se va a observar. En nuestro ejemplo (3) habrá que comprobar si le baja la fiebre aunque haya comido o esté en ayunas, aunque sea un niño, un adulto o un anciano, etc. La fuerza de un argumento inductivo no depende solo del número de observaciones que tomemos como premisas, sino también de la variedad de circunstancias en que se realicen las observaciones.

Pero esto todavía no soluciona todos los problemas. Parece que cuantas más observaciones realicemos, más fuerte o razonable será nuestra argumentación inductiva. Sin embargo, si recurrimos a las matemáticas, encontramos que la probabilidad de un suceso es el cociente que resulta de dividir los casos observados entre los casos posibles. Por ello, sea cual sea el número de casos que observemos y que nos sirven de premisas, como la conclusión pretende ser válida para todos los casos posibles y estos son infinitos, el cociente resultante será siempre cero, es decir, el suceso imposible.

ARGUMENTOS RAZONABLES	Deductivamente válidos y al mismo tiempo correctos
	Inductivamente fuertes

LA VERSIÓN PROBABILISTA DE LA INDUCCIÓN

«Cuanto mayor sea el número de observaciones que formen la base de la inducción y cuanto mayor sea la variedad de condiciones en las cuales se hayan realizado estas observaciones, mayor será la probabilidad de que las generalizaciones resultantes sean verdaderas.

Si se adopta esta versión modificada de la inducción, entonces se reemplazará el principio de inducción por una versión probabilista que dirá más o menos lo siguiente: "Si en una amplia variedad de condiciones se ha observado un gran número de A y si todos estos A observados poseen sin excepción la propiedad B, entonces probablemente todos los A poseen la propiedad B"».

Alan F. Chalmers, *¿Qué es esa cosa llamada ciencia?*

Doc. 7

«Es corriente llamar "inductiva" a una inferencia cuando pasa de *enunciados singulares* (llamados, a veces, enunciados "particulares"), tales como resultados de observaciones o experiencias, a *enunciados universales*, tales como hipótesis o teorías.

Ahora bien, desde un punto de vista lógico dista mucho de ser obvio que estemos justificados al inferir enunciados universales partiendo de enunciados singulares, por elevado que sea su número; pues cualquier conclusión que saquemos de este modo corre siempre el riesgo de resultar un día falsa; así, cualquiera que sea el número de ejemplares de cisnes blancos que hayamos observado, no está justificada la conclusión de que *todos* los cisnes sean blancos.

Se conoce con el nombre de *problema de la inducción* la cuestión acerca de si están justificadas las inferencias inductivas, o bajo qué condiciones lo están».

Karl R. Popper, *La lógica de la investigación científica*

- Explica con tus propias palabras qué es una inducción.
- ¿Qué problema plantea la inducción, según el texto?

ACTIVIDADES

ARGUMENTA

12. ¿Cuál es la diferencia entre «deducción» e «inducción»?

13. ¿Todos los argumentos deductivos bien formados son razonables? ¿Por qué?

14. ¿A qué se debe que los argumentos inductivos no sean siempre razonables?

APLICA

15. Busca ejemplos de argumentos deductivos que sean válidos y otros que no lo sean. ¿A qué se debe que unos sean válidos y otros no?

16. Busca ejemplos de argumentos inductivos fuertes y débiles y explica en cada caso por qué lo son.

Doc. 8

«Según esta teoría [la silogística], concluir significa derivar un juicio a partir de otros dos. Ahora bien, puesto que en la conclusión se afirma un concepto (el predicado) de otro concepto (el sujeto), es necesario, para fundar la predicación, recurrir a un tercer concepto (el término medio) que vincule lógicamente los dos primeros.

[...] Este tercer concepto debe encontrarse, pues, en determinada relación con los dos primeros, relación que ha de tener lugar en los dos juicios iniciales del silogismo llamados premisas».

DIEGO SÁNCHEZ MECA, *Teoría del conocimiento*

- ¿De cuántos elementos consta un silogismo? ¿Cuáles son?
- ¿Cuántos y cuáles son los conceptos que intervienen en un silogismo? ¿Qué función le corresponde a cada uno de ellos?

En nuestra vida cotidiana usamos argumentos para defender nuestras convicciones y opiniones o para convencer a los demás de que nosotros estamos en lo cierto.

6 Lógica silogística

6.1. Qué es un silogismo

El término «silogismo» procede del griego y significaba originariamente «argumento válido», pero sirvió para referirse a ciertos argumentos que constan de dos premisas y la conclusión, tanto si son válidos como si no lo son.

El ejemplo más citado de silogismo es, seguramente, el siguiente:

(5) Todos los hombres son mortales.
Sócrates es hombre.
Luego, Sócrates es mortal.

La lógica silogística es la parte de la lógica que se encarga del estudio de este tipo de argumentos, y también se la llama a veces «lógica aristotélica» porque fue Aristóteles (Grecia, 384-322 a.C.) el fundador y principal investigador de la misma.

Para esta rama de la lógica, las premisas y la conclusión solo pueden ser proposiciones, es decir, enunciados de los que pueda afirmarse que son verdaderos o falsos. Los mandatos, exclamaciones y otros actos de habla que no pueden ser ni verdaderos ni falsos no son considerados proposiciones, y por ello no pueden formar parte de un silogismo.

La lógica silogística clasifica las proposiciones en cuatro tipos básicos, según la cantidad a la que se refiera el sujeto de la proposición y su carácter positivo o negativo, que se simbolizan con las letras A, E, I, O:

- Son de tipo A las proposiciones universales afirmativas, por ejemplo, «Todos los hombres son mortales».
- Las de tipo E son proposiciones universales negativas, por ejemplo, «Ningún hombre es invisible».
- El tipo I corresponde a las proposiciones particulares afirmativas, por ejemplo, «Algunos hombres son morenos».
- Las de tipo O son proposiciones particulares negativas, por ejemplo, «Algunos hombres no son tímidos».

En cada proposición podemos distinguir dos términos, que son los elementos más simples que la componen.

Por ejemplo, en la proposición «Sócrates es mortal», los dos términos son: «Sócrates» y «mortal». En todo silogismo tiene que haber tres términos distintos, que son simbolizados con las letras S, P y M:

- La letra S simboliza el sujeto de la conclusión.
- La letra P se refiere al predicado de la conclusión.
- La letra M simboliza el término medio, que aparece en las dos premisas pero no aparece en la conclusión.

De esta manera, el ejemplo (5) quedaría simbolizado así:

(5′) Todo M es P.
S es M.
Luego, S es P.

A la proposición en la que aparecen P y M se la llama «premisa mayor» y a la que contiene S y M se la llama «premisa menor».

La figura de un silogismo es la disposición de sus términos S, M y P. Hay cuatro figuras posibles, puesto que la conclusión siempre tiene la forma SP: 1) MP-SM, 2) PM-SM, 3) MP-MS y 4) PM-MS.

Por otra parte, el modo de un silogismo depende de la combinación de tipos de proposiciones (A, E, I, O) que tenga entre las dos premisas y la conclusión. Hay 64 combinaciones posibles en este sentido. Por tanto, hay $4 \times 64 = 256$ formas posibles que pueden tomar los silogismos, pero de estas 256 solo 19 son plenamente válidas de acuerdo con la silogística, otras cinco son válidas pero en sentido débil o subordinado y el resto no son válidas.

En el caso (5), la premisa mayor es del tipo A, la premisa menor es del tipo I y la conclusión también es de tipo I. Por tanto, la estructura del silogismo representado en (5) y (5′) es «primera figura, modo A-I-I», que es una de las formas válidas de argumento silogístico.

Los lógicos medievales inventaron una fórmula para recordar fácilmente las 19 formas válidas. Se trata de una lista de palabras clasificadas en cuatro grupos, que corresponden a cada una de las cuatro figuras. Cada palabra contiene las vocales en el mismo orden que corresponde a un modo válido dentro de la figura en la que aparece:

- BARBARA, CELARENT, DARII, FERIO.
- CESARE, CAMESTRES, FESTINO, BAROCO.
- DARAPTI, DISAMIS, DATISI, FELAPTON, BOCARDO, FERISON.
- BRAMANTIP, CAMENES, DIMARIS, FESAPO, FRESISON.

Nuestro ejemplo (4) corresponde al modo BARBARA (primera figura), mientras que (5) corresponde al modo DARII (también de la primera figura). En cambio, el ejemplo (2) corresponde al modo I-I-A de la segunda figura, modo que no está reconocido entre los modos válidos de dicha figura.

6.2. Diagramas para evaluar silogismos

Existe un procedimiento gráfico sencillo para comprobar la validez de un silogismo. Lo ideó John Venn (Reino Unido, 1834-1923), y por eso se conoce con la denominación de «diagramas de Venn». Hay que dar los siguientes pasos.

1. Se dibujan tres círculos que se corten entre sí. Cada círculo representa uno de los términos del silogismo: S, P y M (menor, mayor y medio):

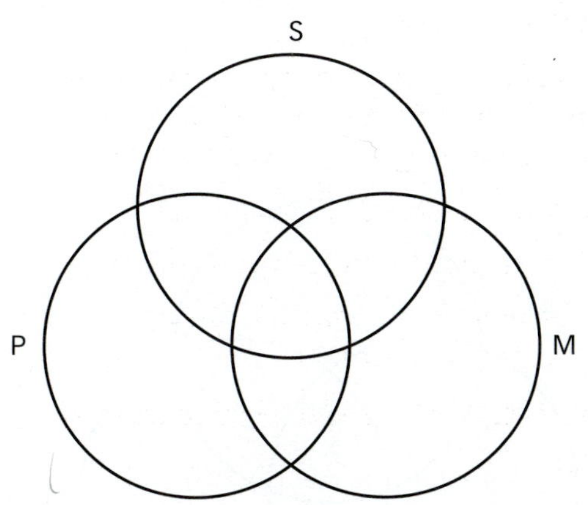

2. Ahora hay que representar en el diagrama las dos premisas del silogismo, atendiendo a si son de tipo A, E, I u O, comenzando por las universales (A y E) y dejando para el final las particulares (I y O).

ACTIVIDADES

EXPLICA

17. ¿De cuántos tipos pueden ser las proposiciones que forman un silogismo?
18. ¿A qué se refieren las letras S, P y M en un silogismo?
19. ¿A qué se llama «premisa mayor» y a qué «premisa menor» del silogismo?
20. ¿Qué son las figuras del silogismo?
21. ¿Qué son los modos del silogismo?

APLICA

22. Busca ejemplos de proposiciones de los tipos A, E, I y O.
23. Averigua de qué figura y de qué modo es el siguiente silogismo y qué palabra mnemotécnica le corresponde:

    Todos los seres invisibles son espíritus puros.
    Ningún espíritu puro es un ser humano.
    Luego, ningún ser humano es invisible.

24. Intenta formular silogismos que correspondan con diferentes formas válidas.

HISTORIA DE LA LÓGICA CLÁSICA

Cuando se piensa en la lógica antigua, como disciplina filosófica, la referencia más importante es Aristóteles, pues él fue su fundador y principal investigador. Pero otros filósofos griegos hicieron aportaciones importantes, como, por ejemplo, los estoicos y la escuela megárica. La escuela de Megara se desarrolló durante el siglo IV a.C., mientras que los estoicos tuvieron gran importancia entre los siglos III a.C. y II de nuestra era. Ellos formularon las bases del cálculo proposicional que se desarrollará a partir del siglo XX por la moderna lógica simbólica. Podemos destacar especialmente a Euclides de Megara (Grecia, 400 a.C. aproximadamente), que cultivó el método de la reducción al absurdo.

Posteriormente, Porfirio (Siria, 232-304) y Boecio (Roma, 480-524/5) recopilaron en diversas obras las aportaciones de Aristóteles, de los megáricos y de los estoicos, conformando el núcleo del saber lógico medieval.

Al final de la Edad Media, con la recuperación de las obras de Aristóteles en el siglo XIII, se reactiva el estudio y la investigación sobre cuestiones de lógica, dando lugar a toda una filosofía del lenguaje en el siglo XIV. Autores importantes en este período son, entre otros, Alberto Magno (Baviera, 1193-1280), Tomás de Aquino (Nápoles, 1224-1274), Duns Scoto (Alemania, 1266-1308) y Guillermo de Ockham (Inglaterra, 1280-1349). Con las aportaciones de estos autores, la lógica aristotélica se amplió con temas nuevos, como las propiedades de los términos del silogismo o las paradojas semánticas. La lógica de Aristóteles quedó sistematizada de forma tan rigurosa que, siglos después, I. Kant (Alemania, 1724-1804) pensó que la lógica era una ciencia definitivamente acabada.

En la Edad Moderna aún podemos citar a F. Bacon (Inglaterra, 1561-1626) por sus estudios sobre la inferencia inductiva y a G. W. Leibniz (Alemania, 1646-1716), auténtico precursor del cálculo lógico.

3. Cuando a partir de una premisa sepamos que no puede haber objetos en una determinada zona del diagrama, escribiremos un 0 en esa zona. Después de haber hecho eso en todas las zonas posibles, cuando estemos seguros, a partir de una premisa, de que tiene que haber algún objeto en alguna zona, escribiremos allí una X.
4. Las proposiciones de tipo A, como «Todo S es P», nos dicen, por un lado, que no puede haber objetos en la parte del círculo S que está fuera del círculo P. Pero, por otro, según la lógica aristotélica, también nos aseguran que habrá algún objeto en la zona del diagrama común a S y P.
5. Cuando hayamos terminado de representar en el diagrama toda esa información, comprobaremos si la conclusión está ya representada también, en cuyo caso se trata de un silogismo válido. De lo contrario, será inválido.

Lo veremos mejor con un ejemplo. Tomemos el siguiente:

		Cuya simbolización sería:
Algunas serpientes son venenosas.	I	Algún M es P.
Todas las serpientes son reptiles.	A	Todo M es S.
Luego, algunos reptiles son venenosos.	I	Luego, algún S es P.

Comenzamos por la segunda premisa, que es universal, y que nos asegura que no puede haber ningún objeto que sea M fuera de S. Y ponemos un 0 en las zonas correspondientes del diagrama:

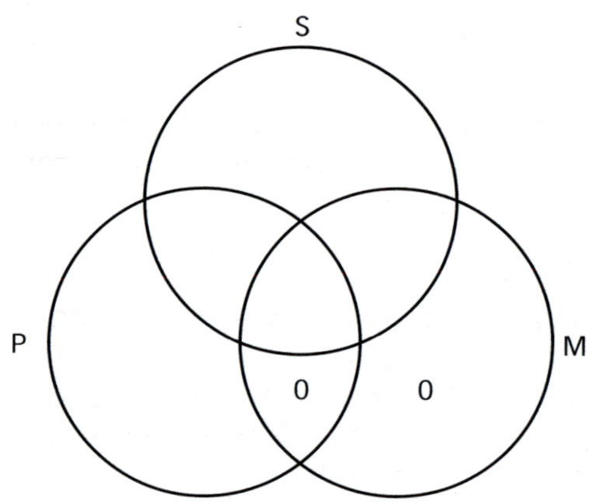

La primera premisa, por su parte, nos asegura que tiene que haber algún objeto en la zona común a M y P. Para representar eso en el diagrama tenemos que poner una X en la zona común a los tres términos, porque en la otra zona común a M y P ya hay un 0:

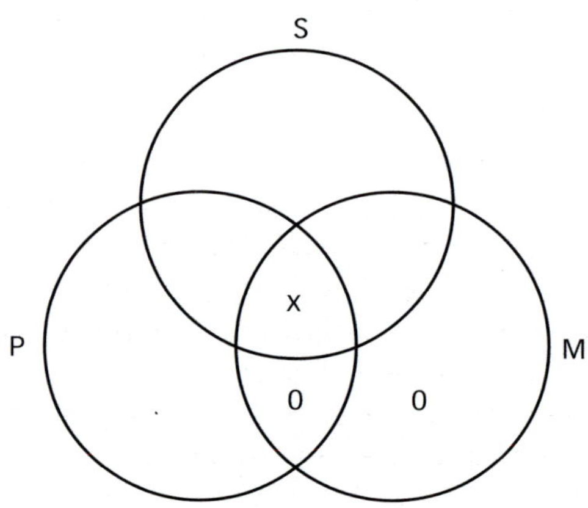

La otra información que nos da la segunda premisa («Todo M es S»), es decir, que tiene que haber algún objeto en la zona común a M y S, es aquí innecesaria, pues ya hay una X en esa zona.

Para terminar, comprobamos si la conclusión ha quedado ya representada en el diagrama. Y, efectivamente, la conclusión («Algún S es P») nos indica que ha de haber algún objeto en la zona común a S y P, como ciertamente ocurre. Por tanto, se trata de un silogismo válido (concretamente, uno en DISAMIS, de la tercera figura).

Las figuras del silogismo son las distintas disposiciones que puede adoptar un silogismo dependiendo de la posición del término medio.

Primera figura	Segunda figura	Tercera figura	Cuarta figura
M - P	P - M	M - P	P - M
S - M	S - M	M - S	M - S
S - P	S - P	S - P	S - P

7 Lógica proposicional

Esta rama de la lógica se ocupa de las relaciones entre proposiciones tomadas como un todo, es decir, simbolizando cada una de ellas con una sola letra: *p*, *q*, *r*, *s*, o también con letras con subíndices: p_1, p_2, p_3, etc. Una proposición como «Todos los hombres son mortales» se representa, en este tipo de lógica, simplemente como *p*.

7.1. Proposiciones simples y compuestas

En lógica proposicional se distinguen dos tipos de proposiciones: simples o atómicas, y compuestas o moleculares. Un ejemplo de proposición compuesta de dos proposiciones simples es el siguiente:

(6) Si Ana es estudiante de Bachillerato, entonces sabe leer.

En este ejemplo, las proposiciones simples son: «Ana es estudiante de Bachillerato» (podemos simbolizar esta proposición con la letra *p*) y «Ana es una persona que sabe leer» (simbolizamos esta proposición con la letra *q*). Las partículas «si…, entonces…» se simbolizan con una flecha que apunta a la derecha: →. Así, la lógica proposicional simboliza este tipo de proposiciones del siguiente modo:

(6') $p \rightarrow q$

Las proposiciones que expresan negación se consideran proposiciones moleculares, porque se entiende que la afirmación es el caso más simple. La negación se simboliza anteponiendo el signo ¬, llamado «negador», a la letra que simboliza el enunciado afirmativo. Por ejemplo, el enunciado «Ana no es estudiante de Bachillerato» se simboliza como $\neg p$. Si una proposición afirmativa es verdadera, su negación será necesariamente falsa, y si la afirmativa es falsa, su negación será necesariamente verdadera. Para la lógica formal, la negación de una proposición negativa equivale a la proposición afirmativa ($\neg\neg p$ equivale a *p*).

Doc. 9

«De entre los múltiples usos del lenguaje, la lógica retiene uno: el uso *argumentativo*, el uso del lenguaje para hacer inferencias. Inferimos un enunciado a partir de otro u otros cuando apoyamos la verdad del primero en la verdad de estos últimos. Toda inferencia puede, pues, presentarse en forma condicional: si es verdadero tal enunciado (o bien: si son verdaderos tales enunciados), será también verdadero tal otro».

Alfredo Deaño,
Las concepciones de la lógica

- ¿Qué título le pones a este fragmento?
- ¿Qué otros usos del lenguaje conoces, además del uso argumentativo?
- ¿Puedes poner ejemplos de inferencias que hacemos en la vida cotidiana?

ACTIVIDADES

APLICA

25. Comprueba si los siguientes silogismos son válidos usando diagramas de Venn:

Algunos reptiles no son mansos.
Todos los reptiles son animales despreciables.
Luego, algunos animales despreciables no son mansos.

Todos los psiquiatras son médicos.
Algunos psicoanalistas no son médicos.
Luego, algunos psicoanalistas no son psiquiatras.

Ningún elefante canta.
Ningún elefante baila.
Luego, algunos elefantes que bailan no cantan.

Doc. 10

«La idea de un lenguaje artificial no era nueva en sí misma, pero lo que Leibniz sugirió o estaba sugiriendo era algo más que un mero sistema de abreviatura notacional. La idea crucial de sus propósitos era más bien la de que en el ámbito del pensamiento, como en el del lenguaje, existe lo complejo y lo simple, y de que es en principio posible asignar signos simples a los elementos del pensamiento de manera tal que los signos de pensamientos complejos fuesen siempre construidos de un modo único a partir de los signos representativos de las partes de esos pensamientos».

BENSON MATES, *Lógica matemática elemental*

- ¿En qué sentido es la lógica un lenguaje artificial?
- ¿Qué relaciones pretendía establecer Leibniz entre lenguaje y pensamiento?

Además del signo de negación, las proposiciones pueden estar afectadas por ciertas conectivas tales como la conjunción ($\wedge$) o conjuntor, la disyunción ($\vee$) o disyuntor, el condicional ($\rightarrow$) o implicador y el bicondicional ($\leftrightarrow$) o coimplicador.

Dos enunciados unidos por el conjuntor forman una proposición nueva llamada «conjunción». Por ejemplo, «Ana es estudiante y peluquera» se simboliza como $p \wedge q$, que se lee «p y q», siendo p la proposición «Ana es estudiante» y q la proposición «Ana es peluquera». Una conjunción es verdadera únicamente cuando todas las proposiciones que la componen son verdaderas a la vez, en caso contrario será una proposición falsa.

El disyuntor ($\vee$), como su nombre indica, establece una disyunción entre dos o más proposiciones. Por ejemplo, si decimos que Ana, o bien es estudiante, o bien es peluquera, o bien es ambas cosas a la vez, estamos ante una disyunción, que simbolizamos: $p \vee q$, que se lee «p o q», siendo p la proposición «Ana es estudiante» y q la proposición «Ana es peluquera». Este tipo de disyunción suele llamarse «inclusiva» porque una posibilidad no excluye la otra, sino que ambas pueden darse conjuntamente; por tanto, para que la disyunción sea verdadera, bastará con que una de las proposiciones que la componen sea verdadera, y únicamente será falsa cuando las dos sean falsas. Si la disyunción fuese exclusiva o excluyente, como este ejemplo: «O comes o duermes», se simboliza por medio del disyuntor, la negación y el conjuntor, junto con los paréntesis que separan las proposiciones componentes: $(p \vee q) \wedge \neg (p \wedge q)$, que se lee «$p$ o q, y no a la vez p y q».

Como vimos en los ejemplos (6) y (6'), el implicador ($\rightarrow$) es la conectiva que usamos para simbolizar las proposiciones condicionales, que son las que contienen expresiones del tipo «si..., entonces...». La primera de las dos proposiciones se llama «antecedente», y la segunda, «consecuente». Este tipo de proposiciones se simbolizan como $p \rightarrow q$, que se lee «si p, entonces q» o también «p implica q». Un condicional se considera falso únicamente cuando el antecedente es verdadero y el consecuente es falso; en los demás casos se considera verdadero.

El coimplicador o bicondicional ($\leftrightarrow$) expresa una relación de mutua dependencia entre dos proposiciones, de tal modo que lo que dice el antecedente es condición necesaria y suficiente para que ocurra lo que dice el consecuente.

CONECTIVAS DE LA LÓGICA PROPOSICIONAL

Son las partículas o símbolos lógicos que sirven para unir o conectar las proposiciones simples, formando proposiciones moleculares.

NEGACIÓN	CONJUNTOR	DISYUNTOR	IMPLICADOR	COIMPLICADOR
$\neg p$	$p \wedge q$	$p \vee q$	$p \rightarrow q$	$p \leftrightarrow q$
«no *p*»	«*p* y *q*»	«*p* o *q*»	«si *p*, entonces *q*»	«si y solo si *p*, entonces *q*»
Si *p* es verdadera, su negación será falsa.	Solo es verdadera en el caso de que *p* y *q* sean ambas verdaderas.	Basta con que una de las dos proposiciones sea verdadera para que la disyunción lo sea también.	Es verdadero siempre, excepto en el caso de que el antecedente sea verdadero y el consecuente falso.	Es verdadero siempre que *p* y *q* sean las dos verdaderas o las dos falsas.
París no es la capital de Francia.	París es la capital de Francia y Madrid, la de España.	París es la capital de Francia o Madrid está en Portugal.	Si París es la capital de Francia, entonces Madrid está en Portugal.	Si, y solo si, París es la capital de Francia, Madrid es la de España.

Por ejemplo, «Si, y solo si, obtienes el título de Bachillerato, podrás trabajar en esa empresa». La relación bicondicional será verdadera si ambas proposiciones son verdaderas o ambas falsas, y será falsa en los otros dos casos.

7.2. Algunas reglas de inferencia

a) Reglas para el condicional

- *Modus ponens:* si una proposición condicional es verdadera y su antecedente (la condición) también lo es, entonces será verdadero su consecuente (la proposición condicionada):

Si está en casa, contestará al teléfono.	$p \rightarrow q$
Está en casa.	p
Luego, contestará.	q

- *Modus tollens:* si una proposición condicional es verdadera y su consecuente es falso, entonces será falso su antecedente:

Si está en casa, contestará al teléfono.	$p \rightarrow q$
No contesta.	$\neg q$
Luego, no está.	$\neg p$

b) Reglas para la conjunción

- *Eliminación de conjunción:* si una conjunción es verdadera, cualquiera de las proposiciones que la componen también lo será:

Está en casa y contestando al teléfono.	$p \wedge q$
Luego, está contestando al teléfono.	q

- *Silogismo conjuntivo:* si una conjunción es falsa, pero una de sus partes es verdadera, la otra ha de ser falsa:

No es cierto que llueva y nieve a la vez.	$\neg(p \wedge q)$
Llueve.	p
Luego, no nieva.	$\neg q$

c) Reglas para la disyunción

- *Introducción de disyunción:* si una proposición es verdadera, entonces su disyunción con otra proposición también será verdadera:

Llueve.	p
Luego, llueve o nieva.	$p \vee q$

- *Silogismo disyuntivo:* si una disyunción es verdadera, pero una de sus partes es falsa, la otra proposición será verdadera:

Llueve o nieva.	$p \vee q$
No nieva.	$\neg q$
Luego, llueve.	p

d) Reglas para la negación

- *Doble negación:* si es falso que una proposición sea falsa, entonces es que es verdadera:

No es cierto que no nieve.	$\neg\neg p$
Luego, sí que nieva.	p

- *Reducción al absurdo:* si una proposición implica una contradicción, esa proposición ha de ser falsa:

Si encuentro un círculo cuadrado, tendrá que tener ángulos rectos y no podrá tenerlos.	$p \rightarrow (q \rightarrow \neg q)$
Luego, no es posible que encuentre tal cosa.	$\neg p$

Doc. 11

«Hemos visto que solo hay lenguaje por virtud de la proposición: sin la presencia, cuando menos implícita, del verbo *ser* y de la relación de atribución que autoriza, no se tendría un lenguaje, sino signos como los demás. La forma proposicional exige como condición del lenguaje la afirmación de una relación de identidad o de diferencia: no se habla sino en la medida en que es posible esta relación».

MICHEL FOUCAULT, *Las palabras y las cosas*

- ¿Qué componentes forman una proposición?
- ¿Sería posible hablar sin proposiciones? ¿Por qué?

ACTIVIDADES

APLICA

26. Atendiendo a lo que se dice en el texto, simboliza las siguientes proposiciones:
    a) María estudia o trabaja.
    b) Si llueve, la calle se moja.
    c) Solo es posible estudiar álgebra si dominas la aritmética básica.
    d) Si no hay retenciones de tráfico, llegaré puntual.
    e) No es cierto que si usted ve un gato negro, tendrá mala suerte.
    f) Cuando Pedro y María estudian juntos, aprovechan más el tiempo.
    g) Quien no luche contra la injusticia en el mundo se sentirá despreciable; pero quien lo haga se sentirá insatisfecho.
    h) Por el humo se sabe dónde está el fuego.

SABER HACER

1 Trabajo con silogismos

1. Construye al menos un silogismo que se corresponda con cada una de las siguientes figuras y modos: CELARENT, BOCARDO, FESTINO, FRESISON. Comprueba su validez mediante diagramas de Venn.

2. Comprueba la validez de los siguientes silogismos mediante diagramas de Venn. Para los que sean válidos, indica a qué modo y figura pertenecen.

a) Algunas personas sabias no son ricas.
Todas las personas sabias son seres humanos.
Algunos seres humanos no son ricos.

b) Algunos animales ovíparos tienen alas.
Algunos animales que tienen alas son aves.
Todas las aves son ovíparas.

c) Ningún perro piensa.
Troilo es mi perro.
Troilo no piensa.

d) Todas las criaturas silenciosas son aburridas.
Las ostras son criaturas silenciosas.
Luego, las ostras son aburridas.

2 Formalización avanzada de proposiciones

Para formalizar proposiciones es necesario, en ocasiones, usar paréntesis para evitar ambigüedades e incorrecciones en las expresiones lógicas. Piensa en la proposición siguiente:

(1) Pedro come o bebe y pasea

Siguiendo las reglas de la lógica proposicional que conocemos, puedes formalizarla de dos formas diferentes:

(2) $p \vee (q \wedge r)$, o también

(3) $(p \vee q) \wedge r$

El problema consiste en decidir cuál es el alcance o el dominio de cada conectiva.

En (2) la conectiva $\vee$ tiene más alcance o dominio que la $\wedge$, porque afecta a más proposiciones atómicas.

Sin embargo, en (3) ocurre exactamente al contrario. Este es el efecto que producen los paréntesis. Unas pocas reglas pueden ayudarte a usar correctamente los paréntesis:

a) Cuando una conectiva solo afecta a una proposición atómica, no es necesario usar paréntesis, aunque sí es necesario cuando queremos que alcance a una proposición molecular. Es la diferencia entre la expresión $\neg p \wedge q$ y esta otra: $\neg (p \wedge q)$.

b) La existencia en una misma proposición de dos o más símbolos $\wedge$ o de dos o más símbolos $\vee$ no requiere el uso de paréntesis. Sí serán necesarios cuando aparezcan conectivas $\wedge$ y $\vee$ en la misma proposición molecular, para marcar cuál de las dos conectivas tiene más alcance o dominio. Es el caso de las expresiones (2) y (3).

c) Cuando en una expresión aparecen a la vez los símbolos $\rightarrow$ y $\leftrightarrow$, es necesario usar paréntesis para decidir qué conectiva tiene más alcance o dominio, diferenciando entre $(p \leftrightarrow q) \rightarrow r$ y $p \leftrightarrow (q \rightarrow r)$.

d) Los símbolos $\rightarrow$ y $\leftrightarrow$ tienen más alcance que $\wedge$ y $\vee$, por lo que, en algunos casos, podemos evitar los paréntesis. Por ejemplo, la expresión $p \rightarrow q \wedge r$, sin paréntesis, sería equivalente a $p \rightarrow (q \wedge r)$.

Aplicando estas reglas, formaliza los enunciados siguientes:

- *Un triángulo es equilátero, isósceles o escaleno.*
- *Yo haría eso si obtuviera alguna recompensa, pero no la obtengo.*
- *Si al colocar un libro más en la estantería esta se rompe, es mejor no colocarlo.*
- *Si aplicando estas reglas consigo fórmulas correctas y bien formadas, entonces estas reglas son válidas.*
- *Un polígono será un triángulo solo en el caso de que tenga tres lados y la suma de sus ángulos sea 180º.*
- *Si la presión atmosférica es alta y no hay nubes en el cielo, es poco probable que llueva.*
- *Si los ves aparecer, coge el dinero, arranca el coche y huye, o te encerrarán de por vida.*
- *No es el caso de que el lucero vespertino es el planeta Venus si, y solo si, la Luna no es un queso.*
- *Si se conoce un tema pero no se toman las decisiones acertadas, actúa la mala suerte o la mala voluntad.*
- *Esa medicina es efectiva solamente cuando se toma en ayunas o después de dos horas de haber comido y cuando no se ha bebido leche ni derivados lácteos.*
- *Ser o no ser, esa es la cuestión.*
- *Si no eres inocente, pasarás el resto de tus días en la cárcel o te librarás sobornando al jurado.*
- *Si quieres que tu negocio mejore, haz más publicidad, baja los precios y ofrece buenas calidades.*
- *Quien no sabe rendir cuentas de tres mil años, se queda como un ignorante en la oscuridad y solo vive al día.*

Ahora hacemos el ejercicio inverso: construimos proposiciones en lenguaje ordinario que se ajusten a las siguientes fórmulas lógicas:

1) $\neg (p \wedge q)$
2) $\neg (p \wedge q) \rightarrow \neg p \vee \neg q$
3) $p \rightarrow q \wedge \neg r$
4) $\neg (p \vee q) \wedge r$
5) $p \leftrightarrow (q \wedge \neg r) \vee s$
6) $(p \rightarrow q) \rightarrow r \vee s$

3 Demostración de la validez de una argumentación

Puedes probar que un argumento es válido demostrando que la conclusión se deriva necesariamente de las premisas. Esta demostración se hace aplicando las reglas de inferencia que has estudiado. Lo puedes hacer del siguiente modo:

Supón que te piden que demuestres *r* partiendo de las siguientes premisas:

$$1)\ p \to q \wedge r\ ;\ 2)\ \neg q;\ 3)\ p$$

Siguiendo este procedimiento, realiza las demostraciones que se indican a continuación:

Demostrar: $\neg p$.	Premisas: 1) $p \to q$; 2) $\neg q \wedge r$
Demostrar: $p \wedge q$.	Premisas: 1) $p \wedge s$; 2) $p \to q$
Demostrar: q.	Premisas: 1) $q \vee s$; 2) $s \to t$; 3) $\neg t$
Demostrar: r.	Premisas: 1) $s \to r \vee t$; 2) $\neg\neg s$; 3) $\neg t$
Demostrar: s.	Premisas: 1) $r \vee \neg t$; 2) t; 3) $\neg s \to \neg r$

1. Ponemos las premisas en líneas numeradas y con una letra «P» a la derecha:	(1) $p \to q \wedge r$ (2) $\neg q$ (3) p	P P P
2. Iniciamos la demostración aplicando reglas a cualquiera de las líneas que tenemos. Por ejemplo, podemos aplicar la regla del *Modus ponens* (MP) en las líneas 1 y 3. Lo indicamos de la siguiente manera:	(4) $q \wedge r$	MP 1,3
3. Podemos seguir añadiendo líneas siempre que las obtengamos mediante la aplicación de reglas. Por ejemplo, podemos aplicar la *Eliminación de la conjunción* (EC) en las líneas 2 y 4:	(5) r	EC 2,4
4. Así hemos obtenido la conclusión que se nos pedía. Es decir, hemos demostrado que a partir de las premisas que nos han dado, se obtiene la conclusión deseada, aplicando siempre reglas válidas de razonamiento.		

PROYECTO FINAL. **Trabajo cooperativo**

La lógica de los anuncios publicitarios y los debates televisivos

- En grupos de tres o cuatro personas examinamos anuncios publicitarios o anuncios propagandísticos de periódicos, de revistas o de televisión.
- Seleccionamos algunos y revisamos qué tipo de argumentación se muestra en ellos:
  - ¿Se trata de argumentos de lógica formal o informal?
  - ¿Son ejemplos de buena retórica o de mala retórica? (Si se trata de argumentos formales, formalizar las premisas y la conclusión. Naturalmente, es necesario justificar adecuadamente las respuestas a las dos preguntas).
- Por grupos preparamos una exposición para presentar al resto de la clase la investigación realizada. En el caso de usar anuncios televisivos, podemos grabar el anuncio y proyectarlo antes de dar las explicaciones correspondientes. Si usamos anuncios de prensa escrita, podemos hacer una fotocopia ampliada y mostrarla a la clase antes de dar nuestras conclusiones, o hacer una fotografía y proyectarla mediante el cañón de vídeo en la pantalla.
- Concluimos con un breve debate entre todos los miembros de la clase acerca de las conclusiones a las que llega cada grupo respecto al anuncio que han trabajado.
- También podemos tomar como muestra para nuestro trabajo algún programa de debate de los más corrientes en televisión, seleccionando aquella parte que nos resulte más interesante o conveniente. Recordamos que todas las cadenas ofrecen grabaciones de sus programas en la página web correspondiente. De ese modo seleccionamos exactamente el trozo que interese con toda comodidad. El fragmento a estudiar no debería tener mucho más de 7-8 minutos y procederemos de la misma manera que hemos indicado para los anuncios publicitarios. Al presentar nuestra investigación a la clase, proyectamos primero los minutos de debate seleccionados y luego procedemos a su análisis.

5 Lógica informal, retórica y falacias

CONTENIDOS

1. El lenguaje natural
2. Retórica y buenas prácticas argumentativas
3. Las falacias y sus tipos

PARA PENSAR JUNTOS

Leemos el diálogo de la página siguiente, debatimos sobre él y, después de estudiar esta unidad didáctica, respondemos estas cuestiones:

- Analiza, de acuerdo con lo que cuenta Carmen, las prácticas argumentativas utilizadas en la charla a la que han asistido.
- Indica si hay algún argumento falaz en el diálogo y, en caso afirmativo, explica por qué lo es.
- Busca algún anuncio publicitario en el que aparezcan argumentos falaces; cuéntalo, o grábalo para que lo vean tus compañeros, y explica los motivos de tu elección.
- Haz una redacción sobre tu experiencia con falacias, las hayas descubierto o no, y expón las consecuencias que han tenido para ti.

Centro de Arte de Sidney y Berna Davis de Florida.
Recibimos continuamente un caudal enorme de informaciones, pero no todas tienen el mismo valor: necesitamos tener criterios para distinguir entre argumentos razonables y falaces.

En la unidad didáctica anterior hemos distinguido entre la lógica formal, la lógica informal y la retórica, pero únicamente se han podido exponer algunos elementos de la lógica formal. En la presente unidad didáctica vamos a ocuparnos de comentar lo más esencial de la lógica informal y de la retórica.

El estudio del lenguaje nos conducirá a reflexionar sobre los argumentos que utilizamos en nuestra vida cotidiana. Nos percataremos de que algunos argumentos son razonables, mientras que otros son falaces. Distinguir entre unos y otros nos ayudará a argumentar mejor y a no dejarnos engañar.

LA FILOSOFÍA EN TU VIDA

Nuestros compañeros salen de una charla sobre nutrición en clase de Educación Física.

PACO.- ¡Qué bien me lo he pasado!

BELÉN.- ¡Y la de cosas que hemos aprendido! ¡Yo me he quedado muerta!

CARMEN.- ¡Y yo! Porque me temía un aburrimiento, y resulta que la mujer, además de que sabe muchísimo, es que nos ha hablado con un lenguaje que nosotros podemos entender, nos ha gastado bromas, nos ha explicado los tecnicismos que emplea…; en fin, un lujo.

JUAN.- ¡Hombre, me ha gustado hasta a mí, que soy un cenizo! Ha empezado por explicarnos lo importante que es la alimentación para que estemos sanos, ha seguido con los factores personales y sociales que nos llevan a alimentarnos mal y con los que nos ayudan a estabilizar el peso; luego nos ha contado las diferentes dietas que hay en el mercado, y, por fin, nos ha propuesto las suyas para ganar peso, para perderlo y para mantenerlo correcto.

FERNANDO.- ¿Y qué os parece lo de que el ejercicio físico no hace perder peso? Yo estaba convencido de que sí, porque hay un montón de páginas en internet que garantizan la pérdida de peso si haces los ejercicios que proponen.

ANA.- Pues acabamos de ver que, según estudios rigurosos, la pérdida de peso depende principalmente de la alimentación, y que el ejercicio es bueno por muchas razones, pero indiferente para perder peso.

BRAHIM.- Es que tú, Fernando, te fías mucho de lo que lees en internet, y yo creo que eso es muy arriesgado en bastantes temas.

PACO.- Pero es que si una presentadora de televisión te recomienda hacer ejercicio para adelgazar, ¿por qué vas a dudar de que sea verdad?

CONSUELO.- Pues precisamente por eso, Paco, porque es una presentadora de televisión, seguramente sin ninguna formación médica y que recomienda el ejercicio porque es lo que piensa la mayoría, porque le pagan para que lo haga o por vaya usted a saber qué razones.

ANA.- Para mí la charla ha sido un auténtico descubrimiento, porque vosotros no tenéis problemas con el peso, pero yo, en cuanto me descuido, cojo kilos y me siento incómoda; y hoy he aprendido que engordo porque como mal y a deshora, y, aunque hago ejercicio casi a diario, mientras no me alimente bien, ya sé que no estabilizaré mi peso.

BELÉN.- Pero si tú no comes mucho… Además, muchos días no comes apenas nada.

JUAN.- Y eso no es bueno, como hemos escuchado. Nuestro organismo necesita diariamente unos nutrientes, y los necesita en unas proporciones. No comer algunos días e ingerir grandes cantidades otros, o alimentos que realmente no lo son, no es bueno.

CARMEN.- Pues eso es lo que nos pasa, que una amiga le dijo a mi madre que tomara helados para diabéticos, que no engordaría, porque no tienen azúcar; la creyó y lo hizo. Cuando vio que no era verdad, se lo dijo, y entonces le contestó que los tenía que tomar en ayunas, mira por dónde…

FERNANDO.- Y yo tampoco sabía lo buenas que son las legumbres, que nos aportan energía, sacian el hambre y son baratas.

BRAHIM.- Yo sí lo sabía, porque mi madre dice que es mejor comerlas que tomar carne o pescado; dice que la gente estaba más sana cuando solo se comía carne o pescado en las fiestas, pero como lo dice a final de mes, yo creía que lo decía para no gastar tanto en comida.

CONSUELO.- Pues ya ves que no, que a veces atribuimos una causa a algo sin buenas razones para hacerlo.

PACO.- ¿Y os habéis dado cuenta de la importancia de no acumular ansiedad para no engordar?

BELÉN.- ¡Y tanto! No hay más que verte: delgado como una rama de leña por lo tranquilo que vives.

JUAN.- Deja al muchacho, Belén. La que tiene que tomar nota de eso es Ana, que se preocupa hasta por no retrasarse ni un minuto. A propósito, vamos a clase, que acaba de sonar el timbre.

Viñeta publicada en la revista *Hermano Lobo* en la década de 1970.

La pluralidad de significados de algunos términos (como el de «igualdad») da lugar a muchos malentendidos y chistes.

Doc. 1

«El argumento es esencial, en primer lugar, porque es una manera de tratar de informarse acerca de qué opiniones son mejores que otras. No todos los puntos de vista son iguales. Algunas conclusiones pueden apoyarse en buenas razones, otras tienen un sustento mucho más débil. Pero a menudo desconocemos cuál es cuál. Tenemos que dar argumentos a favor de las diferentes conclusiones y luego valorarlos para considerar cuán fuertes son realmente.

[...] Argumentar es importante también por otra razón. Una vez que hemos llegado a una conclusión bien sustentada en razones, la explicamos y la defendemos mediante argumentos. Un buen argumento no es una mera reiteración de conclusiones. En su lugar, ofrece razones y pruebas, de tal manera que otras personas puedan formarse sus propias opiniones por sí mismas. Si usted llega a la convicción de que está claro que debemos cambiar la manera de criar y de usar a los animales, por ejemplo, debe usar argumentos para explicar cómo llegó a su conclusión, y de ese modo convencerá a otros. Ofrezca las razones y pruebas que a usted le convenzan. No es un error tener opiniones. El error es no tener nada más».

ANTHONY WESTON, *Las claves de la argumentación*

- ¿Cómo entiende el autor el discurso argumentativo? ¿Por qué lo considera necesario?
- Elige una de tus opiniones más firmes y construye un discurso argumentativo para apoyarla.

1 El lenguaje natural

La comunicación entre los seres humanos se lleva a cabo a través del lenguaje. Aprendemos un idioma en la infancia (la llamada «lengua materna», que en ocasiones puede ser más de una) y lo utilizamos para comunicarnos con las personas con las que convivimos. En el mundo actual se hablan más de seis mil idiomas distintos: cada uno de ellos constituye un lenguaje natural. Lo llamamos así para diferenciarlo de los lenguajes artificiales, como por ejemplo el lenguaje matemático, el de la lógica formal, el de la programación informática, etc. Los lenguajes artificiales han sido creados expresamente para realizar ciertas tareas específicas y no sirven para comunicarse en la vida cotidiana.

Cada idioma consta de un conjunto de palabras (vocabulario) y de un conjunto de reglas para formar mensajes con esas palabras (reglas gramaticales). Las palabras funcionan como símbolos de las cosas a las que se refiere cada una de ellas. Por ejemplo, si pronuncio o escribo la palabra «manzana», cualquier hablante de nuestro idioma se representa mentalmente una manzana, y no una pera o cualquier otra cosa. Se supone que cada palabra está reservada para simbolizar un tipo específico de cosas. Porque, de lo contrario, habría muchos malentendidos y la comunicación se haría imposible. Sin embargo, con el paso del tiempo, la mayor parte de las palabras del lenguaje natural se han hecho portadoras de varios significados. Cuando una palabra simboliza muchas cosas diferentes, el único modo de saber cuál es el significado con el que la está usando el hablante es atendiendo al contexto en el que se utiliza esa palabra. Por ejemplo, para saber qué significa la palabra «banco» en la frase «Te espero en el banco» tendríamos que saber, atendiendo al contexto, si el hablante se refiere a un banco del parque, o bien a una sucursal bancaria, etc.

1.1. Sintaxis, semántica y pragmática

Por medio del lenguaje natural podemos formar una infinidad de mensajes, pero el significado exacto de cada mensaje depende de tres factores distintos: el sintáctico, el semántico y el pragmático.

- **Desde el punto de vista de la sintaxis**, todo mensaje bien construido ha de respetar unas reglas que establecen el modo adecuado de seleccionar y ordenar las palabras en una frase. Por ejemplo, la sintaxis del castellano establece que, si quiero pedir una manzana al camarero en un restaurante, no sería correcto decir algo así como «Una favor manzanas por», sino más bien «Por favor, una manzana», o bien «Una manzana, por favor». La sintaxis de cada idioma se refiere a las relaciones que han de tener las palabras entre sí para que se puedan formar mensajes inteligibles.
- **Desde el punto de vista de la semántica**, los mensajes han de respetar el vocabulario establecido por el uso habitual del idioma. De manera que, si lo que quiero es que me sirvan una manzana, no debería decir, por ejemplo, «Una ensalada, por favor» o «Una naranja, por favor», etc. Hay que seleccionar las palabras adecuadas al significado que queremos transmitir. De lo contrario, los otros hablantes no entenderán correctamente qué es lo que queremos expresar, y se producirán malentendidos, que pueden ser a veces chistosos, pero que en ocasiones pueden llegar a ser muy peligrosos. La semántica se ocupa de las relaciones entre las palabras y los significados que ellas tienen.

- **Desde el punto de vista de la pragmática**, los mensajes que pretendan ser inteligibles han de tener en cuenta que el significado exacto de una palabra o de una frase está ligado al contexto en el que se utiliza y a las intenciones del hablante, es decir, el significado está ligado al uso concreto en contextos concretos. Por ejemplo, si una persona dice a otra: «El otro día te vi en el banco», no podemos saber el significado exacto de la frase hasta que conozcamos el contexto en el que ha sido pronunciada, es decir, qué personas se comunican, qué tono de voz se ha utilizado, etc.; porque a través del tono (de burla, o de complicidad, o de felicitación, o de amenaza, etc.) podríamos saber algo sobre las intenciones del hablante (en este caso podría ser la intención de ser amable, o de felicitar a la otra persona, o de hacerle chantaje, etc.).

Suponiendo que las personas elaboramos mensajes para que podamos entendernos y de ese modo la vida social funcione satisfactoriamente, es muy relevante que los mensajes estén correctamente construidos desde el punto de vista sintáctico, semántico y pragmático. También es importante que, cuando queramos interpretar adecuadamente lo que nos dicen los demás, o los textos que leemos, tengamos muy presentes los matices que se manifiestan en la sintaxis, la semántica y la pragmática de los mensajes en cuestión.

Tumba de Nefertari, Valle de las Reinas, Egipto.

La comunicación es una necesidad en todos los grupos humanos de todas las épocas.

1.2. El discurso argumentativo

Desde el punto de vista filosófico, podemos llamar «discurso» a cualquier mensaje o conjunto de mensajes que elaboramos en el lenguaje natural.

Existen diversos tipos de discurso según lo que se quiera comunicar y según el contexto de la comunicación. Por ejemplo, hay discursos descriptivos, poéticos, reivindicativos, narrativos, etc. Pero aquí nos interesa destacar un tipo de discurso en especial: el discurso argumentativo. Se trata del discurso que intenta aportar razones para mantener una opinión o una creencia. Por ejemplo, si una persona dice: «Está claro que la democracia es mejor que los otros sistemas políticos, porque permite participar a todos los ciudadanos y cambiar a los gobernantes sin hacer uso de la violencia», esta persona está elaborando un discurso de tipo argumentativo.

Todos tenemos la necesidad de encontrar sentido a las creencias y opiniones propias y ajenas. No nos basta con mantener que algo es así «porque sí», sino que buscamos y pedimos buenas razones, argumentos válidos que justifiquen lo que se esté afirmando.

1.3. Argumentos razonables y argumentos falaces

Recordemos que los argumentos razonables son aquellos que:

- o bien son deductivamente válidos (se ajustan a las leyes de la lógica) y al mismo tiempo correctos (sus premisas son verdaderas, y al ser deductivamente válidos su conclusión será verdadera también),
- o bien son inductivamente fuertes (su conclusión no es necesariamente verdadera, sino muy probable).

Pero no todos los argumentos que se utilizan en la vida cotidiana son razonables, puesto que a menudo observamos que se presentan como si fueran razonables ciertos argumentos que, si se analizan con atención, se puede mostrar que en realidad no lo son. A este tipo de argumentos no razonables pero que aparentan serlo, se los llama «argumentos falaces» y también «falacias». ¿Cómo podemos distinguir un buen argumento de un argumento falaz? En las páginas siguientes trataremos de responder a esta cuestión.

ACTIVIDADES

ARGUMENTA

1. ¿En qué se diferencian los lenguajes naturales de los lenguajes artificiales?
2. ¿Qué tipos de argumentos son razonables y en qué consiste cada uno de ellos?
3. ¿En qué se diferencian los argumentos razonables de las falacias?

INVESTIGA

4. ¿Cuáles son los elementos principales del lenguaje natural?
5. ¿En qué consisten los aspectos sintácticos, semánticos y pragmáticos del lenguaje natural? ¿Por qué deberíamos tenerlos en cuenta a la hora de comunicarnos? Elabora ejemplos en los que se observe la necesidad de tener en cuenta el aspecto pragmático para entender correctamente el mensaje.
6. ¿Qué tipos principales de discurso podemos distinguir? Escribe tres ejemplos de cada tipo.

2 Retórica y buenas prácticas argumentativas

2.1. Los tres métodos para convencer

Aristóteles (Grecia, 384-322 a.C.) explicó en su *Retórica* que existen tres caminos posibles para convencer o persuadir a las personas: el *éthos*, el *páthos* y el *lógos*:

- El *éthos* se basa en la confianza y credibilidad que tenga la persona que argumenta; sus argumentos convencen a un determinado público porque proceden de una persona que posee una excelente reputación ante ese público.
- El *páthos* es el método que consiste en apelar a las emociones del público: se trata de convencer utilizando argumentos que suscitan ciertas emociones y sentimientos en los oyentes, aunque no siempre se respeten las reglas de la lógica.
- En cambio, el *lógos* es el camino de tratar de convencer con argumentos racionales, con conceptos claros y con datos suficientemente contrastados. Este camino no es incompatible con los dos anteriores, pero aquí se pone el énfasis en que la persuasión ha de proceder sobre todo de la razonabilidad de los argumentos, y no tanto de la buena imagen de quien argumenta ni del uso de un lenguaje emotivo.

2.2. Las partes del discurso según la retórica clásica

Cicerón (República romana, 106-43 a.C.) distinguió varios elementos que hay que tener en cuenta para elaborar un discurso exitoso:

- La *inventio* es la fase en la que la persona que va a pronunciar un discurso o participar en un debate se informa del asunto del que va a tratar y del contexto en el que va a tener lugar: ¿Qué materiales hay que consultar? ¿Qué necesidades, intereses y fines tienen las personas a las que hay que convencer? ¿De cuánto tiempo voy a disponer? ¿En qué lugar se va a celebrar? El objetivo de la *inventio* es recopilar los materiales más idóneos para la ocasión.
- La *dispositio* es la preparación de la estructura del discurso, que generalmente tendrá una introducción, un desarrollo y una conclusión. En la introducción es importante captar la benevolencia del público mediante algunas herramientas retóricas que se adapten al caso. En el desarrollo es importante adelantarse a posibles argumentos contrarios a lo que uno defiende mostrando la posible refutación de los mismos. En la conclusión se intenta señalar de forma clara y concisa que los argumentos utilizados son convincentes.
- La *elocutio* consiste en programar el contenido del discurso de tal manera que se utilicen recursos llamativos para el público, procurando que se evoquen las emociones adecuadas y se vaya subiendo la tensión psicológica hasta alcanzar cierto clímax al final del discurso, de modo que la audiencia quede convencida de lo acertado de nuestros argumentos.
- La *memoria* es, como su nombre indica, una cierta memorización del discurso, para no tener que leerlo o tener que estar continuamente consultando un escrito. Conviene tener en la memoria lo esencial del discurso, de modo que se convenza al público de que uno domina la materia y se siente seguro cuando habla del tema.

CONSEJOS PRÁCTICOS PARA HABLAR EN PÚBLICO

1. Aunque hables de temas que conoces bien, prepara concienzudamente tu intervención.
2. Prepara la réplica a los posibles argumentos en contra que te puedan plantear y la respuesta a las preguntas que puedan surgir.
3. Trata de saber de antemano qué tipo de personas van a escuchar tu discurso; trata de hacerte una idea clara del tipo de público que tienes delante (si es un público entendido en el tema o no, si está motivado a escucharte o no, etc.) y adopta la mejor estrategia posible ante dicho público.
4. Lleva en mente un esquema claro de lo que quieres transmitir: punto de partida, desarrollo, conclusiones.
5. Estructura el discurso de forma adecuada.
6. Utiliza términos extranjeros y palabras técnicas únicamente cuando sean comprensibles y necesarias.
7. Usa un vocabulario específico cuando estés seguro de que el público tiene los conocimientos previos necesarios para entenderlo.
8. Recurre con cuidado a citas de escritores y de datos veraces citando correctamente la fuente.
9. Muestra interés y entusiasmo por el tema que estás exponiendo, tratando de despertar el interés del auditorio.
10. Aprovecha los medios técnicos (proyector, ordenador, etc.) como apoyo para tu exposición, especialmente para mostrar esquemas, fotografías, vídeos cortos o cualquier otro recurso que pueda ser útil, pero cuida de que la atención se centre sobre todo en tus palabras y tu persona. Evita especialmente proyectar textos extensos en letra pequeña y leerlos delante del público.

- Finalmente, la *pronuntiatio* es la puesta en escena del discurso, en el que hay que cuidar el tono de voz (agradable, variado, etc.), la vestimenta e imagen general (peinado, etc.), el lenguaje corporal (erguido, uso adecuado de las manos, gestos faciales adecuados, etc.), el uso de imágenes y demás recursos didácticos, el contacto visual con el público, etc.

2.3. Buenas prácticas argumentativas

Basándose en las normas que rigen en una conversación racional descritas por el filósofo Paul Grice (Reino Unido, 1913-1988), Montserrat Bordes Solanas (España, 1965-2010) propone el «Código de buenas prácticas argumentativas», que aparece en el siguiente recuadro. Los argumentos falaces que veremos a continuación violan alguno o varios de los principios del código. Cuando estos principios se tienen en cuenta en la propia conducta argumentativa, es menor el riesgo de cometer falacias, y por ello es mayor la calidad de los argumentos propios y la posibilidad de aceptación racional por parte de quienes nos escuchan.

CÓDIGO DE BUENAS PRÁCTICAS ARGUMENTATIVAS

1. **Principio de caridad interpretativa:** el argumento del oponente debe ser reconstruido en su versión más sólida y rigurosa, con el límite de que siga siendo razonable.
2. **Principio de suspensión de juicio interpretativo:** cuando ninguna de las posturas contradictorias se puede defender con éxito, se ha de aplazar temporalmente el juicio sobre el asunto, pero conviene sopesar los riesgos y beneficios de este aplazamiento del juicio.
3. **Principio de falibilidad doxástica:** hay que admitir la posibilidad de que la propia postura no sea la correcta, lo cual comporta una buena disposición a escuchar los argumentos ajenos.
4. **Principio de relevancia argumentativa:** solo se deben presentar razones de peso para justificar la conclusión, evitando desvíos retóricos orientados a la persuasión no racional.
5. **Principio de suficiencia argumentativa:** los argumentos deben contener razones suficientes en número y fuerza, de modo que hagan racionalmente aceptable la conclusión.
6. **Principio de claridad:** el uso de terminología técnica especializada es recomendable, a no ser que oscurezca el contenido de los argumentos sin necesidad.
7. **Búsqueda de la verdad:** todo argumento debe orientarse a la búsqueda de la verdad o, al menos, a la línea de actuación más apropiada entre las epistémicamente accesibles.

Montserrat Bordes Solanas, *Las trampas de Circe: falacias lógicas y argumentación informal*

Doc. 2

«Pero es útil la retórica por ser por naturaleza más fuertes la verdad y la justicia que sus contrarios, de manera que si los juicios no son conforme a lo que debe ser, es preciso que sean vencidos por tales contrarios y esto por cierto es digno de reprensión. Y también ante ciertos auditorios ni aun cuando tuviéramos la ciencia más exacta sería fácil que los persuadiéramos con ella, pues el discurso según la ciencia es cosa de enseñanza, y ello en ese caso es imposible, sino que es preciso que los argumentos y los razonamientos se hagan mediante nociones comunes. [...]

Además, es preciso ser capaz de persuadir los contrarios, lo mismo que en los silogismos, no para hacer una y otra cosa, pues no se debe persuadir lo malo, sino para que no nos pase desapercibido cómo es, y para que cuando otro use las mismas razones injustamente, podamos deshacerlas. [...] No es que sean iguales los objetos contrarios de que se trata, sino que siempre lo verdadero y lo bueno son naturalmente de razonamiento mejor tramado y más persuasivo».

Aristóteles, *Retórica*

- ¿En qué sentido es útil la retórica, según el autor del texto?
- ¿Por qué dice Aristóteles que a ciertos auditorios es difícil convencerlos?

Algunos anuncios publicitarios contienen argumentos.

ACTIVIDADES

INVESTIGA

7. ¿En qué consisten los principales modos de convencer, según Aristóteles? ¿Se pueden combinar todos ellos cuando se intenta convencer a alguien o, por el contrario, si se utiliza uno de ellos se excluye necesariamente a los otros?
8. ¿Cuáles son los elementos básicos a tener en cuenta para que un discurso tenga éxito? ¿Es indiferente empezar por uno u otro, o, por el contrario, es necesario mantener el mismo orden en que aparecen explicados? ¿Por qué?
9. ¿Qué función puede desempeñar un código de buenas prácticas argumentativas?

Definición falacia + ejemplos
No definición tipos falacias sí ejemplos

① Tipo de falacia + formal/informal

def + ejemplo

3 Las falacias y sus tipos

Tradicionalmente se ha definido la falacia como un argumento que parece válido pero que no lo es. Esta definición se remonta a Aristóteles y todavía se sigue utilizando actualmente. Sin embargo, algunos especialistas en teoría de la argumentación consideran que tal definición es ambigua e inexacta, y por ello han propuesto otras definiciones más precisas. Por ejemplo, Bordes Solanas propone la siguiente definición:

– *Una falacia es un argumento no razonable, es decir, que, aunque pueda ser válido, contiene un error inferencial por violar uno o más criterios de buena argumentación.*

Un ejemplo de falacia:

– Solo los hombres son inteligentes.
  Las mujeres no son hombres.
  Por tanto, las mujeres no son inteligentes.

En este caso, el error de argumentación salta a la vista: se trata de una falacia por equivocidad, puesto que el término «hombres» se ha utilizado de manera equívoca; se ha tomado ese término en la primera premisa con el significado de «seres que pertenecen a la especie humana», mientras que en la segunda premisa se ha utilizado con el significado de «varones». Si se hubiera utilizado, como debió hacerse, un término distinto al de «hombres» en la primera o en la segunda premisa, hubiera sido evidente que la conclusión no se sigue de las premisas:

– Solo los seres humanos son inteligentes.
  Las mujeres no son hombres.
  Por tanto, las mujeres no son inteligentes.

Para poder decidir si un argumento es falaz o no (o dicho a la inversa: si es razonable o no), hemos de tener criterios que nos permitan distinguir entre una buena y una mala argumentación. Bordes Solanas selecciona tres criterios básicos de entre los siete que vimos al hablar del código de buenas prácticas argumentativas: claridad, relevancia y suficiencia.

Principales tipos de falacias

Existen dos grandes grupos de falacias: las formales y las informales. Las formales son aquellos argumentos cuya forma lógica no es válida. Anteriormente hemos visto ejemplos de este tipo de argumentos erróneos y a continuación veremos algunos más. En cambio, las falacias informales son argumentos que, aunque respeten las reglas de la lógica formal, no son argumentos razonables porque no cumplen alguno de los tres criterios de buena argumentación que acabamos de mencionar: claridad, relevancia y suficiencia. si llueve el suelo se moja.

Dentro de las falacias formales se pueden distinguir, a su vez, diversos tipos de falacias que a menudo se cometen en la vida cotidiana. Y lo mismo ocurre con las falacias informales.

PRINCIPALES TIPOS DE FALACIAS			
Formales	**Informales**		
	Contra la claridad	Contra la relevancia	Contra la suficiencia

Veamos algunos de estos tipos de falacias con ejemplos.

Doc. 3

«Son muchas las razones prácticas a favor de aprender qué tipos de falacias existen. Algunas de ellas son las siguientes:

1. Los argumentos libres de falacias maximizan la posibilidad de resolver disputas de forma no violenta (efecto de dialéctica racional); así que saberlas identificar es un primer paso para evitarlas.
2. Saber identificar argumentos falaces es un arma contra la desprotección de quienes aceptan esos argumentos sospechando que contienen errores que no saben cómo denunciar (efecto instrumental).
3. Los argumentos falaces pueden usarse para racionalizar conductas inmorales, que perjudican injustamente a otros. [...]
4. Saber analizar los argumentos del oponente y, concretamente, aprender a etiquetar argumentos falaces enriquece la propia capacidad argumentativa y favorece la investigación de las deficiencias de las propias creencias, haciéndonos así menos vulnerables a los ataques del oponente y proporcionándonos instrumentos para revisar, refinar o incluso abandonar algunas tesis propias deficientes (efecto de retroalimentación) [...]».

MONTSERRAT BORDES SOLANAS, *Las trampas de Circe: falacias lógicas y argumentación informal*

- Resume con tus propias palabras las razones que ofrece la autora para aprender a detectar falacias.
- Escribe algunos ejemplos de cada caso.

3.1. Algunas falacias formales

- **Falacias del condicional:** su error consiste en no respetar las reglas que rigen los argumentos condicionales. Por ejemplo:
  - Si Velázquez pintó *Las meninas*, entonces fue un gran pintor;
    Velázquez fue un gran pintor;
    por tanto, Velázquez pintó *Las meninas*.
- **Falacias probabilísticas:** se cometen cuando se supone falsamente que dos sucesos, que son estadísticamente independientes, están conectados entre sí. Por ejemplo: lotería (en el sitio que + toque)
  - Fulano ha tenido buena suerte en la jugada reciente;
    por tanto, Fulano va a tener buena suerte en la próxima jugada.
- **Falacia *ad logicam* o falacia de la falacia:** consiste en que, al detectar que un argumento es falaz, se sostiene que la conclusión es necesariamente falsa. Pero, en realidad, la conclusión podría ser verdadera, porque un argumento incorrecto puede tener una conclusión verdadera o una conclusión falsa. Por ejemplo:
  - El argumento que usted acaba de exponer es una falacia;
    por tanto, la conclusión a la que usted ha llegado es falsa.

–Ha tenido suerte, amigo: en vez de fusilarle al amanecer, le fusilaremos al atardecer. Así no tendrá que madrugar.

Portada del número 565 de la revista *La Codorniz*, de septiembre de 1952. El humor se basa en muchos casos en las falacias.

3.2. Algunas falacias informales

Recordemos que las falacias informales se cometen por no respetar alguno de los tres criterios de buena argumentación. Por ello, parece lógico clasificar los diversos tipos de falacias informales en tres grupos: 1) contra la claridad, 2) contra la relevancia y 3) contra la suficiencia. Veamos algunos ejemplos de cada uno de estos grupos.

Falacias contra la claridad

- **Falacias por ambigüedad:** suceden cuando se utiliza algún término ambiguo o equívoco, como hemos visto en el ejemplo que utiliza «hombre» de manera equívoca.
- **Falacias por vaguedad:** se basan en la utilización de términos vagos, es decir, términos que se prestan a la imprecisión porque se refieren a características que se pueden tener en diferentes grados, como, por ejemplo, «experto», «alto», «pesado», «caliente», etc. No existe una regla que indique qué cantidad de esas cualidades ha de tener una persona o cosa para que sea aplicable el término. Por ejemplo:
  - Estudiar una hora de filosofía no te convierte en experto en filosofía; estudiar dos horas de filosofía no te convierte en experto en filosofía; estudiar tres horas de filosofía no te convierte en experto en filosofía, etc. (se añaden nuevas premisas que van aumentando el número de horas de estudio); por tanto, por más horas de filosofía que estudies, no te convertirás en un experto en filosofía.

ACTIVIDADES

10. ¿Qué es una falacia?

11. ¿Por qué no se considera acertada la definición tradicional de «falacia»?

12. ¿Cómo podemos clasificar o agrupar los argumentos falaces?

Doc. 4

«En la conducción de la propia vida –en los asuntos prácticos de la humanidad– las inferencias erróneas, las interpretaciones incorrectas de la experiencia son absolutamente inevitables, a no ser que se haya cultivado mucho la facultad de pensar; y en la mayoría de los hombres, por más alto que sea el nivel de cultura alcanzado, las inferencias erróneas de ese tipo, con los errores correspondientes de conducta, son lamentablemente frecuentes».

John Stuart Mill, *A System of Logic*

- ¿Hay algún concepto en el texto que sea equivalente al concepto de falacia?
- ¿Considera el autor en este texto que las falacias están relacionadas con los errores que cometemos en la vida cotidiana? ¿Por qué?
- ¿Considera Stuart Mill que tener mucha cultura puede evitar que se cometan falacias?

La eficacia de los anuncios depende en parte de que no sean falaces.

Algunas falacias contra la relevancia

- **Falacia del testaferro o del espantapájaros:** consiste en deformar, simplificar y distorsionar el argumento al que uno se opone, de manera que queda convertido en una caricatura, y a continuación se desvía la atención hacia esa caricatura, sin entrar a debatir el argumento original:

  a) Tantas horas de ver televisión y de hacer poco ejercicio perjudica a los jóvenes, porque no fomenta su autonomía ni su capacidad de iniciativa.

  b) Estás diciendo que nuestros jóvenes son unos vagos y teleadictos, pero no has probado que sea cierto.

- **Falacia del falso dilema:** se trata de presentar un asunto como si no hubiera más que dos opciones, cuando en realidad existen más posibilidades. Hay que recordar aquí que un auténtico dilema tiene las características siguientes:

  1. existen únicamente dos opciones,
  2. las dos son incompatibles,
  3. una de las dos ha de llevarse a cabo necesariamente y
  4. las consecuencias de ambas opciones son igualmente problemáticas.

  Sin embargo, en la falacia del falso dilema no se cumplen estas cuatro condiciones. Por ejemplo:

  – Para Arthur Schopenhauer, la vida es forzosamente dolorosa, porque si satisfacemos los deseos sentimos saciedad y aburrimiento, y si no los satisfacemos nos sentimos frustrados y con ansiedad.

- **Falacia *ad hominem* (al hombre):** consiste en atacar al adversario de la discusión en lugar de atacar el argumento que nos presenta. Por ejemplo:

  – El filósofo Jean-Jacques Rousseau (Suiza, 1712-1778) aconseja educar a los niños prestando mucha atención a sus sentimientos, pero seguro que se equivoca, porque él abandonó a sus hijos.

  Una variante de esta falacia es el *tu quoque* («tú también»), que consiste en contestar al interlocutor señalando que él también incurre en lo mismo que critica, pero sin entrar a discutir el asunto del que se trate.

- **Falacia *ad verecundiam* (al respeto):** se trata de intentar zanjar la discusión sobre un asunto apelando a alguna autoridad. Por ejemplo:

  – No es posible que la velocidad de la luz sea superior a 300.000 km por segundo, porque así lo afirmó Albert Einstein (Alemania, 1879-1955).

  En este ejemplo no basta con que algo lo haya dicho un experto, sino que es necesario que se aporten pruebas relevantes. En cambio, algunos consejos basados en un argumento de autoridad pueden ser razonables. Por ejemplo:

  – No uses el ascensor, porque ha dicho el técnico de mantenimiento que no es seguro utilizarlo hasta nuevo aviso.

- **Falacia *ad baculum* (al bastón):** se trata de intentar persuadir a alguien de la verdad de un enunciado apelando exclusivamente a una emoción (generalmente miedo al castigo). Por ejemplo:

  – Tienes que aceptar que la Tierra no se mueve, porque de lo contrario irás a prisión y tal vez acabes en la hoguera.

  Este fue uno de los argumentos falaces que utilizó el tribunal de la Inquisición contra Galileo Galilei (Italia, 1564-1642). En cambio, si el argumento no pretende que la persona cambie de opinión, sino únicamente que se comporte de otro modo, entonces no hay falacia. Por ejemplo:

  – Tienes que ponerte el cinturón de seguridad, porque de lo contrario es muy probable que nos pongan una multa.

Doc. 5

«La noción general de "carga de la prueba" puede caracterizarse de esta manera: quien hace una afirmación debe apoyarla en razones, a menos que esa afirmación ya sea aceptada por la audiencia a la cual los razonamientos van dirigidos. Pero supongamos que lo que está en discusión en un determinado momento es si una oración cualquiera es verdadera o falsa. Dos personas están discutiendo sobre el tema y una de ellas sostiene que tal oración es verdadera y la otra mantiene que es falsa. ¿Quién debe empezar a dar razones? O lo que es lo mismo: ¿Quién tiene inicialmente la carga de la prueba? Esta pregunta es extremadamente difícil de responder, y es plausible suponer que es imposible dar una respuesta que cubra todos los casos, ya que esa respuesta debería ser altamente sensible al contexto. De todas maneras, puede notarse que aquella posición que resulte "intuitivamente" la más débil, o la más opuesta a las opiniones generalmente aceptadas, es comúnmente la posición que tiene la carga de la prueba».

JOSÉ MANUEL COMESAÑA, *Lógica informal. Falacias y argumentos filosóficos*

- ¿Qué significa llevar la carga de la prueba?
- ¿Por qué ha de llevar la carga de la prueba la opinión minoritaria?

Algunas falacias contra la suficiencia

- **Falacia por inducción precipitada:** la mayor parte de nuestros prejuicios se basan en esta falacia, que consiste en generalizar a partir de una muestra reducida de casos. Por ejemplo:
  - Cuando una mujer dice «quizá» quiere decir «sí»; cuando un diplomático dice «quizá» quiere decir «no».
- **Falacia de la falsa analogía:** las analogías son comparaciones que a menudo pueden ser útiles para analizar y argumentar sobre cualquier asunto. Pero hay analogías razonables y otras que no lo son. Para que la comparación sea razonable, debe hacerse entre objetos o sucesos que sean semejantes en suficientes aspectos relevantes para el asunto del que se trate. De lo contrario, incurrimos en esta falacia.
  - Los países ricos son como botes salvavidas en medio de un mar, en el que algunos náufragos (los países pobres) se están ahogando y piden ayuda para subir a nuestros botes; pero, si los ayudamos a todos dándoles cobijo en nuestros botes, nos hundiremos todos; por tanto, lo mejor es que salvemos a unos cuantos y dejemos a los demás a su suerte.

  Este argumento fue elaborado por Garrett Hardin (EE. UU., 1915-2003) en 1974 y es claramente falaz, porque la comparación que establece es inadecuada y engañosa: ¿Por qué no compara los países ricos con grandes buques con mucho espacio disponible? ¿Por qué compara los países pobres con gente que está nadando en el agua en lugar de hacerlo con barcos precarios que podrían flotar por sí mismos si se los ayudase?
- **Falacia de la confusión entre condición necesaria y suficiente:** se dice que algo es condición necesaria de otra cosa cuando en ausencia de ese algo nunca podría darse la segunda. Por ejemplo, el agua es condición necesaria para la vida de los mamíferos. Pero no es condición suficiente, pues solo con agua tampoco sobrevivimos. Una condición suficiente es aquella cuya presencia garantiza que se produzca un efecto determinado. Por ejemplo, el fuego es condición suficiente para que se produzca humo. Ahora bien, en ocasiones se cometen falacias por confundir la condición necesaria y la suficiente. Por ejemplo:
  - Seguramente me engañó mi entrenador, porque me dijo que para ser futbolista profesional debía entrenar más de tres horas diarias; pero lo he hecho así durante diez años y no me han admitido.
- **Falacia *ad ignorantiam* (*a la ignorancia*):** de la ausencia de pruebas a favor de una proposición no se sigue que tal proposición sea falsa, ni tampoco que sea verdadera. Por ejemplo:
  - El profesor no ha dicho cuál es el máximo de faltas a clase que se permiten para que nos apliquen los criterios de evaluación continua; por lo tanto, podemos faltar a clase las veces que queramos.
  - No hay pruebas de que Dios no exista, por tanto Dios existe.
  - No hay pruebas de que Dios exista, por tanto Dios no existe.

  Sin embargo, en el ámbito jurídico se considera razonable en ciertos casos; por ejemplo, si una persona ha desaparecido de su domicilio y no hay noticias de ella en un plazo determinado, el juez puede dictaminar su muerte legal y el consecuente cese de todos sus derechos. En cambio, la llamada «presunción de inocencia» no es un argumento de este tipo y tampoco tiene nada de falaz, sino que más bien tiene la estructura siguiente:
  - Actualmente no existen pruebas de que Fulano sea culpable; por tanto, actualmente Fulano debe ser considerado no culpable.

Doc. 6

«La mayoría de los sucesos tienen muchas causas posibles. Encontrar nuevamente una causa posible no es suficiente; usted debe dar un paso más y mostrar que esa es la causa más *probable*. Siempre es posible que el Triángulo de las Bermudas esté realmente habitado por seres sobrenaturales que protegen sus dominios de la intromisión humana. Es *posible*. Pero la explicación sobrenatural es altamente improbable comparada con las otras explicaciones posibles de la desaparición de barcos y aviones: tormentas tropicales, vientos y olas impredecibles, etc. Solo si las explicaciones comunes fracasan en dar cuenta de los hechos deberíamos comenzar a considerar las hipótesis alternativas».

ANTHONY WESTON, *Las claves de la argumentación*

- ¿Por qué dice el autor que no es suficiente con ofrecer posibles causas de un suceso para explicar dicho suceso?
- ¿Es acertado empezar a dar razones de un suceso mediante las explicaciones comunes antes de pasar a otro tipo de explicaciones? ¿Por qué?

ACTIVIDADES

INVESTIGA

13. ¿En qué consisten las falacias contra la suficiencia?
14. ¿Qué requisitos ha de cumplir una analogía para ser aceptable?

ARGUMENTA

15. ¿Cómo explicas la diferencia entre «condición necesaria» y «condición suficiente»?
16. La «presunción de inocencia» ¿es una falacia o un argumento razonable? ¿Por qué?

SABER HACER

1 Comentario de texto

«Voy a entender por *falaz* el discurso que pasa, o se quiere hacer pasar, por una buena argumentación y en esa medida se presta a error o induce a engaño pues, en realidad, se trata de un falso (-pseudo) argumento o de una argumentación fallida o fraudulenta. El fraude no solo consiste en frustrar las expectativas generadas por su expresión en un marco argumentativo –donde se da por supuesta, sin ir más lejos, la pretensión de discurrir o discutir con alguien de modo razonable y tratar así de convencerlo–, sino que además puede responder a una intención o una estrategia deliberadamente engañosas, o a una manipulación de la interacción discursiva. En el fondo representa una quiebra o un abuso de la confianza discursiva, comunicativa y cognitiva sobre las que descansan nuestras prácticas argumentativas. De ahí que las falacias sean un recurso tan socorrido como censurable, una tentación que hemos de vigilar en aras de la salud y el valor del discurso, sea el nuestro propio, o sea el de nuestras conversaciones y discusiones con los demás. Así pues, tenemos buenas razones para evitar las falacias pese a los retos escépticos de este tenor: "¿Por qué argumentar bien si, para vencer en la discusión o salir del paso, será siempre más fácil y a veces más eficaz hacerlo mal?". Unas razones tienen que ver con el entendimiento propio y ajeno, y con la comunicación con los demás. Otras se fundan en la responsabilidad de argumentar bien e incrementar así nuestras posibilidades de tener creencias verdaderas y tomar decisiones acertadas, frente a la pereza de hacerlo mal. Cierto es que ninguna de ellas será determinante en la medida en que no hay ninguna razón que efectivamente nos obligue a razonar –como tampoco la lógica nos obliga a ser lógicos–. Pero, por otro lado, la negativa radical a razonar nos condenaría al autismo discursivo y, en definitiva, al silencio para no caer en inconsistencias pragmáticas cuando menos».

LUIS VEGA REÑÓN, *La fauna de las falacias*

Cuestiones

1. Resume el contenido del texto.
2. ¿Qué entiende el autor por discurso falaz? ¿Por qué considera que es preciso evitarlo?
3. ¿Por qué dice el autor que las razones que existen para evitar las falacias no son determinantes para obligarnos a evitarlas?

2 Disertación y debate

Finalidad y uso del lenguaje

Los siguientes temas y preguntas pueden servir de guía para elaborar disertaciones y también pueden ser utilizados para organizar debates en el aula:

1. El enigma del lenguaje humano: ¿Para qué sirve el lenguaje humano? ¿Tiene una finalidad propia o somos los humanos los que decidimos para qué ha de servir?
2. La «manía» de argumentar: ¿Argumentar es una necesidad humana o una simple afición prescindible?
3. Lo que se precisa para convencer: ¿Cuáles son las claves del éxito en la retórica? ¿Cómo se consigue convencer de algo a un grupo de personas? ¿Es suficiente con presentarles buenas razones o se necesitan otras cosas además de buenas razones?
4. La cuestión de las falacias: ¿Es posible argumentar sin cometer falacias o, por el contrario, las falacias son algo consustancial a la actividad de argumentar?

3 Análisis de textos desde el punto de vista de la pragmática

Explica qué diferencias de significado puede haber en las expresiones siguientes dependiendo del tono de voz utilizado por la persona que las pronuncie (amable, irónico, furioso, amenazador, bromista, etc.) y del contexto concreto en el que lo haga (describe al menos dos contextos posibles para cada frase):

a) Ojalá te equivoques.
b) Es bueno que asistas a las clases.
c) La próxima vez te puede pasar a ti.
d) Ha sido una lástima que no hayas asistido a esa fiesta.
e) Te prometo que esta me la pagas.
f) Sueño con que llegue ese día.
g) Casi me olvido de ti.
h) ¿De veras te vas a marchar a otro país?
i) Muchas gracias por tu ayuda.
j) Estoy encantado de saludarte de nuevo.
k) Menos mal que estabas tú.
l) Tranquilo, compañero, que ya nos vamos.
m) Corta el rollo.
n) Estás hecho un gamberro.
ñ) Vaya suerte hemos tenido.
o) Sí, claro, esto es baratísimo.
p) Lamento que digas eso.
q) Como vuelva a verte por aquí, te vas a enterar.
r) Es tremendo lo mucho que has cambiado.
s) ¿A que no adivinas lo que va a pasar ahora?
t) ¿Te gusta mucho esta comida?

4 Construcción de argumentos razonables y detección de falacias

De cada ejemplo siguiente escribe si se trata de un argumento falaz o razonable, y en caso de falacia indica de qué tipo es:

a) No es necesario hacer una encuesta sobre la situación laboral de las mujeres en esta empresa en la que hay miles de trabajadores y trabajadoras. Nunca ha habido quejas del colectivo femenino hasta ahora.

b) Los investigadores científicos son muy despistados; viven en su mundo y no se enteran de nada.

c) Tus argumentos no valen, porque perteneces a un partido que tiene numerosos juicios pendientes por corrupción.

d) Robespierre decía que los sacerdotes son a la moral lo que los charlatanes a la medicina.

e) Lo que no está explícitamente prohibido está permitido.

f) Un país es como un barco cargado de pasajeros, y si estos no se ponen de acuerdo en cuestiones básicas, el barco puede llegar a hundirse.

g) Los mexicanos tienen poca afición al trabajo; recuerda esa imagen de tantas películas en las que aparecen durmiendo la siesta debajo de un enorme sombrero.

h) Si no declaras que la teoría de la evolución es errónea, no puedes obtener un puesto de profesor aquí.

i) Esos datos deben ser correctos, porque los ha dado el profesor en clase y además los he comprobado en varios libros y en páginas web.

j) Algunos científicos dicen que el genoma humano es casi el mismo que el del chimpancé; pero seguro que eso es falso porque ¿acaso los chimpancés pueden llegar a ser científicos?

k) Nos enfrentamos a una difícil elección: o la libertad económica o la seguridad económica.
Si escogemos la primera, debemos eliminar los controles y las regulaciones en la economía; si optamos por la seguridad, hay que mantener y aumentar los controles. Pero no podemos hacer las dos cosas.

l) Se advierte al alumnado que copiar textos de cualquier fuente sin citar la procedencia será castigado con suspenso en la nota final.

m) No eres una mujer, por lo tanto no puedes opinar seriamente sobre el aborto.

n) ¿Cómo puedes creer lo que ha dicho ese político sobre los datos del desempleo? Recuerda que ese señor hizo muchas promesas y la mayoría no las ha cumplido.

o) Ayer me crucé con Rodolfo y estuvo muy antipático. Por tanto, Rodolfo se ha convertido en un maleducado.

p) El Estado de bienestar proporciona servicios públicos a toda la población, pero estos servicios son caros y acaban endeudando al país.
Para evitar ese endeudamiento, el bienestar debería pagarlo cada ciudadano de su bolsillo, porque las comodidades para el bienestar deberían ir a cargo del que las disfruta. Por lo tanto, el Estado de bienestar debería ser suprimido.

q) Tras analizar miles de casos, hemos llegado a la conclusión de que la causa más probable de esta enfermedad es la intoxicación por plomo y otros metales pesados que se acumulan en las células del organismo.

PROYECTO FINAL. **Trabajo cooperativo**

Análisis de argumentos en discursos públicos y prácticas de retórica

- Proyecto de investigación cooperativa: en grupos de cuatro personas, recopilamos discursos recientes de personajes públicos de diversas ramas de actividad (empresarios, artistas, políticos, sindicalistas, dirigentes de organizaciones solidarias, etc.) y los analizamos para seleccionar en ellos algunos ejemplos de buenos argumentos y de argumentos falaces. Puede hacerse con textos y también con vídeos. Posteriormente, cada grupo expone en clase, mediante una presentación de cinco minutos, lo más relevante que haya podido encontrar.
- Prácticas de retórica: algunos estudiantes voluntarios preparan un discurso sobre un tema elegido de común acuerdo entre cada uno de ellos y el profesor o profesora. El resto de la clase escucha el discurso de cada voluntario y lo evalúa siguiendo una plantilla de observación que tenga en cuenta las partes principales del discurso según la retórica clásica.

Debate presidencial entre el candidato republicano Mitt Romney y el presidente demócrata Barack Obama en octubre de 2012 en Florida.

En la política no siempre triunfan los mejores argumentos, pero es preciso avanzar hacia ese objetivo.

BLOQUE II
La realidad

UNIDADES

6 ¿Qué es la realidad?

7 Cosmovisiones científicas sobre el universo. La filosofía de la naturaleza

8 La explicación metafísica de la realidad

Hasta aquí, no solo hemos recorrido el territorio del intelecto puro, examinando con cuidado todas sus partes, sino que también lo hemos medido y hemos asignado en él un lugar a cada cosa. Pero esta tierra es una isla, cerrada por la naturaleza misma dentro de fronteras inmutables. Es la tierra de la verdad (¡nombre halagador!), circundada por un océano vasto y tempestuoso, el imperio de la apariencia, donde espesas nieblas y hielos –próximos a fundirse– ofrecen a cada momento la ilusión de nuevas tierras, y engañando una y otra vez con vanas esperanzas al navegante que viaja en busca de nuevos hallazgos, le complican en aventuras de las que nunca puede evadirse y que jamás logra concluir. Antes de internarnos en este mar, para indagarlo en toda su extensión y comprobar si podemos esperar algo, será útil que echemos primero una mirada al mapa de la región que queremos abandonar y nos preguntemos antes que nada si en cualquier caso no podríamos quedarnos satisfechos con lo que esta contiene; o bien, si no deberíamos contentarnos con ello por necesidad, en el caso de que en otra parte no haya ni siquiera un terreno sobre el cual edificar una casa; y en segundo lugar, con qué título poseemos esta región misma y cómo asegurarla contra toda pretensión del enemigo.

Immanuel Kant
Crítica de la razón pura

Xavier Zubiri (España, 1898-1983), filósofo.

6 ¿Qué es la realidad?

CONTENIDOS

1. La pregunta por la realidad
2. La complejidad de definir lo real
3. Algunos tipos de realidad
4. Perspectivas filosóficas de la realidad
5. Los dinamismos de la realidad: realidad, historia y vida
6. ¿Nos basta con la ciencia para comprender la realidad?

PARA PENSAR JUNTOS

Leemos el diálogo de la página siguiente, debatimos sobre él y, después de estudiar esta unidad didáctica, respondemos estas cuestiones:

- Elabora un cuadro en el que aparezcan los tipos de realidad de los que se habla en el diálogo y los personajes que los mencionan.
- ¿Estás de acuerdo con lo que Juan considera real? ¿Por qué?
- Relaciona los tipos de realidad que aparecen en el diálogo con los estudiados en el tema y explica dicha relación.
- Lo que existe ¿necesita o no de un fundamento, como afirma Brahim?

La filosofía es un instrumento de navegación que debe orientarnos en el viaje de la vida.

Vivimos en una época dominada por los saberes científicos y técnicos. Estos, a veces, nos crean la ilusión de que somos dueños y señores del universo natural y humano, y de que no necesitamos nada más para entender la realidad.

Sin embargo, en muchas ocasiones la realidad nos desborda, y sentimos que se necesita, más allá de los saberes científico-técnicos, un saber más amplio y profundo de ella, un saber que nos proporcione una orientación para la vida, que nos sirva de brújula para encontrar el norte en la travesía de nuestra existencia.

La filosofía pretende ayudar en esa tarea interminable de entender lo que realmente hay, para poder orientarnos en el mundo. Filosofar es pensar sobre todas las cosas que nos encontramos en la vida, con el afán de llegar al fondo de las mismas.

LA FILOSOFÍA EN TU VIDA

PACO.- ¿Sabéis qué he soñado esta noche?

BELÉN (*sonriendo*).- Pues no, Paco, si no nos lo cuentas…

PACO.- He soñado que estaba en la cima de una montaña altísima y abría los brazos y volaba desde allí arriba, planeando sobre el pueblo al que vamos en verano; llegaba hasta el mar y seguía volando; estaba muerto de miedo y, cuando empezaba a bajar, me he despertado. ¡Uf, es una sensación maravillosa, pero también de pánico!

JUAN.- Bueno, es solo un sueño. Y ya decía Calderón de la Barca que «los sueños, sueños son».

CARMEN.- Sí, pero también decía que «la vida es sueño».

CONSUELO (*muy seria*).- ¡No pensaréis que los sueños carecen de importancia! Yo creo que forman parte de nuestra vida y que la condicionan.

FERNANDO.- Que forman parte de nuestra vida, sí, pero que la condicionen, no sé. Nuestra vida transcurre entre cosas y personas reales, creo yo.

BRAHIM.- Pero yo no sé a qué llamamos «real». ¿Es más real algo que pasa en el mundo y que no sabemos, o lo que pensamos, sentimos y soñamos?

ANA.- Hombre, más real sí es lo que pasa y lo que hay.

PACO.- Pues a mí me importa más lo que he soñado, porque me he despertado eufórico y pasmado.

BELÉN.- Ya, pero tanto lo soñado como tu estado de ánimo quedan dentro de ti, y solo si hablas de ellos, como lo estás haciendo, entran en la realidad, porque los relacionas con ella.

JUAN (*reflexivo*).- Me estáis agobiando. Esperad: yo creo que real es lo que podemos experimentar, lo que percibimos con nuestros sentidos, lo que es cuantificable.

FERNANDO.- Vamos, de lo que se ocupan las ciencias y la técnica; yo estoy de acuerdo.

CARMEN (*enfadándose*).- ¿Queréis decir que los pensamientos, los sentimientos y los sueños de las personas no son reales? ¿Y lo son las imágenes que vemos o los sonidos que escuchamos en internet y en nuestros móviles? ¿Y el cine? Porque hay películas que son fundamentales en mi vida y me ha dicho mi padre que, cuando el famoso director de cine Billy Wilder vio *La lista de Schindler*, buscaba en la fila de presos del campo de concentración a su madre, que murió en uno de ellos. Si eso no es real…

CONSUELO (*a Juan*).- ¿Y todo eso que experimentamos existe porque sí? ¿Qué o quién lo sustenta? No me irás a decir que está y basta.

BRAHIM.- Yo no creo que esté sin más. Yo pienso que tiene un fundamento que lo hace estar, lo que pasa es que ese fundamento está más allá de todo ello.

ANA.- Sí, yo también lo creo, pero por eso es más real; deberíamos considerar que hay niveles de realidad, establecerlos y después colocar en ellos ordenadamente cada cosa.

PACO.- ¿Y me vais a dejar así, sin aclarar nada? ¿Por qué he soñado eso? ¿Qué significa? ¿Por qué estoy todavía entusiasmado y asustado al mismo tiempo?

BELÉN.- Todo eso lo haremos en otro momento, porque va a tocar el timbre y tenemos clase, ¿no os parece? Sea lo que sea la realidad, el profesor pasa lista y pone las faltas en el ordenador, lo que hace que llegue un mensaje al móvil de mi padre avisándole de que no estoy en clase, y al llegar a casa la bronca está servida. Y eso es real como la vida misma.

Fotograma de la película *Matrix*, escrita y dirigida por los hermanos Wachowski.

El protagonista, Neo, va descubriendo por sí mismo qué tipo de realidad es Matrix. Se pueden comparar las dimensiones de la realidad que describe Platón en el mito de la caverna (*La República*, libro VII) con los tipos de realidad que aparecen en la película.

1 La pregunta por la realidad

Como seres humanos experimentamos la necesidad de comprender, de ordenar y de expresar la realidad. Pero a menudo esta se nos resiste, y nos quedamos perplejos preguntando: ¿Qué es real y qué no lo es? ¿Acaso estamos engañados respecto a lo real? ¿Puede que todo esto no sea más que un sueño del que algún día despertemos, como les ocurre a los personajes de la película *Matrix*? ¿Qué tipos de realidades existen? ¿Por qué parece que todo cambia y que al mismo tiempo no hay nada nuevo bajo el sol?

Para comprender lo que hay hemos desarrollado saberes como la ciencia, la filosofía o la literatura. El saber filosófico se plantea la pregunta sobre la realidad de una manera especial, pues intenta comprenderla en su totalidad. La filosofía pretende ofrecer una visión de conjunto de la realidad entera, con precisión y con profundidad, considerándola en tanto que realidad.

La rama de la filosofía que pretende abrirse a la totalidad de la realidad, que se pregunta por lo que todas las cosas tienen en común y que trata de descubrir los principios últimos que dan razón de lo que hay y de lo que somos se ha denominado tradicionalmente «filosofía primera» o «metafísica».

El saber filosófico, cuando se centra en averiguar lo que las cosas son, el ser de las cosas, se llama «ontología». El concepto de «ser» ha sido utilizado por muchos filósofos para expresar lo que todas las cosas tienen en común. Pero existen otras formas de metafísica no ontológicas, que utilizarán otros conceptos en su afán de ayudarnos a comprender la realidad, por ejemplo, el de «historia» y el de «vida».

1.1. Origen de la palabra «realidad»

Esta palabra procede del latín *realitas*, que a su vez deriva del término *res*, que tuvo las más diversas significaciones: «cosa material», «ser en general», «hecho», «objeto», «experiencia», «causa», etc. De esta última palabra, «causa» (lo que produce efectos), proviene el término «cosa». La realidad no es solo algo que es, sino también algo que hace, que produce efectos.

Fue Duns Escoto (Escocia, 1266-1308) quien la introdujo en la filosofía en la Edad Media. Pero no es hasta el siglo XIX cuando el término «realidad» se hace notar. Ya en el siglo XX, José Ortega y Gasset (España, 1883-1955) mantiene que «la vida es la realidad radical» y Xavier Zubiri (España, 1898-1983) elabora una metafísica de lo real.

Alicia atravesando el espejo, ilustración de John Tenniel para la primera edición de *Alicia a través del espejo*, de Lewis Carroll, publicada en 1871 como continuación de *Alicia en el País de las Maravillas*. Este libro de apariencia infantil contiene profundas reflexiones sobre la realidad.

2 La complejidad de definir lo real

La historia del pensamiento nos ha legado dos modos de definir lo real: uno negativo y otro positivo.

Según la definición negativa, realidad es lo contrapuesto a apariencia o también a posibilidad: lo real es lo no aparente y lo que no es meramente posible. Pero este modo de proceder solo dice lo que no es la realidad: ni mera apariencia ni mera posibilidad. Y, por otra parte, cabe pensar que el aspecto de las cosas se puede identificar con el ser de las cosas y que el ser posible es también un modo de ser real.

Pero, al intentar llegar a una definición positiva de realidad, pronto nos encontramos enredados con otros términos que, a su vez, precisan aclaración. Por ejemplo, los filósofos de la antigua Grecia ya se enfrentaron a este problema cuando dijeron que la realidad es la naturaleza, o el ser, o el devenir, o las ideas (formas eternas), o la sustancia. De este modo nos vemos atrapados en la necesidad de explicar estos términos.

Definir la realidad es complejo porque podemos usar el sustantivo «realidad» o el adjetivo «real» con distintos significados, diciendo cosas diferentes con la misma palabra.

Los ilusionistas juegan con el asombro y el desconcierto del público al lograr que sus trucos de magia parezcan realidad.

2.1. ¿Apariencia y realidad?

La confusión entre lo que algo es realmente y lo que aparenta ser es muy frecuente en nuestra vida cotidiana: a menudo nos quedamos desconcertados ante algo que nos parecía real y que no lo era. Muchas veces se dice que «las apariencias engañan» o que «no es oro todo lo que reluce».

Esta contraposición entre realidad y apariencia nos ayuda a ser precavidos y de ese modo evitamos muchos problemas. Sin embargo, como definición de lo real es insuficiente e, incluso, para algunos filósofos, es inexacta, puesto que en algunos casos la apariencia de algo puede ser su auténtica realidad. Por ejemplo, cuando el camaleón se confunde con la maleza, lo que se muestra es que se trata de un ser capaz de adoptar múltiples apariencias, y que ninguna de ellas es la auténtica, porque todas lo son.

2.2. Posibilidad y realidad

También podemos hablar de realidad en contraposición a lo meramente posible. En cierto modo, lo posible aún no es real, aún no existe: mi profesión futura no tiene aún realidad; pero es algo que podrá llegar a ser, porque actualmente se dan las condiciones para que llegue a ser real en el futuro. Por ello decimos que algo es posible cuando está ya previsto o anticipado en el desarrollo de algo. Mientras que un círculo cuadrado es totalmente imposible, el que un día se descubra la causa de cada tipo de cáncer es una posibilidad real y, por tanto, ya tiene algo de realidad.

Además, podemos hablar de potencialidad porque hay cosas que ya son en potencia o están en potencia; por ejemplo, se dice que la bellota es una encina en potencia. La potencialidad se refiere a realidades que ya tienen un futuro preestablecido si se llegan a cumplir ciertas condiciones, aunque el resultado final nunca está asegurado, puesto que puede haber muchas causas que impidan el desarrollo pleno. Sin embargo, cuando este desarrollo ocurre, algo que estaba en potencia pasa a estar en acto.

Doc. 1

«La metafísica es un saber de los fundamentos del acontecer, del conocer y del actuar; una constante reflexión e interpretación de la experiencia con pretensiones de validez universal. Al saber metafísico acompañan rasgos como la universalidad, fundamentalidad, necesidad y comunidad. Ha surgido siempre del interés por saber en profundidad y con coherencia el sentido y la verdad de lo que se nos ofrece en la experiencia. Por eso surgen las categorías, para atrapar (inteligir) más adecuadamente lo que hay. Pero al hombre no solo le interesa conocer, sino que ha de actuar (incluso el propio conocimiento es acción) en el mundo, ha de tomar resoluciones, decisiones. También para entender el ámbito de la acción se requiere una reflexión sobre los fundamentos normativos de las acciones. [...] Se intenta así suministrar una ordenación de la experiencia frente al caos y una unidad de la razón; es decir, un fundamento frente al abismo, un sentido frente al absurdo».

JESÚS CONILL, *El crepúsculo de la metafísica*

- Di cuáles son los cuatro rasgos que acompañan al saber metafísico según el texto y explícalos.
- ¿Cómo nos puede ayudar la metafísica a la hora de tomar decisiones en la vida?

ACTIVIDADES

1. ¿Cómo se plantea la pregunta por la realidad en la filosofía?
2. ¿Qué estudia la metafísica? ¿Y la ontología?
3. ¿Toda metafísica es ontológica? ¿Por qué?

COMPARA

4. ¿Qué diferencia hay entre «posibilidad» y «potencialidad»? Pon un ejemplo.

Los implantes de miembros y órganos suponen un desafío a la idea de que lo natural y lo artificial son realidades opuestas. La persona de la foto utiliza una prótesis que cumple las funciones propias de una pierna.

La imaginación de don Quijote, grabado de Gustave Doré, publicado por primera vez en una edición francesa del *Quijote* de 1863.

Muy a menudo, como le ocurría al héroe de Cervantes, sentimos como reales las aventuras de los personajes de ficción.

3 Algunos tipos de realidad

3.1. Lo contingente y lo necesario

Hablamos de una realidad contingente cuando nos referimos a algo que es actualmente, pero puede dejar de ser y pudo no haber sido; por ejemplo, mi propia existencia, que es real en este momento, pero que no lo era antes de nacer y que pudo no haberlo sido nunca.

Podemos usar la palabra «realidad» para referirnos a algo necesario, que se define como lo absolutamente real; es decir, como lo que existe y no puede no existir, dejar de existir ni ser de otra manera. En filosofía, este modo de realidad se ha atribuido tradicionalmente a Dios. Aristóteles (Grecia, 384-322 a.C.), por ejemplo, dice que Dios es un ser necesario porque sin él no puede explicar el principio del movimiento de las cosas del universo. También se puede entender que las cosas tienen algunas propiedades de modo necesario, por ejemplo, para que una figura sea un triángulo, la suma de sus ángulos ha de ser necesariamente 180º.

3.2. Cosas naturales y cosas artificiales

Las cosas naturales son las propias de la naturaleza y se oponen a las cosas artificiales, que son producidas por la intervención humana.

Aristóteles ofrecía una clara distinción entre ambas cuando hablaba de la producción de cosas útiles o bellas gracias a la técnica; pero hoy es más complicado. Sin embargo, es una distinción muy utilizada; por ejemplo, los movimientos ecologistas o las prácticas naturistas se esfuerzan por preservar la realidad natural, para ellos las realidades naturales son más valiosas que los productos artificiales. La polémica respecto a los alimentos transgénicos es una muestra de la complicación que encierra esta distinción.

También la cultura de la alta tecnología desafía la contraposición «natural-artificial», al encontrarnos con muchas realidades híbridas. La metáfora del cíborg, un ser al que se le han implantado ciertas prótesis tecnológicas que complementan o amplían las funciones biológicas propias de ese organismo, es un claro ejemplo de ese hibridismo, como muestran las películas *Robocop* y *Blade Runner*. La ciencia ficción ya no está tan lejos de los cuerpos de diseño que se consiguen hoy con la cirugía estética, de los implantes de prótesis de cadera, rodilla y otros miembros y órganos, o de las prácticas de eugenesia que pretenden mejorar la especie humana manipulando los genes.

3.3. La realidad virtual: simulación y ficción

Con el apoyo de la tecnología, la actividad creativa que realiza el ser humano transforma la naturaleza hasta el punto de crear otras realidades. En la actualidad se ha hecho familiar la expresión «realidad virtual» para referirse al conjunto de percepciones y sensaciones generadas con la ayuda de un soporte técnico, como puede ser un ordenador, la televisión o también un libro. Tales percepciones tienen un carácter imaginario, son dependientes del soporte técnico utilizado y nos introducen en un entorno o realidad nueva.

No es infrecuente que lleguemos a confundir lo real y lo ficticio o simulado. A veces, las aventuras de los personajes de ficción llegan a producir en nosotros más emociones que las de las personas reales, porque sus historias adquieren vida propia y nos hacen vivir toda suerte de aventuras y peripecias, independizándose de quienes las crearon gracias a los soportes técnicos empleados. Don Quijote y Hamlet son ejemplos de realidades de ficción; igual que los superhéroes o los protagonistas de los videojuegos más populares.

3.4. La realidad física y psíquica

En ocasiones llamamos «real» a lo que percibimos a través de los sentidos: la realidad sensible o física. Cuantos más sentidos perciban la presencia de un objeto, más probable es que lo consideremos real. A las cosas con realidad física o sensible les otorgamos existencia fuera de nuestra mente y con independencia de ella. Esto no significa que todo lo que nos muestren los sentidos sea, por eso, real; ni tampoco que solo sea real lo que ellos nos muestran. ¿Los sentidos nos pueden confundir y engañar?

Además, hay cosas reales que no percibimos por los sentidos. Por eso se habla de «realidad psíquica», que sería el tipo de realidad propio de nuestros pensamientos, imaginaciones, deseos, ideas, recuerdos, dudas, etc.

Las realidades psíquicas son internas. Sin embargo, en ellas hay que distinguir dos aspectos diferentes:

- La actividad de pensar, imaginar, idear, etc.; por ejemplo, si pienso en una montaña de oro, es real que la estoy pensando.
- El contenido al que se refiere esa actividad; la montaña en la que pienso no es real, puesto que no existe fuera de mi pensamiento.

En este ejemplo es real mi acto de pensar, pero no lo es el contenido de mi pensamiento.

La imagen desaparece (1938), óleo de Salvador Dalí. Figueras (Gerona), Fundación Gala-Salvador Dalí.

Este cuadro es real, lo percibimos por la vista, pero lo que representa es una ficción, una invención de su autor.

3.5. La realidad-fundamento

La filosofía, en su afán de comprender la realidad, busca el fundamento, es decir, el principio último que pueda dar razón de todo lo que hay. En este sentido recurre a la noción de Dios; pero ¿Dios es un objeto que responde a una realidad sensible o una idea? ¿Es producto de nuestra imaginación o tiene realidad? Si la tiene, ¿qué tipo de realidad es?

La filosofía trata muy poco del Dios en el que tienen fe los creyentes. Por ejemplo, el Dios del que habla Aristóteles es un concepto físico, es el motor inmóvil que origina el movimiento del universo. En cambio, el Dios de las religiones monoteístas es un ser trascendente con el que se entra en relación a través de la oración; por su parte, el Dios de algunas religiones orientales es un ser inmanente que está presente en todo.

Algunos filósofos dejan muy claro que Dios no puede ser una realidad-objeto como las demás realidades sensibles; Dios es una realidad-fundamento, que da sentido y razón para esperar que el dolor y el sufrimiento no tengan la última palabra, como decía Max Horkheimer (Alemania, 1875-1973) al explicar por qué Immanuel Kant (Alemania, 1724-1804) perseveró en la creencia en Dios.

Otros filósofos no ven la necesidad de fundamentar, sino que asumen que algo no se explique plenamente; por ello, no utilizan la idea de Dios para comprender la realidad.

Podemos diferenciar, por tanto, entre el Dios de las diferentes religiones, objeto de fe, y el Dios de los filósofos, que cumple diversas funciones según los problemas y las necesidades que quiera solventar cada pensador.

ACTIVIDADES

REFLEXIONA

5. ¿Las siguientes cosas son o no son reales? Si lo son, ¿qué tipo de realidad reconoces en ellas?: un triángulo equilátero, Napoleón Bonaparte, Tintín, un espejismo, una flor de plástico, una maceta con flores, una flor silvestre, mi aprobado, mi alegría por este resultado, una pipa para fumar, la fotografía de una pipa para fumar, mis recuerdos del verano, el *Quijote*, mi sueño de anoche, mis amigos del chat, mi imagen en un espejo, una película.

COMPARA

6. ¿Cuál es la diferencia entre ser una realidad-objeto y ser una realidad-fundamento?

Eclipse total de Sol. El núcleo de la realidad permanece inmutable por debajo de los cambios.

4 Perspectivas filosóficas de la realidad

La filosofía es fruto de la necesidad que tenemos los seres humanos de entender y ordenar todo lo que hay, tanto lo que percibimos con los sentidos como lo que no percibimos con ellos; pero para hablar de la realidad también necesitamos poner nombres.

El *lógos*, término griego que significa «razón» y «palabra», es la facultad humana que nos va a permitir aclarar y expresar lo que hay. A lo largo de su historia, la filosofía ha utilizado diversas categorías o diversas formas de decir en qué consiste la realidad. Entendemos por «categorías» los conceptos más generales con los que conocemos la realidad, la ordenamos y la expresamos.

Todos los saberes usan estos conceptos generales o categorías. Algunas son específicas de un saber concreto –de la ciencia o del arte, por ejemplo–, mientras que otras son comunes a diversos saberes, por ejemplo, las categorías de cantidad o cualidad o el concepto de materia que empleamos para hablar de los componentes de algo.

Algunas de las categorías más importantes que ha utilizado la filosofía para hablar de la realidad son las que vamos a estudiar a continuación.

4.1. La realidad sustancial

La búsqueda del núcleo de la realidad es la clave para situarse en esta perspectiva. Si queremos saber en qué consiste algo, no nos podemos quedar en la mera apariencia.

Eso fue lo que llevó a los primeros filósofos a decir que la verdadera realidad es aquello que permanece bajo los cambios, y por eso la identificaban con la naturaleza (*phýsis*). La naturaleza es el fondo común de donde nace todo cuanto hay y que permanece cuando todo cambia.

La búsqueda de la realidad condujo a Parménides a entender que lo permanente en el universo es el ser. Desde su perspectiva, las cosas, independientemente de que sean de una u otra manera, coinciden en el ser. Hasta el punto de que los seres humanos somos incapaces de pensar el no-ser, porque cualquier cosa que pensemos tendrá algo de ser.

Fases de la metamorfosis de una mariposa. La sustancia para Aristóteles es lo que constituye la realidad, lo que permanece. Lo que cambia son los accidentes.

Platón llegó a la conclusión de que las realidades con mayor peso ontológico son las ideas o formas (*eídos*), las cuales solo pueden ser captadas a través de un largo proceso intelectual. El auténtico conocimiento lo proporciona la razón, no los sentidos, y se alcanza cuando se captan las ideas, es decir, lo que las cosas son y no lo que las cosas parecen ser: la apariencia. Lo que el caballo es realmente lo encontramos en la idea de caballo, que solo alcanzamos con la razón. La idea de caballo no cambia; por el contrario, el objeto sensible que llamamos «caballo» sí sufre cambios. La Idea sería, pues, el verdadero ser de las cosas, la esencia, lo que todos los caballos comparten. Los objetos sensibles no son irreales pero, ontológicamente, tienen menos realidad que las ideas.

Aristóteles expresó el sentido radical de la realidad con el concepto de sustancia (*ousía*). Tener realidad significa tener recursos para estar y actuar, bastarse a sí mismo, ser autosuficiente. La sustancia expresa precisamente «el haber», lo que cada cosa tiene y le hace ser lo que es; es aquello que constituye su realidad más propia e individual, es decir, su esencia. En las cosas hay otras propiedades que pueden adquirirse o perderse, manteniendo la sustancia idéntica: son los accidentes de la sustancia. Nosotros seguimos siendo los mismos que nacimos, pero hemos cambiado muchas de nuestras propiedades accidentales: peso, altura, conocimientos, etc.

La sustancia también se puede entender como la potencia actual. Las cosas, además de ser lo que actualmente son, tienen potencia de ser otras.

Esta perspectiva es la que adoptamos cuando reflexionamos sobre ciertos problemas, como, por ejemplo: ¿Es moralmente lícita la manipulación de los embriones para obtener células troncales? En primer lugar, necesitamos aclarar qué es un embrión: ¿Se puede decir que el embrión ya es una nueva realidad humana?

- Algunos grupos de investigación afirman que el embrión es un conjunto de células humanas que no tienen un rango diferente al de otras células humanas desde el punto de vista de su valor.
- Otros opinan que el embrión debe considerarse como persona desde el momento en que el óvulo ha sido fecundado, porque en potencia es un ser humano.
- Otros grupos consideran que, desde el punto de vista biológico, el embrión no está individualizado mientras no finaliza la anidación, a los 14 días, y que hasta ese momento no tiene realidad propia.
- Otros grupos, también desde el punto de vista de la biología, dicen que la realidad que mejor cumple las características de potencia actual con relación a la realidad humana es el embrión de 6 a 8 semanas, porque en ese estado el embrión ya tiene todo diferenciado, sus órganos internos, sus características externas, la diferenciación sexual, y lo que resta es que se vaya desarrollando.

Para saber qué constituye una nueva realidad viva y cuándo acontece y así poder definir el estatuto del embrión, necesitaremos la ayuda de la ontología y de la biología. Luego, tendremos que contar con la ética para que nos oriente a la hora de decidir qué hacemos en esta sociedad pluralista en la que hay diversas formas de entender lo que es un embrión.

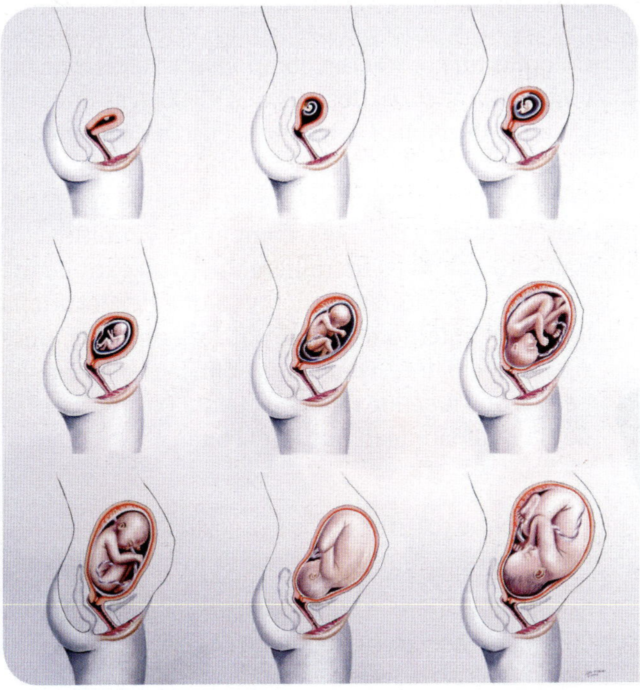

Ilustración sobre el desarrollo del embrión en el útero materno.

Doc. 2

«La sustancia es para Aristóteles lo que existe; pero no solo lo que existe, sino lo que existe en unidad indisoluble con lo que es, con su esencia, y no solo con su esencia, con sus accidentes. De modo que la sustancia responde primero a la pregunta: ¿Quién existe? La respuesta es: la sustancia. Y responde también a la pregunta: eso que existe, ¿qué es? La respuesta es: es un vaso, o sea, un objeto que tiene esta forma, esta materia, esta finalidad, estos caracteres, etc. De manera que en toda sustancia hay esta estructura dual de existir y consistir; de ser en el sentido existencial y de ser en el sentido esencial».

MANUEL GARCÍA MORENTE, *Lecciones preliminares de filosofía*

- ¿Qué entiende Aristóteles por «sustancia»?
- ¿A qué preguntas responde la noción de sustancia?

ACTIVIDADES

EXPLICA

7. ¿Qué pregunta llevó a los primeros filósofos, llamados «presocráticos», a identificar la verdadera realidad con la naturaleza?

8. ¿Qué es el ser para Parménides?

9. ¿Qué tipo de realidad es más auténtica para Platón?

10. ¿Qué concepto expresa el sentido más radical de realidad para Aristóteles? ¿Por qué?

REFLEXIONA

11. Expresa diversas formas de entender qué es: el embrión, la muerte, la discapacidad psíquica, el fútbol. ¿Qué consecuencias tiene decir que «una cosa es o no es tal cosa»? ¿Cómo nos puede ayudar la pregunta por lo que una cosa es a la hora de resolver nuestros problemas?

Mapa celeste del cartógrafo Andreas Cellarius (h. 1596-1665) perteneciente al atlas *Coelestis seu Harmonia Macrocosmica*.

La revolución científica del Renacimiento condujo a una concepción de la realidad como estructura.

4.2. La realidad relacional

Hay perspectivas filosóficas que consideran que no es la sustancia lo que constituye la realidad. Opinan que la realidad es constitutivamente estructura, por la cual cada cosa es en función de las demás. Ninguna cosa empieza a ser ella lo que es y luego se pone en relación con otras, sino que ocurre justamente al revés. La estructura no es lo que es sino plasmada en unas notas, cada una de las cuales es lo que es en función de las demás. El efecto propio de la estructura sobre las notas no es originarlas, sino indicarles una posición determinada dentro del sistema.

- El pensar la realidad como estructura y no como sustancia fue favorecido por la revolución científica que se produjo en el Renacimiento. Galileo Galilei (Italia, 1564-1642) dijo que las matemáticas nos permitirían entender el mundo mucho mejor. En una fórmula matemática no encontramos la sustancia de las cosas; en cambio, sí que encontramos una expresión rigurosa de la estructura de las cosas del universo.
- Esto condujo a René Descartes (Francia, 1596-1650), en el siglo XVII, a presuponer que el mundo tiene una estructura racional, que está ordenado según criterios de la razón, los cuales tienen carácter físico-matemático. Por eso entendió que el universo era comparable a una inmensa máquina, extremadamente compleja, pero dotada de gran precisión.
- G. W. F. Hegel (Alemania, 1770-1831) profundizó en la concepción de realidad relacional al pensar la realidad como un todo coherentemente relacionado, en el que cada elemento está referido y conectado con el resto del sistema. No podemos comprender la realidad de forma aislada. La sustancia, para Hegel, es un elemento más que está en relación con los otros elementos del sistema.

La perspectiva de la realidad relacional nos puede hacer caer en la cuenta de que para conocer una cosa no basta con conocer su definición, sino que hay que ver con qué otros elementos de la realidad se relaciona y en función de qué elementos queda constituida. Pensemos en el coltán, un mineral cuyo nombre es la combinación de los nombres de los dos minerales que lo componen: la columbita y la tantalita. El coltán es indispensable para el desarrollo de las nuevas tecnologías que requieren componentes electrónicos, como, por ejemplo, los móviles. El 80 % se encuentra en la República del Congo. Pero no se entiende de verdad lo que es el coltán si no se relaciona con la codicia por poseerlo o beneficiarse de su obtención de distintos países, compañías y multinacionales. El coltán es un mineral, pero su extracción, su uso, su comercialización y lo que desencadena (enriquecimiento de unos, pobreza de otros, guerra, negocio, intervenciones políticas, etc.) son aspectos que hay que tener en cuenta para comprender la realidad de lo que es el coltán.

Extracción de coltán en Ruanda. La riqueza que genera el coltán como material indispensable para la fabricación de aparatos electrónicos de alta tecnología no se corresponde con las durísimas condiciones en que trabajan quienes lo extraen de las minas.

Las distintas fases del desarrollo de una planta son un ejemplo entre los muchos que nos llevan a entender la realidad como un proceso.

La perspectiva de la realidad relacional nos permite comprender mejor a qué hace referencia el concepto de realidad global que se usa tan a menudo. Cuando se dice que vivimos en un mundo globalizado, lo que se quiere indicar es que nuestro mundo se ha hecho progresivamente más complejo, de forma que podemos señalar cada vez más relaciones, más causas y más consecuencias para nuestros actos.

4.3. La realidad como proceso

La realidad, como muestran las ciencias naturales y las sociales, crea campos, acciones e interacciones. Por eso la filosofía ha intentado comprender y expresar esas nuevas experiencias que hoy podemos captar gracias a los progresos de las ciencias y la tecnología con otro tipo de conceptos. El de proceso es uno de ellos.

La realidad se entiende en sus procesos, como decía Alfred North Whitehead (Reino Unido, 1861-1947), o en su estructura dinámica, como decía Zubiri. Para este último, la realidad es dinámica y eso significa que «da de sí», es decir, que se despliega, se desarrolla, puede cambiar, crear nuevas cosas, etc.

La estructura de la realidad, al ser dinámica, se despliega en el reino de las posibilidades. Ese dinamismo permite que evolucionemos en la historia y en la sociedad; en definitiva, en la vida. Así pues, la realidad se desarrolla históricamente, en la vida.

En el epígrafe 1 dijimos que historia y vida son dos categorías, dos conceptos generales desde los cuales se pretende comprender, ordenar y expresar en la actualidad nuestra experiencia de la realidad. Con ellas pensamos la realidad como vida histórica o como historia vivida.

ACTIVIDADES

EXPLICA

12. ¿Qué favoreció pensar la realidad como estructura y no como sustancia?
13. ¿Qué importancia tienen las relaciones para entender lo que son las cosas? ¿Cómo lo explicaría Hegel?
14. Explica la globalización desde la perspectiva de la realidad relacional.
15. Comenta la frase de Zubiri: «La realidad de suyo da de sí».

Doc. 3

«El pasado, si se quiere emplear una metáfora física, no solo nos otorga la figura de un estado, sino que nos traza una ruta, una vía de acceso a las cosas, un método, como diría Parménides. La visión que en un momento tenemos de las cosas se halla montada, a un tiempo, positiva y negativamente, sobre la posibilidad que el pasado nos dio. El pasado, pues, está en el presente: el pasado no solo produjo el presente, sino que está haciéndonos presentes. Las posibilidades con que contamos, en lo que no tienen de realidad, son puro pasado inexistente; en la medida en que positivamente posibilitan lo que somos, son lo que en nosotros hay de presente. De esta suerte el presente es también inexorablemente pasado.

Grecia ha trazado, en este sentido, la ruta de la filosofía europea. Por eso somos griegos, no por un clasicismo romántico. En Grecia logró la inteligencia la primera fase de su plena madurez. Y cuanto ha venido después se halla montado, en una u otra medida, en el pensamiento griego. Porque a la historia no le es indiferente el momento en que las cosas acaecen. Un mismo hecho, que acontece en dos distintos órdenes de posibilidades, puede significar cosas absolutamente diferentes. En Grecia y en India se llega, en cierto instante, a descubrir la ciencia. Pero en Grecia esto acontece a resultas y después de una serie de intentos de "vida teorética". El resultado fue nuestro saber racional y la estructura misma de la filosofía como ciencia. En India, este descubrimiento acontece dentro de la constitución de la teosofía del Vedanta. La ciencia no produjo los mismos efectos, e India, en conjunto, jamás pudo acceder a una consideración puramente teórica de las cosas».

Xavier Zubiri, *Naturaleza, historia y Dios*

- Según el texto, ¿nos podemos entender independientemente de la historia y de los contextos vitales? ¿Cómo lo justifica el autor?

Doc. 4

«Intentemos ejecutar el pensamiento de una realidad completamente ajena a mi vida. ¿Qué podría yo decir de esa realidad? No podría decir que la hay ni que no la hay, ni que es tal o es cual, esto es, que en ningún sentido sería una realidad. Realidad es un concepto que formo en mi vida, en vista de lo vivido por mí: significa un modo o conducta que hallo en ciertos elementos de mi contorno en oposición al modo o conducta de otros, a los que llamo irreales. Hay en el ámbito circunstante mío caballos y centauros. Aquellos son reales, estos irreales. Sin esa peculiar manera –diferente en ambas especies– de comportarse en mi vida, la idea de realidad carece de sentido. No hay, pues, escape: toda realidad, todo algo que no sea mi vida es o una parte de mi vida, un ingrediente de ella, o tiene que sermé notificada en algún modo de mi vida.

En punto a realidades, yo tengo mi vida y nada más. Viceversa: toda realidad tendrá que serlo primero en mi vida; su realidad primaria consistirá en lo que sea como vivida por mí.

Yo voy encerrado inexorablemente en mi vida: ciertamente que mi vida es salir yo al mundo, encontrar el mundo o circunstancia, y que en esta hay muchas cosas. Pero la circunstancia, a su vez, se compone solo de lo que es vivido por mí».

José Ortega y Gasset, *¿Qué es la vida?, Obras completas*

- ¿Cómo justifica Ortega y Gasset en el texto que la realidad primaria es la vida?
- ¿Cuál es la relación entre el yo, las circunstancias y la vida?

5 Los dinamismos de la realidad: realidad, historia y vida

El dinamismo de la realidad hace que esta se amplíe. La estructura dinámica de la realidad, decía Zubiri, «da de sí» y posibilita el desarrollo de las notas que la constituyen, genera efectos diversos e, incluso, cambios.

Cada cosa, como estructura, tiene su propio dinamismo. Por ejemplo, podemos hablar del dinamismo de la realidad personal, gracias al cual las personas pueden desarrollar las capacidades que tienen, o del dinamismo de la socialización, por el que las personas interiorizamos la cultura de la sociedad en la que vivimos.

La realidad se ha desarrollado desde diversas variantes, que a su vez han dado lugar a múltiples realidades que tienen sus propios dinamismos. Como, por ejemplo, la realidad económica, la realidad política o la realidad moral. Todas esas variantes de la realidad, con sus respectivos dinamismos, se comprenden a su vez en el marco de esos dos dinamismos básicos que se expresan en los conceptos de historia y de vida.

5.1. El dinamismo de la historia

La realidad se nos presenta como algo que se está haciendo, que nunca está definitivamente acabado. Pero lo auténtico y verdaderamente real no es cada una de las fases del proceso histórico, sino más bien el proceso histórico mismo.

Este es el núcleo común de las concepciones de la realidad de dos filósofos, tan diferentes en otros aspectos, como Heráclito (Grecia, 535-484 a.C.) y Hegel. Heráclito entiende que «ser» equivale a «haber llegado a ser», es decir, a «devenir». Lo que permanece, para él, es la ley que rige los cambios: la realidad es un flujo constante, pero armónico, porque sigue una lógica. Hegel defiende también el carácter dinámico y progresivo de la realidad; cada momento histórico contiene todos los momentos del pasado. Dicho momento histórico tendrá que ser superado por la propia dinámica de la razón, que trata de superar las contraposiciones y las contradicciones. Para Hegel «todo lo real es racional y todo lo racional es real». Esto significa que todo está en proceso de movimiento, evolución y desarrollo. Lo cual es tanto como afirmar que la realidad es dinámica, que está superando permanentemente las contraposiciones y las contradicciones; esta forma de entender la razón y la realidad se conoce con el calificativo de «dialéctica».

Ya en el siglo XX, la corriente filosófica llamada «hermenéutica» ha puesto de relieve que la historicidad, la temporalidad y la finitud son condiciones básicas para la comprensión de la realidad, puesto que la constituyen. En último término, el ser no es otra cosa que ese fluir básico y fundamental que llamamos «tiempo».

ACTIVIDADES

EXPLICA

16. ¿Cómo explican Hegel y Heráclito el dinamismo de la realidad?

17. Explica con tus palabras la expresión «somos tiempo».

5.2. El dinamismo de la vida

La consideración de la vida como categoría básica de la realidad procede, sobre todo, de Wilhelm Dilthey (Alemania, 1833-1911). Para él, la vida es el «lugar» original y originario del que hay que partir, el subsuelo primigenio del que brota toda reflexión. Se entiende aquí la vida en un sentido biográfico y no simplemente biológico, como dirá posteriormente Ortega y Gasset. Hay una realidad vital. No solo hay vida vegetal o vida animal, sino que también hay vida humana. Friedrich Nietzsche (Alemania, 1844-1900) decía que desde la vida hay que interpretar el resto de cosas. Esto es como decir que la vida es algo irreductible a los procesos biológicos en los que se basa; la vida es una realidad histórica y finita en la que, de hecho, nos encontramos. Estamos viviendo, tú te encuentras viviendo, por eso es clave tratar de comprender la vida, es decir, de elaborar un sistema de conceptos que permita responder a preguntas como: ¿Qué es vivir? ¿Qué sentido tiene la vida? ¿Qué es lo que tú quieres vivir?

El río es el mismo desde su nacimiento hasta su desembocadura. Sin embargo, como dijo el filósofo griego Heráclito, «nadie puede bañarse dos veces en el mismo río», porque el agua en un punto ya no es la misma.

6 ¿Nos basta con la ciencia para comprender la realidad?

La metafísica trata de ayudarnos a responder a estas preguntas globales y radicales. Los grandes pensadores han dado sus respuestas apoyándose en dos cosas: 1) en la razón, la cual, como decía Hegel, también se configura histórica y culturalmente, y 2) en categorías capaces de facilitar la comprensión y la expresión de las cosas.

Sin embargo, hay quienes desde la propia reflexión filosófica consideran que la metafísica, la filosofía primera, ya no es necesaria, que las ciencias naturales o sociales bastan para comprender toda la realidad. Por ejemplo, el positivismo es una corriente filosófica que sostiene que el único saber auténtico es el científico. Su fundador, Auguste Comte (Francia, 1798-1857), defiende una postura cientificista que reduce todo posible saber racional al saber científico, como si fuera de la ciencia no quedara más que irracionalidad y superstición. Ciertamente, los conocimientos científicos son necesarios e imprescindibles, por cuanto nos ayudan a resolver los problemas con los que nos encontramos a diario. Pensemos en la gran cantidad de cosas que no podemos hacer o que nos vemos obligados a hacer de forma diferente cuando se produce un corte en el suministro eléctrico.

Pero, además, los seres humanos nos planteamos otro tipo de preguntas como ¿cuál es el sentido de la vida?, ¿por qué cosas merece la pena trabajar y esforzarse? Son preguntas para las que no hay soluciones científicas. Nos acompañarán siempre y, en cada momento, tendremos que responder de la manera más consciente y humana que sea posible. En esta tarea, en la que la ciencia no nos puede aportar su ayuda, la metafísica tiene un importante cometido que cumplir. Por ello, podemos concluir que no hay rivalidad entre la ciencia y la filosofía, sino complementariedad.

En la actualidad, muchos científicos y muchos filósofos entienden que las concepciones metafísicas son imprescindibles en la tarea de la realización humana de la vida. Cada vez se reconoce más la necesidad de abordar los problemas de manera interdisciplinar, como hemos visto en el caso de la manipulación de embriones o del coltán.

ACTIVIDADES

COMPARA

18. ¿Qué diferencia existe entre la vida en sentido biológico y la vida en sentido biográfico?

IMAGINA

19. ¿Qué es lo que tú quieres vivir? ¿Por qué?

REFLEXIONA

20. ¿Es necesaria la interdisciplinariedad para conocer la realidad? Pon ejemplos.

21. ¿Qué «cosas» te merecen la pena y las consideras dignas de tu esfuerzo? ¿Por qué?

INVESTIGA

22. Busca información sobre la ley de los tres estados de Auguste Comte; explícalos y justifica tu acuerdo o desacuerdo con ellos.

SABER HACER

1 Realidad, posibilidad y apariencia

Plantéate diferentes maneras de abordar el tema de la realidad.

1. ¿Qué apariencia tiene?
   - Sal a la calle con un cuaderno, fíjate en tres personas diferentes y toma nota de lo que ves en ellas.
   - ¿Cómo crees que es cada una según su apariencia? ¿Cómo será su familia? ¿Dónde vivirá? ¿Cómo será su vida? Elige una de ellas y escribe su historia.
   - Justifica esa historia a partir de los datos que tomaste.
2. ¿Qué apariencia tienes?
   - Según tu apariencia actual, ¿cómo te diría que eres un compañero nuevo?
   - ¿Hay apariencias que dicen más cosas de nosotros que otras?
3. Hacer parecer lo que no es: puro teatro.
   - Lee un texto como si fuera una arenga política, una declaración de amor, una clase magistral, un cotilleo.
   - ¿La apariencia que le das al leerlo «como si fuera…» facilita, o más bien oculta, su sentido?
4. Los malentendidos.
   - Cuenta una situación vivida en la que se haya dado algún malentendido.
   - ¿Por qué se originó?
   - ¿Cómo se solucionó?
   - ¿Los malentendidos tienen que ver con lo que parecen las cosas o con la realidad de las cosas?
   - ¿Cómo se pueden evitar los malentendidos?
5. ¿Las posibilidades se heredan, se descubren o se crean?
6. De las siguientes cosas indica cuáles son realidades, cuáles posibilidades, cuáles son en potencia y cuáles son imposibles:
   - Una espada de acero
   - Una espada de agua
   - La fiesta de fin de curso
   - Mi aprobado en mates
   - Llegar a ser médico
   - Mi enfado con un amigo
   - Un huevo
   - Ser madre
   - Ser niña
   - Ser niño
   - Un libro sin palabras
   - Una semilla
   - Un ser humano con alas propias
   - Unas piernas

2 Debate

La realidad y nosotros

Formad dos grupos: uno que defienda que la realidad se nos impone y que lo único que podemos hacer es acomodarnos a ella; y otro que sostenga que somos nosotros quienes nos anticipamos a lo real. Cada grupo deberá responder a las cuestiones que se proponen y, tras confrontar las respuestas en el debate, redactar un informe con las conclusiones del mismo.

1. ¿Cómo nos afectan las cosas, cómo influyen en nuestra vida y en la de otros?
2. ¿Qué hechos reales consideramos más decisivos para nuestra vida? Los enumeramos y razonamos la respuesta.
3. ¿Qué personas de nuestro entorno ejercen mayor influencia en nosotros? Las nombramos y explicamos por qué.

¿Cuál es tu realidad?	¿Qué cosas crees que podrías cambiar de ella?
	¿Cuáles te gustaría cambiar y cuáles mantener?

3 Disertación

Realidad, metafísica y religión

Redacta una disertación sobre uno de estos temas:

- ¿La realidad se descubre o se inventa?
- ¿Qué es para ti la realidad?
- ¿Cómo puede la metafísica ayudarnos a entender la realidad?
- ¿Qué consecuencias se derivan de la concepción del mundo que tenga cada cual?
- ¿La metafísica puede ayudar a lograr un mundo más humano?
- ¿Existe alguna relación entre la concepción que cada cual tenga de la realidad y sus creencias religiosas?

4 Reflexión

El show de Truman y la caverna de Platón

Tras visionar la película *El show de Truman* de Peter Weir, leed la alegoría de la caverna de Platón y contestad:

1. ¿Cuántos tipos de realidad has podido ver en la película? ¿Y en la alegoría de Platón?
2. ¿Cuál de las realidades es la auténtica realidad en la película y en la alegoría? ¿Por qué?
3. ¿Cómo calificarías la vida de Truman?, ¿fue real o pura apariencia?
4. ¿Qué personajes son los más reales en la película?
5. Si algo es verdad, ¿es más real que algo falso? ¿Qué diría Platón?
6. En la película se muestra que la tecnología ha avanzado tanto que no permite distinguir entre ficción y realidad, ¿conoces algún caso?
7. ¿Los medios de comunicación, los periodistas nos ayudan a conocer la realidad?, ¿por qué?
8. ¿Quiénes y cómo manipulan la realidad en la película?, ¿y en la alegoría de la caverna?
9. ¿Qué ventajas tiene para Truman quedarse o salir del show?, ¿y para el prisionero de la caverna?
10. Si fueras Truman o el prisionero, ¿qué harías?

PROYECTO FINAL. **Trabajo cooperativo**

La estructura relacional de la realidad

Realizamos un proyecto de investigación titulado: «Nuestros móviles y el coltán».

Investigamos sobre la realidad del coltán de forma interdisciplinar y cooperativa. Y reflexionamos sobre lo que supone comprender la realidad desde la perspectiva de la realidad relacional y desde la realidad como proceso.

- Pautas:
  - Formamos grupos de investigación de cuatro personas.
  - Analizamos el tema propuesto identificando todos los aspectos posibles del mismo. Para ello, hacemos una lluvia de ideas de lo que cada miembro del equipo conoce del problema; y, luego, pensamos qué contenidos del tema pueden ser tratados en cada una de las asignaturas que estamos cursando este año.
  - Elaboramos el índice de los aspectos a investigar.
  - Redistribuimos las tareas y proponemos un calendario sabiendo que una semana la dedicaremos a investigar, otra a confeccionar el trabajo y la última a exponer.
- Recordamos que la investigación requiere:
  1. Consultar a los profesores de las diversas asignaturas.
  2. Hacer una búsqueda bibliográfica (libros, revistas, periódicos…) para recoger datos, noticias e ideas.
  3. Buscar material audiovisual: documentales, películas, fotografías, etc.
  4. Pasar cuestionarios o realizar entrevistas.
  5. Buscar instituciones, organizaciones, empresas que estén relacionadas con el tema.
- Recordamos que la confección y presentación del trabajo puede ser variada:
  - Cada grupo puede elegir entre diversos formatos: un mural, un *PowerPoint*, un vídeo, *un glogster*, un programa de radio o televisión…
- Tras las exposiciones respondemos individualmente a las siguientes preguntas:
  - ¿Qué problemas giran alrededor de los móviles y del coltán?
  - ¿Se está haciendo algo por resolverlos? ¿Qué y quiénes lo hacen?
  - ¿Qué piensas que podemos hacer nosotros al respecto?
  - ¿Qué has aprendido de la realidad del coltán y de tu móvil?
  - ¿Del proceso de investigación seguido qué es lo que te ha ayudado a comprender mejor lo que significan tu móvil y el coltán?
  - ¿Tener en cuenta todas las relaciones que se establecen entre tu móvil y el coltán te ha hecho comprender mejor estas dos realidades? ¿Por qué?
  - ¿Cómo afecta la relación entre los móviles y el coltán a la vida e historia de las personas, de las organizaciones y de los países?
  - ¿Qué ha supuesto para ti estudiar interdisciplinarmente este tema?
- Para facilitar la reflexión en grupo utilizamos esta dinámica:
  - Formamos pequeños grupos de 3 a 5 componentes para discutir las respuestas de cada uno a las preguntas. En las preguntas que lo requieran intentamos llegar a un acuerdo entre todos, pero si no lo conseguimos, recogeremos la posición particular diferente.
  - Después realizamos una puesta en común de toda la clase, en la que los secretarios nombrados en cada grupo expondrán las respuestas. No olvidar anotarlas en la pizarra para que estén a la vista de todos.
  - Finalmente abrimos un turno de palabra en el que todos podamos intervenir.

7 Cosmovisiones científicas sobre el universo. La filosofía de la naturaleza

CONTENIDOS

1. **La filosofía de la naturaleza**
2. **Cosmología, cosmogonía y cosmovisión**
3. **Las cosmovisiones científicas**
4. **Cosmovisión contemporánea: el paradigma de la complejidad**

PARA PENSAR JUNTOS

Leemos el diálogo de la página siguiente, debatimos sobre él y, después de estudiar esta unidad didáctica, respondemos estas cuestiones:

- ¿Te has parado a pensar alguna vez cómo concibes tú el universo? Expón tu concepción brevemente.
- ¿Con qué concepción sobre el universo de las que aparecen en el diálogo estás más de acuerdo? Nombra al personaje que la defiende y da razón de tu elección.
- ¿A qué se refiere Fernando con el «orden pequeñito» y el «macrodesorden»? Explica tu respuesta.
- ¿Piensas que pueden convivir diversas concepciones del universo sin enfrentarse? Razona tu respuesta.

El universo se nos ofrece como un espectáculo apasionante e intimidatorio; nos apasionan su belleza y los retos que nos plantea, y nos asustan su inmensidad y su poder sobre nosotros.

Alguna vez nos habremos sobrecogido, fascinado y asombrado al contemplar el cielo en una noche estrellada, y nos habrán brotado preguntas enigmáticas parecidas a estas: ¿El universo siempre ha existido o se originó en algún momento? ¿Por qué el universo es así? Los objetos que lo forman ¿de qué están hechos? ¿Tiene el universo una finalidad o ha resultado así por puro azar? ¿Por qué ha evolucionado de tal modo que ha hecho posible la aparición del ser humano? ¿Hay un único universo, como la propia palabra indica, o existen varios universos al mismo tiempo? ¿Hay vida en otros mundos o la Tierra constituye un caso especial? Etc. Los diversos saberes humanos buscan responder estas preguntas, tanto las ciencias como la filosofía.

LA FILOSOFÍA EN TU VIDA

Habían estado viendo un documental sobre el origen del universo en clase. Después salieron al recreo.

BELÉN.- ¡Es impresionante! ¿Os habéis dado cuenta de cómo fue organizándose la materia, al principio caótica, hasta desembocar en un orden casi perfecto?

CARMEN.- ¡Desde luego, parece mentira! ¡Con el caos que hay ahora!

JUAN.- Bueno, yo no hablaría de caos; más bien diría que el orden y el desorden conviven amistosamente, pero eso sucede porque nosotros, los humanos, hemos introducido muchos elementos discordantes en la naturaleza, y hemos fastidiado el orden inicial.

PACO.- Pero si hubo un orden inicial, entonces es que hubo un momento en el que el universo comenzó a existir, y, por tanto, podemos pensar que habrá otro momento en el que deje de hacerlo.

FERNANDO.- Bueno, no empecemos a calentarnos, que luego llegamos a casa y empezamos a darle vueltas a lo que hablamos y no hay manera ni de ponerse estudiar, ni casi, a veces, de dormir.

CONSUELO.- Tampoco es para tanto, Fernando. Pensar que el universo puede tener un final no significa que ese final vaya a ser mañana. Lo más seguro es que nosotros no lo veamos, a no ser que algún loco desate una guerra y, con las armas de que se dispone en la actualidad, se vaya a arrasar todo.

ANA.- Pues de locos tampoco andamos faltos…

CARMEN.- Volvamos a nuestro asunto. A mí me fascinan las puestas de sol y las noches estrelladas; y la belleza que contemplo en ellas me hace creer en una inteligencia que las haya dibujado para nosotros.

BRAHIM.- ¡Qué pensamiento tan hermoso! Yo también creo que *Alguien* nos cuida y nos regala desde la distancia; lo pienso siempre que caminamos por el campo o por el monte y encuentro florecillas preciosas en lugares apenas visitados.

BELÉN.- Os estáis poniendo demasiado bucólicos, creo yo. No podemos olvidar la enorme cantidad de desastres naturales que acontecen y que llenan de dolor a las personas afectadas, por no hablar de los niños que nacen con enfermedades y discapacidades; si la naturaleza fuera tan sabia, estuviera tan ordenada y estuviera regida por una inteligencia, ¿cómo explicamos estos hechos?

PACO.- Bueno, ya nos explicaron en 4.º, en Biología, que la naturaleza tiende al desorden, ¿no os acordáis?

FERNANDO.- Sí, pero también nos dijo el profesor que hay un orden *pequeñito* y un *macrodesorden* al que caminamos.

CARMEN.- Yo eso nunca lo entendí del todo, porque si yo agito un bote de habichuelas, ellas se acomodan unas a otras y quedan bien colocadas.

JUAN.- Sí, pero el movimiento que haces al agitarlas introduce un desorden en todo lo que rodea al bote y en el macrocosmos.

CARMEN.- ¡Uf, pero eso ya se me escapa completamente!

CONSUELO.- No, mujer, lo que pasa es que hay fenómenos que nosotros podemos observar y fenómenos que van más allá de nuestras posibilidades.

BRAHIM.- O sea, que hay que creérselos. Pues puestos a creer, a mí me gusta más lo que ha dicho Carmen de los atardeceres y las puestas de sol.

ANA.- Igual no hace falta tener que creerse nada y lo que pasa es que son compatibles diversas visiones.

PACO.- Ahora ya sí que no entiendo nada.

BELÉN.- Sí, hombre. Lo que quiere decir Ana es que hay fenómenos que parecen obedecer a un orden y estar orientados a un fin; luego hay otros que se repiten mecánicamente; y todavía otros que suceden porque sí, sin más razón, por puro azar.

PACO.- Y estudiar y sacar buenas notas, ¿en cuál de estos grupos se encuadra?

BRAHIM.- En ninguno de ellos, Paco. Depende de nuestro trabajo y de nuestras ganas de realizarlo bien.

ANA.- Muchachos, vamos a clase, que ha tocado el timbre y aquí hay un orden perfecto.

Doc. 1

«Los problemas económicos y sociales del mundo actual harán muy difícil financiar la construcción de aceleradores mucho más grandes que los que hoy están en marcha. Hay físicos que, a pesar de las consecuencias económicas, políticas y sociales, abogan por aceleradores mayores y comparan estas máquinas del mundo actual con las pirámides de Egipto o con las catedrales medievales. Afirman que estos imponentes monumentos fueron erigidos para simbolizar la esencia más íntima de la sociedad, su relación con el poder supremo. Estos magníficos símbolos materializan, según ellos, una interpretación del mundo que es fundamental para la sociedad. De la misma manera, los grandes aceleradores de nuestro tiempo podrían ser los símbolos de nuestra interpretación científica del mundo.

No creo que pueda aprobar del todo esta clase de argumentación. Hay ciertamente indicios de que hoy día la ciencia se ha convertido en el eje de confianza de las gentes. En medicina, en agricultura, en las aplicaciones técnicas nos fiamos de la corrección científica. Pero al mismo tiempo se nos antoja demasiado estrecha esa concepción del mundo: omite elementos esenciales que pertenecían al meollo de las viejas religiones, y los omite de manera tan absoluta que incluso resulta difícil hablar del tema. Pero la inquietud de las generaciones jóvenes y muchos otros exponentes de inseguridad parecen indicar la presencia de un hueco a llenar. Por eso me cuesta creer que el hombre de la calle pueda tomar como símbolo de interpretación del mundo un gran acelerador que desde fuera parece una fábrica».

WERNER HEISENBERG, *Encuentros y conversaciones con Einstein y otros ensayos*

- Expón los dos argumentos, uno a favor y otro en contra, de considerar que un acelerador de partículas (como el CERN de Ginebra) sea el símbolo del mundo actual.
- Busca razones a favor y en contra de la construcción de aceleradores mayores que los actuales.
- ¿Crees que Heisenberg se equivoca al pensar que un acelerador no puede ser el símbolo de nuestra visión del mundo? Comenta las razones que él ofrece.

1 La filosofía de la naturaleza

La filosofía de la naturaleza es la reflexión filosófica acerca del mundo natural o físico. La naturaleza siempre ha sido motivo de admiración y de reflexión; de hecho, a los primeros filósofos, anteriores a Sócrates (Grecia, 470-399 a.C.), se los suele agrupar bajo la denominación de «físicos» o también «cosmólogos», pues su investigación fundamental se dirige a la naturaleza (en griego, *phýsis*), es decir, al universo en su totalidad. Estos pensadores concebían la naturaleza ante todo como un sistema ordenado (*kósmos*), cuyas leyes pretendían descubrir, y no como un *káos* (desorden).

La filosofía de la naturaleza se pregunta por el origen, el desarrollo y el futuro del universo y también por su realidad, es decir, investiga en qué consiste, de dónde proviene y hacia dónde evoluciona el universo. Para ello, tiene en cuenta descubrimientos científicos muy variados: desde los relativos a las partículas que componen la materia (microuniverso) hasta el conocimiento de los millones de galaxias que lo forman (macrouniverso). Y no solo estudia los seres inanimados, sino también los seres vivientes, incluido al ser humano en cuanto ser natural.

La filosofía de la naturaleza pretende dar razón de la dimensión física de todo lo que hay. Para ello cuenta con los conocimientos que aportan las distintas ciencias, pero trata de ir más allá de ellas y ofrecer una visión completa del universo, es decir, *de la totalidad del universo*, pero también *del universo como totalidad*.

2 Cosmología, cosmogonía y cosmovisión

Todas las culturas disponen de una forma de ver o de comprender el universo. Los términos «cosmología», «cosmogonía» y «cosmovisión» hacen referencia a esta comprensión del universo que tienen todas las culturas y que todos los seres humanos necesitamos para orientarnos en la existencia. Su significado es parecido, pero conviene distinguir bien entre los tres:

- **Cosmología.** Este término de origen griego significa «tratado o estudio del orden que rige el universo». Procede de Christian Wolff (Alemania, 1679-1754), que la entendió como el estudio del universo en su totalidad y la consideró como una parte de la metafísica. En la actualidad la expresión «cosmología» se usa también para referirse a una disciplina científica, muy ligada a la astronomía, a la física y a las matemáticas, que se ocupa principalmente de construir modelos del universo que sean coherentes con los datos astronómicos y físicos que poseemos. En sentido filosófico, puede considerarse como equivalente a «filosofía de la naturaleza».
- **Cosmogonía.** Cuando una visión del universo implica elementos míticos o aportaciones religiosas, suele hablarse de una «cosmogonía» y en cada cultura o en cada época histórica puede incluir elementos muy diferentes. Por ejemplo, la cultura de los indígenas americanos diviniza la naturaleza, especialmente la *Pachamama* (Madre Tierra); la africana se basa sobre todo en el animismo, que ve vida y alma en todo lo que se mueve; la cultura oriental se inspira sobre todo en las grandes religiones de China y de la India; etc.

- **Cosmovisión.** Aunque tiene raíces griegas, el término procede del filósofo Wilhelm Dilthey (Alemania, 1833-1911). En un sentido amplio, una cosmovisión es una interpretación coherente y sistemática del mundo, es decir, una forma de ver y comprender la realidad en su conjunto. El filósofo Thomas S. Kuhn (EE. UU., 1922-1996) consideraba que cada cosmovisión constituye un paradigma, es decir, un modelo más o menos completo del mundo, que se corresponde con los conocimientos científicos aceptados como verdaderos en cada momento histórico. Cada cosmovisión incluye una serie de supuestos compartidos por los científicos y por la generalidad de los seres humanos de esa etapa de la historia: creencias, valores, técnicas de identificación y resolución de problemas, etc. Por tanto, una cosmovisión, entendida como paradigma, no es solo un conjunto de hipótesis o teorías científicas, sino una determinada forma de ver el mundo propia de una cultura y época concretas. Los participantes en una determinada cosmovisión tienden a interpretar desde ella todo acontecimiento natural, pero también social, político, cultural, etc.

La naturaleza parece fluir y mostrarse ante nosotros de modo apacible y ordenado, según una regularidad armónica y placentera.

3 Las cosmovisiones científicas

Desde la antigua Grecia hasta nuestros días, hemos aceptado la distinción entre el conocimiento vulgar y el conocimiento científico, y hemos adoptado cosmovisiones que tienen como centro los conocimientos científicos. Las ciencias han ido descubriendo fenómenos naturales y explicándolos y ello ha contribuido a proporcionarnos cierta visión del mundo. De ahí que se pueda hablar de «cosmovisiones científicas», ya que las aportaciones de la ciencia, así como las formas de entender la propia ciencia, han condicionado la manera de ver el mundo en Occidente. Por tanto, las cosmovisiones científicas son modelos de interpretación del universo que se derivan de los conocimientos científicos disponibles en cada etapa histórica.

Podemos clasificar las diversas cosmovisiones en las que ha influido la ciencia occidental de varias formas. Tradicionalmente, se distinguen las tres siguientes:

- La ciencia y la filosofía antiguas, al tratar de comprender el universo, contribuyen a configurar una cosmovisión finalista o teleológica.
- En el período histórico de la modernidad, a partir de los siglos XV y XVI, científicos y filósofos ayudan a conformar la noción de ciencia moderna y con ella aparece la cosmovisión mecanicista.
- Y ya en el mundo contemporáneo, en el que las teorías científicas de las diversas ciencias de la naturaleza (física, química, biología, con sus respectivas especializaciones) muestran la complejidad de la realidad, se habla de una nueva alianza entre la ciencia, la filosofía y el resto de saberes, y de una nueva cosmovisión o paradigma (el de la complejidad) que quiere entender profundamente la estructura y comportamiento de la materia, desde la escala de las partículas elementales hasta los sistemas más complejos, incluyendo el cerebro humano.

No hay que perder de vista que cada cosmovisión científica trata de responder a las preguntas por el origen, composición, evolución y sentido del universo, y, por ello, busca responder, en último término, a la pregunta filosófica sobre el puesto del ser humano en el universo, puesto que somos nosotros los únicos capacitados para preguntarnos por todo ello.

ACTIVIDADES

EXPLICA

1. ¿Cuál es la tarea de la filosofía de la naturaleza?
2. ¿Qué se entiende por «paradigmas»?

RAZONA

3. ¿Existe alguna relación entre la filosofía de la naturaleza y la ciencia?
4. ¿Por qué se habla de «cosmovisiones científicas del universo»? ¿Hay cosmovisiones no científicas?

IMAGINA

5. Intenta ir adelante en el tiempo y redacta una explicación del universo que incluya la existencia de seres racionales diferentes a nosotros; descríbelos y esboza cómo serían nuestras relaciones con ellos.

Los seres vivos van desarrollando destrezas y abasteciéndose de todo lo necesario para conservar y mejorar su vida, lo que parece su más alto fin.

3.1. La cosmovisión teleológica

Una cosmovisión es teleológica (del griego *télos*, que significa «fin») cuando considera que todos los seres que pueblan el universo, y también el universo como unidad, tienden a un fin. Todo lo que sucede es resultado de procesos que, ya desde el inicio, apuntaban al logro de determinados objetivos. Por ejemplo, el grano de trigo existe con el objetivo o con el fin de producir una espiga y perpetuar así la especie. Esto quiere decir que el orden que observamos actualmente en el universo no es resultado del azar, sino que se ha producido por la acción de ciertos factores o causas que, en cierto modo, tenían ya como objetivo lograr dicho orden.

Cosmovisión aristotélica

La cosmovisión teleológica más importante se la debemos a Aristóteles (Grecia, 384-322 a.C.). Para él, el universo es finito (esto es, limitado en el espacio) y eterno (es decir, ilimitado en el tiempo: existe desde siempre y existirá por siempre). Está formado por ocho esferas principales concéntricas, introducidas unas dentro de las otras, y en el centro está la Tierra. Por ello afirmamos que su cosmovisión es geocéntrica. Pero, además, el universo de Aristóteles está dividido en dos grandes regiones:

- **El mundo supralunar**, formado por las esferas de los planetas conocidos, la esfera de las estrellas móviles (las que parecen cambiar de posición en el cielo nocturno) y, finalmente, la esfera de las estrellas fijas (las que, en apariencia, se encuentran siempre en la misma posición). Esta región del universo está formada por una materia especial, llamada «éter», que es incorruptible; además, los planetas que ocupan cada una de las esferas son cuerpos geométricos perfectos y solo sufren un cambio: el movimiento circular y uniforme, que es el más perfecto de todos los movimientos. Este sistema de esferas precisa, según Aristóteles, de un agente que sea la causa del movimiento, aunque él mismo no se mueva. Es lo que denomina «motor inmóvil», un ser absolutamente perfecto que es la causa de cualquier otro movimiento. Este motor inmóvil se identifica con Dios, pero no se trata de un ser personal y transcendente, sino de un elemento o pieza más del sistema del universo.
- **El mundo sublunar**, que se extiende desde la esfera de la Luna hasta el centro, donde se encuentra la Tierra, está formado por cuatro elementos (fuego, tierra, agua, aire) y en él se produce cambio, es decir, los seres del mundo sublunar nacen y perecen. La multiplicidad de seres, vivos (como las plantas y los animales) e inertes (como las rocas o las nubes), constituye la naturaleza. Según Aristóteles, todos los seres naturales tienden a realizarse de acuerdo con el fin que la naturaleza les impone para alcanzar la perfección que es propia de su especie. Por ejemplo, un renacuajo realiza una serie de operaciones vitales (nutrición, respiración, natación, etc.) que permiten su desarrollo hasta llegar a conseguir la forma y perfección características de la rana adulta; de este modo, podemos decir que la finalidad (*télos*) del renacuajo es llegar a adquirir la forma, estructura y funciones propias de la rana, lo que le hace ser una rana y no otra cosa. Además, los movimientos de traslación de los seres naturales tienden siempre hacia el mismo fin: que cada ser ocupe el «lugar natural» que le corresponde. De ahí que, al soltar una piedra, caiga al suelo, pues ese es su lugar natural, mientras que el fuego tiende a ascender, buscando igualmente el lugar que por naturaleza le corresponde.

Planisferio ptolemaico realizado en el siglo XVII por Andreas Cellarius.

La cosmovisión de Aristóteles está muy influida por sus amplios conocimientos de biología. Consideró la totalidad de los seres naturales, esto es, la naturaleza entera, como un gran organismo que posee una dinámica propia, una especie de fuerza natural que actúa desde el interior de cada uno de los seres que llamamos «naturales», por lo que puede calificarse también de «cosmovisión organicista». Así, los cambios que sufre el renacuajo hasta convertirse en rana no se producen por la acción de ningún agente exterior, sino debido a la dinámica interna que, como ser natural, posee el renacuajo. Para completar la explicación de los cambios que les ocurren a los seres naturales, Aristóteles distinguió cuatro causas, que se corresponden con el modo de manifestarse el ser o la sustancia de cada cosa:

- causa material, que responde a la pregunta de qué está hecha una cosa,
- causa formal, que define lo que es propiamente una cosa,
- causa eficiente, que señala a qué o quién ha producido una cosa,
- causa final, que indica el para qué, la finalidad o *télos* de una cosa.

CAUSA	EJEMPLO: un pájaro
Material	Músculos, huesos, plumas, corazón, pulmones, etc.
Formal	Lo que determina que esos elementos materiales sean un pájaro y no otra cosa.
Eficiente	Los pájaros progenitores que lo engendraron y la dinámica interna de su desarrollo como pájaro.
Final	Llegar a ser un pájaro como individuo y asegurar la permanencia eterna de la especie.

Como podemos observar, en los seres naturales las causas formal, eficiente y final coinciden. La naturaleza, es decir, la dinámica que poseen internamente, es en realidad la causa formal, eficiente y final de los seres naturales. Por ello se dice que en esta visión hay una teleología inmanente o interna, porque la causa final forma parte de la propia naturaleza de cada ser.

En esta cosmovisión, el ser humano se entiende como una parte de la naturaleza, que alcanza su fin natural, la felicidad o plenitud vital, cuando desarrolla plenamente las capacidades que le corresponden según su especie (inteligencia, sociabilidad, etc.).

La cosmovisión geocéntrica del universo propia de Aristóteles fue reforzada por las teorías de Claudio Ptolomeo (Egipto, h. 110-h. 170), que aplicó los conocimientos de la geometría de Euclides (Grecia, 325-265 a.C.) al sistema de las esferas.

Cosmovisión científica en la Edad Media

La forma aristotélica de entender la teleología del universo es reinterpretada en la Edad Media por parte de diversos pensadores, que la incorporan a la visión religiosa del judaísmo (Maimónides, Córdoba/Al Ándalus, 1135-1204), del islam (Averroes, Córdoba/Al Ándalus, 1126-1198) y del cristianismo (Santo Tomás, Italia, 1225-1274).

Estos autores consideran que la finalidad no es solo inmanente o interna al universo. También existe una finalidad más importante porque es transcendente, es decir, que no pertenece al orden natural universal, sino que se encuentra más allá de él. La finalidad última de todo lo que hay es Dios, entendido como un agente externo al mundo, que lo ha creado de tal modo que no solo tiende a su propia perfección, sino también a la plenitud definitiva que se alcanzará al final de los tiempos. Dios, que es entendido de diversos modos por las tres religiones mencionadas, aparece como la causa primera y final del universo (A y Ω, alfa y omega) y al mismo tiempo como un ser personal con el que es posible cierta comunicación.

Doc. 2

«Algunos creen que lo que es por necesidad reside en la generación, como si pensaran que el muro ha sido hecho por necesidad porque lo pesado se desplaza naturalmente hacia abajo y lo ligero hacia arriba, esto es, porque las piedras y los cimientos se ponen abajo, encima los ladrillos por ser más ligeros, y en lo más alto las maderas por ser todavía más ligeras. Sin embargo, aunque el muro no pueda ser hecho sin esas cosas, no fue hecho por causa de ellas (excepto como materia), sino para proteger y preservar ciertas cosas. Análogamente, en todos los demás casos en los que hay un "para algo": nada podría ser hecho sin cosas que tengan la naturaleza necesaria para ello, pero no es hecho por causa de ellas (excepto su materia), sino para algo».

ARISTÓTELES, *Física*

- ¿Cuál es la finalidad del muro?
- ¿En qué se diferencia la causa material y la causa final de una cosa? Pon ejemplos.

ACTIVIDADES

EXPLICA

6. ¿Cómo explica Aristóteles el origen y la estructura del universo?
7. Explica con ejemplos los cuatro tipos de causas que distingue Aristóteles. Por ejemplo, en el caso de un coche, un árbol y un libro, ¿cuáles serían las causas que intervienen en cada uno?

COMPARA

8. Distingue entre la teleología aristotélica y la medieval.

INVESTIGA

9. En 1969 el científico James Lovelock lanza su hipótesis de Gaia. Búscala y compárala con la concepción organicista del mundo de Aristóteles.

② Una fuerza provoca en una masa una aceleración directamente proporcional a la magnitud de esa fuerza. F = m·a.
③ El principio de acción y reacción: siempre que se ejerce una fuerza sobre una masa, esta masa va ejercer otra fuerta en la misma dirección y sentido contrario.

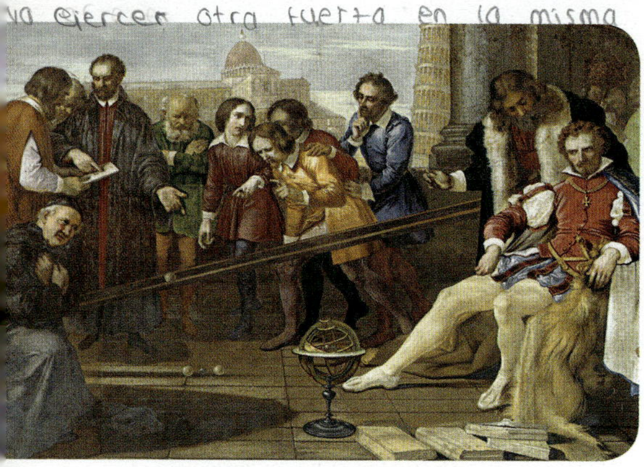

Galileo realizando el experimento del plano inclinado, fresco de Giuseppe Bezzuoli (1784-1855), en la tribuna de Galileo del Museo La Specola, Florencia.

Por ello, se entiende que el ser humano no está solo en el universo, más aún, ocupa un lugar muy especial, pues de todos los seres creados, él es el único del que se dice que Dios lo creó «a su imagen y semejanza». El modelo geocéntrico del universo que idearon Aristóteles y Ptolomeo queda reforzado de este modo, pues confirma la excepcionalidad del ser humano y su localización en el centro del universo.

Edad moderna. — no describió el proceso lo hace ⇒ Galileo.

3.2. La cosmovisión mecanicista

Antes se ponía "parches"

En esta cosmovisión se considera la naturaleza como una máquina cuyo comportamiento estaría regido por un pequeño número de leyes sencillas e inmutables. Esta visión del mundo está íntimamente relacionada con la aparición de la ciencia moderna a partir de los siglos XV y XVI; se consolida a lo largo del XVII, alcanza su punto álgido en el siglo XVII, con la figura de Isaac Newton (Reino Unido, 1643-1727), y empieza a ser cuestionada en el XIX. Tiene sus antecedentes en el atomismo de Demócrito (Grecia, 460-371 a.C.) y actualmente sigue vigente en algunas teorías que consideran la naturaleza como un mecanismo en el que la libertad humana no tiene cabida.

lo describió matemáticamente — cambio — tierra gira alrededor del sol

Esta etapa de la historia de la ciencia se caracteriza por una nueva forma de mirar la naturaleza: la mera observación y la razón no bastan, ahora se incorporan la experimentación y la matematización para tratar de explicar cómo es y cómo funciona el universo. Por ejemplo, Nicolás Copérnico (Polonia, 1473-1543) propone un cambio revolucionario al considerar que el Sol, y no la Tierra, es el centro del universo. Esta teoría, que ya había sido propuesta por Aristarco de Samos (Grecia, h. 310-h. 230 a.C.), pero no tuvo éxito en su época, es defendida ahora por astrónomos como Johannes Kepler (Alemania, 1571-1630) y Galileo Galilei (Italia, 1564-1642), a pesar de que contradice nuestra percepción cotidiana (lo que percibimos a simple vista es que el Sol gira alrededor de nosotros y no percibimos el movimiento de la Tierra). El llamado «giro copernicano» supone un cambio radical en la concepción del universo y también en la del ser humano: dado que la Tierra ya no es el centro del universo, el ser humano, tampoco. Esto introduce una dosis de inseguridad vital que conecta con la llamada «crisis del Barroco»: una época en la que muchas convicciones tradicionales son cuestionadas.

nueva física que no ocurría en la realidad cambia el ④ de lo complejo llegó a lo simple → 3 leyes que hicieron un cambio radical

Por su parte, Newton ofrece una teoría física capaz de explicar, al mismo tiempo, los fenómenos celestes (movimiento de los astros) y los terrestres (por ejemplo, la caída de una manzana desde el árbol al suelo con la ley de la gravedad). Expone su teoría en un libro titulado *Principios matemáticos de filosofía natural*, donde el espacio y el tiempo son sistemas de referencia absolutos. Las leyes de la mecánica newtoniana son aceptadas a partir de entonces como la mejor explicación del movimiento de los cuerpos.

El mecanicismo newtoniano conduce a una visión determinista del universo. El matemático Pierre Simon Laplace (Francia, 1749-1829) la expresa como sigue: si en un momento dado una inteligencia suficientemente poderosa conociera el estado en que se encuentran todas las cosas en el universo y las leyes que lo rigen, podría predecir con exactitud la aparición de cualquier suceso posterior. Es decir, que sabiendo las condiciones iniciales de un fenómeno y las leyes newtonianas, podremos explicar y predecir todo lo que ocurre o puede ocurrir en el universo.

Las investigaciones sobre la materia de químicos como Robert Boyle (Irlanda, 1627-1691) y Antoine Lavoisier (Francia, 1743-1794) también contribuyen a configurar la cosmovisión mecanicista del universo, renovando la antigua teoría atomista de Demócrito.

Doc. 3

«La filosofía está escrita en este libro inmenso que se encuentra continuamente abierto ante nuestros ojos (quiero decir el universo), pero que no puede entenderse si no se aplica uno primero a entender su lengua, a reconocer los caracteres en que está escrito. Está escrito en lengua matemática, y sus caracteres son triángulos, círculos y otras figuras geométricas, sin cuyo medio es humanamente imposible entender una palabra».

GALILEO, *El ensayador*

- ¿Qué papel desarrollan las matemáticas en la concepción mecanicista del universo para Galileo?

④ sistema aristotélico (es falsa su teoría) va a juicio.

Copérnico considera que el lugar central del universo lo ocupa el Sol, alrededor del cual gira todo. Por eso defiende un sistema heliocéntrico y no geocéntrico.

① Principio de inercia: todo cuerpo estará en estado de reposo o en movimiento uniforme rectilíneo si no hay nada que se lo impide. (si no hay nada que se lo impide continuará siempre)
ej: pelota rueda hay arena ≠ cambia velocidad o para

Algunos filósofos contribuyen de manera especial a la cosmovisión mecanicista: unos, defendiendo un determinismo y mecanicismo radical, y, otros, preguntándose críticamente si el mecanicismo sirve o no para explicar todas las dimensiones de la realidad.

- La contribución de René Descartes (Francia, 1596-1650), filósofo de la corriente racionalista, muestra un universo en el que todo es matematizable y se rige por dos principios: el de la inercia y el de la conservación de la cantidad de movimiento. Sin embargo, Descartes considera libre de mecanicismo la actividad psíquica superior, la que corresponde a la *res cogitans* (el tipo de sustancia pensante que constituye a los espíritus, incluida el alma humana), y, por supuesto, también Dios (sustancia infinita) estaría libre del mecanicismo. En cambio, las cosas materiales (*res extensa*) se consideran explicables como meras máquinas, en términos de masa, fuerza y movimiento local.
- Julien Offray de La Mettrie (Francia, 1709-1751), en su obra *El hombre máquina*, considera que la materia es la única realidad sustancial que existe. Ella y sus tres atributos (extensión, fuerza y movimiento) resultarían suficientes para explicar toda la realidad.
- Gottfried Leibniz (Alemania, 1646-1716), sin renunciar a una perspectiva finalista del mundo, propone el principio de razón suficiente y considera la materia como *vis* (fuerza) mecánicamente entendida. Aunque, al introducir el concepto de mónadas como puntos de fuerza o energía, se convierte en un antecedente de la física contemporánea.
- Immanuel Kant (Alemania, 1724-1804) considera que el mundo físico es explicable por las leyes de Newton, pero abre la posibilidad de ir más allá del conocimiento científico a través de la reflexión filosófica: la ciencia puede explicar los fenómenos naturales, pero se muestra incapaz de explicar la moralidad humana, basada en el supuesto de que somos libres para actuar moralmente, y por lo tanto no puede explicar por qué nos sentimos responsables de nuestros actos.

Con el éxito de la física newtoniana se llegó a creer que la ciencia podría desvelar todos los misterios de la naturaleza. Esta confianza en la cosmovisión mecanicista ha conducido a algunos científicos y filósofos a defender una visión reduccionista del universo, porque se está dando por supuesto que los métodos que son adecuados para explicar los fenómenos físicos son también válidos para explicar todos los demás aspectos de la realidad. Sin embargo, esto no tiene por qué ser así. Esta cosmovisión tampoco explica la causa final, es decir, el para qué del universo, ni consigue explicar, como decía Kant, cómo es posible la libertad humana dentro de un sistema en el que la libertad no parece tener cabida.

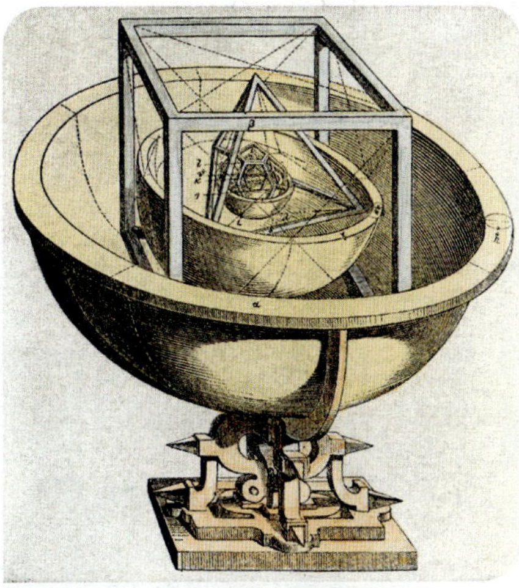

Representación del astrónomo alemán Kepler de las órbitas de los planetas del sistema solar.

¿Es posible representar el cosmos contenido dentro de formas geométricas y equilibrado según un orden perfecto?

Doc. 4

«Estoy muy atareado con la investigación de las causas físicas. Mi propósito es demostrar que la máquina celeste ha de ser comparada no a un organismo divino (el que piensa que un reloj está animado atribuye a la obra la gloria del artífice), en la medida en que la mayoría de los movimientos múltiples se realizan gracias a una única fuerza magnética muy sencilla, como en el caso de una maquinaria de relojería, de la misma manera que en el reloj los movimientos son causados por un simple peso. Además, demuestro cómo esta concepción física ha de ser presentada por medio del cálculo y la geometría».

JOHANNES KEPLER, *Carta a Herwart*

- Busca cuáles fueron las aportaciones de Kepler a la cosmovisión mecanicista.
- ¿A qué se refiere el autor con la expresión «la máquina celeste»?
- ¿Por qué compara Kepler la máquina celeste con un reloj?
- ¿Por qué dice el autor que «esta concepción física ha de ser presentada por medio del cálculo y la geometría»?

ACTIVIDADES

10. ¿En qué consiste la cosmovisión mecanicista? ¿Y el determinismo? ¿Qué relación hay entre el mecanicismo y el determinismo?

11. ¿Qué otras implicaciones filosóficas además del determinismo tiene defender una cosmovisión mecanicista del universo?

INVESTIGA

12. Elabora una lista de los principales autores que hicieron aportaciones importantes al nacimiento de esta cosmovisión y anota lo que aportó cada uno de ellos.

Sheldon Cooper vestido de efecto Doppler en la serie estadounidense *The Big Bang Theory*, 2007.

El efecto Doppler, con el que el astrónomo Edwin Hubble (1889-1953) comprobó la expansión del universo: las ondas emitidas por un cuerpo en movimiento son percibidas con una longitud de onda mayor cuando el cuerpo se aleja del observador (desplazándose hacia el rojo) y menor cuando se acerca a él (desplazándose hacia el azul).

4 Cosmovisión contemporánea: el paradigma de la complejidad

4.1. La crisis del mecanicismo y nuevo paradigma

Desde finales del siglo XIX comienzan a aparecer fenómenos y teorías que cuestionan algunos aspectos del mecanicismo: la teoría ondulatoria de la luz, la noción de campo en el electromagnetismo, el calor y la entropía desde la termodinámica, el descubrimiento del electrón, que afecta a la estructura del átomo, la radiactividad, etc.

En este contexto aparecen dos importantes teorías que van a dar lugar al nacimiento del nuevo paradigma: la teoría de la relatividad y la mecánica cuántica.

En el nuevo paradigma científico interviene también, desde la biología, la teoría de la evolución, que Charles Darwin (Reino Unido, 1809-1882) propone en su obra *El origen de las especies*. La aparición y desarrollo de los seres vivos se considera ahora como un episodio más dentro de otro proceso evolutivo mucho más amplio: el que comenzó con el Big Bang.

4.2. La teoría de la relatividad: leyes del macrouniverso

Albert Einstein (Alemania, 1879-1955) publica en 1905 la teoría especial de la relatividad, que aplica a los sistemas inerciales. Parte de dos postulados: el principio de la relatividad, ya formulado por Galileo, y el principio de invarianza de la velocidad de la luz. Desde ellos llega a conclusiones sorprendentes: 1) La velocidad de la luz es teóricamente la máxima que puede ser alcanzada (aproximadamente 300.000 km/s). 2) La longitud disminuye con la velocidad. 3) El tiempo se ralentiza con la velocidad. 4) La masa y la energía mantienen una relación de equivalencia ($E = m \cdot c^2$): la masa se puede convertir en energía y viceversa. 5) El espacio y el tiempo dejan de ser magnitudes absolutas para ser consideradas ahora con relación al sistema de que se trate y a la velocidad a la que se desplace dicho sistema; por ejemplo, el tiempo y el espacio no se manifiestan del mismo modo en una nave que viajase a una velocidad cercana a la de la luz que en la superficie terrestre.

En 1917 Einstein formula la teoría general de la relatividad, que se ocupa de los sistemas no inerciales y de los campos gravitatorios. Comprueba que el espacio físico no es recto sino curvo, y para mostrarlo utiliza geometrías no euclidianas.

Con esta teoría Einstein explica la estructura y las leyes del universo considerado a escala macro, en el ámbito de las grandes distancias y de las grandes velocidades; trata de dar razón de lo que ocurre en el macrocosmos, donde ya no funcionan las leyes de Newton, aunque estas siguen funcionando en el mesocosmos, es decir, en el mundo que percibimos con los sentidos, en el que nos movemos a escala humana. La mecánica einsteniana abre la posibilidad de pensar en la multiplicidad de tiempos y espacios en paralelo, y de expresarlos matemáticamente como espacios de más de tres dimensiones.

Einstein pretende abarcar una descripción universal y completa del mundo físico. Esta es una aspiración que comparte con muchos físicos actuales que buscan unificar en una sola fórmula matemática las cuatro fuerzas del universo: gravitatoria, electromagnética, nuclear débil y nuclear fuerte.

Doc. 5

«Tú crees en un Dios que juega a los dados, y yo en una ley y orden completos en un mundo que objetivamente existe… Incluso los grandes éxitos iniciales de la teoría cuántica no me hacen creer en ese juego fundamental de dados, aunque soy consciente de que nuestros jóvenes colegas interpretan mi actitud como un síntoma de senilidad».

ALBERT EINSTEIN,
Carta de Einstein a Born

- ¿Qué razones da Einstein en el texto para criticar la teoría cuántica?
- Busca información de las discusiones de Einstein con Born y con otros representantes de la teoría cuántica.

4.3. La mecánica cuántica: una nueva forma de entender la materia

La mecánica cuántica, por su parte, surge para explicar el comportamiento de la materia a escala micro: el átomo y las partículas subatómicas. Diversos descubrimientos obligan a romper con la idea de átomo de la época anterior: muestran que el átomo ya no es «a-tomo»: «a» (sin) y «tomo» (parte o división), sino que se puede romper porque está formado por partículas más pequeñas: electrones, neutrones y protones; y aún más pequeñas: quarks y gluones. En la actualidad, en la física de partículas se conocen más de doscientas partículas elementales; incluso se ha propuesto un modelo estándar, en el que aparecen seis quarks, seis leptones, los gluones, los fotones, los bosones W y Z, el bosón de Higgs y el hipotético gravitón.

Tales partículas subatómicas son al mismo tiempo corpúsculo y onda; son radiaciones ondulatorias discontinuas que se transmiten por paquetes de energía (los *cuantos*); son materia y energía a la vez; se puede decir que son su actividad. Niels Bohr (Dinamarca, 1885-1962, premio Nobel de Física de 1922) consideraba que ambas descripciones de la materia, corpuscular y ondulatoria, son complementarias, y que es la experiencia la que determina cuál de esos dos aspectos se pone de manifiesto.

Si en la física clásica y en la de la relatividad se distingue entre el observador y lo observado, esto no es factible en el mundo de las partículas subatómicas. Hay una interacción entre el sujeto y el objeto, de modo que ahora el objeto es algo que se constituye por la interacción entre el observador y lo observado en el momento mismo de la observación. Esto ha generado problemas lógicos, como la paradoja del gato de Schrödinger (Austria, 1887-1971), según la cual, si hubiera un gato metido en una caja y su vida dependiera del movimiento de un *quantum*, estaría vivo y muerto al mismo tiempo, hasta que el observador abriera la caja, momento en el que se decide la suerte o estado del animal.

Werner Heisenberg (Alemania, 1901-1976) trató de averiguar la posición y movimiento de las partículas y vio que se comportan de un modo imposible de prever (principio de incertidumbre o de indeterminación). Esto es una revolución extraordinaria frente al mecanicismo, porque si el presente no puede ser conocido con precisión absoluta, tampoco es predecible el futuro. La idea de estricta causalidad desaparece, y en su lugar entra la noción de probabilidad. Las únicas predicciones que se pueden hacer se basan en probabilidades estadísticas. Esta teoría conforma una visión del mundo desconcertante, donde todo es más incierto y complejo; una visión en la que el azar, la irreversibilidad y la incertidumbre son la regla.

En la actualidad, se dice que estamos asistiendo a una segunda revolución cuántica de la que se esperan espectaculares avances tecnológicos.

4.4. Origen y evolución cosmológica: la teoría del Big Bang

En el campo de la cosmología, la teoría del Big Bang ha sido revolucionaria: el universo deja de concebirse como algo estático y ahora se lo considera en expansión. Esta teoría describe el inicio y la evolución del universo hasta el presente, e incluso prevé el modo en que el universo evolucionará en el futuro. Basándose en ciertos cálculos, posibilitados por las leyes de Einstein, el universo del que formamos parte comenzó a existir hace aproximadamente 13.750 millones de años. En los primeros instantes, toda la materia

Doc. 6

«Preguntarnos: ¿De qué se compone el protón?, ¿el electrón se puede dividir o es indivisible?, ¿el cuanto luminoso es simple o compuesto? Preguntas, insisto, mal planteadas, porque las expresiones "dividir" y "componerse de" han perdido gran parte de su sentido. Nos incumbe, por tanto, adaptar lenguaje y pensamiento –es decir, también nuestra filosofía natural– a esa nueva situación creada por los experimentos. Hay que hacerse a la idea de que los fenómenos de lo muy pequeño y de lo muy grande no proporcionan ya imágenes visualizables, y hay que aprender a arreglárnoslas allí sin visualizar las cosas».

WERNER HEISENBERG, *Encuentros y conversaciones con Einstein y otros ensayos*

- ¿Por qué dice el autor que están mal planteadas las preguntas iniciales del texto?
- ¿Por qué dice el autor que «hay que aprender a arreglárnoslas allí sin visualizar las cosas»?

ACTIVIDADES

RELACIONA

13. ¿Qué fenómenos, teorías y descubrimientos han contribuido a poner en cuestión el modelo mecanicista y abren el camino a un nuevo paradigma científico?

REFLEXIONA

14. ¿Cuáles son las principales conclusiones a las que conduce la teoría de Einstein? ¿En qué aspectos ponen en cuestión el modelo newtoniano?

COMPARA

15. ¿Qué es lo novedoso de la mecánica cuántica con respecto al paradigma mecanicista?

La Vía Láctea, *Camino de Leche*, llamada así en la mitología griega por parecer una banda de luz blanca en torno del firmamento, cuyo origen atribuyeron a leche derramada del pecho de Hera.

y energía estaba concentrada en un punto infinitamente pequeño, con una densidad, temperatura y presión enormes. De ahí se origina una gran explosión (*Big Bang*) y tras ella se multiplica exponencialmente su tamaño y emergen partículas subatómicas que, junto a la radiación primordial (radiación cósmica de fondo), empiezan a expandirse. Posteriormente, al descender la temperatura, se forman los primeros núcleos de hidrógeno y helio, y la radiación continúa expandiéndose. Con el paso del tiempo, empiezan a formarse las galaxias, que contienen nubes de hidrógeno y helio; estas al concentrarse y girar, debido a su propia gravedad, dan lugar a las estrellas. En el seno de las estrellas van surgiendo elementos más pesados, como el hierro, el calcio, el carbono, etc., que más tarde formarán parte de los planetas y de nuestro propio cuerpo. Por eso se ha dicho a veces que los humanos somos «polvo de estrellas».

En este universo en expansión ya no tienen sentido ni el geocentrismo ni el heliocentrismo: William Herschel (Alemania, 1738-1822) demuestra que el Sol no es el centro de universo, sino que es una estrella más entre las muchas que conforman la Vía Láctea, y ni siquiera está en el centro de la misma, sino en una rama exterior.

4.5. Universo termodinámico: entropía y teoría del caos

Las novedades que se introducen en la termodinámica también influyen en la nueva cosmovisión. Por una parte, el concepto de entropía, propuesto por Rudolf Clausius (Alemania, 1822-1888), ofrece una visión de la evolución del universo como un proceso de degradación irreversible, originado por el transcurso del tiempo en el funcionamiento del sistema, que acaba anulando el potencial energético del mismo y le provoca una parálisis total: no una aniquilación, pero sí un apagamiento o muerte universal. La entropía ejerce su acción en sistemas cerrados y aislados, pero también afecta a los sistemas abiertos. Estos últimos tienen la capacidad de combatir ese desorden y de recuperar el orden con aportaciones de los subsistemas con los que se relacionan. Ilya Prigogine (Bélgica, 1917-2003) señala que la complejidad de la realidad permite que, a partir del caos, aparezcan nuevas estructuras ordenadas.

Por otra parte, la teoría del caos la inicia el meteorólogo y matemático Edward Lorenz (EE. UU., 1917-2008) al elaborar un modelo matemático para predecir fenómenos atmosféricos y comprobar que la herramienta matemática que utilizaba estaba fallando porque pequeños cambios en las condiciones iniciales producían diferencias extraordinarias. Lo denominó el «efecto mariposa», que habla de pequeños cambios (por ejemplo, el aleteo de una mariposa en Pekín) que pueden tener a largo plazo importantes consecuencias (como, por ejemplo, un huracán en Arizona). Uno de los principales representantes de esta teoría es Prigogine, que considera que el mundo no sigue el modelo del reloj, previsible y determinado, sino que presenta aspectos caóticos: el mundo es un sistema dinámico caótico, en el que se suceden ciclos de orden y de desorden.

Los sistemas son predecibles, pero de repente, sin que nadie sepa muy bien por qué, comienzan a desordenarse (período donde se tornan imposibles las predicciones) pudiendo retornar luego a la estabilidad. El modelo matemático de la teoría del caos se aplica en numerosas investigaciones. Por ejemplo, los médicos la aplican para investigar por qué en el ritmo cardíaco normal se filtra a veces el caos, produciendo un paro cardíaco repentino.

Doc. 7

«La realidad del cosmos es en sí misma dinamismo. Es falso decir que el mundo tiene dinamismo. Es igualmente falso decir que el mundo está en dinamismo. El mundo no está en dinamismo, sino que es dinamismo. Y ser dinamismo no consiste en tener carácter procesual, sino en que en su constitutiva realidad es un dar de sí, un estar siendo lo que efectivamente ya se es. El dinamismo es algo formalmente constitutivo del mundo. El mundo es en su propia realidad algo que consiste en dar de sí. Y este dar de sí lo que ya se es es justamente el dinamismo».

XAVIER ZUBIRI, *Estructura dinámica de la realidad*

- ¿Qué diferencia hay entre decir que «el mundo está en dinamismo» y afirmar que «el mundo es dinamismo»?
- ¿Qué quiere decir el autor con la frase: «El mundo es en su propia realidad algo que consiste en dar de sí»?

4.6. Dinamismo, complejidad y otras implicaciones filosóficas

Esta concepción dinamicista de la realidad también ha sido expresada con rigor filosófico en las filosofías del proceso (Alfred N. Whitehead, EE. UU., 1861-1947) y en las filosofías del dinamismo (Xavier Zubiri, España, 1898-1983). Zubiri, en su obra *Estructura dinámica de la realidad*, se pregunta por la diferencia que hay entre «ser sujeto de evolución» y «ser deviniente», y afirma que el cosmos «no está *en* dinamismo» sino que «*es* dinamismo». Ahora se introducen nuevos conceptos para explicar la realidad: evolucionismo, dinamismo, caos, azar, etc.

Esto hace que la ciencia no se preocupe únicamente de las situaciones estables y permanentes, sino también de las evoluciones, las crisis, lo probable, etc., como, por ejemplo, el cambio climático, el posible agotamiento de los recursos, el desarrollo sostenible, etc.

El nuevo paradigma científico ofrece una imagen más compleja y completa del universo: un universo holístico que es un sistema abierto, del que pueden emerger nuevas estructuras dinámicas, y requiere un conocimiento más integrado y globalizado. La ciencia experimental por sí sola no logra alcanzar una comprensión completa del mundo, sino que requiere la aportación de otros saberes. Por ello, Prigogine reclama la alianza de la ciencia y la filosofía y Edgar Morin (Francia, 1921) propone el concepto de transdisciplinariedad. Y también se plantea la necesidad de reforzar y orientar bien la relación entre la ciencia y la tecnología.

Las novedades científicas han puesto de manifiesto que el universo no tiene un centro propiamente dicho. Y que la especie humana es una especie más del proceso evolutivo. Pero al mismo tiempo es la especie que posee las capacidades más sorprendentes. La evolución muestra la estructura dinámica del ser humano, un ser capaz de tener conciencia de sí mismo, de hacerse cargo de las cosas y de proyectar lo que quiere ser. De ahí que ahora se pueda entender que la libertad y la responsabilidad tienen cabida en la nueva cosmovisión científica, a diferencia de lo que ocurría en la cosmovisión mecanicista.

Algunos pensadores consideran que la ciencia contemporánea nos acerca a Dios, pero no entendido como un ser supremo alejado del mundo, sino como un Dios que es pura actividad, que es amor que actúa en la entraña misma de la realidad cósmica. Y, en cambio, otros opinan que esta cosmovisión permite prescindir de Dios, porque la nueva ciencia «deifica» la materia-energía. Pero la cuestión filosófica de la existencia y la esencia de Dios sigue siendo una cuestión abierta que la ciencia no puede cerrar porque sus métodos de investigación no pueden ir más allá de ciertos límites.

ACTIVIDADES

RAZONA

16. ¿Por qué la teoría del Big Bang ha sido revolucionaria?

17. ¿Es posible combinar el azar y la necesidad en la teoría del caos? ¿Por qué?

18. ¿Por qué se dice que el paradigma científico contemporáneo nos ofrece una visión más compleja y completa del universo?

19. ¿Es compatible la cosmovisión científica contemporánea con las creencias religiosas? ¿Por qué?

Doc. 8

«Por sí misma, la práctica de la ciencia ni aleja al hombre de Dios ni lo acerca a Él. Es completamente neutra con respecto a la religión. La decisión de creer o no se toma por otros motivos, ajenos a la actividad científica; pero, una vez tomada, la ciencia ofrece un medio poderoso para racionalizar y reafirmar la postura personal. Al ateo le da argumentos detallados que interpreta como pruebas de que la materia se explica a sí misma. Al creyente le permite apreciar mejor lo que vería, de todos modos, como obra de Dios, ya que el versículo del Salmo "los cielos proclaman la gloria de Dios" le parece claro y luminoso, al percibir íntimamente los mecanismos que sustentan ese esplendor».

ANTONIO FERNÁNDEZ RAÑADA, *Los científicos y Dios*

- Según el autor, ¿qué razones pueden encontrar en la ciencia contemporánea un ateo y un creyente para negar o afirmar su creencia en Dios?

El proceso de evolución cósmica que comienza con el Big Bang, con la gran explosión, refuerza la concepción dinámica y procesual del universo.

SABER HACER

1 Comentario de texto

«Inspiradme esto. Musas que desde siempre habitáis las mansiones olímpicas y decidme lo que hubo antes de aquellos (los dioses). Ante todo existió el Caos. Después Gea, la de amplio pecho, sede siempre segura de todos los Inmortales que habitan las nevadas cumbres del Olimpo. Por último, Eros –el más hermoso de los dioses inmortales– que afloja los miembros y cautiva de todos los dioses y hombres el corazón y la sensata voluntad en sus pechos. Del Caos surgieron Erebo y la negra noche. A su vez, de la Noche nacieron el Éter y el Día, a los que alumbró preñada por el contacto amoroso con Erebo. Gea dio vida primero al estrellado Urano con sus mismas proporciones, para que la contuviera por todas partes y poder ser así siempre sede segura para los felices dioses. [...] Dio a luz, además, a los Cíclopes de soberbio espíritu, que dieron a Zeus el trueno y fabricaron el rayo».

HESIODO, *Teogonía*

Cuestiones

1. ¿Qué título le pondrías a este fragmento?
2. Busca narraciones mitológicas de otras culturas en las que se explique la génesis del universo y compáralas. ¿Qué conclusiones sacas?

2 Comentario de texto

«La mayor parte de los que primero filosofaron opinaron que los únicos principios de todas las cosas son desde el punto de vista de la materia. [...] En cuanto al número y carácter de este principio no todos dijeron lo mismo, pues Tales, el fundador de esta filosofía, dijo que es el agua (por ello dice que la tierra descansa sobre el agua), concibiendo posiblemente esta idea al ver que la humedad es el alimento de todas las cosas y que el mismo calor procede de ella y de ella vive (y aquello de que todo procede es el principio de todo), por esto concibió tal idea y porque la semilla de todas las cosas tiene naturaleza húmeda; pero el agua es el principio de la naturaleza en las cosas húmedas».

ARISTÓTELES, *Metafísica*

Cuestiones

1. Reconstruye el argumento que le pudo llevar a Tales a la conclusión siguiente: «Por lo tanto, el agua es el principio de todas las cosas que tienen vida».
2. ¿Qué título le pondrías a este fragmento?
3. Busca información sobre el resto de filósofos presocráticos y di cómo explican de qué está hecha la naturaleza (el principio) y cómo se mueve o cambia.

3 Comentario de texto

«Si preguntamos de qué se compone el universo físico, se nos responderá que de materia y energía. Pero quien sepa algo de ingeniería, biología y física nos citará también la información como elemento no menos importante. El robot de una fábrica de automóviles es de metal y plástico, pero no hará nada útil sin las abundantes instrucciones que le digan qué pieza debe soldar a otra. El ribosoma de una célula se construye con aminoácidos... pero no podría sintetizar proteínas sin la información suministrada por el ADN del núcleo celular. Un siglo de investigaciones nos ha enseñado que la información desempeña una función esencial en los sistemas y procesos físicos».

JACOB D. BEKENSTEIN, «La información en un universo holágrafo»,
publicado en *Investigación y Ciencia*

Cuestiones

1. Según el texto, ¿de qué se compone el universo?
2. ¿Qué es más relevante para Bekenstein: la materia y la energía o la información? ¿Por qué? Investiga sobre el físico John A. Wheeler y di si defendería lo mismo.

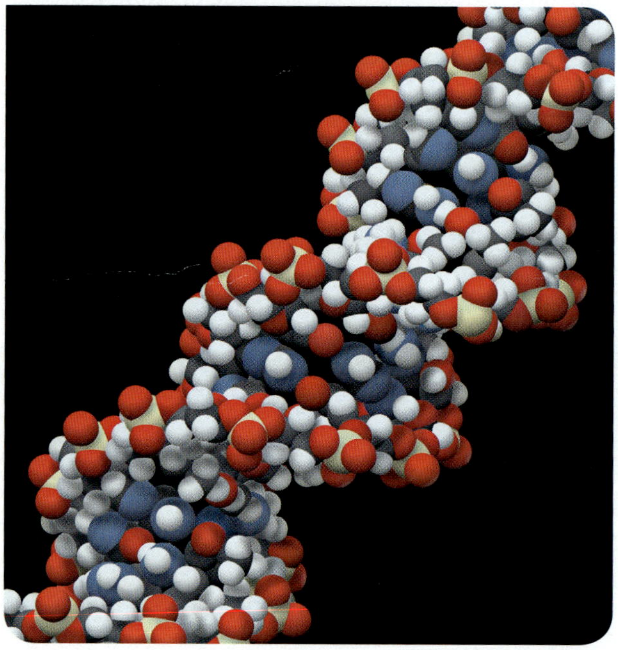

4 Debate

Un debate «a modo de webquest»

En los debates actuales conviven, reinterpretadas, las preocupaciones de las cosmovisiones finalista y mecanicista del universo junto con otras específicas del momento histórico actual. Por ejemplo, hoy nos seguimos preguntando si hay determinismo o libertad.

- Preparad un debate sobre determinismo y libertad.
  1. Buscad información de algunos determinismos actuales: determinismo robótico (artículo de Javier Montserrat «Los cíborgs se identificarán con el hombre en una nueva era, según Ray Kurzweil» en www.tendencias21.net), determinismo neural (experimento de Libet) y determinismo genético (*El gen egoísta*, de Richard Dawkins). Y buscad información sobre Jacques Monod y su libro *El azar y la necesidad*.
  2. Buscad también información de posiciones que defienden una libertad condicionada: artículo de Adela Cortina en el diario *El País* «Frankenstein: el origen de la neuroética», en www.elpais.com, y una conferencia de la misma autora en http://www.march.es/conferencias/anteriores/; el libro de Denis Noble, *La música de la vida*, donde se enfrenta al determinismo genético y aporta la perspectiva de la biología de sistemas. Y buscad información sobre el indeterminismo descubierto en sistemas macroscópicos, como el sistema climático, o en los fluidos turbulentos, como los mares y la atmósfera.
- Elaborad los argumentos con la información en grupos pequeños de cuatro estudiantes.
- Pasad a debatirlos en el gran grupo de clase.

5 Disertación

¿Tiene el universo una finalidad?

Ayúdate de las siguientes sugerencias para elaborar tu reflexión:

- Con la teoría del Big Bang podemos explicarnos cómo surge el universo, pero no el para qué surge: ¿tiene sentido preguntarse para qué surge el universo?
- Si contestamos negativamente ¿qué se sigue de esa respuesta negativa?
- Si contestamos positivamente, ¿qué se sigue de esa respuesta positiva?
- Finalmente, ¿dónde podríamos buscar una respuesta a esta pregunta en el caso de que la ciencia no nos ayude a responderla?

¿Cómo podemos conseguir que la intervención del ser humano en la naturaleza sea beneficiosa?

Ayúdate de las siguientes sugerencias para elaborar tu reflexión:

- ¿Qué entendemos por «intervención beneficiosa»?
- ¿Qué métodos pueden ayudar a conseguirlas?
- ¿Pros y contras de los métodos propuestos?

PROYECTO FINAL. **Trabajo cooperativo**

Cuestiones en torno al paradigma de la complejidad

- Dividimos la clase en grupos de cuatro para investigar y responder a las preguntas siguientes:
  - ¿Qué es el principio antrópico? ¿Qué pensaban John David Barrow (Reino Unido, 1952) y Frank J. Tipler (EE. UU., 1947) del mismo? ¿Y Stephen Hawkin (Reino Unido, 1942)?
  - ¿En qué consiste la teoría del multiverso?
  - ¿Qué dice la teoría del diseño inteligente? ¿Qué piensa de ella el biólogo Francisco J. Ayala (España, 1934)?
  - ¿Cómo justifican el físico Fritjo Capra (Austria, 1939) y el filósofo Edgar Morin la necesidad de conectar los diversos saberes para comprender mejor el universo?
- Cada miembro del grupo tiene que elegir investigar sobre una pregunta. En casa realizamos una búsqueda individual de información.
- Durante la primera sesión de trabajo en el aula, los investigadores de cada pregunta se reúnen para compartir su investigación y completarla entre todos. Después, cada uno elabora su informe para llevarlo a su grupo de procedencia.
- En la segunda sesión, ya de regreso en el grupo originario, cada uno presenta y explica su informe al resto.
- En la tercera sesión, los cuatro miembros del grupo comentan lo que dicen Capra y Morin respecto a la necesidad de conectar los diversos saberes para comprender el universo. Un miembro del grupo toma notas.
- Finalmente, entre los cuatro redactan las ideas comentadas y las añaden como conclusiones a los informes individuales.

8 La explicación metafísica de la realidad

CONTENIDOS

1. ¿Qué es la metafísica?
2. Estructura y orientaciones de la metafísica
3. Algunos temas de la metafísica
4. Críticas a la metafísica
5. Necesidad de la metafísica

PARA PENSAR JUNTOS

Leemos el diálogo de la página siguiente, debatimos sobre él y, después de estudiar esta unidad didáctica, respondemos estas cuestiones:

- Relaciona las preguntas que se hace Paco con los contenidos del tema y explica con qué apartados del mismo están conectados.
- ¿Crees que las preguntas de Paco pueden originarse a partir de la observación de la realidad? Razona la respuesta.
- Si no has tenido hasta ahora pensamientos de esta índole, dedícales un tiempo y después escribe lo que hayas pensado. Si los has tenido, haz una redacción contando tu experiencia.
- ¿Piensas que todas las personas nos planteamos estas cuestiones en algún momento de nuestra vida? ¿Por qué?
- ¿Estás de acuerdo en que reflexionar sobre estos aspectos nos hace felices, como dicen Paco y Carmen? Da razones de tu respuesta.

La cascada, óleo de René Magritte (1898-1967). Colección particular. La metafísica pretende ordenar la experiencia para que no naufraguemos en ella.

Las personas necesitamos orientación en muchos momentos de nuestra vida para saber a qué atenernos en una determinada circunstancia, para tomar una decisión o ante una situación comprometida. La metafísica representa el esfuerzo más universal y radical que han realizado los seres humanos por buscar las raíces más profundas que les permitan disponer de esa orientación. La metafísica reflexiona sobre las cuestiones últimas (o primeras), los fundamentos de la existencia, intentando desentrañar el sentido último del mundo y de nosotros en él. En este tema vamos a tratar algunas de esas cuestiones que forman parte del núcleo mismo de toda filosofía.

LA FILOSOFÍA EN TU VIDA

PACO.- Chicos, ayer tarde estuve pensando un rato.

BELÉN.- ¡Paco, qué sorpresa, tú pensando!

PACO.- Pues sí. Como no tenía mucho que hacer, terminé los ejercicios pendientes y me quedé en mi habitación observando todo lo que me rodeaba, y me pregunté qué somos cada uno y qué diferencias hay entre todo lo que es y yo, porque todos los objetos, mi perro y yo existimos, es decir, somos seres; luego me pregunté qué hay en mí que me hace conocerlos y quererlos como propios, porque muchos de ellos me traen recuerdos muy felices; y, por fin, me pregunté por el principio de todo, de ellos y mío.

JUAN.- ¡Qué manera de perder el tiempo!

ANA.- Pues no lo parece, porque lo cuenta entusiasmado, ¿no, Paco?

PACO.- ¡Qué va! Me lo pasé genial. Cuando oí a mi madre llamarme para cenar, me quedé muerto, porque se me había pasado la tarde en un suspiro.

CARMEN.- ¿No os ha pasado eso mismo a vosotros? A mí, sí. A veces me quedo mirando objetos de mi habitación y los clasifico: los que me son queridos, los que me son indiferentes; los que forman parte de mi historia, los que están sin más; los que son regalos de personas y me las evocan, los que he comprado con mis padres y me recuerdan situaciones, unas veces felices y otras menos…

FERNANDO.- Ya, pero a mí me interesan las conclusiones a las que llegaste, Paco.

PACO.- No, si tampoco pretendía yo llegar a conclusiones; fue simplemente dejar ir el pensamiento sobre lo que os he contado, y lo pasé muy bien, porque caí en la cuenta de que, efectivamente, todos existimos, pero no de la misma manera. Mi mesa de estudio, por ejemplo, está a merced de lo que se haga con ella; en cambio, yo estoy a merced de algunas acciones de otras personas, pero tengo la capacidad de realizar otras acciones que solo dependen de mí; y mi perro está en parte sometido y en parte no, pero en lo que no está sometido tampoco creo que sea como yo, porque no creo que se plantee opciones y luego elija, sino que hace cosas porque se las pide el cuerpo.

CONSUELO.- Bueno, tú también haces cosas porque te las pide el cuerpo.

PACO.- Sí, pero no todas; hay muchas que hago contra lo que me pide el cuerpo, y otras que hago porque pienso que son buenas para mi futuro, pero que ahora me fastidian bastante.

BRAHIM.- ¿Y por qué crees tú que tenemos esa capacidad?

PACO.- Pues a eso también le dediqué un rato, pero me lie un poco, porque yo no creo que tengamos un alma, pero sí pienso que hay algo en nosotros que nos hace capaces de ir más allá de lo puramente material.

JUAN.- Pues claro, nuestro cerebro, que es mucho más complicado y está más evolucionado que el del resto de animales.

BELÉN.- Bueno, bueno. Yo distinguiría el cerebro de la mente. Y perdóname, Paco, por la ironía de antes, porque sí que has pensado, como yo no lo he hecho nunca.

PACO.- No te preocupes; estoy acostumbrado y, además, ya sabes que yo te quiero mucho.

BRAHIM.- Bueno, a mí me gustaría volver al origen o la causa de nuestras capacidades, y, ya que estamos, ¿tú crees que hay un principio de orden de todo cuanto existe o no?

PACO.- ¡Uf, eso se quedará para una reflexión posterior! Al llegar ahí sí que la cabeza se me calentó de verdad, porque, si no lo hay, la totalidad de lo que existe sería fruto del azar, y me parece mucho azar, la verdad.

JUAN.- Tampoco tiene que ser resultado del azar, la materia tiene sus propias reglas...

FERNANDO.- Eso pienso yo, que basta con lo que hay, no hay que buscar más.

CONSUELO.- O sí, porque no tendríamos que detener el pensamiento sin llegar hasta el final, eso sería «pensamiento perezoso», me parece a mí.

CARMEN.- Ahora sí que acaba de sonar el timbre.

1 ¿Qué es la metafísica?

La Lógica y la Dialéctica, relieve de Luca della Robbia, Museo dell'Opera del Duomo, Florencia.

1.1. Origen del término

La palabra «metafísica» procede del latín *metaphysica* y más remotamente del griego. Aunque, como veremos, se trata de un término muy antiguo y de un significado muy importante para la filosofía, su origen es un tanto azaroso. Andrónico de Rodas (Grecia, siglo I a.C.) dirigió la escuela aristotélica (el Liceo) entre los años 78 y 47 a.C. y dedicó buena parte de su labor intelectual al estudio y comentario de la obra de Aristóteles (Grecia, 384-322 a.C.). A él le debemos la organización de los escritos aristotélicos que, según la tradición, rescató de un sótano donde estaban abandonados. Entre las obras de Aristóteles, Andrónico encontró un conjunto de textos que carecían de título, pero que colocó a continuación de los tratados sobre la naturaleza (*phýsis*, y de ahí, «física»). Así pues, originariamente, «metafísica» solo se refería a aquellos escritos aristotélicos que Andrónico colocó a continuación o «detrás de los de física» (*metá tá physiká*).

1.2. La metafísica como filosofía

Pero, tras la lectura atenta de los escritos que Andrónico tituló *Metafísica*, se encuentra un significado fundamental para la filosofía. En efecto, los libros de física tratan de la naturaleza, mientras que estos escritos se refieren a una investigación de otro tipo: se pretende descubrir qué hay *detrás, más allá*, de las realidades naturales que se ofrecen a nuestros sentidos. Se trata de investigar cuáles son los fundamentos últimos constitutivos de todo cuanto hay.

Naturalmente, esta pretensión está en el origen de la filosofía misma, aunque fue Aristóteles el primero que realizó una reflexión metafísica con carácter sistemático y estructurado. En sus libros de metafísica, Aristóteles nos ofrece expresiones que sirven para aproximarnos a este tipo de saber:

- **El saber que trata del «ser en cuanto ser».** Todos los demás saberes y conocimientos tratan de algunos aspectos particulares del ser, de lo que hay. Por ejemplo, las matemáticas tratan la realidad, el ser, como algo numerable y cuantificable; la medicina se refiere al ser en cuanto sano o enfermo y a las condiciones para recuperar y conservar la salud. Desde esta perspectiva la metafísica sería el estudio o tratado del ser *en cuanto que es*, es decir, lo que comúnmente se denomina «ontología» (de *óntos* y *lógos*, «estudio del ser»).
- **La «filosofía primera».** Según esta expresión, la metafísica sería la forma más radical, básica y primordial de la reflexión filosófica, ya que su objeto de estudio es aquella realidad que *es* en el sentido más fuerte de este verbo. Aristóteles la identificó con Dios, considerándolo el ser por antonomasia. De modo que la metafísica consistiría en la investigación acerca de Dios, es decir, habría que entenderla como teología (de *theós* y *lógos*, «estudio de Dios»).
- **La «ciencia que se busca».** Aristóteles tiene conciencia de que se trata de un saber que no está acabado, sino que está apenas iniciado: está por hacer. En la época de Aristóteles, aunque hay pensamiento metafísico, no está constituido como tal un saber de este tipo. De aquí esta denominación, en la que por «ciencia» debemos entender un «conocimiento estrictamente racional». Así pues, gracias a Andrónico, el saber racional que buscaba Aristóteles se conoce hoy con el nombre de «metafísica».

Astronauta desplazándose en el espacio. Por más lejos que viajemos, el enigma de nuestra propia existencia nos acompaña allá donde vayamos.

1.3. La metafísica como saber

La metafísica es, ya en Aristóteles, un intento de averiguar la estructura profunda del mundo y del ser humano que habita en él. Las principales características de este saber podemos enunciarlas de la siguiente manera:

- **Es un saber orientativo**, es decir, un intento de saber qué es el mundo para poder saber a qué atenerse en las diferentes circunstancias que nos toque vivir. La aspiración última de la metafísica es que el ser humano alcance la felicidad como plena realización personal. Pero esta verdadera felicidad, en un sentido humano pleno, no se puede disfrutar siendo una persona ignorante. Por eso, la pretensión de conocimiento que representa la metafísica está ligada a la superación de la ignorancia para el logro y disfrute de la felicidad completa.
- **Es un saber radical**, porque pretende llegar a las cuestiones últimas, a los primeros principios de lo real. Se trata de aquellas preguntas que, una vez respondidas, ya no admiten que se pregunte de nuevo. Se diferencia, por tanto, de la ciencia, ya que pretende plantear problemas y cuestiones que la ciencia no puede abordar ni, menos aún, responder.
- **Es un saber universal**, porque no se ocupa de un tipo de cosas o realidades, sino de cualquier realidad. Su tema es el ser y por ello nada queda excluido, puesto que, como decía Parménides (Grecia, h. 540-470 a.C.), todo lo que hay en la naturaleza y todo lo que el ser humano pueda fabricar, idear o imaginar coincide en una cosa al menos: en que es. La metafísica pretende construir una noción integral o total del universo o de todo cuanto hay. Es un saber unificador que quiere dar significado a la totalidad de la experiencia humana.
- **Es un saber abierto y no concluido**, por lo que puede dar la impresión de que no progresa, de que siempre se está haciendo y rehaciendo. Lo que ocurre es que la metafísica se pregunta por los presupuestos en los que se basa la realidad y los principios por los que se rige nuestro pensamiento, y tanto la realidad como el pensamiento tienen historia, es decir, cambian a lo largo del tiempo, por lo que cada ser humano, cada época histórica o cada cultura tienen que emprender continuamente la tarea de aclarar su manera de pensar, vivir, sentir, relacionarse, etc.
- **Es un saber que se hace a sí mismo.** Esto significa que nuestros intentos por definir y explicar qué es la metafísica forman parte ya de hecho de la propia metafísica. No hay forma de definir la metafísica que no tenga, por principio, carácter metafísico. Por esto quizás sea más exacto hablar de «metafísicas», en plural, que de «la metafísica», como si se tratara de un saber homogéneo y constante a lo largo de la historia.

ACTIVIDADES

1. Explica con tus propias palabras el significado de las expresiones «ser en cuanto ser», «filosofía primera» y «ciencia que se busca».
2. ¿Qué significa que la metafísica es un saber «no concluido y que se hace a sí mismo»?

RELACIONA

3. Busca en un diccionario la palabra «metafísica»: intenta relacionar todos los significados del diccionario con lo que hemos estudiado.

Doc. 1

«¿Por qué y para qué surgió el saber posteriormente denominado "metafísica"? Fue un esfuerzo intelectual para *orientarse* en el mundo, para saber estar en la realidad. Algunos hombres sintieron la necesidad de *interpretar* sus experiencias, de *ordenarlas*, de *dar razón* de lo que les pasaba. De lo contrario, se hubieran visto sumidos en un caos carente de sentido. A los efectos de ordenar y unificar los fenómenos dados en la experiencia, se pusieron en funcionamiento todas sus capacidades sensibles e intelectuales, por ver si podían alcanzar algún saber conducente a la sabiduría y a la felicidad. Saber de lo verdadero y de lo bueno, para ser auténticamente lo que se es, lo que se debe ser, lo que se puede ser, y disfrutar en lo posible de tal modo de ser. [...]

La metafísica es un saber de los fundamentos del acontecer, del conocer y del actuar; una constante reflexión e interpretación de la experiencia con pretensiones de validez universal [...] Ha surgido siempre del interés por saber en profundidad y con coherencia el sentido y la verdad de lo que se nos ofrece en la experiencia. [...] De ahí su estado crónico de crisis. Al ser un saber de presupuestos, siempre está inaugurándose, principiando, abriéndose sin restricción».

JESÚS CONILL, *El crepúsculo de la metafísica*

- ¿Qué características de la metafísica aparecen en el texto?
- ¿Qué relación establece el autor del texto entre la metafísica y la vida vivida con autenticidad?
- ¿Te parece importante vivir auténticamente y disfrutar de esa forma de vida? ¿Por qué?
- ¿Tiene que estar siempre en crisis la metafísica? ¿Por qué?

2 Estructura y orientaciones de la metafísica

2.1. La organización tradicional de la metafísica

Desde Aristóteles se ha venido cultivando la metafísica como un saber con las características que hemos descrito. Pero en el siglo XVIII, Christian Wolff (Alemania, 1679-1754) propuso una forma de organizar los distintos contenidos de la metafísica, que es la siguiente:

- **Metafísica general**, que también se ha llamado «filosofía fundamental» y «ontología». Se ocupa de investigar qué son las cosas, en qué consisten las propiedades que poseen y cuáles son los procesos que sufren. Viene a coincidir con uno de los significados de la «ciencia del ser en cuanto ser» de la que hablaba Aristóteles. Las tres preguntas fundamentales que intenta responder son las siguientes: ¿Qué es el ser? ¿Qué (es lo que) hay? ¿Por qué hay ser y no, más bien, la nada?
- **Metafísicas especiales**, llamadas así porque estudian un determinado ser o tipo de seres. Wolff distinguió tres áreas particulares:
  - **Psicología racional**, que también se puede llamar «psicología metafísica» o «psicología filosófica», que se preocupa por investigar el alma o la mente. Se ocupa de cuestiones como el tipo de realidad que es el alma, la relación que mantiene con el cuerpo y su posible inmortalidad.
  - **Cosmología racional**, que hoy se suele denominar «filosofía de la naturaleza». Trata de investigar el mundo en general, su origen y fundamento. En las cuestiones relativas al origen y futuro del universo, a su naturaleza finita o infinita, a su estructura profunda, etc., ha de tener muy en cuenta las teorías científicas que se producen en la actualidad.
  - **Teología racional**, llamada «teología natural» o «teodicea», que pretende estudiar a Dios con métodos racionales, es decir, sin recurrir a la fe religiosa y usando solo las capacidades racionales del ser humano. Algunos de los temas que se plantea son la existencia de Dios, la relación de Dios con el mundo y el problema de la existencia del mal.

ESTRUCTURA DE LA METAFÍSICA			
Metafísica	General	Tratado del ser	Ontología
	Especial	Tratado del alma	Psicología racional
		Tratado del mundo	Cosmología racional
		Tratado de Dios	Teología racional o teodicea

2.2. Orientaciones de la metafísica

Ya hemos comentado que hay mucha diversidad en las formas que ha adoptado la metafísica históricamente. Ahora vamos a referirnos a algunas de esas propuestas de metafísica que se han construido y que aún se pueden construir actualmente. Naturalmente se trata de una clasificación general que, en cada autor o en cada caso concreto, puede necesitar matizaciones. Además, es siempre posible que la producción metafísica de un autor se pueda encuadrar en dos o más tipos de los que se apuntan a continuación.

Vista de Versalles, por Pierre Patel, Museo Nacional de Chateau Versalles.

El palacio y los jardines de Versalles, que mandó construir en 1668 el rey francés Luis XIV, reflejan una concepción ordenada, armónica y geométrica de la realidad.

Doc. 2

«"¿Por qué es el ente y no más bien la nada?". Esta es la pregunta. Probablemente no es una pregunta cualquiera. "¿Por qué es el ente y no más bien la nada?" es, al parecer, la primera de todas las preguntas. Es la primera aunque ciertamente no lo es en el orden temporal en el que se sucedieron las preguntas. [...] Es la primera pregunta en otro sentido, a saber, en el de su prioridad. Podemos precisar esta afirmación de tres modos. Definimos la pregunta: "¿por qué es el ente y no más bien la nada?" como la más digna, primero, por ser la más amplia, luego por ser la más profunda y finalmente por ser la más originaria de todas las preguntas».

MARTIN HEIDEGGER, *Introducción a la metafísica*

- Busca un título que resuma de qué trata el texto.
- ¿Qué tipo de investigación se propone el autor formulando esta pregunta?
- ¿Estás de acuerdo con que esta es la pregunta más amplia, más profunda y más originaria de todas las preguntas? Razona la respuesta en cada caso.

- **Metafísica espiritualista y metafísica materialista.** Vamos a entender por metafísicas «espiritualistas» (aunque la denominación no es demasiado afortunada) aquellas concepciones metafísicas que parten de la existencia de realidades no materiales y les conceden el rango de principios explicativos de toda la realidad. Desde este punto de vista, la explicación del mundo que propuso Platón (Grecia, 427-347 a.C.) entraría en este grupo, ya que entiende que las realidades primarias y fundamentales son las Ideas o esencias puramente racionales, que existen independientemente y separadas de las cosas sensibles.

  Según Platón, las cosas que percibimos por los sentidos no son más que meras copias de las esencias o Ideas eternas. Por ejemplo, un perro de carne y hueso sería una copia de la idea o forma de perro, y no hubiera llegado a existir en este mundo si no hubiera en el otro mundo algo así como el plano detallado y exacto de lo que ha de ser un perro. Plotino (Grecia, 205-270) y su noción de *lo Uno* de lo que se deriva todo lo real, la filosofía cristiana desde San Agustín (que pone tales ideas eternas en la mente de Dios), Georg Wilhelm Friedrich Hegel (Alemania, 1770-1831) y su interpretación de la realidad histórica como diversas formas de concretarse el Espíritu son algunos ejemplos más de este tipo de metafísica.

  En cambio, por metafísica «materialista» entendemos aquellas teorías que pretenden explicar la realidad sin recurrir más que a elementos materiales. Demócrito (Grecia, 460-370 a.C.) y su teoría de los átomos, Karl Marx (Alemania, 1818-1883) con los materialismos histórico y dialéctico y Friedrich Nietzsche (Alemania, 1844-1900), que defiende la vida como principio explicativo del mundo, son ejemplos de este tipo de metafísica.

- **Metafísica esencialista y metafísica existencialista.** Se suele entender por esencia aquello que hace que un ser sea lo que es y no otra cosa distinta. Así a la esencia del fuego pertenece el ser caliente mientras que a la de la nieve, el ser fría. La diferencia entre estos dos tipos de metafísica se encuentra en la prioridad que se le dé a la esencia: ¿Es anterior o posterior a la existencia? En el caso de una pintura o un martillo parece claro que primero es la esencia pensada por el pintor o por el fabricante de herramientas y después la existencia: tras haber concebido (esencia) el objeto (pintura, martillo), lo hacen existir fabricándolo.

  Pero el problema se plantea en el caso del ser humano: ¿Somos algo ya previsto, predeterminado (esencia), antes de existir o, más bien, existimos primero (nacemos) y en el transcurso de nuestra vida nos vamos haciendo de una determinada manera (esencia)? La metafísica platónica es claramente esencialista, pues las Ideas (esencias) son anteriores a las cosas. Tanto Martin Heidegger (Alemania, 1889-1976) como Jean Paul Sartre (Francia, 1905-1980) son los representantes más importantes de una metafísica existencialista.

- **Metafísica monista o pluralista.** Se consideran monistas aquellas teorías metafísicas que reducen la diversidad a un único principio explicativo. Los filósofos de la escuela de Mileto, como Tales (Grecia, 625-547 a.C.) o su discípulo Anaxímenes (Grecia, 590-524 a.C.), afirmaban que toda la multiplicidad y variedad de seres que podemos contemplar tenían como único principio el agua y el aire, respectivamente. Las metafísicas pluralistas defienden que existen varios principios originarios que explican el mundo, como en el caso de los cuatro elementos de Empédocles (Grecia, 495/490-435/430 a.C.), fuego, tierra, aire y agua, o las partículas elementales semejantes a semillas (*homeomerías*) de Anaxágoras (Grecia, 500-428 a.C.), que están en todos los seres del universo.

Doc. 3

«Para los predecesores de Parménides había sido posible identificar la naturaleza con el agua, el fuego o el aire, sin afrontar el problema de definir estos términos. Si yo digo que todo es agua, todo el mundo entenderá lo que quiero decir, pero si digo que todo es ser, puedo esperar con toda seguridad que se me pregunte: ¿Y qué es el ser? Porque, ciertamente, nosotros conocemos muchos seres, pero qué sea el ser mismo, o qué es ser, es una cuestión extremadamente oscura e intrincada. Parménides difícilmente podía evitar decirnos qué clase de realidad es el ser mismo. De hecho, fue lo bastante audaz como para plantear la cuestión y lo bastante lúcido como para darle una respuesta que todavía hoy merece nuestra atención».

ETIENNE GILSON, *El ser y los filósofos*

- ¿Cuál es el problema central de la metafísica, según el autor?
- ¿Cuál es la diferencia entre decir que «todo es agua» y decir que «todo es ser»?
- ¿En qué consiste la audacia y la lucidez de Parménides, según el texto?

ACTIVIDADES

OPINA

4. ¿Te parece que es importante investigar los objetos que se plantea la metafísica? ¿Por qué?
5. Entre los distintos objetos que estudia la metafísica, ¿cuál te parece más importante para tu vida? ¿Por qué?

COMPARA

6. Expresa con tus propias palabras la diferencia entre una comprensión esencialista y otra existencialista respecto a los seres humanos.
7. ¿Es posible ser esencialista y materialista al mismo tiempo en cuestiones metafísicas? ¿Por qué?
8. ¿Es posible una metafísica espiritualista y existencialista al mismo tiempo? Razona la respuesta.

3 Algunos temas de la metafísica

La metafísica aspira a encajar los elementos más importantes de nuestra experiencia, construyendo una imagen coherente y sólida del mundo en que vivimos y de nosotros mismos en él.

3.1. El problema del ser

Esta es la cuestión metafísica (ontológica) fundamental. Todo lo existente coincide en que es, en que forma parte de lo que hay. El hecho de ser es la característica más general y radical que tienen todas las cosas. Por eso, se los denomina «entes», término procedente del participio de presente del verbo latino *esse* («ser, estar, existir») que se puede traducir como «que es», «que existe». En este sentido, todas las cosas son entes, ya sean reales, imaginarias, absurdas, perceptibles, racionales, etc.

Pero es muy diferente decir, por ejemplo, «Esta piedra es un ente» que afirmar «Ana es un ente». Por eso se ha dicho que el concepto de ser no es unívoco, sino análogo: solo de un modo aproximado y abstracto podemos afirmar que el ser pertenece por igual a la piedra y a Ana.

Este es el sentido de la «diferencia ontológica» de la que habla Heidegger. Según él, los filósofos se han preocupado más de los entes que del ser mismo. Han investigado los entes, pero se han olvidado del ser, que es el verdadero problema radical de la metafísica en general y de la ontología en particular.

3.2. La cuestión del alma

Debido a sus raíces religiosas, el problema del alma es anterior a la filosofía. Pero adquiere rango filosófico cuando los seres humanos se plantean que son libres y que tienen dignidad, que tienen pretensión de inmortalidad (que les hace postular cierta supervivencia tras la desaparición del cuerpo) y que disponen de una serie de cualidades racionales, estéticas, éticas, políticas, lingüísticas, etc., que requieren algún tipo de explicación.

En la actualidad se tiende a hablar de mente, más que de alma. Y la cuestión central que se plantea es si existe tal entidad llamada mente y cuál es la relación que mantiene con el cerebro (cuerpo). Históricamente, las respuestas han sido muy variadas, desde los que reducen el alma a la actividad cerebral (monismo reduccionista), hasta los que afirman que se trata de una realidad completamente distinta del cuerpo e independiente de él (dualismo), pasando por quienes defienden que siendo alma y cuerpo diferentes, se influyen mutuamente (interaccionismo).

La cuestión del alma tiene una estrecha vinculación con el sentido de la existencia: siendo consciente de lo que soy en este momento, ¿qué puedo esperar en el futuro, tras la muerte? Las respuestas posibles a esta pregunta nos las proporcionan las diferentes religiones que, en general, hacen propuestas de sentido de la existencia humana en función de una vida futura más allá de la muerte. El sentido de la existencia consiste en una cierta forma de vivir aquí y ahora que nos aproxime a la otra vida.

Doc. 4

«La quinta vía se toma del gobierno del mundo. Vemos, en efecto, que cosas que carecen de conocimiento, como los cuerpos naturales, obran por un fin, como se comprueba observando que siempre, o casi siempre, obran de la misma manera para conseguir lo que más les conviene; por donde se comprende que no van a su fin obrando al acaso, sino intencionadamente. Ahora bien, lo que carece de conocimiento no tiende a un fin si no lo dirige alguien que entienda y conozca, a la manera como el arquero dirige la flecha. Luego existe un ser inteligente que dirige todas las cosas naturales a su fin, y a este llamamos Dios».

TOMÁS DE AQUINO, *Suma teológica*

- Explica la comparación que se hace con el arquero y la flecha.
- ¿Qué tipo de argumentación presenta este texto para demostrar la existencia de Dios?
- ¿Sobre qué presupuestos se apoya?

3.3. Mundo, sustancia y causa

El mundo se ha entendido tradicionalmente como un *kósmos*, es decir, un todo ordenado formado por sustancias (entes concretos de muy diversos tipos), y regido por una ley que dirige los cambios que en él se producen: la relación causa-efecto. Los examinaremos por separado.

- El término «sustancia» procede del verbo latino *sub stare*, que se puede traducir como «estar debajo». Los filósofos lo han usado para referirse a la verdadera realidad de las cosas, lo que verdaderamente son. Han pensado que, bajo las cualidades de una cosa (que podemos conocer mediante los sentidos), se encuentra la verdadera realidad de la cosa. Así, la verdadera realidad de una silla no es ni su color, ni el número de patas, ni el material del que está hecha. Esas son cualidades accidentales, porque podemos acortar la altura de la silla, pintarla de otro color, colocarle un respaldo más mullido, etc. Pero con todos esos cambios no habríamos alterado su realidad: seguimos teniendo la misma sustancia.
- El concepto de causa ha sido considerado como un principio metafísico universal y necesario: nada ocurre sin una causa. Esta parece ser la ley suprema que regula todos los sucesos que ocurren en el mundo. Sin embargo, las investigaciones acerca de las partículas subatómicas han obligado a replantearse la universalidad y necesidad del principio de causalidad, ya que las relaciones entre esas partículas no pueden ser explicadas mediante la causalidad. Esto se deriva del principio de indeterminación de Werner Heisenberg (Alemania, 1901-1976) y de la teoría cuántica en general.

3.4. Dios

Con respecto a la cuestión de la existencia de Dios se han propuesto dos tipos de demostraciones:

- **Argumentación cosmológica.** Pretende argumentar la existencia de Dios partiendo de la existencia del mundo y de los sucesos que ocurren en él. Se basa en el principio de causalidad para llegar a concluir que tiene que haber una causa primera, incausada y perfecta, que se identifica con Dios. Aristóteles ya había usado este tipo de argumentación, y posteriormente Tomás de Aquino (Italia, 1225-1274), René Descartes (Francia, 1596-1650) y Gottfried Leibniz (Alemania, 1646-1716) la repitieron con ciertas modificaciones.
- **Argumentación ontológica.** Se basa en el ser o la esencia de Dios. El primer argumento de este tipo se lo debemos a Anselmo de Canterbury (Italia, 1033-1109), aunque también lo usaron Descartes y Hegel. Toma como punto de partida que Dios es un ser perfectísimo, tanto que no le puede faltar ninguna cualidad que lo haga más perfecto. Por ello, tiene que existir, pues en caso contrario le faltaría la cualidad de la existencia y no sería, por ello, absolutamente perfecto.

Cada una de estas demostraciones depende de ciertos supuestos (la validez del principio de causa y la existencia como una perfección, por ejemplo), por lo que no es posible asignarle a ninguna de ellas un valor probatorio absoluto.

Otro de los problemas relacionados con Dios ha sido el de la existencia del mal. ¿Cómo es posible que, siendo Dios bondad infinita, exista mal en el mundo? Para responder a esta pregunta, Leibniz negó la objetividad del mal. Lo que percibimos como malo se debe solo a una valoración deficiente por nuestra parte. Todo mal es subjetivo, es decir, es malo para quien lo percibe, pero necesario para la obtención de un bien mayor. Por eso Leibniz defendía que vivimos en el mejor de los mundos posibles, esto es, aquel en el que existe menor cantidad de mal y mayor cantidad de bien. Entre los infinitos mundos que podría haber creado, este en el que vivimos es el que, comparativamente, incluye menos cantidad de mal. La metafísica de Leibniz ha sido calificada por ello y no sin razón de «optimista».

Doc. 5

«Acostumbrado en todas las demás cosas a distinguir la esencia de la existencia, me persuado fácilmente de que la existencia puede ser separada de la esencia de Dios, y así es posible concebir un Dios que no es actualmente. Pero [...] veo que no puede separarse la existencia de la esencia de Dios, del mismo modo que de la esencia de un triángulo rectángulo no puede separarse el valor de sus tres ángulos igual a dos rectos, ni de la idea de una montaña la idea de un valle; de suerte que, concebir un Dios, un ser soberanamente perfecto, sin existencia, con falta de alguna perfección, es lo mismo que concebir una montaña sin valle».

René Descartes, *Meditaciones metafísicas*

- Explica las comparaciones entre Dios, la montaña y el triángulo.
- ¿Qué tipo de argumentación presenta este texto para demostrar la existencia de Dios?
- ¿Por qué dice el autor que no se puede separar la esencia de Dios de su existencia?

ACTIVIDADES

9. De los temas metafísicos estudiados, ¿cuál te parece más importante? ¿Por qué?
10. ¿Encuentras relación entre todos los temas de la metafísica que hemos expuesto? ¿Cuál?

PROFUNDIZA

11. ¿En qué sentido se puede decir que la metafísica es un «saber orientativo»?
12. ¿Con cuál de los tres modelos de relación alma-cuerpo estás más de acuerdo?
13. ¿Cuál es la diferencia entre hablar «del ser» y hablar de «los entes»?
14. Si la existencia de Dios está demostrada, ¿para qué hace falta tener fe en él? ¿Puedes tener fe en un teorema matemático?

4 Críticas a la metafísica

Doc. 6

«Las ciencias que tratan hechos generales son la política, la filosofía de la naturaleza, la física, la química, etc., donde se investigan las cualidades, causas y efectos de una especie entera.

[...] Si procediéramos a revisar las bibliotecas convencidos de estos principios, ¡qué estragos no haríamos! Si cogemos cualquier volumen de teología o metafísica escolástica, por ejemplo, preguntemos: *¿Contiene algún razonamiento abstracto sobre la cantidad y el número?* No. *¿Contiene algún razonamiento experimental acerca de cuestiones de hecho o existencia?* No. Tírese entonces a las llamas, pues no puede contener más que sofistería e ilusión».

DAVID HUME, *Investigación sobre el conocimiento humano*

- ¿Qué saberes considera el autor del texto como ciencias auténticas?
- Explica el significado de las dos preguntas retóricas que aparecen en el texto.
- ¿Qué motivos aduce el autor para rechazar la metafísica?

Fresco en el que se muestra a Anubis embalsamando un cuerpo, Der-el-Medineh, Egipto.

Igual que los egipcios momificaban los cadáveres para que se conservaran, para Nietzsche la metafísica es un intento de momificar la realidad de la vida mediante conceptos.

Estas son algunas de las críticas que se han realizado a la metafísica y que cuestionan su validez como saber filosófico.

4.1. La crítica empirista

El empirismo clásico se desarrolló en las islas británicas durante el siglo XVIII y su principal representante fue David Hume (Reino Unido, 1711-1776). Este filósofo solo considera legítimos aquellos conocimientos cuyo origen esté en la experiencia sensible (de aquí el nombre de «empirismo», del griego *empeiría*, «experiencia»). Como las realidades de las que se ocupa la metafísica (Dios, el alma, la sustancia que supuestamente subyace a los accidentes, etc.) no son sensibles, no pueden ser conocidas por la experiencia, Hume rechazó el saber metafísico, calificándolo de «sofistería e ilusión». Por ejemplo, en el caso de Dios, Hume piensa que es un concepto elaborado por la imaginación, como ocurre con la idea de una montaña de oro: podemos imaginar tal montaña y que hay un ser todopoderoso, pero ello no garantiza que lo imaginado exista realmente. Esto no implica que Hume niegue la existencia de Dios, pero sí que niega que su existencia haya sido demostrada por el saber metafísico.

4.2. La crítica marxiana

La principal crítica de Marx y Friedrich Engels (Alemania, 1820-1895) a la metafísica consistió en tacharla de *ideología*, entendiendo esta palabra como conjunto de ideas engañosas con las que se manipula a la gente. La metafísica tradicional es una interpretación de la realidad, un intento de producir una imagen del mundo y del ser humano. Pero Marx mantiene que tal imagen del mundo se ha elaborado, en cada momento histórico, de acuerdo con los intereses de la clase dominante, es decir, de aquellos grupos que poseían el poder social hegemónico. Así, la metafísica tradicional no sería más que un producto ideológico, que sirve para legitimar y mantener los privilegios de las minorías más poderosas. La pretensión marxiana es eliminar las falsas interpretaciones del mundo y poner el énfasis en transformarlo, mediante la revolución proletaria, en un lugar más igualitario y reconciliado, donde ya no existirá el enfrentamiento entre las clases sociales. Si se analiza en profundidad, se puede afirmar que Marx está suponiendo que hay una auténtica metafísica (su propio sistema filosófico llamado «materialismo histórico») que él opone a la metafísica tradicional, pero se niega a llamar «metafísica» (un término cada vez más desprestigiado en la Edad Moderna) a su filosofía, y prefiere considerar que sus interpretaciones de la realidad son pura ciencia: la nueva ciencia de la economía política.

4.3. La crítica genealógica

Bajo este título vamos a referirnos a dos autores que se remiten a la génesis de la metafísica para criticarla. Nietzsche denuncia que la metafísica es contraria a la vida. Para él, la vida es cambio, transformación, devenir incesante, superación y autoafirmación de nuevas formas que desbancan las anteriores. Ante la imposibilidad de captar con nuestras capacidades racionales ese permanente cambio que es la vida, los seres humanos nos hemos refugiado en los conceptos metafísicos (como el concepto de ser, verdad, sustancia, causa, Dios, etc.), que son estables, permanentes, inmutables y eternos. Esta es la génesis de la metafísica: hemos inventado otro mundo con la pretensión de que es el verdadero. Ahora bien, se trata de un mundo ficticio, falso, que no sirve para orientar a las personas en las circunstancias en que tienen que vivir.

Por su parte, Michel Foucault (Francia, 1926-1984) afirma que, desde sus orígenes, la metafísica ha impuesto cierto orden en el mundo. Pero al introducir orden en el mundo se introducen también límites: el orden se considera normal, mientras que la transgresión de ese orden, la diferencia, se considera una anomalía. De la imposición del orden que ha efectuado la metafísica tradicional, se deriva todo un sistema de control de las personas para intentar reconducir al diferente, al transgresor del orden, hacia la «normalidad». Las sociedades contemporáneas han desarrollado una serie de instituciones para «normalizar» a los individuos que las forman: la clínica, la cárcel y la escuela son las tres más significativas para él.

4.4. La crítica desde el análisis lingüístico

En el siglo XX y sobre todo a partir de Ludwig Wittgenstein (Austria, 1889-1951) se desarrolla una nueva forma de hacer filosofía que toma el lenguaje como punto de partida. Se suelen diferenciar dos etapas en el pensamiento de Wittgenstein que marcan las dos tendencias que ha seguido la tradición del análisis lingüístico. En una primera fase de su pensamiento, Wittgenstein afirma que las cuestiones metafísicas son el resultado de un mal uso del lenguaje, porque si analizamos dicho lenguaje con ayuda de la lógica, se muestra que los enunciados de la metafísica no tienen significado, sino que son meros agregados de palabras que no se refieren a hechos que suceden en el mundo. Los problemas acerca del ser, del alma, del mundo como totalidad o de Dios quedan así eliminados, puesto que estos nombres, en realidad, carecen de significado.

La segunda etapa del pensamiento de Wittgenstein marca otra tendencia diferente, pues ahora se entiende que el lenguaje puede usarse de diversas maneras, llamadas «juegos lingüísticos». Cada juego del lenguaje responde a una forma de entender el mundo, a una forma de vivir. Pero también ahora sostiene que el lenguaje metafísico es el resultado de ciertos malentendidos que se producen en el uso del lenguaje ordinario. La tarea del análisis lingüístico es devolver el significado auténtico a aquellos términos que han adquirido un supuesto significado metafísico.

Doc. 7

«Cuando los filósofos usan una palabra –"conocimiento", "ser", "objeto", "yo", "proposición", "nombre"– y tratan de captar la *esencia* de la cosa, siempre se ha de preguntar: ¿Se usa efectivamente esta palabra de este modo en el lenguaje que tiene su tierra natal?

Nosotros reconducimos las palabras de su empleo metafísico a su empleo cotidiano».

LUDWIG WITTGENSTEIN, *Investigaciones filosóficas*

- ¿De qué se ocupa el análisis lingüístico según el texto?
- ¿Es posible un saber metafísico? ¿Por qué?

Doc. 8

«Lo que confiere significado teórico a un enunciado no son las imágenes y pensamientos concomitantes, sino la posibilidad de deducir de él enunciados perceptivos. En otras palabras, la posibilidad de verificación.

[...] Los metafísicos no pueden menos de hacer inverificables sus enunciados, pues si los hicieran verificables, la decisión acerca de la verdad o falsedad de sus doctrinas dependería de la experiencia, con lo que pasarían a formar parte de la ciencia empírica. Desean evitar esa consecuencia porque pretenden enseñar un conocimiento de nivel superior al de la ciencia empírica. Por tanto, se ven obligados a cortar todo lazo de unión entre sus enunciados y la experiencia, siendo precisamente este procedimiento el que los priva de todo sentido».

RUDOLF CARNAP, *Filosofía y sintaxis lógica*

- ¿En qué consiste el significado de un enunciado según el texto?
- ¿Pueden tener significado los enunciados metafísicos? ¿Por qué?

ACTIVIDADES

REFLEXIONA

15. Resume en una sola frase cada una de las críticas a la metafísica.
16. ¿Crees que es posible una ciencia metafísica? ¿Por qué?
17. ¿Puede ser la metafísica un instrumento para oprimir a las personas?
18. ¿En qué sentido se puede decir que la metafísica se opone a la vida?
19. ¿Es verdad que los enunciados metafísicos no tienen significado?

5 Necesidad de la metafísica

Las críticas que hemos reseñado apuntan a la superación, eliminación o invalidez del saber metafísico. ¿Quiere esto decir que es un saber obsoleto? ¿Debemos abandonar el empeño por conocer en este campo? ¿Qué sentido tiene seguir intentándolo? A continuación daremos algunas pistas para responder a estas cuestiones.

5.1. La revolución kantiana

Comenzaremos por mencionar la distinción que realizó Immanuel Kant (Alemania, 1724-1804) entre dos modos de entender la metafísica. Tal distinción es importante para entender la propuesta que hace Kant al respecto:

- **La metafísica como disposición natural**, es decir, como la tendencia de los seres humanos a querer resolver las cuestiones radicales a las que se refiere el saber metafísico. Desde esta perspectiva, la metafísica es tan antigua como la misma humanidad. También es universal: cualquier ser humano, de cualquier época histórica y perteneciente a cualquier cultura, experimenta la necesidad de saber algo sobre los objetos de la metafísica, ya sea para afirmarlos o para negarlos o para dudar sobre ellos.
- **La metafísica como disciplina académica.** En este sentido, Kant entiende por metafísica la concepción tradicional que ya hemos estudiado, incluyendo la distinción entre metafísica general y metafísica especial. Esta es la metafísica que, desde la aparición de la ciencia moderna, está siendo duramente criticada y rechazada. Kant argumenta que esa metafísica tradicional ha fracasado como saber riguroso, puesto que cae en inconsistencias y contradicciones.

Nos encontramos así ante una paradoja: como disposición natural la metafísica es una tarea necesaria, pero como ciencia rigurosa no parece posible, porque no se ha conseguido hasta ahora un acuerdo básico entre los expertos respecto al método que ha de seguir este tipo de saber.

¿Por qué la metafísica no logra establecerse como una ciencia más? La argumentación de Kant es que la ciencia estudia fenómenos (del griego *phainoménon*, «lo que se muestra»), es decir, realidades que pueden ser captadas por los sentidos de modo directo o indirecto. Por ejemplo, tenemos experiencia sensible del campo gravitatorio terrestre cuando notamos el peso de los cuerpos, y por ello podemos considerar que tanto la gravedad como los cuerpos son fenómenos.

En cambio, la metafísica pretende estudiar objetos que no se muestran sensiblemente, esto es, objetos de los que no podemos tener experiencia sensible. El ser en general, el alma o mente, el mundo como totalidad y Dios no son fenómenos.

Cabe la posibilidad de que sean lo que Kant denomina «noúmenos» (del griego *noúmenon*, «lo que se entiende» o «lo que se capta con la inteligencia»), pero este tipo de objetos, aunque puede suponerse que existen, porque su existencia permite explicar mejor la existencia de los fenómenos, no pueden ser objeto de estudio de ninguna ciencia particular, puesto que las ciencias se dedican, exclusivamente, al estudio de los fenómenos. La metafísica trata de conocer objetos puramente inteligibles, que no tienen manifestación sensible alguna, y por eso mismo, opina Kant, no puede llegar a constituirse como una ciencia.

Doc. 9

«La *metafísica* [...] no ha tenido hasta ahora la suerte de poder tomar el camino seguro de la ciencia. Y ello a pesar de ser más antigua que todas las demás [ciencias] y de que seguiría existiendo aunque estas desaparecieran totalmente en el abismo de una barbarie que lo aniquilara todo.

Efectivamente, en la metafísica la razón se atasca continuamente, [...] ya que se advierte que el camino no conduce a donde se quiere ir. [...] No hay, pues, duda de que su modo de proceder ha consistido, hasta la fecha, en un mero andar a tientas y, lo que es peor, a base de simples conceptos. ¿A qué se debe entonces que la metafísica no haya encontrado todavía el camino seguro de la ciencia? ¿Es acaso imposible? ¿Por qué, pues, la naturaleza ha castigado nuestra razón con el afán incansable de perseguir este camino como una de sus cuestiones más importantes? Más todavía: ¡qué pocos motivos tenemos para confiar en la razón si, ante uno de los campos más importantes de nuestro anhelo de saber, no solo nos abandona, sino que nos entretiene con pretextos vanos y, al final, nos engaña! Quizá simplemente hemos errado dicho camino hasta hoy».

IMMANUEL KANT, *Crítica de la razón pura*

- Busca un título para este texto tras leerlo detenidamente.
- ¿Estás de acuerdo con Kant en que seguiría habiendo metafísica aunque desaparecieran las ciencias? ¿Por qué?
- ¿Consideras que el saber metafísico es necesario para los seres humanos? ¿Por qué?

Pero eso no quiere decir que la metafísica no sirva para nada y que pueda, o incluso, deba ser eliminada. Porque representa la necesidad de encontrar respuesta a las preguntas últimas y radicales que nos afectan en cuanto seres humanos. Kant propuso que el lugar propio de la metafísica no era entre las ciencias, sino en el terreno de la filosofía, y más concretamente en el terreno de la filosofía práctica (la ética). Nunca podremos conocer científicamente si nuestra mente sobrevive a la muerte, o si la libertad que creemos tener es real, ni tampoco podremos estar seguros de la existencia de Dios. Pero si mi alma no puede seguir perfeccionándose después de la muerte, ¿qué sentido tiene que me esfuerce por ser moralmente mejor?; si no soy libre cuando realizo una acción, ¿qué sentido tiene la existencia de normas morales?; si no existe Dios, ¿de qué modo se podría hacer justicia a las personas que han vivido rectamente pero no han logrado ser felices en este mundo?

Kant convierte en presupuestos de la ética los tres objetos tradicionales de la metafísica especial. En cierto modo, Kant está pensando que si tenemos sed (necesidad de saber metafísico) debe existir el agua que calma esa sed (algún tipo de saber metafísico). Dicho de otro modo: Kant está afirmando que la fe es razonable, que creer en Dios, en otra vida y en que somos libres no es algo irracional ni disparatado, pero definitivamente no es ciencia. La metafísica es un saber, pero no una ciencia al estilo de las matemáticas o la física.

5.2. La metafísica en la cotidianidad

Algunos autores han dado por muerto el proyecto de un saber metafísico. Sin embargo, a pesar de las críticas que hemos estudiado y de la transformación propuesta por Kant, no parece posible desprenderse de la metafísica. Una de las razones nos la proporciona el propio Kant: cualquier ser humano necesita plantearse cuestiones metafísicas y darles algún tipo de solución, aunque sea provisional y tenga que ser revisada más adelante.

Las personas necesitamos organizar nuestras experiencias, estructurarlas, ordenarlas para saber a qué atenernos en las distintas circunstancias que nos depara la existencia. Pero, además, los seres humanos obramos, actuamos, nos vemos permanentemente en la situación de tener que tomar decisiones, habitualmente pequeñas, de gran importancia en ciertas ocasiones. También para decidir, para hacer nuestra vida, para hacernos a nosotros mismos, necesitamos reflexionar sobre los cimientos y las consecuencias de nuestros actos.

Las críticas a la metafísica tienen que presuponerla también al mismo tiempo. Criticar la metafísica es ya una manera de hacer metafísica. No podemos repetir el pasado, pero tenemos que apoyarnos en nuestros predecesores para construir nuestro pensamiento y nuestra acción de manera coherente.

ACTIVIDADES

EXPLICA

20. Explica brevemente la diferencia entre los dos sentidos de la metafísica que distingue Kant.

21. ¿Por qué dice Kant que la metafísica no puede ser ciencia?

OPINA

22. ¿Piensas que la metafísica tiene alguna utilidad? ¿Cuál? ¿Por qué?

Doc. 10

«La misión de la física es averiguar de cada hecho que ahora se produce su principio, es decir, el hecho antecedente que originó aquel. Pero este principio tiene a su vez un principio anterior, y así sucesivamente, hasta un primer principio originario. El físico renuncia a buscar este primer principio del universo, y hace muy bien. Pero repito que el hombre donde cada físico vive alojado no renuncia y, de grado o contra su albedrío, se le va el alma hacia esa primera y enigmática causa. Es natural que sea así. Vivir es, de cierto, tratar con el mundo, dirigirse a él, actuar en él, ocuparse de él. De aquí que sea al hombre materialmente imposible, por una forzosidad psicológica, renunciar a poseer una noción completa del mundo, una idea integral del universo. Delicada o tosca, con nuestra anuencia o sin ella, se incorpora en el espíritu de cada cual esa fisonomía transcientífica del mundo y viene a gobernar nuestra existencia con más eficacia que la verdad científica. [...] Sin puntos cardinales, nuestros pasos carecerían de orientación. Y no es pretexto bastante para esa insensibilidad hacia las últimas cuestiones declarar que no se ha hallado manera de resolverlas. ¡Razón de más para sentir en la raíz de nuestro ser su presión y su herida! ¿A quién le ha quitado nunca el hambre saber que no podrá comer?».

José Ortega y Gasset, *¿Qué es filosofía?*

- ¿Qué significa la expresión «fisonomía transcientífica del mundo»?
- ¿Cómo defiende el autor la necesidad de la metafísica?
- ¿Es posible que la ciencia sustituya a la metafísica? ¿Por qué?

SABER HACER

1 Comentario de texto

«Y es que las ciencias, importándonos tanto y siendo indispensables para nuestra vida y nuestro pensamiento, nos son, en cierto sentido, más extrañas que la filosofía. Cumplen un fin más objetivo, es decir, más fuera de nosotros. Son, en el fondo, cosa de economía. Un nuevo descubrimiento científico, de los que llamamos teóricos, es como un descubrimiento mecánico; el de la máquina de vapor, el teléfono, el fonógrafo, el aeroplano, una cosa que sirve para algo. Así, el teléfono puede servirnos para comunicarnos a distancia con la mujer amada. ¿Pero esta para qué nos sirve? Toma uno el tranvía eléctrico para ir a oír una ópera; y se pregunta: ¿Cuál es, en este caso, más útil, el tranvía o la ópera?

La filosofía responde a la necesidad de formarnos una concepción unitaria y total del mundo y de la vida, y como consecuencia de esa concepción, un sentimiento que engendre una actitud íntima y hasta una acción. Pero resulta que ese sentimiento, en vez de ser consecuencia de aquella concepción, es causa de ella. Nuestra filosofía, esto es, nuestro modo de comprender o de no comprender el mundo y la vida, brota de nuestro sentimiento respecto a la vida misma. Y esta, como todo lo afectivo, tiene raíces subconscientes, inconscientes tal vez.

No suelen ser nuestras ideas las que nos hacen optimistas o pesimistas, sino que es nuestro optimismo o nuestro pesimismo, de origen filosófico o patológico quizá, tanto el uno como el otro, el que hace nuestras ideas».

MIGUEL DE UNAMUNO, *Del sentimiento trágico de la vida*

Cuestiones

1. Tras la lectura del texto, propón un título para este fragmento.
2. ¿Qué diferencias establece el autor entre la ciencia y la filosofía metafísica?
3. ¿En qué sentido hay que entender que las ciencias son más extrañas que la filosofía?
4. ¿Se puede decir que la filosofía metafísica no tiene ninguna utilidad? ¿Por qué?
5. Responde a la pregunta que plantea el autor: ¿Qué es más útil, el tranvía o la ópera? Busca más ejemplos de este tipo, formula la pregunta y responde razonadamente.
6. ¿Cuál es el trasfondo último de las creencias filosóficas, según el texto?
7. ¿Sería posible una filosofía no metafísica?
8. ¿Tiene que ver la metafísica solo o preferentemente con el conocimiento o también afecta a otros aspectos de la existencia? ¿Cuáles?
9. ¿Qué tienen que ver los sentimientos con la metafísica?

2 Disertación

¿Para qué sirve la metafísica?

Escribe una disertación teniendo en cuenta el siguiente guion:

- ¿Es posible una vida humana sin concepciones metafísicas de algún tipo?
- ¿Tiene la metafísica una utilidad del mismo tipo que las ciencias y las técnicas?
- En caso de responder negativamente a la pregunta anterior: ¿Cuáles son las diferencias entre la utilidad de las ciencias y la posible utilidad de la metafísica?
- En caso de responder afirmativamente: ¿En qué se parecen la ciencia y la metafísica?
- ¿Da igual tener una concepción del mundo, del alma o Dios de un tipo o de otro?
- ¿De qué modo influyen las concepciones metafísicas en nuestra vida?
- ¿Son las concepciones metafísicas las que influyen en nuestra vida o, más bien, nuestra manera de vivir la que nos hace pensar de una u otra manera? ¿Vivimos como pensamos, o pensamos como vivimos?
- ¿Cómo puede influir la sociedad en la visión metafísica del mundo que tenga una persona?
- ¿Es posible que las concepciones metafísicas se transmitan a través de la educación?
- ¿Qué puede aportar la metafísica a la vida cotidiana de un colectivo de personas?

3 Debate

¿Nacemos o nos hacemos?

El trasfondo de la pregunta es plantear la alternativa entre una metafísica esencialista y otra de tipo existencialista. Es decir, reflexionar sobre si somos como somos porque ya nacimos así, con esas capacidades, o si las cualidades que poseemos se deben, más bien, a las elecciones personales que hemos ido realizando en el transcurso de nuestra vida.

El debate se puede organizar partiendo de grupos pequeños de no más de 5 miembros, procurando que el número de grupos a favor de cada posición sea equilibrado. El portavoz de cada grupo expondrá a toda la clase los argumentos de la alternativa que haya trabajado. A continuación, cualquiera podrá intervenir para matizar posiciones o aducir nuevas razones a favor o en contra de cualquiera de las posiciones. Finalmente, todos realizarán un breve escrito recogiendo las conclusiones principales del debate.

PROYECTO FINAL. **Trabajo cooperativo**

La noción de Dios

- Las posiciones que han adoptado los filósofos acerca de Dios han sido muchas y bastante diferentes. Así se han acuñado una serie de términos que indican la aceptación o no de la existencia de Dios y de la posibilidad de su conocimiento por parte del ser humano. También nos informan acerca de la clase de ser que se le asigna a Dios. Formamos pequeños grupos de 3 o 4 miembros que se reparten los conceptos de la columna de la izquierda para trabajarlos y se rellena un cuadro como este.

	EXISTENCIA DE DIOS	NATURALEZA DE DIOS	POSIBILIDAD DE CONOCER A DIOS	PRINCIPAL REPRESENTANTE	ÉPOCA HISTÓRICA
Teísmo					
Deismo					
Ateísmo					
Agnosticismo					
Panteísmo					
Monoteísmo					
Politeísmo					
...					

- Una vez se ha completado el cuadro, entre todos respondemos a las siguientes cuestiones:
  - ¿Cuál es la diferencia principal entre el teísmo y el deísmo?
  - ¿Cómo se puede diferenciar entre un agnóstico y un ateo?
  - ¿Qué es lo que distingue al panteísmo del politeísmo?
  - ¿Hay posiciones que no se dan en la actualidad? ¿Cuál piensas que es la más frecuente entre nosotros?
  - ¿Qué forma de comprender la realidad de Dios te parece más correcta?
  - ¿Cuál de estas posiciones permite un mejor y más fácil conocimiento de Dios?
- Tras el debate correspondiente dentro del grupo uno de los miembros expone las conclusiones al resto de la clase. Es posible iniciar un debate general o limitar la conclusión a los informes de cada grupo.

BLOQUE III
El ser humano

UNIDADES

9 El origen del ser humano

10 Naturaleza y cultura

11 La reflexión filosófica sobre el ser humano

Al hombre se le conoce por sus obras; pero, cuidado, que en la sentencia anterior es preciso dar tanta importancia al sustantivo «obras» como al pronombre «sus». Solo se conoce a un hombre –en cuanto un hombre puede ser conocido– viéndolo en viviente y creador contacto con la obra que da testimonio y expresión de su vida: preguntándose uno, no solamente «lo que» ese hombre hizo, sino «cómo» lo hizo, «por qué» hizo aquello y no otra cosa, «qué» lo movió a hacerlo así. Es decir, indagando los «problemas» vivos de ese hombre en el momento de hacer su vida y dar existencia a los testimonios que de tal vida nos dan fe: libros, cartas, cuadros pintados, piedras labradas, utensilios. Este es el camino que yo me he propuesto seguir, no sé con qué fortuna.

Pedro Laín Entralgo
Menéndez Pelayo

Emiliano Aguirre (España, 1925), paleontólogo que inició la investigación en Atapuerca.

1
2
3
4

9 El origen del ser humano

CONTENIDOS

1. **El origen de la vida**
2. **Explicaciones para la filogénesis. Teorías fijistas y evolucionistas**
3. **El origen del ser humano**
4. **La especie humana: del australopiteco al *Homo sapiens***

PARA PENSAR JUNTOS

Leemos el diálogo de la página siguiente, debatimos sobre él y, después de estudiar esta unidad didáctica, respondemos estas cuestiones:

- ¿Algún personaje defiende el creacionismo? Razona tu respuesta.
- ¿Algún personaje apuesta por el evolucionismo? Argumenta tu respuesta.
- La sociedad ¿es una carga, como piensa Juan? ¿Por qué?
- Responde la última pregunta del diálogo.

Pinturas rupestres en Sudáfrica, con figuras de antepasados nuestros y de los animales que cazaban.

En uno u otro momento de nuestra vida, todos nos hemos preguntado por nuestros orígenes. Es decir, nos hemos planteado cómo hemos llegado a habitar el planeta Tierra, cómo hemos llegado a organizarnos socialmente o a lograr los grandes avances científicos y tecnológicos de los que hoy disfrutamos. La incógnita es, en definitiva, ¿cómo ha sido posible la aparición del ser humano? Aunque algunas ciencias, como la biología o la paleontología, nos aportan respuestas, no tenemos un conocimiento completo sobre esa cuestión. Más aún, las respuestas no tienen que venir solo de las ciencias, porque hay cuestiones de las que ellas no se ocupan. Por ejemplo, ¿hubiera sido posible una Tierra sin seres humanos o teníamos que aparecer necesariamente? La reconstrucción de nuestros orígenes biológicos, sociales y culturales es la apasionante tarea que vamos a acometer a continuación.

LA FILOSOFÍA EN TU VIDA

JUAN.- El profesor de Filosofía ha dicho que vamos a empezar un tema que trata sobre el origen del ser humano. Yo no sé por qué tenemos que volver a estudiar esto. Ya lo hemos visto en Ciencias de la Naturaleza y en Sociales, y con más precisión, porque las ciencias se apoyan en datos verificables y siempre rigurosos.

BELÉN.- ¡Ya estamos! Yo creía que habías caído en la cuenta de que el rigor no es patrimonio de las ciencias, sino que todos los saberes lo tienen, cada uno de acuerdo con su objeto de estudio y con su método.

PACO.- Bueno, yo lo que espero es que alguien nos explique de una vez si procedemos del mono, si nos ha hecho Dios, a nosotros, los varones, porque vosotras venís de una costilla nuestra…

CARMEN (*sonriendo*).- No, está claro que procedemos del mono, aunque unos más que otros…

PACO.- En serio. A mí me gustaría saber cómo, desde el inicio de la vida en la Tierra, hemos llegado a lo que somos y a una sociedad como la que tenemos hoy. ¿Ha habido un Alguien que lo ha ordenado todo o más bien somos resultado del azar?

FERNANDO.- ¿Y qué más da? Lo cierto es que somos privilegiados, que nuestro mundo ha alcanzado maravillosos niveles de desarrollo y que el futuro se nos promete aún mejor.

BELÉN (*escéptica*).- ¿Tú crees? Yo no soy tan optimista. Las máquinas me dan miedo, y somos más dependientes de ellas de lo que deberíamos.

CONSUELO (*a Paco*).- ¿Fruto del azar? Por azar toca la lotería, pero nosotros y nuestra sociedad somos demasiado complicados para ser efectos del azar, ¿no te parece?

JUAN.- ¡Hombre, no solo del azar, claro! Pero una mezcla de azar y necesidad sí que puede ser nuestra causa. Acordaos de lo que vimos en clase de Ciencias de la Naturaleza sobre las moléculas que dieron como resultado los primeros seres vivos.

CARMEN (*cansada*).- Vale, pero en Ciencias de la Naturaleza no hablamos de las sociedades, y no sé yo si habríamos llegado a ser las personas que somos sin ellas. Ni si habríamos llegado a vivir como vivimos separados de ellas.

BELÉN (*tajante*).- Yo estoy segura de que no. No somos resultado solo de cambios físicos, y no sé lo que es primero: si las modificaciones naturales o las formas de vida en sociedad, pero ambas han contribuido, estoy segura, a que seamos lo que somos y vivamos como vivimos.

JUAN.- Pues no es tan importante la sociedad en nuestra vida. Es más una carga y una limitación.

BELÉN (*sonriendo*).- ¡Ya! Porque tus ansias de libertad no tienen límites, pero yo quisiera verte nómada por el mundo o en una cueva, teniendo que buscarte la vida…

FERNANDO.- «Que buscarte la vida», según y cómo, porque si tu cerebro fuera aún primitivo, y tus manos no se hubieran desarrollado… ¡Con lo que te gusta tu ordenador!

BRAHIM (*muy serio*).- Pues hay millones de personas que no han visto un ordenador en su vida y no son menos evolucionadas que nosotros. Yo en este tema estoy un poco de acuerdo con Carmen: no creo que nuestra forma de vida sea la culminación de la historia, y yo no estoy nada seguro de que sea así. En cuanto a lo de proceder del mono, si fuera así, ¿cómo es que sigue habiendo monos y no se han hecho personas?

Un grupo de seres vivos forma una especie cuando sus individuos pueden reproducirse entre sí.

1 El origen de la vida

1.1. Ontogénesis y filogénesis

Los seres vivos están cambiando permanentemente, pero de dos maneras distintas. Por una parte, sufren transformaciones individuales a lo largo de toda su existencia, ya desde antes de nacer y hasta su muerte. Por ejemplo, desde el huevo hasta el ave adulta o desde la semilla hasta la planta ya desarrollada. A este conjunto de modificaciones es a lo que se denomina «ontogénesis» (del griego *ontos*, «ser», y *genesis*, «origen»).

Por otra parte, las especies también se están transformando continuamente. No son cambios individuales, sino del conjunto entero de individuos que denominamos «especie». Un grupo de seres vivos forma una especie cuando tienen un aspecto similar, pero sobre todo cuando pueden reproducirse entre sí. Un perro dálmata y un pastor alemán pertenecen a la misma especie porque pueden reproducirse entre sí: son interfecundos.

El concepto de filogenia o filogénesis (de *filum*, «tipo», «linaje») significa que las distintas especies han cambiado a lo largo del tiempo, de modo que unas proceden de otras. Las especies descienden unas de otras formando un *filum* o linaje.

En resumen, los seres vivos sufren numerosos cambios a lo largo de su existencia: unos propios del desarrollo individual (ontogénesis) y otros que aparecen en la sucesión de generaciones (filogénesis). De esta forma, cada generación de individuos recibe las transformaciones heredadas de las generaciones anteriores y las transmite a sus descendientes, de modo que se van acumulando en un proceso lento.

La lengua prensil y la extraordinaria capacidad para mimetizarse del camaleón se explicarían, según Lamarck, por la interacción con el medio y el uso que este animal debe hacer de algunos de sus órganos.

2 Explicaciones para la filogénesis. Teorías fijistas y evolucionistas

2.1. Concepto de fijismo

Las primeras explicaciones que se dieron a la existencia de la pluralidad de seres vivos no tenían en cuenta la filogénesis, sino que consideraban cada especie como invariable e, incluso, como eterna. Por eso, estas explicaciones se agrupan bajo la denominación general de teorías fijistas. De acuerdo con ellas, los individuos cambian, pero la especie permanece inalterada a lo largo del tiempo hasta la eternidad.

Una primera dificultad para esta teoría, defendida desde Aristóteles (Grecia, 384-322 a.C.) hasta principios del siglo XIX, fueron los fósiles: ¿Qué son esas huellas de animales y plantas desconocidos?

Georges Cuvier (Francia, 1769-1832), considerado el fundador de la paleontología, dio la siguiente respuesta: se trataba de especies que han desaparecido por completo debido a algún cataclismo o catástrofe que aniquiló a todos los individuos que las formaban. Pero no pensó que esas especies desaparecidas pudieran ser antecesoras de las especies actuales. La visión fijista de los seres vivos seguía adelante.

2.2. Los comienzos del evolucionismo

Jean-Baptiste Lamarck (Francia, 1744-1829) fue el primero que propuso una teoría general de la evolución biológica de las especies (filogénesis) en su obra *Filosofía zoológica*, publicada en 1809. Sostenía que los seres vivos surgieron de la materia inorgánica por generación espontánea, siguiendo dos líneas principales: la de los vegetales y la de los animales. La escala de los seres vivos sigue un proceso de perfeccionamiento que culmina con el ser humano.

Las transformaciones que sufren los seres vivos se deben a su interacción con el medio en que viven y se refuerzan con el uso intensivo de algún órgano, mientras que otros órganos se debilitan con el desuso y llegan a desaparecer. Así, por ejemplo, el largo cuello de la jirafa se explicaría por la necesidad de estirarlo para alcanzar las ramas más altas y tiernas de los árboles. Se suele sintetizar esta explicación de Lamarck diciendo que «la función crea el órgano». Los procesos evolutivos tienen, por tanto, un propósito o finalidad, es decir, son teleológicos (del griego *telos*, «fin»).

La evolución biológica, según esta teoría, tiene una finalidad, es decir, persigue una meta que consiste en que las especies sean cada vez más complejas y desempeñen funciones más especializadas hasta alcanzar en la especie humana su mayor perfección. Esta teoría presenta diversos fallos, pero no se logró superarlos completamente hasta principios del siglo XX.

1. Geospiza magnirostris. 2. Geospiza fortis.
3. Geospiza parvula. 4. Certhidea olivasca.

La variación en la forma del pico de diferentes especies de un ave se debe a la especialización de cada una de ellas.

2.3. Desarrollo del evolucionismo

Charles Darwin

Fue Charles Darwin (Reino Unido, 1809-1882), que nació el mismo año en que Lamarck publicó su *Filosofía zoológica*, quien le dio al evolucionismo un impulso definitivo, proporcionando una explicación científica a las diferentes formas anatómicas de los órganos de los seres vivos. Los organismos vivos están «diseñados» para cumplir determinadas funciones: los pájaros tienen alas para volar y los árboles disponen de hojas para captar la luz solar. Esto es, los seres vivos están adaptados a diferentes formas de vivir. El «diseño» de cada organismo vivo depende de esa forma de vivir, o lo que es igual, de la interacción con el medio en el que tiene que desenvolverse.

Todos los organismos tienen que luchar por su supervivencia: encontrar alimento, defenderse de sus predadores, resguardarse de las catástrofes naturales, proteger a sus descendientes, etc. En este proceso de lucha hay individuos que logran salir victoriosos, mientras que hay otros que sucumben. De la misma manera, hay especies que están más preparadas que otras para triunfar en la lucha por la supervivencia: estas son las que lograrán perpetuarse, mientras que las menos aptas tenderán a la desaparición. Los individuos que hagan frente de la mejor manera a las adversidades del medio, los más adaptados, transmitirán sus características a sus descendientes.

Darwin denominó a este proceso «selección natural de las especies». En resumen, consiste en la conservación de las diferencias favorables a la vida y la desaparición de las que son perjudiciales. La diversidad de los seres vivos quedaría explicada por un proceso de adaptación al medio para la supervivencia, y no por un plan establecido de antemano para distinguir a unas especies de otras. En ese proceso de adaptación, algunas especies se habrían transformado en otras diferentes.

Darwin elaboró esta teoría a partir de las observaciones que realizó en su viaje por el Pacífico hasta las islas Galápagos. Obtuvo datos de diferentes especies e inició estudios de anatomía y embriología comparadas.

ACTIVIDADES

1. ¿A qué cambios en los seres vivos se refieren las nociones de filogénesis y ontogénesis?
2. ¿Qué significa el concepto de fijismo?

REFLEXIONA

3. ¿Por qué la teoría de Lamarck no explica completamente la evolución?

COMPARA

4. ¿Cuáles son las principales diferencias entre las teorías de Lamarck y Darwin? ¿Tienen algo en común?

La selección genética permite obtener una gran variedad de colores y formas en las flores cultivadas.

Alfred R. Wallace

Alfred R. Wallace (Reino Unido, 1823-1913) suele ser considerado el descubridor de la evolución biológica de las especies de forma simultánea a Darwin. A diferencia de este, Wallace afirmaba que la evolución es progresiva, es decir, las nuevas generaciones siempre representan un avance respecto a las anteriores. Además, ese avance se manifiesta siempre en alguna modificación orgánica. Pero Darwin había obtenido pruebas de que determinados organismos habían permanecido durante muchísimo tiempo idénticos a sus progenitores, sin sufrir transformación orgánica alguna.

Gregor Mendel

Sin embargo, las teorías de Darwin y Wallace no explicaban totalmente los procesos de la filogénesis: quedaba por aclarar cómo se transmiten las modificaciones orgánicas de una generación a otra.

Fue el monje agustino Gregor Mendel (Chequia, 1822-1884) quien dio el primer paso para explicar los mecanismos de la herencia genética. Tras realizar experimentos con guisantes en el huerto de su monasterio, enunció tres leyes que explicaban, entre otras cosas, que los organismos pueden transmitir caracteres (genotipo) que ellos no muestran visiblemente (fenotipo).

Thomas H. Morgan y la genética moderna

Thomas H. Morgan (EE. UU., 1866-1945), considerado el padre de la genética moderna, confirmó experimentalmente cómo se transmiten estos caracteres. Luego, a partir del descubrimiento de la estructura de la molécula de ADN (1953), ha surgido una nueva disciplina denominada «evolución molecular». A partir de aquí se puede comprender cómo se producen las variaciones hereditarias en función de un proceso denominado «mutación genética». Una mutación es un cambio en un gen, de manera que los individuos que reciben ese gen modificado pueden tener características muy diferentes de sus progenitores. Si el gen responsable del color del pelo sufre una mutación, los herederos de ese gen mutado pueden tener un color de pelo completamente distinto al de sus padres. A lo largo del siglo XX se han descubierto distintos tipos de mutaciones con repercusiones muy variadas para las generaciones sucesivas.

ACTIVIDADES

5. ¿Cuál ha sido la aportación de cada autor mencionado a la teoría de la evolución? (Resúmela en una frase).

REFLEXIONA

6. ¿Tiene sentido la evolución de las especies? ¿Por qué? ¿En qué consiste?

OPINA

7. ¿Piensas que la evolución es solo una hipótesis? ¿Crees que la evolución es, más bien, un hecho? ¿Por qué se denomina «teoría»? ¿Acaso no está comprobada?

2.4. ¿Tiene sentido la evolución biológica? Azar frente a teleonomía

¿Ha ocurrido el proceso evolutivo de acuerdo con algún plan para lograr un objetivo o ha sucedido por azar? Algunos filósofos defienden que hay en él una finalidad: que es un proceso teleonómico (del griego *telos*, «fin»).

Así lo entendía Pierre Teilhard de Chardin (Francia, 1881-1955), para quien la evolución biológica es parte de un proceso cósmico que abarca desde los seres inertes hasta el ser humano. Distingue tres grandes etapas evolutivas:

- **El estadio de la geosfera.** El universo inerte evoluciona hacia las condiciones mínimas necesarias para que aparezca la vida.
- **El estadio de la biosfera**, en el que aparece la vida con toda su diversidad.
- **El estadio de la noosfera** (del griego *noos*, «inteligencia»). La aparición del ser humano es la culminación (*telos*) de la evolución. Según Teilhard, todos los procesos evolutivos, ya desde la geosfera, apuntan a la aparición del ser humano.

Frente a esta visión se sitúan otros pensadores y científicos que entienden que el proceso evolutivo no es teleonómico, sino que ha ocurrido así por una combinación de acontecimientos azarosos que han sido fijados y transmitidos por las leyes de la herencia genética. Así es como explica la evolución el especialista en bioquímica molecular y premio Nobel de Fisiología Jacques Monod (Francia, 1910-1976) en su obra *El azar y la necesidad*. Los seres vivos sufren continuamente mutaciones que se producen por azar, siendo algunas ventajosas para el individuo y la especie y otras negativas. Una vez que se ha producido una mutación, ese cambio queda ya fijado y, si es viable, se transmitirá a los descendientes siguiendo las leyes de la herencia genética. El azar del proceso de mutación queda compensado y determinado por la selección natural, que tiende a conservar lo útil y eliminar los cambios que implican desventajas en la lucha por la supervivencia.

2.5. Creacionismo y evolucionismo

NO

Con la expresión «creacionismo» se pueden designar dos creencias distintas:

- Dios (o un poder sobrenatural) ha creado el universo con sus leyes evolutivas, dando lugar a todos los seres que forman parte de él.
- Todo lo que existe en la actualidad fue creado por Dios exactamente como lo podemos contemplar ahora, sin mediar evolución alguna.

Esta segunda creencia es incompatible con la visión científica evolucionista. Sus partidarios adoptan una concepción fijista, que interpreta el libro del Génesis como si fuera un tratado científico, olvidando su carácter simbólico e ignorando las contradicciones internas que contiene.

En el Génesis se nos ofrecen dos relatos distintos de la creación. En el más conocido (cap. 1) se afirma que el hombre fue creado cuando ya lo estaban todas las demás cosas y que el varón y la mujer fueron creados al mismo tiempo, mientras que en el segundo (cap. 2) Adán es creado con barro antes que las plantas y los animales, y Eva posteriormente, a partir de una costilla de Adán. El sentido que tienen esos relatos es transmitir simbólicamente la fe en que Dios puso en marcha el mundo con varias iniciativas creadoras. Por eso no debemos confundir los textos religiosos con un tratado científico.

La ciencia y la religión responden a preguntas diferentes sobre el mundo. La ciencia se ocupa de describir y explicar hechos concretos, pero no puede responder a la pregunta de si el universo y el ser humano tienen algún propósito que vaya más allá de la existencia que ahora tenemos y conocemos. En cambio, la religión se pregunta por el sentido último de la totalidad del mundo y por la posibilidad, basada en la fe, no en la ciencia, de que la vida humana no se acabe definitivamente con la muerte. Por eso es posible ser creyente y mantener al mismo tiempo que la teoría de la evolución es la mejor explicación que ahora tenemos para entender el origen de las especies.

Doc. 1

«Nuestro número salió en el juego de Montecarlo. ¿Qué hay de extraño en que, igual que quien acaba de ganar mil millones, sintamos la rareza de nuestra condición?».

JACQUES MONOD, *El azar y la necesidad*

- ¿Se puede comparar la aparición de los seres humanos con un juego de azar?

Doc. 2

«Es posible creer que Dios creó el mundo, al tiempo que se acepta que planetas, montañas, plantas y animales se produjeron, después de la creación inicial, por procesos naturales. [...] En la jerga teológica, Dios puede actuar por causas secundarias. De manera parecida, al nivel del individuo, una persona puede creer que es una criatura de Dios sin negar que se haya desarrollado a partir de una única célula en el seno de su madre. Para el creyente, la providencia de Dios afecta a la vida personal y a los acontecimientos mundiales a través de causas naturales. La cuestión, de nuevo, es que las conclusiones científicas y las creencias religiosas se refieren a diferentes clases de temas y pertenecen a ámbitos del conocimiento diferentes; no tienen por qué hallarse en contradicción».

FRANCISCO J. AYALA, *Grandes cuestiones. Evolución*

- ¿Qué argumentos aporta este texto para afirmar que la evolución y la creencia en Dios son compatibles?

ACTIVIDADES

ARGUMENTA

8. Explica con tus propias palabras el significado de los siguientes términos: «evolucionismo», «azar», «teleonomía», «creacionismo», «necesidad».
9. ¿Piensas que es posible encontrar algún dato científico que permita decidir si la evolución tiene sentido o es un proceso azaroso? ¿Qué tipo de dato tendría que ser? ¿Qué ciencia podría aportar ese dato?
10. La creencia en un Dios creador del universo ¿es compatible con la teoría de la evolución?
11. Si una persona cree que el universo ha sido creado por Dios, ¿puede defender también que todo ha surgido por azar?
12. Alguien que afirme que la vida y el ser humano han sido creación de Dios ¿tiene que ser necesariamente fijista? Y a la inversa, ¿todo fijista tiene que ser creacionista?

Todos pertenecemos a una única raza: la raza humana.

Doc. 3

«La gran variedad fenotípica humana es algo que tiene que ver con la dispersión geográfica de nuestras poblaciones, esa tendencia a ocupar una variedad de ambientes amplísima desde las áreas tropicales de origen a las circumpolares. El color de la piel, por ejemplo, es en gran medida resultado de mutaciones hacia tonos más claros que la selección natural favoreció en los humanos trasladados a las latitudes más altas porque la tasa muy baja de radiación solar en el invierno dificultaría la síntesis de vitamina D con una piel oscura. [...]

La diversidad fenotípica procede de muy pocos cambios genéticos pero muy notorios, fáciles de apreciar a simple vista, y los argumentos contra la clasificación de "razas" genéticamente fijadas no niegan ese hecho. Lo que niegan es que las distintas opciones fenotípicas que aparecieron hace unas pocas decenas de miles de años se hayan mantenido así, permitiendo distinguir entre grupos humanos cerrados y herméticos. El mestizaje se ha encargado de difuminar las fronteras, haciendo aparecer una multitud tan grande de lo que serían "subrazas" que en la práctica ha desaparecido cualquier sueño de identificar una población local con particularidades genéticas notorias».

Camilo José Cela Conde, «Racismo», en Jesús Conill (coord.), *Glosario para una sociedad intercultural*

- Según el texto, ¿a qué se deben las diferencias en el aspecto físico de las personas?
- ¿Es adecuado hablar de «razas» refiriéndose al ser humano? ¿Por qué?

solo los nombres

3 El origen del ser humano

3.1. Los procesos de la antropogénesis

Llamamos «antropogénesis» al conjunto de procesos y etapas que se han cubierto desde nuestros ancestros hasta la especie humana actual. Se trata de un proceso muy largo: los biólogos moleculares estiman que ha durado entre 4,5 y 7 millones de años. Pero también ha sido un proceso muy complejo en el que han intervenido muchos factores.

① Hominización

Entre estos factores podemos diferenciar dos tipos: aquellos que se refieren a los aspectos físicos, biológicos y corporales de los seres humanos, y aquellos otros que tienen que ver con la cultura, la sociedad, la técnica y el lenguaje.

② Humanización

El primer grupo da lugar a lo que se suele denominar «proceso de hominización», mientras que el segundo conjunto de factores conforma el llamado «proceso de humanización». Esta distinción tiene únicamente fines clarificadores, pues de hecho ambos procesos se produjeron de forma simultánea y con interacciones mutuas. Han interferido entre sí mutaciones genéticas, cambios anatómicos y fisiológicos, modificaciones climáticas y ecológicas, así como la transformación de la forma de vida que implica el surgimiento de la vida en sociedad, la técnica y fabricación de instrumentos, el lenguaje y, en definitiva, la cultura. Cualquier modificación en cualquiera de los factores mencionados implicaría una serie de repercusiones en todos los demás factores, pues la antropogénesis es un proceso unitario.

3.2. Hominización: factores físico-biológicos específicos humanos

No hay una sola cosa por la que el ser humano es el ser humano, es el CONJUNTO

La hipótesis más verosímil que tenemos actualmente acerca del origen de nuestra especie señala que nuestros antecesores se vieron afectados por un cambio climático que tuvo lugar en África subsahariana. Uno de los efectos que produjo fue la reducción de las extensiones de bosque, con la consiguiente ampliación del área de terreno despejado de arbolado. La dificultad creciente para vivir en los árboles favoreció la necesidad de buscar alimento y cobijo en el suelo, lo que impulsó decisivamente la tendencia hacia el bipedismo. A partir de ahí se inicia un lento proceso favorecido y fijado por mutaciones, que implica toda una serie de cambios anatómicos y fisiológicos específicos de la especie humana. Son los siguientes:

- **Bipedismo.** La puesta en pie de los homínidos supuso importantes modificaciones del esqueleto, sobre todo en las articulaciones de la cadera y del hombro, así como en la disposición de la columna vertebral. Tales modificaciones repercutieron en la conformación del cráneo y en el desarrollo del cerebro.
- **Liberación de las manos.** Al no tener que utilizar las manos para caminar, estas pasan a convertirse en valiosas herramientas. La oposición del pulgar a los demás dedos es la base de la gran versatilidad de la mano humana, que ha permitido un enorme desarrollo técnico, que a su vez ha provocado un mayor desarrollo del cerebro.
- **Liberación de la mandíbula.** La posición bípeda y la liberación de las manos permiten que la mandíbula ya no tenga que realizar tareas pesadas, como el arrastre y transporte de cargas, por ejemplo. Eso influye en la modificación de la boca, la faringe y la laringe, lo que da apoyo anatómico

a la aparición y desarrollo del lenguaje oral complejo de los humanos. Al mismo tiempo, se producen modificaciones en la forma de alimentarse, impulsando la preparación de los alimentos antes de ser ingeridos, esto es, la cocina.

- **Nacimiento inmaduro («juvenilización»).** El ser humano nace más indefenso y más necesitado de cuidados que ningún otro animal porque carece de muchos instintos. Su vida depende del cuidado ajeno, de la sociabilidad de la especie. Pero, por eso mismo, es más moldeable y tiene mayor capacidad para afrontar situaciones nuevas que otros homínidos.
- **Ecumenismo.** La especie humana se ha universalizado, adaptándose para habitar en cualquier lugar de la Tierra. Esto ha producido gran diversidad de apariencias físicas (diversidad fenotípica), pero no hay diferencias en el aspecto genético, sino que hay una sola especie humana. Por eso no se debe utilizar el concepto de raza aplicado a los humanos: todos pertenecemos a una única raza, la humana.
- **«Cerebralización».** El desarrollo del cerebro, y muy especialmente de la corteza cerebral, es una de las características ligadas a la evolución del género *Homo*. Sin esta característica el lenguaje y la razón no hubieran hecho su aparición en el mundo. Hoy los científicos diferencian tres subsistemas cerebrales en el ser humano que funcionan como tres cerebros coordinados entre sí (cerebro triuno), pero evolutivamente diferentes. Estas estructuras se superponen de acuerdo con su antigüedad evolutiva y son las siguientes:

  1) El cerebro reptiliano, que es el más primitivo desde el punto de vista evolutivo, se encarga de regular las funciones vitales básicas y los instintos y los comportamientos rutinarios, así como los valores y afectos más primitivos, como el instinto de supervivencia.

  2) El sistema límbico, también llamado «paleocórtex» (*paleo*, «antiguo», y *córtex*, «corteza»), permite ir más allá del comportamiento programado de los instintos, siendo responsable de toda nuestra vida afectiva y emocional. Permite expresar las emociones con sus correspondientes manifestaciones corporales (tristeza-lágrimas; vergüenza-enrojecimiento de las mejillas, etc.), que son una característica exclusiva del ser humano. La inclinación a la cooperación y al auxilio de quien necesita ayuda residen en él, por lo que podemos decir que es la base anatómica y fisiológica de la sociabilidad humana. Pero también en el sistema límbico se producen las reacciones emocionales, que pueden dar lugar a comportamientos inmediatos, poco o nada sometidos a la reflexión de la persona. De ahí la frase «cuenta hasta 10 antes de actuar», para dar tiempo a que la situación sea analizada en la corteza cerebral, que es la parte en la que reside la conciencia.

  3) La corteza cerebral, también llamada «neocórtex» (*neo*, «nuevo»), es la estructura cerebral más reciente desde el punto de vista evolutivo y la que diferencia más claramente a los seres humanos de cualquier otro animal. Está dividida en dos hemisferios que tienen funciones distintas pero complementarias y coordinadas. En la corteza cerebral se producen las actividades intelectuales superiores de los seres humanos, como el pensamiento lógico y racional, el lenguaje, los comportamientos anticipatorios, la imaginación y la intuición.

Todas estas transformaciones se produjeron simultáneamente, interaccionando unas con otras y quedando fijadas genéticamente por mutaciones, pues de otro modo no habrían podido ser heredadas por las generaciones sucesivas y acumuladas hasta la aparición del *Homo sapiens*.

Doc. 4

«Los elementos claves de la historia humana son los cambios cerebrales inducidos genéticamente. En concreto, fue la creciente capacidad del cerebro humano, incluso la de aquellos primeros homínidos, para hacer inferencias la que los apartó de cualquier otra especie que haya existido anteriormente en el reino animal. La capacidad de hacer inferencias, consistente en unir dos variables nuevas en una hipótesis sobre las posibles causas de los acontecimientos, también es el sustrato de la formación de creencias. Ya hemos visto anteriormente que la capacidad de hacer inferencias es una propiedad exclusiva del cerebro humano, y que dicha capacidad puede estar ligada a ciertos sistemas específicos del cerebro. La posesión de esta capacidad libró al hombre del severo control del medio. [...] Con la aparición del cerebro mucho más complejo del hombre de Neanderthal, y finalmente del *Homo sapiens sapiens* u hombre moderno, la capacidad de hacer inferencias prosperó hasta alcanzar su actual nivel de esplendor, en el que la inferencia se ha hecho tan automática como un reflejo neural periférico».

MICHAEL S. GAZZANIGA, *El cerebro social*

- ¿Qué características se le adjudican en exclusiva al cerebro humano?
- ¿Qué es una inferencia? ¿Y una creencia?
- ¿Por qué es tan importante la evolución del cerebro?

ACTIVIDADES

EXPLICA

13. ¿Cuál es la diferencia entre «hominización» y «humanización»?

14. ¿Cuáles son los principales elementos que forman el proceso de hominización?

Doc. 5

«En un principio, la actividad instrumental del hombre fue muy elemental y funcionó al servicio de fines biológicos muy elementales –alimentación, defensa, alojamiento–, pero se diferenció de la de los simios más cercanos en que estos, capaces, por supuesto, de arrojar piedras, de utilizar un palo como bastón o de convertir una rama en instrumento para robar miel de una colmena, jamás llegaron a trascender los límites de esta actividad instrumental de primer orden. Como ha mostrado no hace mucho Jrustov, un simio es totalmente incapaz de construir instrumentos valiéndose de otros instrumentos, es incapaz de acceder a una actividad instrumental de segundo orden, hazaña que, sin embargo, realizó el primer pitecántropo que astilló una piedra con otra para conseguir artificialmente una potenciación rudimentaria de su mano.

En un principio, no obstante, esta actividad instrumental de segundo orden se hallaba, al parecer, al servicio de fines biológicos muy elementales, semejantes a los perseguidos instintivamente por otras especies; los primeros homínidos se movieron probablemente en una precultura o cuasicultura: la cultura arcaica del *Homo habilis*, en el Paleolítico inferior, es posible que presentara todavía tales características.

El paso siguiente, probablemente unido al desarrollo del lenguaje, consistió en ampliar los fines biológicos, de pura supervivencia, con valores religiosos y artísticos totalmente desconocidos en el mundo animal. El ser humano comenzó a enterrar a sus muertos de acuerdo con normas inventadas por él mismo, empezó a construir adornos para su cuerpo y a decorar sus cuevas con pinturas y símbolos. La humanización había comenzado».

José Luis Pinillos, *La mente humana*

- ¿En qué consisten los dos tipos de actividad instrumental que se mencionan en el texto?
- ¿Qué importancia tiene la técnica en la antropogénesis?

3.3. Humanización: factores culturales, sociales, técnicos y lingüísticos

De forma simultánea, coordinada y complementaria a los procesos biológicos, en la génesis de la humanidad intervinieron también otra serie de factores. Al mismo tiempo que se avanzaba en la juvenilización de la especie, era necesario compensar la carencia instintiva creciente con otros recursos que permitieran a los individuos sobrevivir en el medio en que se encontraban. Estos recursos son los factores que constituyen el proceso de humanización.

Actividad instrumental avanzada

La fabricación de utensilios y el control del fuego son actividades instrumentales o técnicas que se han usado frecuentemente para diferenciar al ser humano de los animales. Aunque es verdad que algunos primates superiores poseen ciertas habilidades instrumentales, la diferencia con la capacidad técnica humana no es solo cuantitativa, sino también cualitativa. Por ejemplo, se ha comprobado que algunos simios aprenden a enrollar una hoja para formar una especie de pajita con la que poder beber el agua acumulada en los huecos de la corteza de los árboles. Pero casi cualquier actividad técnica humana, por primitiva que sea, como fabricar una lanza con una rama de árbol, requiere de capacidades con un alto grado de complejidad. Fabricar una lanza implica haber fabricado previamente otros instrumentos, como un cuchillo de piedra, para poder afilarla y enderezarla al máximo posible.

Relaciones sociales complejas

El dominio de la técnica para controlar el fuego permitió nuevos hábitos alimentarios, es decir, impulsó la aparición de los alimentos cocinados. Al mismo tiempo, dotaba a los individuos de una defensa poderosa frente a los ataques de posibles depredadores. Con el fuego fue posible disponer de algo parecido a un hogar: un espacio de colaboración e intercambio entre diversos individuos, en el que se intensifican y multiplican las relaciones entre los miembros del grupo. Las relaciones sociales son, además, muy importantes para la transmisión de las técnicas a la generación siguiente. Por otra parte, el tiempo que un individuo necesita para poder valerse por sí mismo de manera autónoma es cada vez mayor, pues necesita aprender cada vez más cosas. Por eso se estrechan fuertemente los vínculos entre los adultos y los niños, cuyo cuidado y correcta educación aseguran el futuro del grupo. Algo parecido ocurre con las técnicas de caza: implican más coordinación, más comunicación y entendimiento entre los individuos que salen a cazar juntos, lo que fomenta la interdependencia de unos y otros, el establecimiento de jerarquías, así como la conciencia de formar un grupo, un «nosotros».

Lenguaje

La especie humana es la única de la que podemos decir, propiamente, que habla. Es verdad que los animales se comunican. Algunos, como las abejas, los delfines o las ballenas, parecen tener sistemas de comunicación enormemente complejos y elaborados. En el caso de los simios actuales, en los que se han descubierto comportamientos lingüísticos muy avanzados, encontramos menos posibilidades comunicativas que en los humanos. El lenguaje animal se compone básicamente de expresiones faciales, gestos y posturas corporales. Esto significa que, incluso en el lenguaje de los simios, la codificación lingüística no es intencionada, sino que se trata de un sistema de representación que poseen de forma innata, pues se transmite genéticamente dentro de cada especie. Así pues, cualquiera de esos sistemas de comunicación es cualitativamente diferente al lenguaje humano. Podemos resumir las características diferenciadoras del lenguaje humano como sigue:

- En primer lugar, el lenguaje humano apareció como oral y auditivo; la representación gráfica de los sonidos o escritura fue un desarrollo muy posterior. La gran cantidad de tareas que se pueden realizar con las manos hacía que estuvieran con mucha frecuencia ocupadas, mientras que la boca, liberada de sus tareas de transporte, quedaba libre. Además, los sonidos se pueden emitir y recibir tanto de día como en la oscuridad de la noche. Eso significa, también, que el lenguaje humano es lineal: está formado por una sucesión de palabras en el tiempo, unas detrás de otras, con lo que no pueden ser percibidas simultáneamente, sino sucesivamente.
- En segundo lugar, el lenguaje humano está doblemente articulado. Eso significa que está compuesto por unidades que tienen significado (por ejemplo, las palabras) y otras unidades que no tienen significado (por ejemplo, los fonemas o sonidos mínimos). La doble articulación permite que con un número limitado de fonemas (22 en castellano) se pueda llegar a componer una cantidad ilimitada de mensajes.
- En tercer lugar, el lenguaje humano es convencional. Salvo en el caso de las onomatopeyas, la relación entre el significante y el significado (esto es, entre los sonidos y el contenido al que se refieren) es arbitraria, pues obedece al acuerdo que un grupo humano o comunidad de hablantes ha establecido. Como consecuencia, debe ser aprendida: no nacemos sabiendo hablar.

El lenguaje se convierte en un instrumento de eficacia inusitada, pues acentúa las relaciones sociales, intensifica la cooperación en las tareas de supervivencia, por no hablar del desarrollo de áreas especializadas del cerebro, relacionadas con la emisión y la comprensión de los mensajes orales.

Pero, por encima de todas estas ventajas, el lenguaje es el depósito de los conocimientos que cada grupo humano logra y necesita para vivir. Son conocimientos de muchos tipos distintos: técnicos, rituales, mágicos, culinarios, etc., que al quedar codificados lingüísticamente se pueden transmitir a las generaciones siguientes de una manera mucho más rápida y eficaz. Pensemos, por ejemplo, que aunque nunca hubiéramos tenido la experiencia directa de que el fuego quema, si nos lo explican oralmente, podemos hacernos una idea muy precisa sobre lo que esperar ante él. El lenguaje no sustituye una experiencia directa (experimentar la quemadura, por ejemplo), pero al poder transmitirla permite la previsión de las consecuencias, puesto que es posible anticiparse a ellas.

ACTIVIDADES

15. Escribe tu propia definición de «antropogénesis», procurando que queden bien diferenciados el proceso de hominización y el de humanización.

REFLEXIONA

16. De los procesos que intervienen en la hominización, ¿cuál te parece el más importante para explicar la aparición del ser humano? ¿Por qué?

17. ¿Se puede explicar y entender la evolución del ser humano sin tener en cuenta los procesos de la hominización? ¿Y sin contar con los procesos de la humanización? ¿Por qué?

Doc. 6

«El aprendizaje del lenguaje es esencialmente posnatal, aunque antes del nacimiento pueda producirse la formación de huellas de memoria. En el hombre, ese desarrollo posnatal es particularmente importante y prolongado. Recordemos que la capacidad craneal del bebé aumenta 4,3 veces después del nacimiento, mientras que ese crecimiento solo es de 1,6 veces en el chimpancé para duraciones de gestación comparables (270 días en el hombre, 224 días en el chimpancé). [...]

El hijo del hombre nunca se desarrolla de manera aislada: siempre se encuentra inserto en un universo comunicacional propio de la especie [...] El recién nacido emplea la mirada para establecer un contacto con los ojos y la boca del adulto que le habla. De ese modo, establece un contexto de relaciones emocionales y afectivas fuertes que organizan la temporalidad de los intercambios entre el adulto y el niño y, de esa forma, asegura una semántica compartida».

Jean-Pierre Changeux, *Sobre lo verdadero, lo bello y el bien. Un nuevo enfoque neuronal*

- ¿Qué factores de la humanización se mencionan en el texto?

Cualquier habilidad técnica humana, como, por ejemplo, pescar, requiere capacidades muy complejas.

• cultura → Historia, comportamiento, moral, Religiones, Gastronomía, Arte, Rasgos característicos de una población

La vivienda, como el iglú de los esquimales, hecho con bloques de hielo, nos habla de la adaptación del ser humano a los distintos ambientes.

Las mezquitas de adobe de Tombuctú son un excelente ejemplo de desarrollo cultural que aprovecha ventajosamente los medios disponibles.

Los pobladores del Tíbet poseen una extraordinaria adaptación a la altura que les permite vivir a más de 4.000 metros de altitud con salud y plenas facultades: ningún otro ser humano podría hacerlo con la escasez de oxígeno que hay en esa altitud.

Cultura

Todas las características que hemos mencionado, que se iniciaron y desarrollaron de forma simultánea, desembocaron en la aparición sobre la Tierra de un ser que tiene cultura. Entendemos aquí por cultura el conjunto de saberes, creencias, comportamientos, hábitos, ideas, formas de expresión, sentimientos, instituciones, técnicas y herramientas o utensilios que son compartidos por un grupo humano. Todo este conjunto es lo que define la manera de vivir del grupo. A través de la cultura, los seres humanos nos hemos ido liberando lentamente de muchos condicionamientos biológicos. Hemos sido capaces de crear una serie de recursos que nos han permitido enfrentarnos ventajosamente a los obstáculos y dificultades que la naturaleza nos presenta. La cultura es una manera de vivir que hemos inventado los humanos y que, en cierto modo, nos hemos visto obligados a desarrollar, dado nuestro nacimiento inmaduro y nuestra carencia de instintos. La cultura es nuestra forma de vida, y es tan polivalente que nos permite la supervivencia en las condiciones más diversas, desde los desiertos hasta la tundra, desde las orillas de ríos y mares hasta las mesetas o cumbres más elevadas.

Tyler → todo complejo. todo lo que hacen los seres humanos
la cultura se contradice a la naturaleza

Doc. 7

«A causa de su gran capacidad de adaptación, de su notable ingenio, el hombre puede atender a sus necesidades de muchas y más variadas maneras que cualquier otro animal. El hombre es capaz de crearse su propio medio, en vez de tenerse que someter al medio que le venga impuesto, que es lo que les sucede a los demás animales. Dentro de cada sociedad existen muchas formas de cubrir las necesidades. Los orígenes de estas distintas formas "se pierden en la noche de los tiempos", o, como dicen los aborígenes australianos, "pertenecen a los tiempos de los sueños". En efecto, una de las labores más duras de un antropólogo es la de descubrir el origen de una costumbre. Normalmente, ningún humano vivo puede recordar cuándo nació una costumbre, porque las costumbres son infinitamente más antiguas que los hombres antiguos; son incluso anteriores a la tradición oral o a la historia escrita.

La cultura es la respuesta que el hombre da a sus necesidades básicas. La cultura es el modo que el hombre tiene de situarse en el mundo. Es el comportamiento aprendido en el seno de la sociedad. Podríamos definir la cultura como el modo de vida de un pueblo, como el medio que un grupo de seres humanos que ocupan un territorio común ha creado a través de sus ideas, de sus instituciones, de sus utensilios, de su idioma, de sus herramientas, de sus servicios y de sus sentimientos.

Este medio creado por el hombre, esta cultura, es el que toda sociedad humana hace prevalecer sobre el medio puramente físico y, en el seno del cual, el hombre se educa. La cultura se identifica hasta tal punto con la propia vida que podríamos decir con toda justicia que la cultura no se impone a la vida, sino que es un ensanchamiento de la vida. De igual modo que una herramienta amplía y extiende las posibilidades de la mano, así la cultura mejora y enriquece las posibilidades vitales.

Los rasgos que caracterizan la cultura son: 1) La cultura tiene que ser inventada; 2) tiene que ser transmitida de generación en generación; 3) tiene que perpetuarse, ya en su forma primitiva, ya modificada».

Ashley Montagu, Homo sapiens*; dos millones de años sobre la Tierra*

- ¿Cómo satisfacen los seres humanos sus necesidades?
- ¿Qué hay que entender por «cultura»? ¿Cómo se caracteriza?
- ¿Qué aspectos evolutivos son más importantes, los biológicos o los culturales?

- En comparación con las mutaciones genéticas, la velocidad de transmisión de los contenidos culturales es enorme. Comparemos la duración de la antropogénesis con las diferencias entre las culturas mesopotámicas y la nuestra: biológicamente aquellos humanos no eran significativamente diferentes a nosotros, pero en cuanto a la forma de vida, en cuanto a la cultura, las diferencias son abismales.
- Así, visto desde los orígenes de los seres humanos, toda cultura se nos presenta como una prolongación y una ampliación de las capacidades que nuestra biología nos ha concedido. Es decir, aquellas cosas que biológicamente no nos son posibles, la cultura las hace posibles. No podemos desplazarnos a la velocidad de un guepardo, ni tenemos la agudeza visual de un lince; pero a cambio hemos inventado, desarrollado y construido los recursos necesarios para desplazarnos a gran velocidad o para ver objetos muy pequeños o muy lejanos. Constatamos de nuevo que la cultura, más que un factor de opresión, es una liberación de los límites de nuestra biología.
- La cultura se aprende, no se nace con ella. Precisamente esta característica es la que explica dos fenómenos importantes:
  - Por una parte, la velocidad del avance cultural, ya que cada nueva generación de individuos tiene la posibilidad de incorporar algunas novedades al aprendizaje realizado, de manera que la acumulación de conocimientos y comportamientos crece rápidamente.
  - Por otra parte, la gran diversidad de culturas que podemos observar tiene aquí su raíz, pues los distintos grupos de seres humanos han ideado soluciones diferentes para problemas similares, dando lugar a distintas maneras de vivir.

El atleta más veloz no puede superar al guepardo en carrera, mientras que ningún animal puede alcanzar la velocidad de un avión a reacción.

4 La especie humana: del australopiteco al *Homo sapiens*

Darwin ya afirmaba en su obra *El origen del hombre*, de 1871, que los seres humanos, exactamente igual que las demás especies vivas, descienden de alguna otra forma preexistente, pues la selección natural sirve también para explicar el origen del hombre. Un argumento muy sólido a favor de esta explicación de Darwin fue la enorme similitud entre los grandes simios (sobre todo chimpancés, gorilas y orangutanes) y los seres humanos, tanto desde el punto de vista del esqueleto como de la fisiología e, incluso, del comportamiento. Estos descubrimientos dieron lugar a que se formulara la teoría del eslabón perdido. Algunos seguidores de Darwin se empeñaron en reconstruir un individuo que ocupara una posición intermedia entre los simios superiores y el hombre: buscaban el hombre-mono.

ACTIVIDADES

COMPARA

18. Busca semejanzas y diferencias entre los aspectos biológicos (hominización) y los aspectos culturales (humanización) de la antropogénesis. (Forma en que se producen los cambios, velocidad, etc.).

OPINA

19. La cultura, la técnica, el lenguaje, etc., ¿han sido liberadores u opresores para la especie humana? Valora cada factor por separado y haz una valoración global.

Doc. 8

«[...] un físico sueco llamado Eugène Dubois [...] buscaba fósiles en Java, a orillas del río Solo, cuando se topó con un cráneo chato, de frente pronunciada y aspecto primitivo. En las proximidades encontró un fémur que guardaba gran parecido con el humano. Denominó a su descubrimiento *Pithecanthropus erectus* ("simio de aspecto humano con postura erecta") y anunció que se trataba del "precursor del hombre". Pero de vuelta a Europa, los expertos no quedaron convencidos: el cráneo presentaba una frente demasiado baja como para contener un cerebro con afinidades humanas; se trataba solo de un simio. En cuanto al fémur, pertenecía a un humano moderno cuyos restos se habían extraviado por alguna razón. El propio Dubois decidió más tarde que su hallazgo no era un eslabón perdido, sino un gibón gigante extinguido».

MARVIN HARRIS, *Nuestra especie*

- ¿Qué se entiende por el «eslabón perdido»?
- ¿Merece la pena seguir buscándolo? ¿Por qué?

Reconstrucción del aspecto físico de los australopitecos.

4.1. Principales eslabones de la cadena evolutiva humana

La teoría del eslabón perdido ha sido totalmente descartada por los científicos, pero tuvo un eco popular muy grande, no siendo raro que aún hoy se hable de ella. Los dos defectos más importantes que llevaron a su abandono son los siguientes:

- No se puede hablar de un eslabón perdido, porque ha habido muchos. La cadena evolutiva, desde los antepasados humanos más remotos hasta la actualidad, está formada por muchos eslabones que indican la existencia de antepasados comunes, pero no de un solo ser intermedio entre ambas especies.
- Por otra parte, la teoría del eslabón perdido ha acuñado una expresión completamente errónea, según la cual el hombre desciende del mono. Eso es imposible, ya que implicaría que los monos no han evolucionado durante millones de años, sino que ya existían con las mismas características con las que los podemos contemplar en la actualidad. Los antepasados comunes a simios y humanos no eran ni simios ni humanos, sino otras formas animales. La separación entre la línea evolutiva de los primates, que conduce a los simios actuales, y la de los primeros humanos se produjo hace unos 2,4 millones de años. Lo correcto sería afirmar que «tanto el hombre como los otros simios tenemos a los antropoides como antepasados comunes».

La reconstrucción de las diferentes formas humanas, desde los antepasados más remotos hasta el hombre actual, es una de las apasionantes tareas que ocupan a los paleontólogos. No es fácil llegar a completar la cadena con todos los eslabones, pues los restos fósiles no se localizan fácilmente y, en ocasiones, encontrarlos es cuestión de suerte.

Los principales eslabones conocidos de la cadena evolutiva humana son los que figuran a continuación.

- **Australopitecos** (literalmente, «monos del sur»). En realidad se trata de un conjunto de individuos que constituyen nuestros más remotos antepasados conocidos. Los restos más antiguos corresponden al *Australopithecus anamensis*, hallados cerca del lago Turkana (Kenia). Pero también se han encontrado restos de estos homínidos en Sudáfrica (*Australopithecus africanus*). El australopiteco más famoso pertenece a la variedad denominada *afarensis* y recibió el nombre de *Lucy*. Se encontró su esqueleto casi completo, fosilizado, en Hadar (Etiopía). Los estudios realizados permiten decir que era una hembra, con un cráneo pequeño, que andaba erguida sobre los pies y que tuvo hijos. La antigüedad de estos restos se estima en 3,2 millones de años. Los estudios sobre los australopitecos y la abundancia de los restos hallados dan solidez a la hipótesis de que la humanidad nació en África y desde allí se extendió a toda la Tierra.
- ***Homo habilis.*** Su nombre, que significa «hombre hábil», se debe a que junto a sus restos se han encontrado instrumentos de piedra sencillos. Un estudio detallado de las manos y de los pies (dedos curvados en ambas extremidades) indica que aún tenía vida arbórea y no solamente en el suelo. Su altura era similar a la de los australopitecos, pero su capacidad craneal era mayor (alrededor de 650 cm^3). Vivió hace 1,9-1,6 millones de años en Tanzania.
- ***Homo erectus.*** Llamado así por su posición bípeda consolidada, vivió durante mucho tiempo: entre 1,8 millones y 300.000 años. Actualmente esta denominación se reserva para restos hallados en Asia (los conocidos

como «hombre de Pekín» y «hombre de Java»), a pesar de que comparten características similares con otros fósiles encontrados en África o, incluso, en Europa. En 2004 se descubrieron unos restos de homínidos, no fosilizados totalmente, en la isla de Flores (Indonesia), a los que se conoce como «hombre de Flores». Se piensa que pueden ser de descendientes directos del *Homo erectus*, a pesar de que llegaron a vivir simultáneamente a los humanos modernos (entre 90.000 y 13.000 años).

- ***Homo neanderthalensis.*** El hombre de Neandertal es una especie extinguida que habitó en Europa y en algunas zonas de Asia. Su nombre deriva del lugar donde se encontraron los primeros fósiles: el valle de Neander, cerca de Düsseldorf (Alemania), y se estima que vivieron entre hace 230.000 y 18.000 años. Tenían un cráneo alargado y grande (1.550 cm^3 de capacidad), mandíbula sin mentón, un esqueleto ancho y muy fuerte, y baja estatura. A ellos se debe la cultura Musteriense, caracterizada por fabricar utensilios de piedra con martillos hechos con madera o hueso. Eran recolectores y cazadores. Aún se discute si poseían un lenguaje oral muy apoyado en gestos o si se trataba de un lenguaje puramente gestual. Lo cierto es que enterraban a sus muertos (lo que indica que tenían creencias religiosas) y que produjeron rudimentarias muestras artísticas.
- ***Homo antecessor.*** En 1994, en el yacimiento de la Gran Dolina, en Atapuerca (Burgos), se encontraron fósiles correspondientes a unos individuos altos, fuertes y con un cráneo más pequeño que el del hombre actual. Se estima que vivieron hace 800.000 años, con lo que serían anteriores a los hombres de Neandertal, por eso se los denominó así: antecesores.
- **Hombre de Cro-Magnon.** Es la denominación clásica, que hoy está cayendo en desuso, para referirse al *Homo sapiens*, o si se prefiere al hombre actual. Los fósiles más antiguos corresponden a hace unos 40.000 años y suelen asociarse a yacimientos europeos y a cuevas con pinturas rupestres. A partir de ellos se suele considerar que comienza el Paleolítico superior, no encontrando ya diferencias de tipo físico o biológico con los humanos actuales, sino culturales.

Hay que tener en cuenta que estos tipos de homínidos y humanos no descienden necesariamente unos de otros. Solo se trata de antecesores de los humanos modernos que no constituyen, ni mucho menos, la cadena completa. Aun así son una muestra inequívoca de que la especie humana procede de otras especies que, en la actualidad, han desaparecido.

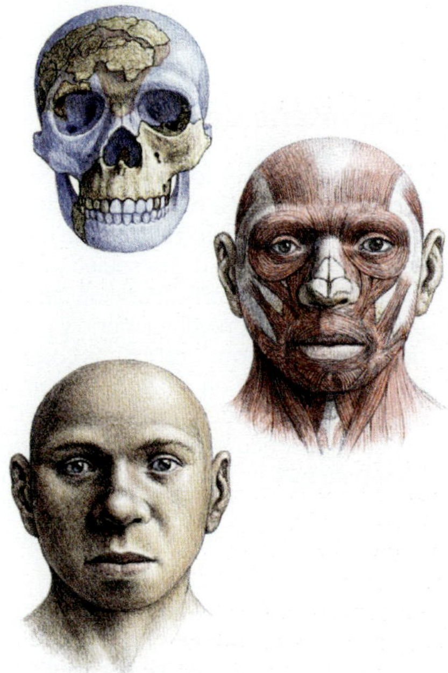

Reconstrucción de un cráneo de *Homo antecessor* a partir de los restos óseos hallados en el yacimiento de Atapuerca, Burgos.

Reconstrucción de un grupo familiar de la cultura magdaleniense.

ACTIVIDADES

ARGUMENTA

20. ¿Por qué no se puede seguir manteniendo en la actualidad la teoría del eslabón perdido?
21. Critica, de todas las formas que se te ocurran, la expresión «el hombre desciende del mono».

AMPLÍA

22. Construye una línea del tiempo y sitúa en ella los restos fósiles que se han descubierto de seres humanos anteriores a nosotros. ¿Se puede decir que conocemos la evolución del ser humano en su totalidad?

1 Comentario de texto

«Eörs Szathmáry y John Maynard Smith establecen en la historia de la vida una serie de grandes transiciones [...] La octava gran transición tuvo lugar hace muy poco tiempo, y consistió en el paso de las sociedades de primates a las sociedades humanas, con la aparición del lenguaje articulado como un sistema único, revolucionario y potentísimo de transmisión de información (que entre otras cosas ha hecho posible escribir este libro con un alfabeto de veintiocho letras). Tanta espera había, después de todo, valido la pena. Aunque en el aspecto genético somos unos primates muy próximos a los chimpancés y un producto de la evolución, constituimos un tipo de organismo radicalmente diferente de todos los demás. Somos los únicos seres que se preguntan por el significado de su propia existencia.

Pero no nos dejemos ahora llevar por un exceso de triunfalismo, porque también es cierto que desde los comienzos de las ideas científicas entre los griegos se han hecho muchos esfuerzos por situar a nuestra especie de espaldas a la naturaleza o, peor aún, por encima de ella. De aquí proceden algunos de los grandes problemas que aquejan a la humanidad en el momento presente. Solo a partir de Darwin se ha comprendido que no somos la especie elegida, sino, como dice Robert Foley, una especie única entre otras muchas especies únicas, aunque eso sí, maravillosamente inteligente».

JUAN LUIS ARSUAGA E IGNACIO MARTÍNEZ,
La especie elegida. La larga marcha de la evolución humana

Cuestiones

1. Formula una sola frase que resuma el contenido del texto y que le sirva de título.
2. ¿A qué gran transición se refiere el texto en el proceso de la evolución? ¿Qué importancia tiene, según lo que hemos estudiado en este tema?
3. ¿Cuál es la diferencia entre calificar a los seres humanos como «especie elegida» y hacerlo como «especie única»? Expresa tu opinión al respecto: ¿Qué tipo de denominación te parece más correcta? Razona la respuesta todo lo posible.
4. ¿Qué significa que la especie humana se ha situado, a veces, «de espaldas a la naturaleza» o también «por encima de ella»?
5. Redacta un escrito breve (alrededor de dos páginas) que responda al siguiente título: «La Tierra no pertenece al hombre, sino el hombre a la Tierra».

   (Sugerencias para la redacción: empieza con una introducción, planteando el tema. A continuación, explica cada una de las dos partes del título, contraponiendo todos los argumentos que encuentres a favor de una y de otra parte. Finalmente, toma posición indicando las razones que te inclinan hacia uno u otro lado).

2 Comentario de texto

«El cerebro humano no queda perfectamente acabado tras el nacimiento, no queda clausurado de forma que sea imposible modificarlo. Por el contrario, tras el nacimiento, el hombre desarrolla casi el 70 por 100 de su cerebro en interacción constante con el medio y con los demás seres humanos, y el desarrollo normal del cerebro necesita la estimulación del ambiente, tanto sensorial, es decir, de imágenes, texturas, sonidos, como mental.

Contra lo que se ha creído durante mucho tiempo, el cerebro se cultiva y además ese cultivo lo modifica a lo largo de la vida. Una de las mejores aportaciones de las neurociencias consiste en haber descubierto que la plasticidad es una de las características esenciales del cerebro. Los seres humanos podemos cultivar nuestro cerebro, gozamos de la capacidad de adaptarnos a nuevas circunstancias y de adquirir información hasta la vejez, aunque entonces esa capacidad disminuya. Por si faltara poco, la plasticidad del cerebro depende, al menos en parte, de cuánto se usa y en qué sentido, con lo cual trabajarlo no solo es posible, sino también recomendable».

ADELA CORTINA, *Neuroética y neuropolítica. Sugerencias para la educación moral*

Cuestiones

1. Formula una sola frase que resuma el contenido del texto y que le sirva de título.
2. ¿Cuál es la característica esencial de nuestro cerebro a la que se alude en el texto? ¿A qué cualidad o cualidades del cerebro humano se refiere?
3. ¿A qué crees que se debe que el cerebro humano no esté maduro al nacer? ¿Tiene esto alguna relación con los procesos de la antropogénesis? ¿Con cuáles?
4. ¿Encuentras alguna relación entre la maduración del cerebro y el lenguaje? Es decir, entre la aparente facilidad del bebé para aprender a hablar y las dificultades del adulto para aprender otro idioma.
5. Redacta un escrito breve (alrededor de dos páginas) que responda al siguiente título: «El ser humano, un ser inacabado». (Sugerencias para la redacción: empieza con una introducción, planteando el tema. En segundo lugar, explica cuáles son los aspectos en los que los seres humanos nacemos inacabados. A continuación valora qué nos aporta cada uno de ellos y concluye).

3 Disertación

Hominización y humanización

Sugerencias de desarrollo:

- Explica en qué consisten ambos procesos, como partes de la antropogénesis.
- Indica todas las relaciones que consideres importantes entre ellos.
- ¿Sería posible un ser humano sin los cambios producidos por la hominización? ¿Y sin las aportaciones de la humanización? ¿Por qué?
- Razona qué características del ser humano te parecen más importantes para entender lo que somos actualmente.

La inteligencia y las manos

Se atribuye a Anaxágoras, filósofo griego de principios del siglo v a.C., la siguiente frase: «El hombre es el más sabio de los seres vivos debido a que tiene manos».

- ¿Es posible interpretar esa frase de forma evolucionista? ¿Qué significaría?
- ¿Qué relaciones se pueden establecer entre las manos, el cerebro y la inteligencia?
- Si otras especies animales, como los primates superiores, llegaran a tener una mano como la humana, ¿podrían llegar a ser *sapiens*?

4 Debate

El ser humano y la cultura

Si admitimos que las primeras manifestaciones culturales (las herramientas más primitivas, por ejemplo) fueron una invención o un descubrimiento de nuestros antepasados, ¿es posible afirmar también que la cultura «ha generado» al *Homo sapiens*? ¿Ha sido el ser humano el que ha inventado la cultura o es la cultura la que ha producido al ser humano?

Propuesta de realización

Dividid la clase en grupos de 3 a 5 miembros que deberán adoptar una de las posibles respuestas a la pregunta anterior como propia y encontrad todos los argumentos posibles para defenderla.

Será muy conveniente que el número de grupos que trabajen cada alternativa sea equilibrado.

También pueden anticiparse a las posibles objeciones e idear cómo rebatirlas.

A continuación, todos los grupos que hayan trabajado una de las respuestas se reúnen para poner en común los argumentos que han encontrado.

Finalmente, dos representantes de cada una de las posiciones escenifican el debate ante el resto de los compañeros.

PROYECTO FINAL. **Trabajo cooperativo**

Reconstruimos la antropogénesis

- Esta actividad se realiza por parejas. (Si el número de alumnos fuera impar, se puede hacer un grupo de tres). En primer lugar observamos con atención el gráfico de la derecha y respondemos a las siguientes preguntas:
  - ¿Crees que falta o qué sobra algún elemento importante en la evolución del ser humano? (Si crees que falta algo, añádelo en el lugar que corresponda).
  - ¿Puedes diferenciar qué factores pertenecen más bien a la hominización y qué otros se corresponden con la humanización? Justifica brevemente cada respuesta.
  - Inserta flechas para indicar las principales relaciones entre los elementos del esquema. Puedes introducir flechas sencillas (⟶) para indicar la influencia de un elemento sobre otro, o de doble punta (⟷) para resaltar la influencia mutua entre dos factores.
  - ¿Se te ocurre alguna razón para que dos elementos aparezcan rodeados con un óvalo en lugar de un rectángulo? Justifica la respuesta.
- Para finalizar, una pareja expone sus resultados proyectando su gráfico en la pantalla y debatimos con las preguntas, críticas y sugerencias de los demás.

Antropogénesis: hominización y humanización

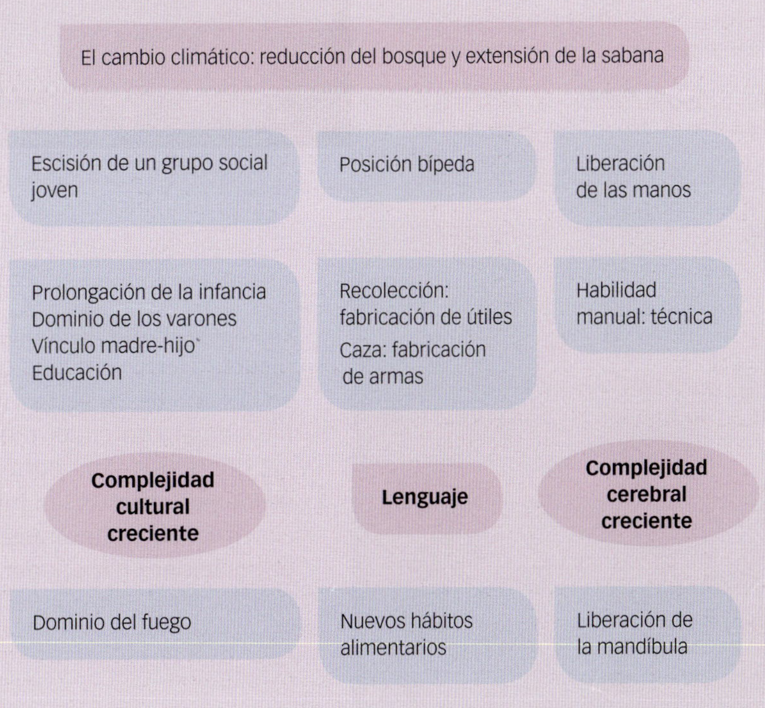

10 Naturaleza y cultura

CONTENIDOS

1. **Naturaleza y cultura como componentes del ser humano**
2. **El estudio de la cultura**
3. **La diversidad cultural**
4. **El proyecto intercultural**

PARA PENSAR JUNTOS

Leemos el diálogo de la página siguiente, debatimos sobre él y, después de estudiar esta unidad didáctica, respondemos estas cuestiones:

- ¿Cómo definirías la actitud de Elisa? ¿Crees que es solo ignorancia, como dice Belén?
- ¿Aparecen más prejuicios en el diálogo? Explícalos.
- ¿Crees que la cercanía y el cariño vencen las diferencias culturales? Razona la respuesta y pon los ejemplos que conozcas.
- ¿Qué aspectos de las culturas son más relevantes para ti? ¿Por qué?

En un bello paraje natural de la ciudad de Kioto (Japón) se alza el templo de Kinkaku-ji, en el que podemos ver una manifestación de la cultura humana en su dimensión religiosa.

Los seres humanos tenemos un origen natural: nuestra aparición en el planeta Tierra se puede explicar por causas similares a las que operan en el resto de los seres vivos. Sin embargo, esas explicaciones no nos bastan para entender todo lo que somos y por qué vivimos de maneras tan diferentes. Aun perteneciendo a la misma especie biológica, la forma de vida de un inuit, un hindú, un kurdo o un tibetano son, de hecho, enormemente diferentes. El estudio de la cultura nos dará algunas orientaciones para poder comprender este fenómeno. Por eso, podemos considerar que la cultura es el segundo «útero» del que nacemos los seres humanos.

LA FILOSOFÍA EN TU VIDA

CONSUELO.- ¿Habéis visto qué serio se ha puesto Brahim con Elisa?

PACO.- ¡Hombre, es que no son maneras de hablar a las personas! Llega y, sin saludar, le dice que huele raro, y Brahim nunca huele mal; bueno, como todos, cuando salimos de la clase de Educación Física, pero no más.

JUAN.- Sí, pero es que para Elisa solo tienen buen olor los perfumes franceses…

CARMEN.- Pues no me parece a mí tan exquisita, la verdad. Hay compañeros autóctonos cuyo olor es muy desagradable, pero, como son de aquí, nadie les dice nada.

BELÉN.- Lo que pasa es que la ignorancia es muy mala. Brahim huele a las especias que usa su madre para condimentar las comidas y hacer los dulces, que impregnan la casa entera y la ropa, pero no tienen mal olor, sino distinto; no sabemos nosotros qué le parece a él el olor de los suavizantes de nuestra ropa.

PACO.- Yo creo que Elisa piensa, en general, que todo lo suyo es magnífico y que lo de los demás no merece la pena. Es un poco extraña.

CONSUELO.- ¡Qué va, los «raros» somos nosotros! ¿No os habéis dado cuenta de que somos casi los únicos que tratamos a Brahim con absoluta normalidad? Los demás saludan si no tienen más remedio, pero no se paran nunca a hablar con él; si no fuera por algunos profesores, nosotros y los amigos marroquíes, estaría muy solo.

FERNANDO.- Pues a Brahim que no me lo toquen, porque es mi amigo del alma. Hasta que lo conocí, nunca pensé que me podía entender tan bien con una persona tan diferente a mí: tiene unas costumbres distintas, una religión distinta, una manera distinta de afrontar los problemas, una forma distinta de entender la convivencia, con su familia y con nosotros, y unos intereses distintos; en fin, todo en él es diferente, pero maravilloso.

ANA.- ¡Hijo, qué entusiasmo! Tampoco creo yo que sea para tanto.

JUAN.- Sí es para tanto, Ana. Cuando una persona habla de otra como Fernando lo ha hecho de Brahim, es magnífico. Y demuestra que el cariño y la cercanía nos ponen por encima de las diferencias.

PACO.- Y no solo nos hacen superar las diferencias, sino que nos ayudan a educarnos y a aprender, porque yo no sabía nada de la religión musulmana

y gracias a Brahim ahora la conozco un poco, y no es temible, como piensan algunos compañeros.

BELÉN.- Pues a mí eso es lo que me parece menos importante en Brahim. Lo que a mí me llama más la atención de él es su respeto hacia nosotras, porque ya sabéis lo que se dice de los musulmanes con respecto a las mujeres…

FERNANDO.- Pero no es verdad, o por lo menos no lo es para él. Hemos hablado del tema y os aseguro que no tiene ningún prejuicio, es más, le gustan un montón.

ANA.- ¡Por supuesto que no es verdad! A ver si no hay machistas entre los nuestros, menos educados y bastante más desagradables. Mirad, vamos a cambiar de tema, que viene por ahí.

BRAHIM (*saludando*).- ¿Qué tal, muchachos? Estabais hablando de mí, porque os habéis callado.

CONSUELO.- Pues sí, hemos visto el episodio con Elisa.

BRAHIM.- Bueno, no tiene importancia. Ya le he dicho lo que pienso y nada más. ¿Vamos a quedar para el fin de semana o qué?

CARMEN.- Sí, en mi casa y con dulces de tu madre, ¿vale? Dile que haga de esos que llevan nueces y miel, que están buenísimos.

1 Naturaleza y cultura como componentes del ser humano

No cabe duda de que somos seres naturales y culturales. Pero naturaleza y cultura se han considerado como opuestos: la naturaleza era considerada como el elemento innato, genéticamente heredado, mientras que la cultura era algo adquirido, fruto de la convención, un añadido, a veces conflictivo. Sin embargo, veremos que la cultura es tan natural y primigenia en los seres humanos como los aspectos biológicos.

Doc. 1

«No tiene sentido plantearse la evolución de la cultura como una esfera absolutamente autónoma e independiente. Solo podemos hablar de la naturaleza desde el conjunto organizado del conocimiento, pero solo se puede conocer desde el sistema complejo del organismo. Las teorías acerca de la naturaleza se componen desde los parámetros culturales, desde el conjunto de conocimientos que tenemos sobre la vida y la realidad, sobre el cosmos y la organización biológica».

JUAN GAVILÁN, *El laberinto de la hominización. El origen del lenguaje en el proceso de formación de la mente*

- Explica la relación entre naturaleza y cultura que se defiende en este texto.

1.1. *Phýsis y nómos*

Cuando los filósofos griegos del siglo V a.C. quisieron encontrar una explicación racional de lo que somos los seres humanos usaron estos dos conceptos: *phýsis* y *nómos*.

- ***Phýsis***, que significa «naturaleza». En primer lugar, servía para indicar que el hombre pertenece a la naturaleza y está sujeto a ciertas regularidades: las leyes naturales. Por ejemplo, los seres humanos nos caemos (como todos los objetos pesados) o respiramos (como muchos seres vivos). En segundo lugar, entendieron que todos los seres naturales poseen un principio del movimiento y del reposo. Esto es, tienen una dinámica propia, tienen su propia manera de ser, que hace que les ocurran determinados sucesos y no otros. Una copa de hierro se oxida *porque* está hecha de hierro, no por ser una copa (si fuera de cristal, no se oxidaría); mientras que los seres humanos enfermamos *porque* tenemos una condición biológica animal.
- ***Nómos***, que en sentido estricto significa «norma social» o «ley jurídica». Pero tomado ampliamente, se refiere al conjunto de creencias compartidas por una colectividad. Es decir, la cultura, el conjunto de normas, leyes, costumbres, ritos y comportamientos propios de un grupo humano. Los griegos de la Antigüedad cayeron en la cuenta de que el *nómos* es convencional, porque diferentes pueblos tienen culturas diferentes. Por ejemplo, no siempre se celebra la recogida de la cosecha de la misma manera ni en el mismo momento, pues depende del *nómos* de cada grupo humano.

El debate filosófico del siglo V a.C. quedó centrado en la contraposición entre estos dos términos. La *phýsis* se consideró como el modelo al que los seres humanos debían ajustarse, mientras que el *nómos* se entendió como algo sobreañadido y variable de un lugar a otro. Así se explica en el cuadro siguiente:

PHÝSIS		*NÓMOS*	
Natural	Perteneciente a la naturaleza. Principio interno del movimiento y del reposo.	**Artificial**	Producido por intervención expresa de las personas.
Innato	Se posee por nacimiento.	**Adquirido**	Aprendido en el proceso de socialización y educativo.
Espontáneo	Se posee sin necesidad de proponérselo.	**Construido**	Puede modificarse de forma voluntaria y consciente.
Universal	La poseen todos los seres humanos.	**Particular**	Compartido por cada grupo humano: pueblo, cultura, etc.
Absoluto	Se posee de manera incondicional.	**Relativo**	Depende del momento histórico en el que se vive.

Fotograma de la película *El pequeño salvaje*, dirigida por François Truffaut en 1970, basada en un caso ocurrido en Francia en 1790, cuando fue encontrado en un bosque un niño que al parecer había crecido sin tener contacto alguno con seres humanos.

Jean-Jacques Rousseau (Suiza, 1712-1778) también defendió que naturaleza y cultura (*phýsis* y *nómos*) se contraponen. Para él, la naturaleza es perfecta, mientras que el ser humano y la sociedad están muy lejos de ese ideal. El progreso de las ciencias, técnicas, artes y, en general, la cultura ha corrompido y desvirtuado lo más esencial y genuino que hay en el hombre: su naturaleza. Así la cultura ha provocado la degeneración de nuestras capacidades naturales.

1.2. Naturaleza y cultura, hoy

La relación entre naturaleza y cultura se entiende hoy de una manera diferente, debido a las transformaciones siguientes:

- Nuestro conocimiento de la naturaleza es una construcción cultural. El concepto mismo de naturaleza presupone la cultura y nuestra relación con ella depende de cómo la entendemos culturalmente. Así la cultura sería anterior y más fundamental que la naturaleza.
- En la naturaleza ya no encontramos soluciones a nuestros problemas, sino que ella misma se ha convertido en un problema. Así lo confirman los estudios ecológicos de que disponemos. Ahora es necesario cuidar la naturaleza, porque nuestra supervivencia como especie depende en buena medida de ella.
- La naturaleza ya no nos sirve de modelo orientador, pues caben posibilidades de acción muy diferentes. Es natural que los depredadores devoren a sus presas, como ocurre con un león y una gacela; pero ¿tenemos que dejar que un virus o una bacteria nos mate a todos?

Pocos rincones del planeta quedan ya por explorar y por explotar económicamente; pocos paisajes podemos considerar aún como vírgenes, pues la huella cultural humana se encuentra casi en cualquier lugar. Por eso, nos preguntamos: ¿Podemos hablar aún de «naturaleza» en un sentido estricto o, más bien, todo está impregnado de cultura? ¿Se opone la cultura a la naturaleza o es, más bien, una prolongación de ella?

Doc. 2

«Existen en la humanidad dos clases de herencia: la biológica y la cultural, que pueden ser también llamadas herencia orgánica y herencia superorgánica... La herencia biológica es, en el hombre, semejante a la de los demás organismos dotados de reproducción sexual y está basada en la transmisión de padres a hijos y por medio de las células sexuales, de la información genética codificada en el ADN. La herencia cultural, por el contrario, es exclusivamente humana y reside en la transmisión de información mediante un proceso de enseñanza y aprendizaje que es, en principio, independiente de la herencia biológica. La cultura no solo se transmite por la instrucción y la enseñanza, sino también por el ejemplo y la imitación, por medio de los libros, los periódicos y la radio, la televisión y el cine, a través de los objetos de arte y por cualesquiera otros medios de comunicación».

Francisco J. Ayala, *Origen y evolución del hombre*

- ¿Qué diferencias establece el texto entre naturaleza y cultura?
- Aporta ejemplos de herencia cultural.

ACTIVIDADES

1. ¿Qué significan expresiones como «la cultura es anterior a la naturaleza» y «la cultura es una prolongación de la naturaleza»?
2. Los seres humanos ¿somos seres naturales, culturales o culturales por naturaleza? Razona la respuesta.
3. ¿En qué ha cambiado especialmente la comprensión de la naturaleza que tenemos hoy frente a la de los griegos de la Antigüedad?

2 El estudio de la cultura

La palabra «cultura» procede del latín *cultus*, que se refiere al cultivo de la tierra. El alma o el espíritu humano puede cultivarse de manera similar a como se hace con la tierra para lograr las mejores cosechas. A partir del siglo XVIII, por el impulso del movimiento ilustrado, se impuso el significado de «cultivo de la mente». Tal expresión se refería tanto a la adquisición de conocimientos como al refinamiento en los gustos y modales.

Doc. 3

«En su nivel más básico, la cultura no es sino una preferencia de grupo por hacer cosas de una manera determinada. Según las preferencias van acumulándose con el tiempo, se convierten en tradiciones, y estas tradiciones son transmitidas por un grupo a sus descendientes. [...] Algunos grupos humanos prefieren los espaguetis al arroz o los apartamentos en edificios altos a las casas de campo».

CHRISTINE KENNEALLY, *La primera palabra*

- Explica con tus propias palabras la noción de cultura que aparece en el texto.
- Busca ejemplos de tradiciones en tu familia, en tu ciudad o pueblo, etc. ¿Son parte de la cultura? ¿Por qué?

2.1. La antropología cultural

La antropología cultural surge como disciplina a finales del siglo XIX, con el objetivo de estudiar al ser humano desde el punto de vista de su forma de vida, es decir, desde la perspectiva de la cultura que genera y en la que se desarrolla. Costumbres, relaciones de parentesco, organización política, económica y social, mitos, fiestas, creencias, la dieta o la manera de organizar las ciudades son objeto de estudio de la antropología cultural, porque a través de todo ello podemos conocer al ser humano. James George Frazer (Reino Unido, 1854-1941) y Bronisław Malinowski (Polonia, 1884-1942) fueron dos de los grandes impulsores de esta disciplina.

La antropología cultural se apoya en dos subdisciplinas: la etnografía y la etnología, que se complementan entre sí. La primera describe la forma de vida de un pueblo, para lo cual el investigador ha de integrarse en ese pueblo de la forma más plena posible. La etnología estudia un aspecto o rasgo (el regalo, la estructura familiar, los rituales mortuorios, etc.) en varias culturas, comparando sus diferencias y similitudes.

Restos de construcciones de la cultura inca en Machu Picchu, Perú. Esta cultura, la más evolucionada de las americanas precolombinas, se desarrolló a partir de los siglos XI y XII hasta 1532, fecha de la conquista española de Perú por Francisco Pizarro.

2.2. La noción de cultura

Para estudiar la cultura, los antropólogos realizan algunas distinciones que es preciso conocer. En primer lugar, el término «cultura» puede usarse, al menos, en dos sentidos:

- En sentido amplio, se refiere a la herencia social de la humanidad: el conjunto de conocimientos y prácticas que los seres humanos transmitimos de generación en generación. Por eso, desde el punto de vista de la antropología cultural, no se puede hablar de un hombre sin cultura. Se usa, preferentemente, en singular, como, por ejemplo, al hablar del hombre como «animal cultural».
- En sentido estricto, se aplica a cada una de las modalidades particulares que adopta la herencia social en cada grupo humano que ha existido históricamente y que existe en la actualidad. Así se usa cuando hablamos de las «culturas orientales» o las «culturas precolombinas».

En cualquiera de los dos sentidos, podemos identificar los siguientes rasgos como característicos del fenómeno cultural:

- La cultura es un fenómeno social, ya que se trata de algo compartido por un grupo humano. Un individuo aislado no genera cultura sino, en todo caso, hábitos o rutinas. Es esencial a la cultura que sea el elemento común de un grupo y que se perpetúe por la educación generando así una identidad individual y colectiva.
- Las culturas se caracterizan por su dinamismo, es decir, están permanentemente cambiando, modificándose. Una cultura que no cambia, que da rígidamente las mismas respuestas a los problemas y dificultades de la existencia humana, termina por desaparecer, pues deja de cumplir la función que le corresponde. La dinámica cultural consiste en que los cambios conservan la forma de vida del grupo, originando así las tradiciones.
- El lenguaje es un componente esencial de la cultura. Siguiendo a Wilhelm von Humboldt (Alemania, 1767-1835), cada lengua representa una visión del mundo. Desde que aprendemos las primeras palabras, organizamos la información que recibimos según la estructura de nuestra lengua materna. Por eso, cada lengua es una síntesis de la cultura de un pueblo.
- La técnica es otro componente básico de la cultura. Los seres humanos no sufrimos cambios corporales importantes, sino que modificamos la naturaleza mediante la técnica. Por ejemplo, fabricamos abrigos en lugar de desarrollar una capa de grasa bajo la piel. Por ello, podemos decir con Xavier Zubiri (España, 1898-1983) que la técnica es «poder sobre las cosas».
- La cultura tiene una base fundamental en las características anatómicas y fisiológicas humanas. El acortamiento del período de gestación y la inmadurez de nuestro sistema nervioso al nacer hacen posible el surgimiento de la cultura. Estas condiciones biológicas son necesarias para entender la aparición de la cultura, pero no son suficientes para explicarla. Sin la existencia de la sociedad no se concibe el surgimiento y el desarrollo cultural. Así, cultura y naturaleza, lejos de oponerse, se complementan en el ser humano.
- La dimensión natural, biológica, del ser humano influye en la cultura, pero no la determina. La cultura es una forma de adaptarse a las condiciones biológicas y naturales. Por eso, la cultura incluye los conocimientos, pero no debe identificarse solo con ellos, ya que abarca conductas, prácticas, valoraciones y creencias.

Doc. 4

«Se dice justamente "*la* cultura", pues se puede definir la cultura humana por los rasgos fundamentales que he indicado, pero se dice con razón "*las* culturas", pues *la* cultura no existe sino a través de *las* culturas. No hay sociedad humana, arcaica o moderna, sin cultura, pero cada cultura es singular. El vínculo entre la unidad y la diversidad de las culturas es crucial. La cultura constituye la herencia social de lo humano, las culturas alimentan las identidades individuales y sociales en lo que estas tienen de específico. Esta es la razón de que las culturas puedan mostrarse incomprensivas respecto de otras culturas, e incomprensibles entre sí».

EDGAR MORIN, *El método. La humanidad de la humanidad. La identidad humana*

- ¿Qué diferencia existe entre «la cultura» y «las culturas»?
- Explica el significado de la frase «las culturas alimentan las identidades individuales».

Doc. 5

«El concepto de cultura que propugno y cuya utilidad procuran demostrar los ensayos que siguen es esencialmente un concepto semiótico. Creyendo [...] que el hombre es un animal inserto en tramas de significación que él mismo ha tejido, considero que la cultura es esa urdimbre y que el análisis de la cultura ha de ser, por lo tanto, no una ciencia experimental en busca de leyes, sino una ciencia interpretativa en busca de significaciones. Lo que busco es la explicación, interpretando expresiones sociales que son enigmáticas en su superficie».

CLIFFORD GEERTZ, *La interpretación de las culturas*

- ¿Qué significa que la cultura es una urdimbre de significados? ¿Se puede entender la cultura como un sistema de símbolos?
- ¿Puede entenderse que el estudio de la cultura consiste en interpretar esos símbolos que la forman?
- Localiza algún elemento simbólico en nuestra cultura y propón una forma de interpretarlo.

ACTIVIDADES

ANALIZA

4. ¿Cuáles son las características que consideras más relevantes de nuestra cultura?
5. Escribe con tus propias palabras una definición de «cultura». Puedes ayudarte de un diccionario, pero no te limites a copiar esa definición.

RELACIONA

6. ¿Puede haber personas sin cultura? ¿Qué queremos decir cuando calificamos a alguien de «inculto»?
7. Compara «cultura» y «educación», resaltando semejanzas y diferencias.

Actuación de la bailaora Sara Baras. Las danzas y bailes tradicionales forman parte de la cultura inmaterial de un pueblo. Para preservar la existencia de estos aspectos culturales y prevenir su desaparición, la Unesco concede la calificación de Patrimonio Cultural Inmaterial de la Humanidad. Así ocurre, por ejemplo, con el flamenco desde 2010.

2.3. Análisis de la cultura

Con el desarrollo de la antropología cultural como disciplina académica se han definido algunos conceptos importantes que nos informan de diferentes aspectos del fenómeno cultural humano.

- **Protocultura.** Literalmente se refiere a la primera cultura en el tiempo, a la cultura originaria y, por tanto, la más rudimentaria (por lo que también se denomina «precultura»). Aunque es un fenómeno típicamente humano, con estos términos se suelen designar ciertas conductas animales que se asemejan algo a la que consideramos como característica propiamente humana. Por ejemplo, algunos primates son capaces de enseñar a su descendencia el uso de herramientas sencillas (como un palo para alcanzar el alimento) o la manera de construir un lecho de hojas para dormir, transmitiendo estos comportamientos a la siguiente generación.
- **Cultura material e inmaterial.** La cultura material está formada por los objetos producidos y usados por un grupo humano, así como por sus instituciones y estructuras políticas. Por ejemplo, los utensilios y herramientas o el tipo de gobierno que tienen. A través del estudio de la cultura material se descubren muchos aspectos acerca de los conocimientos y de la forma de vivir y pensar de un pueblo. A esto último –creencias, valores, mitos, religión, etc.– se lo denomina con frecuencia «cultura inmaterial». La cultura material y la inmaterial de un pueblo están relacionadas entre sí, sin que sea posible determinar cuál de las dos es más básica o fundamental. Más bien se produce una interacción, en la que puede ser más relevante una u otra dependiendo de la situación.
- **Subcultura y cultura dominante.** El término «subcultura» se refiere a un grupo de personas que comparten determinados rasgos específicos considerados como variantes de la forma de vida general y mayoritaria o cultura dominante. En todas las culturas se pueden identificar subculturas, localismos o particularismos de ciertos grupos sociales. Por ejemplo, dentro de la misma cultura dominante se puede diferenciar entre una subcultura rural y una subcultura urbana, o entre una agrícola y otra industrial.

Vasija prehistórica. La producción de objetos, útiles y herramientas es común a todas las culturas. Gracias a estas muestras materiales de culturas antiguas podemos conocer distintos aspectos de su forma de vida. Incluso podemos ponerles nombre: a los grupos humanos que fabricaban vasijas de este estilo se los ha denominado «cultura del vaso campaniforme».

Doc. 6

«La antropología cultural se define como un saber sobre el hombre que posee un carácter comparativo y holístico. Carácter comparativo, porque se trata de llegar a descubrir lo que es el hombre a través de la comparación de las múltiples culturas. En realidad, la antropología cultural nace justamente con la pretensión de estudiar al hombre comparando culturas y esto en un principio significaba investigar culturas distintas de la nuestra.

En segundo lugar, la antropología cultural es una ciencia holística [...] porque se trata de comparar *todas* las culturas. Todas las culturas presentes y también todas las pasadas, ya que se pretende lograr una comparación a lo largo del espacio y del tiempo: la antropología es "el estudio de la humanidad en todos los tiempos y lugares"».

PILAR FERNÁNDEZ BEITES, «Antropología cultural y antropología filosófica», en *Diálogo filosófico*

- ¿Qué tipo de saber es la antropología?
- ¿Cuáles son sus principales características?
- ¿Qué objetivos de conocimiento se marca?

Más de la mitad de la población mundial vive actualmente en grandes ciudades, como Nueva York, que cuentan con una gran variedad de servicios materiales y ofertas culturales, pero que también causan problemas de contaminación, ruido, falta de comunicación entre sus habitantes y de contacto con la naturaleza.

- **Contracultura.** Este término se refiere a las tendencias, pensamientos y valores que entran en conflicto con los de la cultura dominante. Aunque en cualquier cultura podemos descubrir aspectos o rasgos contrarios a la cultura dominante, cuando hablamos de «contracultura» pretendemos indicar que se trata de una minoría relativamente estable y organizada, que reivindica una forma de vida alternativa o paralela a la cultura oficial dominante y que en ocasiones puede usar procedimientos violentos. Aunque en su inicio sean grupos minoritarios, pueden extenderse y provocar un cambio cultural importante. Por ejemplo, los primeros cristianos fueron un grupo contracultural pacífico dentro del Imperio romano que, a largo plazo, provocaron cambios en él.
- **Civilización.** Procede del latín *civitas*, que significa «ciudad». Se refiere a una forma de vida en la que predominan el agrupamiento en ciudades, el sedentarismo, las relaciones personales complejas más allá del parentesco, la división del trabajo, la industrialización y el desarrollo tecnológico. Sin embargo, no hay acuerdo unánime acerca de su significado, sobre todo cuando se pone en relación con la cultura. En efecto, podemos hablar indistintamente de «civilización china» o de «cultura china», con lo cual se trataría de dos términos sinónimos.

  Pero algunos autores entienden que «civilización» tiene un significado más amplio, ya que incluye diversidad de culturas o grupos culturales. Así podemos decir que la civilización oriental está formada por las culturas china, india, japonesa, etc. La civilización andina agruparía culturas como la inca, nazca, aimara, etc. En este sentido, el concepto de civilización pretende ser la seña de identidad más amplia a la que nos podemos referir las personas, aunque la consideremos formada por una serie de grupos culturales más pequeños.

  A pesar de ello, sigue sin estar bien definido el límite y la diferencia entre los conceptos de civilización y cultura. A propósito de este debate, lo más importante es tener en cuenta la necesidad de evitar, al menos, los dos prejuicios siguientes:

  - El prejuicio de pensar que la civilización pertenece en exclusiva a las culturas occidentales, mientras que las demás culturas son «salvajes», «primitivas», «atrasadas», etc.
  - El prejuicio de pensar que la cultura occidental representa la forma de vida más elevada a la que puede aspirar cualquier ser humano. Todas las demás culturas serían consideradas, entonces, como formas «atrasadas» o «deficitarias» de la cultura occidental.

Mujeres trabajando en un arrozal. El cultivo del arroz se extiende por la mayor parte de los pueblos del sur y este de Asia, y es uno de los signos característicos de la civilización oriental.

ACTIVIDADES

ARGUMENTA

8. ¿Se puede hablar de una «cultura animal»? ¿Por qué?
9. ¿Cuál es la diferencia entre «contracultura» y «subcultura»?
10. ¿Cuáles son las relaciones entre los términos «cultura» y «civilización»?

3 La diversidad cultural

Doc. 7

«La cultura adquiere formas diversas a través del tiempo y del espacio. Esta diversidad se manifiesta en la originalidad y en la pluralidad de las identidades que caracterizan a los grupos y sociedades que componen la humanidad. Fuente de intercambios, innovación y creatividad, la diversidad cultural es, para el género humano, tan necesaria como la diversidad biológica para los organismos vivos. En este sentido, constituye el patrimonio común de la humanidad y debe ser reconocida y consolidada en beneficio de las generaciones presentes y futuras».

Declaración Universal de la Unesco sobre la Diversidad Cultural

- ¿A qué se debe que la cultura adquiera formas diferentes a través del tiempo?
- ¿Por qué es necesaria la cultura para el género humano?

Tanto si examinamos la historia de la humanidad como si nos fijamos en el presente, constatamos la existencia de una gran diversidad de culturas. Esta diversidad es el resultado de las distintas maneras que los seres humanos han ideado para habitar el mundo, y se manifiesta a través de los distintos idiomas, creencias religiosas, tipos y técnicas de cultivo de la tierra, en el arte, en la música, en la estructura social, en la dieta y en otros muchos aspectos concretos de la vida de los pueblos.

Hablamos de culturas «diversas» mejor que de culturas «diferentes», porque «lo diferente» se define siempre como «diferente de lo establecido» por la cultura dominante, mientras que hablar de «culturas diversas» no presupone que haya un modelo cultural a partir del cual se establecen las diferencias. La diversidad implica que se reconoce al otro como «otro», ya sea un individuo, una comunidad, un pueblo o un país.

3.1. Un fenómeno antiguo y nuevo

Hablamos de «multiculturalismo» cuando en un mismo espacio social se da la diversidad cultural, es decir, coexisten individuos o grupos con orígenes culturales diversos. No se trata de un fenómeno nuevo, pues se ha dado desde siempre en la historia de la humanidad. Pensemos, por ejemplo, en la coexistencia de las culturas cristiana, árabe y hebrea durante la Edad Media en España, especialmente en Toledo.

En nuestra época se ha intensificado enormemente el intercambio de personas entre culturas diversas, debido a las facilidades de movilidad y comunicación a lo largo y ancho del planeta. De esta manera se han constituido sociedades en las que se relacionan personas y grupos con formas de pensar y actuar, con creencias y visiones del mundo muy distintas y, a veces, contrapuestas.

Siguiendo a Eric Hobsbawm (Gran Bretaña, 1917-2012), el multiculturalismo puede adoptar diferentes formas, porque las relaciones entre los grupos culturales minoritarios y la cultura dominante no es siempre la misma. Así, por ejemplo, encontramos Estados que se han formado a partir de grupos culturales previamente existentes. Este es el caso de la formación del Estado español a finales del siglo XV o la de los Estados Unidos de América en el siglo XVIII, por ejemplo. Pero también encontramos grupos culturales que pueden ser muy consistentes y cohesionados, aunque no hayan llegado a conformarse como un Estado. La cultura kurda y la cultura gitana son dos ejemplos de esta situación.

Éxodo de refugiados kurdos iraquíes. El territorio de este pueblo se encuentra repartido entre los Estados de Turquía, Armenia, Azerbaiyán, Irak, Irán y Siria, que se oponen a la creación de un Estado kurdo. A lo largo de la historia, los kurdos han protagonizado violentas rebeliones y sufrido crueles represiones.

3.2. Explicaciones para la diversidad cultural

Para descubrir diferencias entre las culturas, la antropología cultural utiliza el método comparativo, es decir, describe las características diferenciales de una cultura en comparación con otras, pero tratando de evitar valoraciones del tipo «tal cultura es mejor, superior o más avanzada» que otra. De este modo, se han propuesto diversas explicaciones para la diversidad cultural:

- **Evolucionismo.** Igual que se ha producido una evolución biológica, también se ha efectuado una evolución cultural. Hay especies biológicas más antiguas que otras y también existen culturas más primitivas que otras. Dentro de esta teoría podemos diferenciar dos tendencias:
  a) la unilineal, que entiende que todas las culturas han de pasar por los mismos estadios evolutivos. Eso implica poder clasificar las culturas como inferiores o superiores, desde la vida salvaje hasta la civilización;
  b) la multilineal, que propone que la evolución de las culturas sigue procesos diferentes en cada una, por lo que solo se puede hablar de culturas diversas y es imposible una graduación como la anterior.
- **Difusionismo.** La diversidad cultural no aparece por la acción de cada cultura por separado, sino como resultado de los contactos e influencias mutuas de unas culturas sobre otras. Por eso se diferencia entre culturas difusoras, las que han expandido su forma de vida, y culturas receptoras, las que han adoptado pautas de comportamiento de las anteriores. En diverso grado, toda cultura es difusora y receptora: la cultura latina, por ejemplo, fue receptora respecto a la griega, pero al mismo tiempo difusora respecto a los pueblos de Hispania, Galia, Germania, etc.
- **Antropología simbólica.** Cada cultura puede entenderse como un sistema de símbolos que forman una red o trama de significados compartida por los miembros de esa sociedad. Las diversas culturas son, por tanto, diversas redes simbólicas construidas por distintos grupos humanos para entender el mundo que los rodea y organizar la convivencia entre ellos.

Restos de calzada romana en Berrocal, Huelva. En España se conservan numerosos monumentos y construcciones que atestiguan el paso de Roma por la península ibérica.

Doc. 8

«El crecimiento relativamente rápido de la cultura humana, como conjunto, se debe a la capacidad de todas las sociedades para adquirir elementos de otras culturas e incorporarlos dentro de la suya propia. Esta transferencia de elementos de cultura de una sociedad a otra se conoce con el nombre de *difusión*. Es el proceso por medio del cual la humanidad ha podido centralizar su capacidad inventiva. [...]

[La difusión] ha ayudado a acelerar la evolución global de la cultura haciendo desaparecer la necesidad de que toda sociedad vaya perfeccionando por sí misma cada paso dentro de una serie inventiva. [...] A medida que va creciendo el número de personas que se ocupan de un mismo problema, se acelera el proceso de adelanto de la cultura».

Ralph Linton, *Estudio del hombre*

- ¿En qué consiste la difusión cultural?
- ¿Qué ventajas proporciona la difusión cultural a la humanidad?
- ¿Es posible que la difusión cultural plantee también algunos inconvenientes? ¿Cuáles?
- Según el texto la difusión cultural produce «crecimiento», «aceleración» y «adelanto». ¿Se puede considerar esto como «progreso»? ¿Cuáles son las diferencias más importantes entre estos términos?

ACTIVIDADES

11. ¿Da igual hablar de culturas «diversas» que de culturas «diferentes»? Aporta ejemplos que clarifiquen tu opinión.

12. ¿Es deseable el multiculturalismo? ¿Sería preferible evitarlo? Razona las respuestas.

PROFUNDIZA

13. ¿Cuáles son las diferencias más importantes entre las teorías evolucionistas y difusionistas respecto a la cultura?

14. ¿Qué explicación de la diversidad cultural te parece más adecuada? ¿Por qué?

15. ¿A qué crees que se debe la diversidad cultural? ¿Por qué no vivimos todos los seres humanos de la misma manera?

AMPLÍA

16. Busca ejemplos de multiculturalismo, tanto del pasado como actuales.

17. Marca en un mapa las zonas del mundo donde se ha producido históricamente la diversidad cultural de una manera más intensa o repetitiva. ¿Puedes sacar alguna conclusión?

Restaurante McDonald's en la ciudad china de Yangshuo. La expansión de determinadas costumbres o firmas comerciales de países de Occidente lleva a una cierta homogeneización de los hábitos de vida en diferentes culturas.

3.3. ¿Existen culturas superiores e inferiores?

Aunque la antropología cultural no lo pretende, la pregunta por la superioridad de una cultura respecto a otra ha dado lugar a varias posiciones. Las principales son las siguientes:

- **Etnocentrismo.** Es la actitud de quienes juzgan a las demás culturas desde la suya propia, considerándola «la mejor». Dos rasgos definen al etnocentrista: la incapacidad para comprender a quienes no comparten su cultura y la pretensión de ensalzar su forma de vida despreciando las demás. Esta actitud sustenta fenómenos como:
  a) la xenofobia: odio al extranjero;
  b) el racismo: rechazo a determinadas etnias;
  c) la asimilación cultural: imposición de la cultura dominante sobre las minoritarias;
  d) el chovinismo: preferencia fanática por el propio grupo étnico.
- **Marginación y exclusión.** Es una actitud muy frecuente en la actualidad, que consiste en rechazar y no tener en cuenta las culturas consideradas inferiores o menos desarrolladas, apartándolas de la toma de decisiones y poniendo todo tipo de obstáculos para que puedan vivir a su modo.
- **Relativismo.** Esta actitud pretende analizar las distintas culturas desde ellas mismas, sin aplicarles criterios, valores o normas procedentes de otras. Se trata de una actitud, en principio, positiva, porque manifiesta respeto por todas las formas de vida humana. Pero, por otra parte, considera las culturas como espacios cerrados, compartimentos estancos que no pueden ser valorados más que desde su interior. Esto dificulta o imposibilita la comunicación entre individuos de diferentes culturas, así como que unas culturas puedan aprender de otras la manera de resolver ciertos problemas. Toda crítica o sugerencia de cambio, realizada desde una cultura diferente, será considerada como una «contaminación» cultural o como una «intromisión» injustificada.

No podemos olvidar que en cada cultura siempre hay aspectos que merece la pena conservar y otros que desearíamos que desaparecieran y sería preferible que no hubieran existido. Discriminar qué rasgos de cada cultura deben conservarse no es fácil y los criterios para diferenciarlos son muy difíciles de encontrar y de acordar entre todos. Aun así, parece claro que merecen conservarse y profundizarse aquellos aspectos de una cultura que contribuyen a la humanización de la vida de las personas, porque hacen que la vida sea más justa y feliz, más completa y más digna de ser vivida.

Doc. 9

«El relativismo cultural consiste en adoptar los patrones culturales de la sociedad que se pretende estudiar, a fin de poder comprender su lógica interna.

Sin embargo, debemos comprender que este relativismo ha de ser puramente metodológico, y no radical. Es evidente que las culturas no son iguales, ni tienen por qué ser aceptables por entero sus valores. La interpretación radical del concepto de relativismo cultural nos llevaría a aceptar prácticas culturales desechables por entero, como las que se refieren al sometimiento de la mujer o a su lapidación. El relativismo es solo un principio que nos orienta acerca de la manera de comprender a otra sociedad. El hecho de que el antropólogo se convierta en un miembro más de la cultura que estudia no significa que deba abdicar de su neutralidad científica».

Eloy Gómez Pellón, *Introducción a la antropología social y cultural*

- ¿En qué consisten el relativismo cultural metodológico y el radical?
- ¿Qué consecuencias negativas puede acarrear el relativismo cultural radical?
- ¿Hay algún criterio para diferenciar entre los rasgos aceptables y los rechazables de una determinada cultura?

4 El proyecto intercultural

Además de un hecho, el multiculturalismo casi siempre ha planteado problemas a lo largo de la historia. La cultura dominante ha pretendido imponerse, a menudo utilizando medios violentos, a las demás culturas con las que entra en contacto e intercambio. Con demasiada frecuencia se han producido la persecución, la expulsión del territorio, el sometimiento a la esclavitud o el genocidio de la cultura minoritaria.

Por todo ello, se hace necesario gestionar el multiculturalismo de una manera nueva, que preserve la diversidad cultural sin mantener ni provocar situaciones de injusticia. Este nuevo modo de gestión de la multiculturalidad se denomina «interculturalidad».

El proyecto intercultural aspira a superar las diferencias culturales, promoviendo la justicia y el respeto en las relaciones entre las personas y entre los pueblos.

4.1. Noción de interculturalidad

Decimos que la interculturalidad es un proyecto, porque formula una propuesta que está aún lejos de haberse logrado. Se trata de buscar soluciones a los problemas de convivencia entre culturas evitando medios violentos o injustos. El proyecto intercultural aspira a abrir cauces de diálogo que respeten la diversidad y generen el enriquecimiento mutuo.

La interculturalidad va más allá que el multiculturalismo, pues aquella pretende que se trate a los otros como iguales en derechos y oportunidades, resolviendo los conflictos mediante el diálogo y el respeto a las diferencias. También supera el relativismo, pues considera posible y deseable el diálogo entre las culturas, resaltando lo que hay de común en todas (la búsqueda de soluciones a los problemas de supervivencia y de vida plena para los miembros del grupo) y respetando las diferencias.

La meta final de la interculturalidad es constituir una civilización mundial, por lo que decimos que es un proyecto universalista. La aplicación de los derechos humanos, una actitud tolerante y dialogante hacia los diferentes y la valoración de la libertad, la igualdad y la solidaridad son las herramientas fundamentales del proyecto intercultural.

4.2. La cultura local en un mundo globalizado

La pluralidad y diversidad de culturas locales significa una riqueza que es patrimonio de la humanidad. Las culturas son una fuente de identidad para las personas, que se reconocen a sí mismas como pertenecientes a una cultura concreta, sintiéndose legítimamente orgullosas de ello. Por esto, sin perder de vista que todo ser humano debería poder convivir con cualquier otro, tomar en consideración las culturas minoritarias es una muestra de respeto al pluralismo de la humanidad.

ACTIVIDADES

18. ¿Qué rasgos de tu cultura consideras que contribuyen a la humanización de la vida de las personas? ¿Qué rasgos la deshumanizan?

19. ¿Piensas que es posible convivir con personas de culturas diversas o solo es posible la coexistencia? Razona la respuesta.

Doc. 10

«[...] Entonces comprenderemos que no existen prácticas culturales universales, tal y como proclama el relativismo cultural, sino que todo fenómeno sociocultural únicamente puede entenderse y valorarse dentro del marco de la cultura que lo genera. Con ello tenemos desbrozado el camino para el reconocimiento de otras clases de conductas diferentes a la nuestra y buscar –libres de actitudes xenófobas y racistas–, desde la tolerancia, el modo de relacionarnos con ellas; algo necesario en un planeta como el nuestro, abarcable ya gracias a los medios de comunicación y transporte».

Manuel Sánchez Cuesta, «Cultura», en Moreno Villa, M., *Diccionario de pensamiento contemporáneo*

- ¿Qué significa que «no existen prácticas culturales universales»?
- ¿Puede entenderse que el texto defiende el relativismo? ¿Por qué sí o por qué no?
- ¿Es necesario ser relativista para reconocer otras formas de vida distintas a la propia?

SABER HACER

1 La convivencia con personas de otras culturas

Responde a las siguientes preguntas:

1. ¿Conoces a personas de otras culturas o que practican religiones distintas a la católica?
2. ¿Es posible convivir con quien tiene una forma de vida distinta de la tuya?
3. ¿Qué piensas de la religión islámica?
4. ¿Crees que nuestra cultura occidental es superior a otras? Razona tu respuesta.
5. En tu opinión, ¿convivir con personas de otras culturas nos enriquece o es fuente de conflictos?

2 ¿Naturales o culturales?

1. Clasifica cada una de las siguientes actividades como naturales o culturales.
2. Aporta brevemente la razón por la que las calificas como una cosa u otra.
3. Si encuentras alguna que pueda participar de las dos características, explica por qué.

Respirar / alimentarse / lavarse los dientes / defenderse ante una agresión / comer / ver la televisión / celebrar una fiesta / crear ciudades / construir un hogar / soñar / vestirse / tener curiosidad / comunicarse / hablar / escribir / beber un zumo / comprar / dormir / enamorarse / saludar / estudiar / aprender.

3 Comentario de texto

«Toda nuestra vida se halla encuadrada en esta estructura interpersonal y social, que es condición de posibilidad de nuestra humanización o deshumanización, en la medida en que nos permite crecer como sujetos autónomos en colaboración humanizadora con los otros sujetos participantes en esa red de comunicación, o estorba nuestro proceso humanizador objetivándonos, alienándonos y haciéndonos vivir en condiciones en que se nos hace imposible poder existir y crecer como personas, en libertad y en medio de estructuras de libertad y de justicia. La aceptación de esta radical condición comunitaria de nuestra condición humana implica reconocer nuestra condición *solidaria* y *responsable*, que nace [...] de la propia esencia de lo humano. Solidarizarnos con los demás no es, desde esta óptica, más que un modo acertado de realizarnos como personas, en la medida en que el otro, los otros, son parte y complemento de mi propia realidad personal y humana».

CARLOS BEORLEGUI, *Antropología filosófica. Nosotros: urdimbre solidaria y responsable*

Cuestiones

1. ¿Qué relación existe entre la cultura y nuestro desarrollo personal?
2. ¿En qué aspectos concretos nos puede ayudar nuestra cultura a desarrollarnos como personas? ¿Es posible también que nos lo impida? ¿Por qué?
3. ¿Qué significa que la condición humana es radicalmente comunitaria? ¿Tiene esto algo que ver con nuestra condición de seres culturales?
4. ¿Podemos llegar a ser nosotros mismos sin la colaboración de los demás, aun siendo diferentes?

4 El concepto de naturaleza

¿Qué significan las siguientes expresiones?

- Es natural que se enfadara, porque lo insultaron.
- La naturaleza es sabia.
- Es natural que quiera estudiar; María es muy inteligente.
- La familia es la unidad natural que forma la sociedad.
- Pedro es agresivo por naturaleza.
- Nuestra vida es muy artificial; deberíamos volver a la naturaleza.
- Andrea posee una elegancia natural.
- La ropa fabricada con tejidos naturales produce menos alergias.
- Antonio está al día en cine, teatro, literatura, música..., ¡es natural, porque es una persona muy culta!

5 Disertación

¿Tienen solución los conflictos entre culturas?

Sugerencias de desarrollo:

- Reflexiona sobre el origen de la diversidad cultural.
- Busca en los medios de comunicación ejemplos reales de conflictos entre culturas.
- Analiza las posturas del etnocentrismo, la marginación, el relativismo y la interculturalidad respecto a esos ejemplos.
- Indica cuáles son los motivos por los que se ha producido el conflicto: religiosos, lingüísticos, morales, etc.
- Investiga cuáles son las aportaciones de la interculturalidad y el papel de los valores y medios que pone en vigor.
- Saca tus propias conclusiones respecto a la posibilidad de solucionar los conflictos entre culturas.

¿Es lo mismo «tener cultura» que «ser o estar educado»?

Sugerencias de desarrollo:

- Revisa a fondo el concepto de cultura que hemos trabajado en el tema.
- Reflexiona sobre las siguientes cuestiones: ¿Basta tener buenos modales para ser una persona educada? ¿Basta tener muchos conocimientos para ser una persona culta?
- ¿Puede haber seres humanos que carezcan por completo de cultura? ¿Puede haber seres humanos que carezcan por completo de educación?
- ¿Es posible que la educación sirva para transmitir cultura?
- ¿Dirías que la educación forma parte de la cultura o que la cultura forma parte de la educación?
- ¿Qué semejanzas y diferencias encuentras entre los dos términos?

PROYECTO FINAL. **Trabajo cooperativo**

La diversidad cultural

Investigación 1. Sobre las tribus urbanas

- En grupos de cuatro o cinco miembros buscamos información sobre las tribus urbanas que se enumeran a continuación. No es necesario indagar sobre todas ellas, aunque sería conveniente hacerlo sobre un número suficiente, por ejemplo, entre 3 y 5. (Cada miembro del grupo puede encargarse de una tribu urbana). Buscamos en libros, prensa, internet, etc.

Góticos	Hippies	Skatos
Punks	Darketos	Heavies
Skins	Emos	Moods

Los aspectos que nos interesa conocer son los que os indican las preguntas que aparecen a continuación:

- ¿Cuáles son las características diferenciales de cada uno de ellos? (Forma de vestir, música favorita, personajes que admiran, valores que cultivan, normas que es necesario respetar para pertenecer al grupo, etc.).
- En cada caso, ¿dirías que se trata de subculturas, contraculturas o ninguna de las dos?

- Preparamos un informe de grupo para exponerlo a toda la clase, informando de los aspectos anteriores y añadiendo una reflexión breve que debe referirse a las siguientes cuestiones:
  - ¿Con cuál de esos grupos te sería más fácil convivir? Di las razones de ello.
  - ¿Con cuál te sería más difícil la convivencia? ¿Por qué?
  - ¿Cuáles serían las dificultades más importantes para que convivieran entre ellos?
  - ¿Consideras que perteneces a la misma cultura que cualquiera de esos grupos? ¿Y a la misma civilización? ¿Por qué?

Tiempo máximo de exposición 15 minutos.

Investigación 2. La cultura yanomami

- Buscamos información sobre la cultura de los yanomamis: costumbres, creencias, medios de subsistencia, técnicas y tecnología que poseen, etc. Después respondemos a las siguientes preguntas:
  - ¿Dirías que se trata de una cultura más o menos desarrollada que la nuestra?
  - ¿En qué criterios te has apoyado para decidir la respuesta a la pregunta anterior?
  - Vuelve a realizar la comparación usando sucesivamente estos dos criterios: respeto por la naturaleza y consideración hacia los ancianos.
  - ¿Qué futuro le espera a la cultura yanomami? ¿Conoces otras culturas que se encuentren en una situación similar?
  - Infórmate sobre el movimiento Orgullosos, no primitivos: sus objetivos y principales lugares en los que actúa. ¿Merece la pena apoyar iniciativas de este tipo? ¿Por qué?

Elaboramos un breve informe para comunicar a toda la clase los resultados de esta investigación.

11 La reflexión filosófica sobre el ser humano

CONTENIDOS

1. ¿Qué es la antropología filosófica?
2. ¿Qué es el ser humano? Dimensiones problemáticas del ser humano
3. ¿Quiénes somos nosotros? El enigma de la identidad

PARA PENSAR JUNTOS

Leemos el diálogo de la página siguiente, debatimos sobre él y, después de estudiar esta unidad didáctica, respondemos estas cuestiones:

- Cuando Fernando dice «¡Hombre, no se puede consentir!», ¿crees que se está refiriendo a la dignidad? ¿Por qué?
- ¿Estás de acuerdo con Carmen en que nuestro cuerpo es distinto de los otros cuerpos? Razona tu respuesta.
- ¿Hasta qué punto podemos conocernos a nosotros mismos?
- ¿Crees que somos, como dice Juan, un animal, aunque el más evolucionado? ¿Algún filósofo ha defendido esta concepción? Explícate.
- ¿Piensas que Consuelo refleja en el último párrafo su identidad? ¿Qué suprimirías y qué añadirías a sus palabras?

Una de las características del ser humano es que se hace preguntas sobre sí mismo y sobre lo que le rodea.

Los seres humanos nacemos con una curiosidad innata. Todo lo que encontramos a nuestro alrededor nos provoca interrogantes, nos interpela. Una de las preguntas más importantes que se nos plantean se refiere a nosotros mismos: ¿Qué y quién soy yo? En realidad esta es una de las cuestiones más fundamentales que tenemos que abordar, pues nuestra curiosidad por el mundo que nos rodea no es más que el intento de aclararnos sobre nosotros mismos. Somos algo enigmático y un enigma no tiene una solución única, sino diversas posibilidades de respuesta: diferentes personas pueden responder de distinta manera; pero también la misma persona puede encontrar respuestas diversas al enigma de su propia existencia en diferentes etapas de su vida. Por eso, averiguar qué y quiénes somos es una tarea larga y difícil, pero sobre todo apasionante, pues abarca toda la vida.

LA FILOSOFÍA EN TU VIDA

Fernando, impresionado con El alcalde de Zalamea, *a menudo recitaba versos de la obra para sí, sin darse cuenta de que los demás le estaban escuchando.*

FERNANDO (*recitando*).

> «Al rey la hacienda y la vida
> se ha de dar, pero el honor
> es patrimonio del alma,
> y el alma solo es de Dios».

PACO.- ¡Desde luego no estás bien! Menos mal que todavía no te contestas; cuando lo hagas, no nos necesitarás.

FERNANDO (*afectado*).- ¡Hombre, no se puede consentir! Me acusan en el futbito de no poner interés en ganar porque jugábamos contra mi primo Eloy. ¡Hasta ahí podíamos llegar!

BELÉN (*conteniendo la risa*).- No, si quizá tienes razón, pero es que ese lenguaje es más antiguo que el hilo negro.

FERNANDO (*molesto*).- ¡Verdades como puños! Pero no lo entendéis...

JUAN.- ¡Venga ya! Todo eso del alma, del honor, del patrimonio... ¡Está más pasado...!

CARMEN.- Pues yo sí pienso que tenemos honor y que es patrimonio del alma.

JUAN (*sonriendo*).- Pero tú también eres un poco antigua. Vale que el hombre es el animal más evolucionado, pero lo del alma... Los científicos jamás la han visto.

CARMEN.- Sí, pero hay muchas cosas que los científicos no han visto y eso no significa que no existan. No somos solo un cuerpo, y este no es como el del resto de animales; mi cuerpo es mío y expresa lo que yo soy en mi interioridad. Si no, ¿por qué hablamos del lenguaje de los gestos?

PACO.- Bueno, algunos animales también tienen un lenguaje y se comunican entre ellos.

FERNANDO (*muy serio*).- ¿Pero crees que tienen sentido del honor y una interioridad? Yo creo que no; no saben quiénes son, ni que morirán, ni saben...

BRAHIM (*anticipándose*).- ... que son criaturas de Dios.

CONSUELO.- Pero eso tampoco lo sé yo.

BRAHIM.- Sí sabes quién es Dios. ¿Sabemos de verdad quiénes somos? Nos falta mucho por vivir para respondernos esa pregunta. Hay muchas situaciones en las que ni sospechamos que nos vamos a ver; al menos eso espero, sobre todo de las buenas.

FERNANDO.- ¡Por supuesto que nos queda mucho por vivir! Pero también podemos anticiparnos a situaciones y mirarnos por dentro para saber lo que queremos y lo que no. Somos animales racionales, ¿no?

JUAN (*sonriendo*).- Unos más que otros. En serio, no creo que seamos tan distintos de otros animales superiores.

ANA.- Pues yo sí lo creo. Y creo que Fernando tiene razón. Aunque es muy difícil conocernos, porque somos juez y parte; quiero decir que el resto del mundo puede ser observado desde fuera, pero nosotros, para conocernos, tenemos que desdoblarnos, y no siempre lo conseguimos.

BELÉN (*enfadada*).- A ver si vamos a terminar locos, como esos personajes de películas que oyen voces.

PACO (*asustado*).- ¿Por qué? Podemos conocernos hasta cierto punto, porque llegamos a una barrera que ni siquiera podemos traspasar en nosotros, y menos en los demás.

CONSUELO.- ¡Vaya un lío que habéis armado! Yo sé que soy una persona, y también sé quién soy: soy hija de mis padres; sé dónde he nacido y dónde vivo, y estudio primero de Bachillerato; no sé todavía lo que voy a estudiar, pero sí sé cómo quiero vivir. ¡Y ahora mismo estoy muerta de hambre! Vámonos a comer y ya aclararemos nuestras dudas en otro momento.

Doc. 1

«No hay problema filosófico cuya solución reclame nuestro tiempo con más peculiar apremio que el problema de una antropología filosófica. Bajo esta denominación entiendo una ciencia fundamental de la *esencia* y de la *estructura esencial* del hombre; [...] Al cabo de unos diez mil años de "historia", es nuestra época la *primera* en que el hombre se ha hecho plena, íntegramente "problemático"; ya *no* sabe lo que es, pero *sabe* que no lo sabe. Y para obtener de nuevo opiniones aceptables acerca del hombre, no hay más que un medio: hacer *de una vez* "tabula rasa" de todas las tradiciones referentes al problema y dirigir la mirada hacia el ser llamado "hombre", olvidando metódicamente que pertenecemos a la humanidad y acometiendo el problema con la máxima objetividad y admiración».

MAX SCHELER, *La idea del hombre y la historia*

- ¿Por qué es importante la pregunta por el ser humano?
- Según el texto, ¿cuál es la tarea fundamental de la antropología filosófica?

La antropología filosófica trata de averiguar cuáles son los rasgos específicos del ser humano, al margen de la situación social, política o histórica en la que haya vivido.

1 ¿Qué es la antropología filosófica?

La antropología filosófica es un campo de la filosofía teórica que tiene como objeto la reflexión filosófica sobre el ser humano. Por su naturaleza, esta reflexión aspira a ser radical y universal. Es decir, trata de averiguar cuáles son los rasgos más propios y específicos del ser humano, al margen de la situación histórica, social o política en la que haya vivido. Es, por ello, una reflexión del ser humano sobre sí mismo.

La antropología filosófica tiene en cuenta los datos que proporcionan ciencias como la biología, la sociología, la psicología, la arqueología o la historia, para intentar descubrir qué es lo específico humano. La dificultad de esta tarea es grande, porque las capacidades, cualidades y posibilidades de los seres humanos permiten diversas maneras de acercarse a su realidad. Pero la importancia de llevarla a cabo es grande también, ya que viene a ser el resumen y el trasfondo de todos los demás interrogantes que nos formulamos.

También se ha llamado «antropología filosófica» a una corriente filosófica que surge en Alemania con Max Scheler (Alemania, 1874-1928), que pretendía que esta disciplina debía tender un puente de unión entre la filosofía y la ciencia, de modo que la filosofía sería la encargada de señalar los objetivos de la investigación de todas las ciencias que se ocupan del hombre.

1.1. El problema de una idea unitaria del ser humano

Poseemos mucha información sobre los múltiples aspectos y dimensiones que nos definen y diferencian de los demás seres. Las ciencias de la naturaleza (especialmente, la biología), las ciencias humanas (psicología, sociología, historia, etc.), las religiones, el arte e, incluso, la mitología nos proporcionan diversas formas de entender al ser humano. De hecho, cuando intentamos dar una definición de qué significa ser hombre (varón y mujer), acuden a nuestra mente tres fuentes de ideas:

- **La tradición judeo-cristiana**, que nos aporta la idea del ser humano creado por Dios, originando así una antropología de tipo religioso.
- **La tradición de la Antigüedad clásica**, que sostiene la especial posición del hombre en el universo debido a que es el único que posee *lógos*, esto es, razón y lenguaje. Aquí se inicia una antropología de carácter filosófico.
- **Las aportaciones de las ciencias**, que nos presentan al ser humano como producto tardío de la evolución, en quien se reúnen las cualidades más desarrolladas de la naturaleza, dando lugar a una antropología científica.

Por eso, Scheler defendía que carecemos de una idea unitaria del hombre, es decir, lo que entendemos por ser humano no es más que un cúmulo de informaciones inconexas e irreconciliables entre sí. El error fundamental de estas formas de entender al ser humano es su unilateralidad y, por tanto, su parcialidad: solo nos proporcionan una perspectiva de la realidad humana. De aquí que Scheler intentara construir una idea unitaria o una imagen completa y consistente del ser humano, en la que propone que hay dos características básicas y completamente irreductibles entre sí que constituyen al hombre:

- El ser humano es vida, es impulso, instinto que proporciona energía.
- El ser humano es espíritu, es actividad que consiste en libertad.

No todos los filósofos aceptan esta propuesta. Así, por ejemplo, Michel Foucault (Francia, 1926-1984) defiende la imposibilidad de reconstruir una imagen unitaria del ser humano. El hombre, en singular, no es más que un producto del pensamiento moderno, por lo que se puede decir que es un recién llegado al terreno de la investigación filosófica. Hoy no tiene ya sentido iniciar la empresa de conocer la naturaleza universal del hombre, porque no somos más que el resultado de una pluralidad de estructuras que se entrecruzan en cada individuo de forma diferente. No somos, piensa Foucault, más que la conjunción de estructuras lingüísticas, psíquicas, sociales, políticas, etc. Así, el ser humano ha pasado de ser «sujeto de», es decir, protagonista y generador de acciones, de conocimientos, de proyectos, etc., a estar «sujeto a», esto es, sometido a las estructuras sociales, económicas, psíquicas y políticas que dominan en su vida. Por todo esto, Foucault proclama la «muerte del hombre», es decir, la imposibilidad de pensar al ser humano como algo unitario y universal, como una esencia que se realiza de modos diferentes a lo largo de la historia y en cada circunstancia concreta.

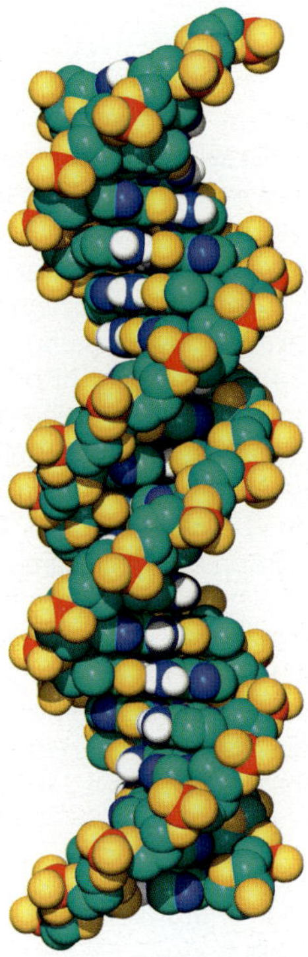

De la misma manera que la molécula de ADN tiene la estructura de una espiral doble, la investigación sobre el ser humano se puede realizar desde dos vertientes distintas, pero que están relacionadas y se entrecruzan mutuamente.

1.2. La doble estructura de la pregunta sobre el ser humano

Cuando queremos investigar al ser humano, es natural que tomemos como cuestión fundamental la pregunta «¿qué es el hombre?». Pero en este caso concreto también podemos formularla diciendo «¿quién es el hombre?» o, más directamente, «¿quiénes somos nosotros?». Esta doble formulación solo es posible con los seres humanos, pues es evidente que no tiene sentido preguntar «¿quién es el viento?» o «¿quién es la mesa?». Usar una u otra forma de preguntar nos suministra matices diferentes que vamos a analizar:

- **¿Qué es el hombre?** Esta es la formulación más clásica y así la encontramos expresamente, por ejemplo, en Immanuel Kant (Alemania, 1724-1804). Indica que estamos considerando la realidad humana como algo universal y constante, como el elemento común a todos los individuos. Tratamos al hombre como un ser en medio de otros seres y nuestra pregunta quiere desvelar, por tanto, la esencia, idea, concepto o naturaleza del ser humano.
- **¿Quiénes somos nosotros?** Esta manera de preguntar es más cercana a nosotros en el tiempo, y pertenece a Foucault, pero también a la tradición española desde Miguel de Unamuno (España, 1864-1936) hasta Julián Marías (España, 1914-2005). En este caso preguntamos por la identidad de los seres humanos. Es decir, por lo que somos como individuos singulares y diferentes de los demás, que vivimos en un determinado momento histórico y que podemos tener experiencias muy diversas dependiendo de las circunstancias que nos afectan.

A continuación vamos a examinar cada una de las posibles respuestas.

Doc. 2

«El hombre de carne y hueso, el que nace, sufre y muere –sobre todo muere–, el que come y bebe y juega y duerme y piensa y quiere, el hombre que se ve y que se oye, el hermano, el verdadero hermano [...] Este hombre concreto, de carne y hueso, es el sujeto y el supremo objeto a la vez de toda filosofía».

Miguel de Unamuno, *Del sentimiento trágico de la vida*

- ¿A qué forma de preguntar por el ser humano se refiere este texto? Razona la respuesta.

ACTIVIDADES

1. Explica con tus propias palabras en qué consiste la filosofía del hombre.
2. ¿Cuáles son las principales fuentes de información que tenemos sobre los seres humanos?
3. ¿Con qué dificultades tropezamos al intentar construir una idea unitaria del hombre?

REFLEXIONA

4. ¿Cuáles son las principales diferencias entre las dos formas de preguntar por el ser humano?

OPINA

5. ¿Qué importancia tiene la racionalidad como cualidad fundamental de los seres humanos?

2 ¿Qué es el ser humano? Dimensiones problemáticas del ser humano

A lo largo de la historia, diferentes autores han reflexionado sobre el ser humano y han propuesto varias maneras de entenderlo. Algunas de ellas se han concretado en definiciones que se han difundido mucho y que forman parte de conocimientos comunes que hoy poseemos. Sin embargo, eso no quiere decir que exista un acuerdo universal sobre la mejor manera de entender o definir al hombre.

Investigando las principales respuestas a nuestra pregunta descubriremos que todo intento de definición del hombre es problemático. Cada una de estas definiciones nos aporta una dimensión, vertiente o aspecto diferente de la naturaleza humana, indicándonos de ese modo que lo que somos y nuestra propia existencia tienen algo de enigmático.

2.1. ¿Un ser racional?

«El hombre es el animal que tiene *lógos*». Esta fórmula de Aristóteles (Grecia, 384-322 a.C.) distingue al ser humano como el único poseedor de *lógos*, que suele traducirse como «razón», pero también significa «palabra» o «lenguaje». La unión de estas dos características aparentemente contradictorias (la animalidad y el *lógos* entendido como «razón-lenguaje») es lo que le confiere al ser humano una especial posición, pues al tener *lógos* es superior a cualquier animal, ocupando una posición intermedia entre las bestias y los dioses. En cuanto lenguaje, el *lógos* nos permite pensar y comunicarnos; en cuanto razón, es un poderoso instrumento con el que podemos representarnos el mundo, es decir, conocerlo.

Sin embargo, no siempre se ha valorado así la racionalidad. Friedrich Nietzsche (Alemania, 1844-1900) consideraba que por ser la razón la característica que nos hace diferentes y siendo los únicos que disponemos de ella, somos el caso anómalo, la excepción, la rareza del universo. La razón es, en realidad, una enfermedad que aqueja a los seres humanos. La importancia de que exista un animal dotado de facultades racionales en el contexto de la inmensidad del universo es mínima. Nietzsche entiende al hombre como el «animal fantástico», es decir, un animal en el que el impulso básico es la imaginación, la fantasía. La fuerza de este impulso es tan grande que nos lleva a inventar ficciones en las que luego creemos como si se tratara de *realidades* y de *verdades*. En eso consiste nuestra enfermedad.

¿Realmente el ser humano es solo o principalmente razón? Muchos pensadores afirman que es preciso acabar con esa idea del ser humano que se idolatra a sí mismo por considerarse el único dotado de razón. Frente a esa unilateralidad, hay que hacer valer:

- Que, según David Hume (Reino Unido, 1711-1776), la razón es «esclava de las pasiones», pues elegimos cómo actuar entre varias posibilidades apoyándonos en los sentimientos.
- Que, según Xavier Zubiri (España, 1898-1983), tenemos una «inteligencia sentiente», esto es, una unidad entre razón y sentidos por la que podemos percibir la realidad.
- Que, según Edgar Morin (Francia, 1921), en los hombres también hay pasión, vida, creatividad, peligro, drama, miedo e, incluso, locura.

Doc. 3

«Se admite que hay tres cosas por las que los hombres se hacen buenos y virtuosos, y estas tres cosas son la naturaleza, el hábito y la razón. [...] Los otros animales viven primordialmente por acción de la naturaleza, si bien algunos en un grado muy pequeño son también llevados por los hábitos; el hombre, en cambio, vive también por acción de la razón, ya que es el único entre los animales que posee razón; de manera que en él estas tres cosas deben guardar armonía recíproca entre sí; los hombres, en efecto, obran con frecuencia de manera contraria a los hábitos que han adquirido y a su naturaleza a causa de su razón, si están convencidos de que algún otro camino de acción les es preferible».

ARISTÓTELES, *Política*

- ¿Qué significan «naturaleza» y «hábito» en el texto?
- ¿Por qué es tan importante para el autor la razón?

Doc. 4

«En algún apartado rincón del universo centelleante, desparramado en innumerables sistemas solares, hubo una vez un astro en el que animales inteligentes inventaron el conocimiento. Fue el minuto más altanero y falaz de la "Historia Universal": pero, a fin de cuentas, solo un minuto. Tras breves respiraciones de la naturaleza, el astro se heló y los animales inteligentes hubieron de perecer. Alguien podría inventar una fábula semejante pero, con todo, no habría ilustrado suficientemente cuán lastimoso, cuán sombrío, cuán estéril y arbitrario es el estado en que se presenta el intelecto humano dentro de la naturaleza».

FRIEDRICH NIETZSCHE, *Sobre verdad y mentira en sentido extramoral*

- Interpreta este relato en clave antropológica: ¿Qué quiere decir el autor con estas palabras?

2.2. ¿Un ser sociable por naturaleza o por convención?

Otra de las definiciones del ser humano que se han hecho tópicas es la que afirma que el hombre es «el animal social», que también se traduce como «el animal político». Se trata de dos versiones de una forma de entender al ser humano que también debemos a Aristóteles. Lo que quiso expresar el filósofo griego es que los seres humanos somos los únicos animales que hacemos sociedad, esto es, que vivimos en ciudades (en griego, *pólis*, de ahí la traducción «animal político», es decir, «el que vive en la *pólis*»). Casi todos los animales desarrollan algún tipo de relación con los demás miembros de su especie. Algunos viven en manadas, colmenas, hormigueros, bandadas, etc., pero ninguno se organiza socialmente.

Para Aristóteles, esta organización social propia de los hombres es, además, una característica de nuestra naturaleza. Somos esencialmente sociales: de la misma manera que respiramos, nos movemos o razonamos, nuestra naturaleza es social. Por naturaleza vivimos con otros, regulando nuestras relaciones mediante normas morales y leyes jurídicas que estructuran nuestra convivencia y que nos advierten sobre qué es lo bueno y lo malo, lo correcto y lo incorrecto, lo legalmente permitido y lo prohibido por la ley. Esto no sucede entre los animales, ni siquiera entre los que mantienen una vida de relación más estrecha (como, por ejemplo, las abejas o las termitas). Porque su organización lleva consigo diferencias biológicas y físicas, como las que se observan entre una abeja reina y una obrera.

Pero podemos encontrar una idea opuesta. La que sostiene Thomas Hobbes (Reino Unido, 1588-1679), por ejemplo, según la cual los seres humanos somos agresivos, competitivos y egoístas. Nuestra naturaleza, según Hobbes, no es social, sino más bien asocial, pero nos damos cuenta de que vivir de ese modo trae muchas dificultades. De hecho, Hobbes piensa que, sin la sociedad, los seres humanos estaríamos en un estado de guerra permanente.

Para evitar esa situación, hemos convenido en vivir juntos, como un intento de evitar comportarnos como lobos unos con otros. Así pues, la vida en sociedad es considerada solamente como un mal menor. Esta concepción de Hobbes se conoce como teoría del pacto social. Como corremos el riesgo de agredir a otros o sufrir agresiones, necesitamos que exista un poder absoluto que actúe como árbitro para dirimir nuestros conflictos y, sobre todo, para que todos temamos infringir la ley por miedo al castigo que nos pueda sobrevenir. De esta manera Hobbes estaba expresando en su concepción antropológica el horror que le produjeron las guerras civiles inglesas que culminaron con la Revolución Gloriosa.

Doc. 5

«Hallamos en la naturaleza del hombre tres causas principales de discordia: primera, la competencia; segunda, la desconfianza; tercera, la gloria. La primera causa impulsa a los hombres a atacarse para lograr un beneficio; la segunda, para lograr seguridad; la tercera, para ganar reputación… Con todo, es manifiesto que durante el tiempo en que los hombres viven sin un poder común que los atemorice a todos, se hallan en la condición o estado que se denomina guerra; una guerra tal que es la de todos contra todos».

THOMAS HOBBES, *Antología: del ciudadano. Leviatán*

- Aporta ejemplos de las tres causas de discordia que menciona el texto.
- ¿A qué se refiere la expresión «guerra de todos contra todos»?

Doc. 6

«Es evidente que la ciudad-estado es una cosa natural y que el hombre es por naturaleza un animal político… Y la razón por la que el hombre es un animal político en mayor grado que cualquier abeja o cualquier animal gregario es algo evidente. La naturaleza, en efecto, no hace nada sin un fin determinado; y el hombre es el único entre los animales que posee el don del lenguaje. La simple voz, es verdad, puede indicar pena y placer y, por tanto, la poseen también los demás animales [...]; pero el lenguaje tiene el fin de indicar lo provechoso y lo nocivo, y por consiguiente, también lo justo y lo injusto, ya que es particular propiedad del hombre, que lo distingue de los demás animales, el ser el único que tiene la percepción del bien y del mal, de lo justo y de lo injusto y de las demás cualidades morales, y es la comunidad y participación en estas cosas lo que hace una familia y una ciudad-estado».

ARISTÓTELES, *Política*

- ¿Cómo hay que entender la expresión «animal político»? ¿Es lo mismo que «animal gregario»?
- ¿Qué diferencia establece Aristóteles entre la «voz» y el «lenguaje»?
- ¿Qué relación se establece entre disponer del lenguaje y vivir en sociedad?

2.3. ¿Un ser condicionado o determinado?

Una de las características más discutidas del ser humano es si tiene o no libertad. Entre los que defienden que el hombre es libre se encuentra Jean-Paul Sartre (Francia, 1905-1980), que llega a afirmar que «el hombre es libertad». No se trata de que tenga la capacidad de elegir, sino de que el hombre consiste en libertad. En el momento de nuestro nacimiento, no tenemos todavía una naturaleza: no somos generosos ni egoístas, no somos héroes ni cobardes. En ese momento no somos más que un proyecto que se irá concretando en función de las elecciones que realicemos. Esto es, nos hacemos solidarios o valientes según la trayectoria de nuestras elecciones. Por eso Sartre entiende que «estamos condenados a ser libres», pretendiendo indicar que el hombre no puede evitar la libertad. Aun cuando alguien decidiera someterse a los deseos o la voluntad de otra persona, estaría eligiendo libremente hacerlo así. Nuestras decisiones pueden estar condicionadas, es decir, influidas por muchos factores, pero siempre disponemos de un margen de libertad ya que, según Sartre, la libertad es nuestro componente más esencial y básico.

Otros pensadores, desde puntos de vista diferentes, entienden que la libertad humana es una ficción. Así pensaba, por ejemplo, Baruch Spinoza (Holanda, 1632-1677). Al menos en determinadas ocasiones, nos parece que hemos realizado una opción con libertad. Pero lo que en realidad ocurre es que no sabemos cuáles son las causas que nos han determinado a actuar de esa manera. Si pudiéramos conocer con absoluta precisión todas las causas, motivos y estímulos que afectan a una persona, podríamos conocer qué va a elegir en cada momento de su vida con la misma claridad con la que sabemos que el lápiz caerá al suelo al soltarlo. Estamos determinados, es decir, carecemos de libertad para elegir. Lo único que podemos hacer es ser conscientes de nuestra carencia de libertad.

2.4. ¿Un ser frágil pero que tiene dignidad?

Por mucho que se quiera ensalzar la racionalidad, la inteligencia o la creatividad, el ser humano es finito, es decir, limitado, débil, frágil, menesteroso. Estamos sujetos al tiempo, a la historia: nacemos, vivimos y tendremos que morir.

En la circunstancia de la muerte encontramos una característica esencialmente humana, pues aunque morimos como los demás seres vivos, nosotros somos conscientes de que morimos, sabemos que tenemos que morir. Es probable que por este motivo la muerte sea para cada ser humano un acto personal e intransferible, pues no podemos ceder a nadie (y nadie puede cedernos a nosotros) nuestra finitud. Nadie puede reemplazar a otro en ese momento supremo de la existencia, en el que todos somos iguales.

Así es como se puede interpretar la afirmación de Platón (Grecia, 427-347 a.C.) de que la filosofía es una «preparación para la muerte»: la conciencia de que tenemos que morir nos impulsa a pensar sobre la vida que tenemos, debemos y podemos vivir. Por todas estas razones hay que entender la finitud humana con una radicalidad esencial, diferente por completo de la finitud de los demás seres vivos.

Pero aun siendo frágil, cada ser humano es único, diferente a todos los demás. Cada uno es él y solo él, con sus virtudes y defectos, con sus capacidades y limitaciones, con sus sentimientos, sus proyectos, sus realidades.

Doc. 7

«Estoy condenado a ser libre. Lo cual significa que no es posible encontrar a mi libertad más límites que ella misma, o, si se prefiere, que no somos libres de dejar de ser libres... Para la realidad-humana, ser significa elegirse: nada le viene de fuera o de dentro que pueda recibir o aceptar. El hombre está enteramente abandonado, sin ayuda alguna, a la insostenible necesidad de hacerse "ser" hasta en el menor detalle».

JEAN-PAUL SARTRE, *El ser y la nada*

- ¿Es verdad que elegimos todo lo que somos? Aporta ejemplos.

Doc. 8

«Los hombres se equivocan al creerse libres, opinión que obedece al solo hecho de que son conscientes de sus acciones e ignorantes de las causas que las determinan. Y, por tanto, su idea de "libertad" se reduce al desconocimiento de las causas de sus acciones, pues todo eso que dicen de que las acciones humanas dependen de la voluntad son palabras...».

BARUCH SPINOZA, *Ética*

- ¿En qué consiste la ficción de la libertad según el texto?

Doc. 9

«El hombre es una caña, la más débil de la naturaleza; pero es una caña pensante. No hace falta que el universo entero se arme para aplastarla: un vapor, una gota de agua basta para matarla. Pero aunque el universo lo aplaste, el hombre sería todavía más noble que lo que lo mata, puesto que sabe que muere y el poder que el universo tiene sobre él; pero el universo no lo sabe».

BLAISE PASCAL, *Pensamientos*

- ¿En qué consiste la debilidad y la fortaleza del ser humano frente a las fuerzas de la naturaleza?

Nuestro carácter único nos confiere un valor absoluto, porque nada ni nadie puede ser equivalente a un ser humano. Es posible que una persona pueda sustituir a otra en el desempeño de una tarea o trabajo, como el jugador que está en el banquillo sustituye al titular. Pero el ser humano que es el jugador no puede ser sustituido.

Esta es la cualidad diferenciadora del ser humano para Kant y recibe el nombre de «dignidad». Los demás seres tienen un equivalente que es lo que solemos llamar «precio», pero los seres humanos tenemos valor absoluto, es decir, dignidad y ante ella solo cabe el respeto.

2.5. ¿Un ser que es cuerpo y alma?

La dimensión corporal del hombre es tan evidente que apenas puede ponerse en duda. Pero también parece claro que no somos un cuerpo como los demás cuerpos, aunque no hay acuerdo acerca de en qué estriba la diferencia. La prueba es la variedad de denominaciones que ha recibido esta otra faceta: «razón», «mente», «espíritu», «pensamiento», «inteligencia», «psique», entre otras. Utilizaremos el término «alma» para referirnos genéricamente a esa otra dimensión del ser humano que no es la corporal.

La tradición dualista, según la cual los seres humanos somos alma y cuerpo, arranca ya desde los antiguos filósofos griegos. Con diferentes matices, ha predominado la idea de que lo más genuino y propio del hombre es el alma y no tanto el cuerpo, ya que este está sujeto a cambios y transformaciones y finalmente muere, mientras que el alma es inmortal.

Así, por ejemplo, Platón consideraba que el alma está encerrada en el cuerpo como en una cárcel. De esa forma, la muerte es, en realidad, la liberación del alma y el sentido de la vida consiste en procurar que el alma se contamine lo menos posible de las influencias del cuerpo, de sus pasiones, instintos e impulsos.

En la Antigüedad griega encontramos también una concepción iniciada por Aristóteles, que considera al ser humano como una unidad indisoluble entre cuerpo y alma, y no una unión coyuntural y transitoria.

En esa misma línea, Gabriel Marcel (Francia, 1889-1973) defendía que los hombres son «espíritus encarnados», es decir, una unidad profunda de sus dos dimensiones. Por ser espíritu, el hombre tiene una interioridad o intimidad, es decir, una dimensión subjetiva a la que nadie más que uno mismo tiene acceso, pues es absolutamente privada. Pero por estar encarnado, por ser de carne y hueso, puede abrirse a los demás, dando lugar al conjunto de las relaciones humanas: la amistad, la solidaridad o, en general, la sociedad.

Por su parte, el médico y pensador Pedro Laín Entralgo (España, 1908-2001) propuso el concepto de estructura para describir la relación entre lo físico y lo mental o anímico. La mente se estructura desde el cerebro, pero es una realidad nueva.

La doble dimensión corporal y anímica del hombre invita a preguntarse por el futuro después de la muerte. Se dan dos posiciones principales:

- **La existencia humana es inmanente:** no hay ninguna forma de existencia posterior, pues todo lo que es el ser humano desaparece al morir.
- **La existencia humana es trascendente:** por tener una dimensión anímica o espiritual, el ser humano no se agota en el cuerpo, lo que abre la posibilidad de una forma de existencia diferente de la que informan las distintas religiones.

Doc. 10

«Ante todo, el hombre no puede verse reducido a su aspecto técnico de *Homo faber*, ni a su aspecto racionalístico de *Homo sapiens*. Hay que ver también en él el mito, la fiesta, la danza, el canto, el éxtasis, el amor, la muerte, la desmesura, la guerra... No deben despreciarse como "ruidos", residuos o desechos, la afectividad, la neurosis, el desorden, la aleatoriedad. El auténtico hombre se halla en la dialéctica *sapiens-demens* y, tal como ya se ha indicado con anterioridad, solo la elaboración de una teoría de la hipercomplejidad organizativa permitirá integrar de forma coherente los incoherentes aspectos que poseen los fenómenos humanos».

EDGAR MORIN, *El paradigma perdido, el paraíso olvidado*

- ¿Qué rasgos del ser humano suelen ser olvidados por la antropología, según el texto?
- ¿Es importante integrar facetas no racionales en la imagen del ser humano? ¿Por qué?

ACTIVIDADES

6. ¿Vivimos en sociedad por mera conveniencia o porque somos así?
7. ¿Podemos conocer siempre todas las causas por las que actuamos? ¿Somos libres?
8. ¿Qué quiere decir que los seres humanos tenemos dignidad?

Monumento a los esclavos en Zanzíbar. La esclavitud es una cruel violación de la dignidad de toda persona.

Construimos nuestra identidad tanto individual como colectiva conjuntando muchos elementos de diferente procedencia. Costumbres, alimentos, formas de saludarse, creencias, gustos, etc. Algunas formas de vestir son signo de pertenencia a un determinado pueblo o sociedad, como ocurre con el traje típico escocés.

Las nuevas tecnologías de la información y de la comunicación permiten que personas que pertenecen a sociedades muy diferentes y distantes entre sí tengan acceso a los mismos contenidos, a los mismos saberes, a las mismas noticias, etc. Esto hace que muchas costumbres, modas y creencias se trasvasen de unas culturas y pueblos a otros, de forma que se pueden perder los signos de identidad propios.

3 ¿Quiénes somos nosotros? El enigma de la identidad

«Conócete a ti mismo». Se dice que estas palabras estaban escritas en el templo de Apolo, en Delfos. Aunque se discute quién fue su autor, el hecho es que nos introducen en el problema de la identidad personal, planteándolo como el inicio y la culminación de la sabiduría.

3.1. La identidad se construye de muchas maneras

No nacemos con una identidad ya hecha, sino que tenemos que construirla en un proceso complejo que, en realidad, dura toda la vida. Con lo que ocurre a nuestro alrededor, con lo que nos afecta, con lo que pensamos y lo que hacemos, construimos nuestra identidad personal, definiendo quiénes somos. Hay muchos factores que influyen en la construcción de nuestra identidad. Los más importantes son los siguientes:

- **Identidad, sociedad y cultura.** Los seres humanos necesitamos un largo período de maduración a todos los niveles. Durante ese período asimilamos ciertos hábitos, gustos, conocimientos y creencias que están en el ambiente sociocultural en el que crecemos. Los hábitos alimenticios, el aprendizaje de la lengua materna, las creencias religiosas o nuestros gustos y preferencias no son algo meramente exterior a nosotros, sino que forman parte de quienes somos. Su importancia en cada uno puede ser muy diferente, pero nos identifican como una u otra persona, nos identifican como miembros de un determinado grupo, colectivo o comunidad, y también como diferentes de los que no poseen esos rasgos.
- **Identidad y globalización.** Llamamos «globalización» al proceso mundial por el que los países y las personas somos cada vez más dependientes unos de otros. Este proceso, que tiene su base en las nuevas tecnologías de la información y en la economía, afecta también a las sociedades y a las culturas, pues tiende a unificarlas provocando su homogeneización. Las personas y los pueblos pierden sus signos tradicionales de identidad. Costumbres antiguas, alimentos tradicionales, formas locales de vestir o de festejar, incluso idiomas, están desapareciendo y todos vestimos, hablamos, celebramos y comemos de forma muy parecida, al menos en el «primer mundo». En el extremo opuesto se encuentran algunos nacionalismos, que pretenden conservar y legar a las nuevas generaciones los rasgos distintivos de un pueblo, para que no se pierdan y sigan sirviendo como vínculos de identificación de las personas que pertenecen a ese pueblo.
- **Identidad y consumo.** Se suele decir que vivimos en una «sociedad de consumo». Esa expresión admite diversas interpretaciones, pero todas apuntan a que consumir se ha convertido en un asunto importante. Consumimos para satisfacer necesidades y también para satisfacer deseos. Tanto lo que consumimos (marcas, viajes, etc.) como la manera en que lo hacemos (grandes superficies, boutiques, etc.) influyen en la identidad personal, pues consumir tiene mucho de simbólico y con esos símbolos construimos nuestra identidad y la manifestamos a los demás. Por ello, no importa tanto quién es cada uno, sino su capacidad para consumir.
- **Identidad moral.** Todos tenemos una jerarquía de valores que expresa su comprensión de qué es lo bueno, lo correcto o lo adecuado. Que nuestra identidad personal tiene componentes morales significa que cada uno

es quien es por su orientación a lo que considera «bueno». Eso nos sirve como un elemento de identificación, tanto ante nosotros mismos como ante los demás. No es raro que alguien diga: «Sabiendo quién es María, estoy seguro de que no ha actuado con mala intención». Así pues, nuestra comprensión del bien orienta nuestras acciones y estas nos identifican ante nosotros mismos y ante los demás como individuos que piensan y actúan de unas maneras determinadas.

3.2. Identidad y persona

Esta es, posiblemente, la mejor manera de identificarnos a nosotros mismos y a los demás: somos personas. En este concepto quedan resumidas las características del ser humano que hemos estudiado hasta ahora como respuesta a las dos preguntas fundamentales que nos planteábamos: ¿Qué y quiénes somos?

Según Emmanuel Mounier (Francia, 1905-1950), identificarnos como personas significa que tenemos una interioridad abierta a los demás, que vivimos en sociedad, en proximidad y en amistad, que somos capaces de comunicarnos, de ser críticos y de comprometernos, que tenemos sentimientos y emociones, que somos finitos y estamos dotados de dignidad y de una libertad condicionada.

Tras el análisis de las principales características del ser humano tenemos que concluir que no es fácil dar una definición clara y concreta de lo que somos. No solo porque algunas dimensiones del ser humano sean discutibles y problemáticas, sino principalmente porque somos algo enigmático o misterioso. Por definición, el enigma no tiene solución, sino que es necesario convivir con él, intentando interpretarlo o desvelarlo, sabiendo que nos acompañará siempre. Para esa tarea es necesaria toda una vida.

Doc. 11

«Cuando Ulises, el legendario rey de Ítaca que navegó durante diez años por las aguas mediterráneas, se encontraba con desconocidos recurría a tres claves para manifestar su identidad: su nombre (que lo singulariza comunicativamente), el nombre de sus padres (que lo vincula a un lugar: su patria) y las hazañas que había realizado (sus acciones). Tres elementos aparentemente sencillos que, por lo que cuenta Homero, le bastaron a Ulises para identificarse ante sí mismo y ante los demás, pudiendo salir airoso de las mil peripecias que corrió en su vida. Pero si profundizamos un poco más descubrimos la existencia de diversas tradiciones orales, míticas y literarias que le atribuyen nombres diferentes (por ejemplo, Nanos, según los etruscos) y que le adjudican distintos padres (Laertes y Sísifo, entre otros), haciéndolo también protagonista de las más diversas hazañas. ¿Quién, pues, fue Ulises?».

NORBERTO SMILG, «Identidad personal: estado de la cuestión», en *Diálogo filosófico*

- ¿Tenía Ulises varias identidades o una sola? Intenta construir tu propia identidad como Ulises. Comprueba si los demás te reconocen. Valora los resultados.

ACTIVIDADES

9. ¿Es verdad que construimos nuestra identidad a lo largo de nuestra vida?
10. ¿Qué factor te parece más importante para construir la identidad? ¿Por qué?
11. ¿Por qué se dice que el ser humano es un enigma?

Doc. 12

«Los seres cuya existencia no depende de nuestra voluntad, sino de la naturaleza, tienen solo un valor relativo cuando se trata de seres irracionales, y por eso se llaman *cosas*; pero los seres racionales se denominan *personas*, porque su naturaleza ya los señala como fines en sí mismos, es decir, como algo que no puede ser usado meramente como medio, limitando así el capricho (y siendo un objeto de respeto)».

IMMANUEL KANT, *Fundamentación de la metafísica de las costumbres*

- ¿Qué diferencias establece Kant entre «cosas» y «personas»?
- ¿Qué significa la expresión «fin en sí mismo»?
- ¿En qué consiste el «respeto»?

En nuestra identidad influyen no solo los genes de los padres, sino también su forma de ser y de educarnos.

SABER HACER

1 La definición de «ser humano»

1. Lee atentamente las frases que aparecen a continuación y selecciona las tres que te parezcan más adecuadas para definir al ser humano.
2. Explica brevemente con tus propias palabras el significado de cada una de ellas.
3. Por último, intenta construir una frase en la que se resuma lo más importante de las frases que has seleccionado.

- Nos descubrimos a nosotros mismos en la relación con los demás.
- Los seres humanos somos, sobre todo, espíritu, actividad libre.
- Somos seres inacabados, en proyecto.
- Ante todo, somos personas.
- El ser humano es libertad.
- No es posible una idea unitaria del ser humano.
- El ser humano es vida, impulso, energía vital.
- El ser humano es un enigma, un misterio.
- Los seres humanos somos lo que hacemos.
- El ser humano es razón y corazón.
- El ser humano no tiene precio, tiene dignidad.
- Un ser humano es un alma cautiva en un cuerpo.
- El ser humano es el animal que habla.

2 Comentario de texto

«"Conocemos la verdad no solo por la razón, sino también por el corazón" es el célebre pensamiento de Pascal. Conocemos la verdad, y no solo la verdad, sino –creo yo– sobre todo la justicia. [...] Pero tampoco el corazón es un sentimiento ciego que habla a través de "corazonadas" sin más fundamento que una imprecisa intuición y nos lleva a centrar la atención indiscriminadamente. Tampoco es lo opuesto a una razón pura cartesiana, sino que amplía el campo de la realidad haciendo posible un conocimiento, imposible sin él. "Sin capacidad de compasión podemos no captar el sufrimiento de otros" [...] Y es que el corazón, como indica la raíz latina (*cor-cordis*), es sin duda *afecto*, pero también *inteligencia, talento, espíritu*, incluso *estómago*, porque hay que tener estómago –y mucho– para ser justo».

Adela Cortina, *Ética de la razón cordial. Educar en la ciudadanía en el siglo XXI*

Cuestiones

1. Resume en una frase a modo de título el contenido principal del texto.
2. Explica con tus propias palabras la frase de Pascal que se cita al principio. ¿Puedes poner algún ejemplo que confirme esa afirmación?
3. Imagina a una persona incapaz de tener emociones y sentimientos de cualquier clase. ¿Qué concepción tendría del mundo, de los demás y de sí mismo?
4. Busca ejemplos en los que se vea claro que los sentimientos y emociones sirven para descubrirnos cosas que nuestra razón sería incapaz de conocer por ella misma.

3 Comentario de texto

«Al examinar, después, atentamente lo que yo era, y viendo que podía fingir que no tenía cuerpo y que no había mundo ni lugar alguno en el que me encontrase, pero que no podía fingir por ello que yo no existía, sino que, al contrario, del hecho mismo de pensar en dudar de la verdad de otras cosas se seguía muy evidente y ciertamente que yo era; mientras que, con solo haber dejado de pensar, aunque todo lo demás que alguna vez había imaginado existiera realmente, no tenía ninguna razón para creer que yo existiese, conocí por ello que yo era una sustancia cuya esencia o naturaleza no es sino pensar, y que, para existir, no necesita de lugar alguno ni depende de cosa alguna material. De manera que este yo, es decir, el alma por la cual soy lo que soy, es enteramente distinta del cuerpo e incluso más fácil de conocer que él y, aunque el cuerpo no existiese, el alma no dejaría de ser todo lo que es».

René Descartes, *Discurso del método*

Cuestiones

1. Resume en una frase a modo de título el contenido principal del texto.
2. El autor afirma que puede fingir que no tiene cuerpo. Intenta hacer esa experiencia por tu cuenta y anota brevemente los resultados.
3. Cuando estamos tristes (alma) solemos llorar (cuerpo) y cuando estamos alegres (alma) solemos reír (cuerpo). ¿Cómo se explica esa correspondencia cuerpo-alma si son tan diferentes e independientes?
4. ¿Qué es más correcto decir: «tengo un cuerpo» o «soy (también) un cuerpo»? Razona la respuesta.
5. ¿Estás de acuerdo con que alma y cuerpo son totalmente diferentes e independientes? ¿Por qué?

4 Disertación

Dime qué consumes y te diré quién eres

Sugerencias: se trata de relacionar tu identidad personal con el consumo. Antes de empezar a escribir, completa en tu cuaderno las siguientes frases.
Tu disertación consistirá en una reflexión sobre lo que has respondido.

Completa las siguientes frases:

- Voy a comprar .... veces cada ....
- Voy de compras .... veces cada ....
- Cuando voy a comprar me siento ....
- Cuando voy de compras me siento ....
- Comprar algo de marca me ....
- Si veo a una persona con ropa de marca pienso que ....
- Si estoy deprimido, ir a las tiendas me ....
- Me siento más yo cuando me pongo ....
- Me gustaría tener .... igual que ....
- Me sentí muy feliz al comprarme ....
- Si un producto lo he visto anunciado, lo compro .... que otro que no.
- Cuando me dijeron que determinadas marcas de ropa las cosían niños ....
- Antes, respecto al consumo, yo era .... ahora ....
- Si yo consumiera de otra forma, perdería ....
- Si yo consumiera de otra forma, mejoraría ....

5 El conocimiento de nosotros mismos

Responde a las siguientes preguntas:

1. ¿Es importante llegar a saber lo que somos? ¿Por qué?
2. ¿Reflexionar sobre el ser humano nos ayuda a conocernos a nosotros mismos? Razona tu respuesta.
3. ¿Somos muy distintos de los animales? Y si es así, ¿cuál es en tu opinión la principal característica que nos diferencia de los animales?
4. ¿Crees que son más las cosas que nos unen a los seres humanos o las que nos diferencian? Pon ejemplos.

PROYECTO FINAL. **Trabajo cooperativo**

¿Quién soy yo?

- Comenzamos contestando por escrito, individualmente, las siguientes preguntas:
  - ¿Hay alguna relación entre mi nombre y quién soy yo? Para responder, piensa primero estas otras cuestiones: ¿Te gusta tu nombre o preferirías tener otro? ¿Por qué? ¿Tienes algún nombre familiar, diminutivo, para los amigos, etc.? Si tienes varios, ¿qué nombre te gusta más y por qué?
  - ¿Queda bien reflejado quién eres realmente con los datos que figuran en tu Documento Nacional de Identidad? ¿Por qué?
  - ¿Te definen bien tus rasgos corporales? Para responder realiza primero lo siguiente: descríbete físicamente en tres líneas. ¿Te identifican suficientemente los rasgos de tu cara (ojos, nariz, boca, etc.)? ¿Y tus características físicas (altura, complexión, fuerza, etc.)?
  - ¿Te identifican adecuadamente tu forma de pensar, tus gustos, tus preferencias, tus aficiones? Para responder ten en cuenta lo siguiente: escribe cinco ideas que definan bien tu forma de pensar. ¿Cuáles son tus lecturas, tu programa de televisión, tu deporte, tu música, tu película favoritos?
  - ¿Son los sentimientos lo más característico de ti mismo? Piensa primero: ¿En qué aspectos te sientes más contento contigo mismo? ¿Qué significa para ti tener amigos? ¿Qué hay en común entre tu mejor amigo/a y tú? ¿Es posible saber algo de quién eres conociendo a tus amigos?
  - ¿Son tus proyectos de futuro los que te identifican? Reflexiona antes de responder: ¿Tienes decidido lo que quieres ser de mayor? ¿Qué es lo que más deseas en estos momentos? ¿Hay otras personas implicadas en tu proyecto de futuro? ¿Quiénes?
- A continuación formamos pequeños grupos de tres a cinco personas y comentamos en el grupo las respuestas de cada uno a las preguntas anteriores. Se debe intentar llegar a un acuerdo entre todos, pero si no se consigue, se recogen las posiciones particulares diferentes.
- Finalmente, hacemos una puesta en común de toda la clase, en la que un representante de cada grupo expone las respuestas recopiladas en su grupo. Al mismo tiempo, una persona voluntaria anota en la pizarra lo esencial de lo expuesto por los grupos y, a la vista de esa síntesis, se abre un turno de palabra en el que todos pueden intervenir.

BLOQUE IV

La racionalidad práctica

UNIDADES

12 **La vida moral**

13 **Referentes morales: lo bueno y lo justo**

14 **Fundamentación de la moral: las teorías éticas**

15 **Estado y sociedad civil: el quehacer democrático**

16 **Justicia social y derechos humanos**

17 **La estética filosófica y la creación artística**

18 **Filosofía de la empresa y de las organizaciones**

En realidad, el término «excelencia», al menos en la cultura occidental, nace en la Grecia de los poemas homéricos. Recurrir a la *Ilíada* o la *Odisea* es sumamente aconsejable para descubrir cómo el excelente, el virtuoso, destaca por practicar una habilidad por encima de la media. Aquiles es «el de los pies ligeros», el triunfador en cualquier competición pedestre, Príamo, el príncipe, es excelente en prudencia, Héctor, el comandante del ejército troyano, es excelente en valor, como Andrómaca lo es en amor conyugal y materno, Penélope, en fidelidad, y así los restantes protagonistas de aquellos poemas épicos que fueron el origen de nuestra cultura, al menos en parte, porque la otra parte fue Jerusalén.

Pero el excelente no lo es solo para sí mismo, su virtud es fecunda para la comunidad a la que pertenece, crea en ella vínculos de solidaridad que le permiten sobrevivir frente a las demás ciudades. Por eso despierta la admiración de los que lo rodean, por eso se gana a pulso la inmortalidad en la memoria agradecida de los suyos.

Adela Cortina
Universalizar la excelencia

José Luis López Aranguren (España, 1909-1996), filósofo.

12 La vida moral

CONTENIDOS

1 **La noción de ética**

2 **Aclarar lo moral**

PARA PENSAR JUNTOS

Leemos el diálogo de la página siguiente, debatimos sobre él y, después de estudiar esta unidad didáctica, respondemos estas cuestiones:

- ¿En qué sentidos se habla de la moral? Cita los lugares del texto para cada uno de ellos.
- ¿Estás de acuerdo con las afirmaciones de Carmen acerca de que cada uno construimos nuestra manera de ser? ¿Por qué?
- ¿De qué tipos de normas habla Belén? ¿Cuáles son sus características?
- ¿En qué se diferencian el delito y la culpa? ¿Tienen algún parecido?

El término «moral» tiene un sentido deportivo: quien se encuentra en forma está alto de moral.

La moral es un saber que tiene dos niveles: uno cotidiano y otro filosófico, que trata de aclarar en qué consiste el primero y en qué se diferencia de los otros saberes humanos. La reflexión filosófica nos descubre que la moralidad es una dimensión irrenunciable del ser humano: nuestra vida es una vida moral.

Por eso, autores como Ortega y Aranguren recuerdan que el término «moral» tiene un sentido deportivo: está alto de moral el que se encuentra en forma, el que está preparado para afrontar limpiamente cualquier tarea o proyecto; está desmoralizado quien se deja llevar por su egoísmo y no tiene arrojo para hacer las cosas bien.

LA FILOSOFÍA EN TU VIDA

El trabajo sobre una novela en inglés era difícil, especialmente para Brahim, marroquí con buen dominio del castellano y del francés, pero al que sobrepasaba el inglés.
En la biblioteca, Carmen levantó la vista y vio a Belén y a Paco; se levantaron y salieron al jardín, donde se encontraron con otros compañeros.

BELÉN.- ¡Uf, cuánto cuesta! Pero avanzo, con un poco más de esfuerzo…

PACO (*disgustado*).- Pues yo no veo la punta. No me gusta leer; menos en inglés; y menos tener que escribir después. Prefiero dibujar o resolver problemas.

JUAN.- Pues eso es lo malo: pensar que algo se va a hacer mal o que va a resultar insuperable, porque, además de penar haciéndolo, sale un churro.

CARMEN.- No nos desmoralices: no digas que el resultado va a ser un desastre, porque cerramos y nos vamos. Paco, dices que no te gusta leer, pero no es cuestión de gustos: tenemos que hacer el trabajo y tenemos que leernos la novelita inglesa y ya está. ¿Has oído a Belén? Ella se anima para seguir; pues tú igual.

JUAN.- Piensa en Brahim. El inglés es la cuarta lengua que aprende, y no replica: se pone con su material y no levanta la vista hasta la hora del descanso. Me ha hecho un gesto de que sale ahora.

CONSUELO.- Pero es que Brahim tiene mucho carácter. Ya quisiera yo su fuerza de voluntad. No sé cómo estaríamos los demás en su situación.

CARMEN.- Pero yo no creo que Brahim ni tantos otros hayan nacido así; no se nace fuerte, débil, trabajador, perezoso, valiente o cobarde. Acordaos del año pasado en Ciencias: sobre nuestros genes construimos nuestra forma de ser según las decisiones que tomamos.

JUAN.- Bueno, bueno… Eso de que nosotros tomamos decisiones y vamos haciendo nuestra vida según los valores y las normas que aceptamos y los que no, no sé; a mí no me quedó claro lo de la libertad: más bien pienso que no conocemos suficientemente el funcionamiento de nuestro cerebro. Quizá cuando lo conozcamos, la libertad se convertirá en otra cosa.

BELÉN.- ¡Sí, hombre! ¡Otra vez con los avances de la ciencia como panacea! Tú lo que pasa es que eres un rebelde sin causa, y cuando se habla de normas, en seguida te pones alerta.

Pero no se te ocurre cruzar un semáforo en rojo, ni saltarte un stop cuando vas en bici, ni mucho menos hacerte un corte de pelo que consideres marginal; en cambio, en cuanto oyes la palabra «debes», te erizas.

FERNANDO.- Es que no es lo mismo cometer un delito o ser mirado con recelo que saberte culpable por no haber hecho lo que debías.

BRAHIM (*uniéndose al grupo*).- Es peor lo último. A mí me da igual que me miren con malos ojos por mi aspecto, pero no quiero sentirme culpable de haber hecho algo que no debía, o de no haber hecho algo que sí debía.

FERNANDO.- ¿Y tú no crees que piensas así por tu religión?

CONSUELO.- Pues no, porque yo no tengo claro lo de mi fe y también prefiero tener la conciencia tranquila a que los demás aprueben mi aspecto o cumplir las normas del instituto, por ejemplo.

ANA.- Bueno, pero es que tú eres un poco díscola.

BELÉN (*riendo*).- ¡Qué bien te ha quedado, Ana!

CARMEN.- Bien, chicos, a la faena. ¡El deber es el deber!

La moral es un saber que nos indica qué debemos hacer y cómo distinguir entre buenas y malas acciones.

1 La noción de ética

1.1. Moral cotidiana y ética filosófica

Los términos «moral» y «ética» se usan a veces como sinónimos y otras veces con distinto significado:

- Cuando se utilizan como sinónimos, se refieren a lo que se consideran buenas y malas acciones, justas o injustas, correctas o incorrectas desde el punto de vista de la bondad o maldad. Por ejemplo, cuando se dice que «Fulano es una persona moralmente excelente» o que es «éticamente excelente», el significado es el mismo: se trata de una persona cuyas acciones y actitudes se ajustan a las normas y valores morales. En estos casos, «moral» y «ética» se refieren a ese saber de la vida cotidiana que todos aprendemos desde la infancia para orientar nuestro comportamiento de una manera que consideramos digna de seres humanos.
- En cambio, cuando estos términos se utilizan en otros contextos, el significado de uno no coincide con el del otro. Por ejemplo, en la frase «La ética de Aristóteles nos ayuda a pensar sobre la moral», la expresión «la ética de Aristóteles» no se refiere al comportamiento de Aristóteles (Grecia, 384-322 a.C.) como persona, sino a los pensamientos sobre la moral cotidiana que este gran filósofo griego dejó escritos en sus libros. En estos casos se establece una distinción entre el saber moral de la vida cotidiana (la moral) y el saber filosófico sobre esa moral cotidiana (la ética).

Veamos las características de estos dos tipos de saber:

A) La moral (= ética cotidiana = moral cotidiana)

- Nos proporciona los criterios necesarios para distinguir entre buenas y malas acciones y actitudes de las personas, incluido uno mismo.
- Orienta la acción de modo inmediato, es decir, nos indica exactamente qué se debe hacer (por ejemplo, auxiliar a personas que acaban de sufrir un accidente). Por ello se dice que es un saber «de primer orden»
- Contiene un conjunto de valores (como solidaridad, respeto, honradez, etc.) y de normas (como «no se debe contaminar», «debemos ayudar a las personas en apuros», etc.) que una sociedad considera acertados y los transmite a la siguiente generación a través de la educación.
- Los contenidos morales (normas y valores) cambian de un pueblo a otro y de una época a otra (por eso cada moral suele llevar «apellidos» como «grecorromana», «cristiana», «musulmana», «medieval», etc.), pero la forma de la moral siempre es la misma: señalar qué comportamientos se consideran buenos y malos para toda la comunidad, de manera que se crean expectativas recíprocas, es decir: uno espera que los demás se comporten de cierta manera y los demás esperan que tú te comportes de esa misma manera.

Para algunos autores, como el filósofo José Ortega y Gasset (España, 1883-1955), lo esencial de la moral no es estar pendiente de si un comportamiento es bueno o malo, sino esforzarse por tener la moral alta, estar altos de moral, en el sentido deportivo de la palabra: estar dispuestos a afrontar los retos que nos presenta la vida con energía y buen ánimo, en lugar de estar desmoralizados.

Doc. 1

«Me irrita este vocablo, "moral". Me irrita porque en su uso y abuso tradicionales se entiende por moral no sé qué añadido de ornamento puesto a la vida y ser de un hombre o de un pueblo. Por eso yo prefiero que el lector lo entienda por lo que significa, no en la contraposición moral-inmoral, sino en el sentido que adquiere cuando de alguien se dice que está desmoralizado.

Entonces se advierte que la moral no es una *performance* suplementaria y lujosa que el hombre añade a su ser para obtener un premio, sino que es el ser mismo del hombre cuando está en su propio quicio y vital eficacia. Un hombre desmoralizado es simplemente un hombre que no está en posesión de sí mismo, que está fuera de su radical autenticidad y por ello no vive su vida, y por ello no crea, ni fecunda, no hinche su destino».

José Ortega y Gasset, «Por qué he escrito *El hombre a la defensiva*», *Obras completas*

- Busca algunos ejemplos que pongan de manifiesto ese entender la moral como algo suplementario que se realiza para obtener un premio.
- ¿Qué sería lo contrario de «desmoralizado»? ¿Qué caracterizaría a quien estuviera en esa óptima situación?

B) La ética filosófica

- Revisa críticamente los contenidos de la moral cotidiana, evaluando hasta qué punto esta es racional, razonable, consistente, libre de errores, etc.
- También trata de sistematizar los contenidos morales para presentarlos como algo razonable y ordenado. Por ejemplo, la ética de Aristóteles presenta los contenidos morales como vinculados a la búsqueda de la felicidad. En cambio, la ética de Kant considera que todos los contenidos morales se basan en el respeto que se debe a la dignidad de las personas.
- Es un saber que orienta la acción de modo mediato, es decir: no nos dice qué debemos hacer y qué debemos evitar, sino que nos proporciona argumentos, buenas razones, para revisar nuestras convicciones morales cotidianas. Es posible que la reflexión ética nos ayude a reforzar algunas convicciones morales que ya teníamos, y que nos empuje a cambiar otras.

1.2. Tareas de la ética filosófica

- **Aclarar** en qué consiste la moral, proporcionando criterios para no confundir la moralidad con la religión, ni con el derecho, ni con las normas de cortesía y buenos modales, etc.
- **Fundamentar** la moral, dar razón de por qué existe la moralidad y por qué debe existir. Esta tarea trata de encontrar uno o varios aspectos, características o cualidades de los seres humanos en los que se basa nuestra condición de seres morales, como, por ejemplo, nuestra libertad, sentimientos o capacidad de argumentar, etc. Si esta tarea fracasara, lo lógico sería abandonar para siempre los valores y normas morales, dejando de usar términos como «justicia», «lealtad», «honradez», «respeto», «dignidad», etc. De esta tarea y de la anterior se ocupa la ética fundamental, que desarrolla las teorías éticas, como veremos.
- **Aplicar** lo aprendido en las dos tareas anteriores a las situaciones de la vida cotidiana, aportando principios, argumentos y orientaciones que puedan servir a las personas que buscan honestamente soluciones éticas a los problemas de los distintos ámbitos de la vida (salud, ecología, economía, profesiones, etc.). En esta tarea se centran las llamadas «éticas aplicadas» (bioética, ética de la economía y de la empresa, ética de los medios informativos, ética de las profesiones, etc.).

Según Ortega y Gasset, la moral nos ayuda a estar en forma, a ser plenamente humanos, a no caer en la desmoralización.

ACTIVIDADES

RAZONA

1. ¿Qué parecidos y diferencias hay entre la moral cotidiana y la reflexión ética?
2. La ética filosófica ¿nos orienta directamente sobre lo que debemos hacer en la vida cotidiana? ¿Por qué? ¿De qué modo nos orienta?

<table>
<tr><th>MORAL COTIDIANA = ÉTICA COTIDIANA</th><th>ÉTICA FILOSÓFICA = FILOSOFÍA MORAL</th></tr>
<tr><td>■ Un saber aprendido desde la niñez por toda persona para orientar el comportamiento conforme a las expectativas recíprocas.
■ Orienta la acción de modo inmediato, con prescripciones.
■ Evoluciona a través de las circunstancias históricas que provocan cambios culturales.</td><td>■ Un saber especializado que reflexiona sobre la moral vigente para revisar racionalmente sus contenidos.
■ Orienta la acción de modo mediato, sin hacer uso de prescripciones, sino de argumentos y de principios generales.
■ Evoluciona a través de la investigación filosófica y el debate entre filósofos.</td></tr>
<tr><th colspan="2">ÉTICAS APLICADAS</th></tr>
<tr><td colspan="2">■ Cada una es un saber interdisciplinar que surge de la colaboración entre los profesionales de cada ámbito y los afectados, con asesoría de filósofos y expertos. Se nutre de la moral cotidiana y de la filosofía moral.
■ Orienta la acción de modo mediato (proponiendo principios generales) y también de modo inmediato (proponiendo normas concretas y consejos).</td></tr>
</table>

Fuente: Emilio Martínez Navarro, *Ética y fe cristiana en un mundo plural*.

Las normas de circulación prescriben modos de comportarse dictados por la autoridad civil, que amenaza con sanciones a quienes no las cumplan.

2 Aclarar lo moral

2.1. Moral, derecho y religión

No deberíamos confundir lo moral, lo jurídico y lo religioso, puesto que se trata de tres ámbitos de la vida humana que tienen cada uno sus características peculiares. Si los confundimos, caemos en malentendidos que pueden tener consecuencias desafortunadas.

Semejanzas

- En esos tres ámbitos hay normas, es decir, enunciados prescriptivos, enunciados que no describen la realidad, sino que prescriben modos de comportarse. En los tres ámbitos se presupone que las personas disponen de libre albedrío y que, por tanto, pueden optar por desobedecer, aunque hacer tal cosa les pueda acarrear inconvenientes. Por ejemplo, en ocasiones decimos que «no se puede copiar en los exámenes» o que «no se puede conducir por el lado izquierdo de la calzada», etc. Pero, en realidad, lo que se quiere decir en estos casos es que «no se debe», porque la prueba de que sí se puede hacer ese tipo de cosas es que hay personas que las hacen, a pesar de los perjuicios que puedan causarles a ellas mismas o a otras.
- También es cierto que algunos contenidos prescriptivos se repiten en los tres ámbitos. Por ejemplo, la moral nos dice que no se debe matar a las personas, el derecho prohíbe el asesinato y la religión enseña a los creyentes el «No matarás» como uno de los mandamientos divinos.

Diferencias

- Por otra parte, moral, derecho y religión orientan el comportamiento de una forma diferente: la moral apela a la conciencia de la persona, el derecho amenaza con castigo a quien no cumpla la ley, y la religión anima al creyente a que se mantenga en el camino de la felicidad (entendida de un modo especial) y de la salvación (entendida como superación del sufrimiento y de la muerte).
- Además, no todos los contenidos prescriptivos se repiten en los tres ámbitos. Por ejemplo, una falta de lealtad con un amigo es inmoral, pero no necesariamente es un delito, ni tampoco es siempre un pecado. En cambio, una infracción de las normas de tráfico siempre es ilegal, pero no siempre es inmoral, y desde el punto de vista religioso puede ser indiferente. Por último, una determinada conducta puede ser legalmente correcta, moralmente admisible, y sin embargo puede ser pecado para la religión, como por ejemplo el consumo de carne de cerdo en el judaísmo y en el islam.

Estas diferencias entre los tres ámbitos nos ayudan a entender mejor cuál es la función de cada uno de ellos:

- La moral orienta la acción con vistas a la felicidad personal (lo bueno) y a la justicia social (lo justo), y aspira a mantenerse en los límites de la racionalidad humana común, apelando únicamente a la conciencia de las personas. La moral contiene respuesta a preguntas como:
  – *¿Qué debo hacer, en conciencia, para que el resultado sea justo?*
  – *¿Qué me conviene hacer para lograr la felicidad a medio y largo plazo?*

El derecho orienta la acción apelando a la legítima autoridad del Estado.

- El derecho orienta la acción como cuestión de orden público, apelando a la legitimidad de la autoridad del Estado y a la amenaza de castigo que solo dicho Estado tiene derecho a aplicar. El derecho contiene respuestas a preguntas como:
  - *¿Qué debo hacer para no ser castigado por el Estado?*
  - *¿Qué posibilidades de comportamiento están prohibidas por las leyes del país en el que resido y cuáles están permitidas?*
  - *¿Qué derechos y qué deberes tengo como ciudadano o como residente? ¿Qué puedo hacer si alguien atenta contra mis derechos?*
- La religión orienta la acción con vistas a ajustar el comportamiento del creyente a la fe que se basa en los libros sagrados, con el fin de lograr cierto tipo de vida plena ya en este mundo y, sobre todo, en el otro mundo, que esa fe anuncia como esperanza tras la muerte. La religión contiene respuestas a preguntas como:
  - *¿Qué debo hacer si deseo estar en paz con Dios y alcanzar la plenitud de vida que anuncian los libros sagrados?*
  - *¿Cómo debo comportarme en este mundo para que la muerte no sea definitiva y pueda acceder a un mundo mejor, en el que podré reunirme de nuevo con mis seres queridos y contemplar cómo Dios compensa a las víctimas inocentes que ha habido a lo largo de la historia de la humanidad?*

La religión orienta la acción para que el creyente actúe según la fe y los libros sagrados. En la foto, los libros sagrados del judaísmo.

TIPOS DE NORMAS	MORALES	JURÍDICAS	RELIGIOSAS
A quién obligan	A la conciencia personal	A los ciudadanos	A los creyentes
De dónde proceden	De la tradición y la reflexión	De los poderes del Estado	De los textos sagrados
Qué bienes se persiguen	Felicidad personal y justicia social	Orden, seguridad, estabilidad	Esperanza, sentido, salvación
En caso de incumplimiento	Remordimientos, pesar	Sanciones impuestas por la autoridad política	Sanciones de la comunidad religiosa

Doc. 2

«El campo de filosofía en este sentido cosmopolita se puede reducir a las siguientes cuestiones: *¿Qué puedo saber? ¿Qué debo hacer? ¿Qué me está permitido esperar? ¿Qué es el hombre?*

La *metafísica* responde a la primera cuestión, la *moral* a la segunda, la *religión* a la tercera y la *antropología* a la cuarta. En el fondo se podría considerar todo esto como perteneciente a la *antropología*, dado que las tres primeras cuestiones se refieren a la última».

IMMANUEL KANT, *Lógica*

- Averigua a qué se refiere el autor cuando alude a la filosofía «en sentido cosmopolita».
- ¿Por qué relaciona con la moral la segunda pregunta y con la religión la tercera?
- ¿Por qué afirma que las tres primeras preguntas se refieren a la cuarta?

ACTIVIDADES

RAZONA

3. ¿Cuál es la función específica del derecho en la vida de las personas?
4. ¿Qué característica propia de la moral la diferencia del derecho y la religión?
5. Las normas de la moral, las del derecho y las de la religión ¿se distinguen por su contenido o por su forma? Escribe ejemplos de normas distinguiendo el contenido y la forma de cada una.

INVESTIGA

6. Analiza las normas expresadas en Los Diez Mandamientos: ¿Cuáles de ellas son exclusivamente religiosas y cuáles son morales además de religiosas? ¿Por qué?
7. Busca normas del Código Penal y del de la circulación: ¿Cuáles son exclusivamente jurídicas y cuáles son morales además de jurídicas?

NO

2.2. Bases biológicas de la moralidad

Todo ser humano adulto y en su sano juicio se ve obligado a elegir entre diversas alternativas de comportamiento, algunas moralmente buenas y otras malas. Esto es así porque nuestra condición humana lleva consigo el que tengamos una estructura moral: somos constitutivamente morales. Lo cual no quiere decir que todos seamos buenos, sino que todos tenemos que decidir continuamente entre lo bueno y lo malo. No hay humanos adultos y en su sano juicio que se puedan situar «más allá del bien y del mal», como pretendía el filósofo Friedrich Nietzsche (Alemania, 1844-1900).

Estructura moral del ser humano: la protomoral

La estructura moral del ser humano ha sido estudiada por diversos autores, entre los que destacan Xavier Zubiri (España, 1898-1983) y José Luis L. Aranguren (España, 1909-1996). Según estos autores, lo primero que hemos de tener en cuenta es que cualquier organismo vivo se ve enfrentado desde su nacimiento al reto de ser *viable* en relación con su medio, y para ello se ve obligado a responder a las provocaciones que recibe de él, ajustándose para no perecer. La estructura básica de la relación entre cualquier organismo y su medio es entonces la siguiente:

suscitación → afección → respuesta

Esta estructura básica es la que le permite adaptarse para sobrevivir. Sin embargo, esta estructura se manifiesta de manera muy diferente en el animal y en el ser humano.

En el animal no humano la suscitación procede de un estímulo que provoca en él una respuesta perfectamente ajustada al medio, gracias a su dotación biológica. Este ajuste se denomina «justeza», y se produce de una forma automática.

En el ser humano, en cambio, la respuesta no se produce de forma automática, debido a que disponemos de un cerebro muy desarrollado que nos dota de lo que Zubiri llama «hiperformalización», es decir, la capacidad de percibir la realidad y de evaluar las situaciones con cierta distancia, de manera que percibimos diversas posibilidades de respuesta.

Una vez que superamos la fase inicial en la que somos bebés muy inmaduros, los seres humanos disponemos de ese primer momento básico de libertad que consiste en que no estamos determinados a dar una respuesta automática a los estímulos que recibimos. Por ejemplo, si alguien siente hambre, pero ha decidido no comer como acto de protesta para exigir que se repare una injusticia grave, observamos que el hambre condiciona el comportamiento humano, pero no lo determina, porque en este caso la persona elige no responder a dicho estímulo y se sobrepone a sus exigencias. Además, nos sentimos obligados a justificar la respuesta que elijamos, ante los demás y ante nosotros mismos.

El proceso por el que los seres humanos respondemos a la suscitación que nos viene del medio sigue los siguientes pasos:

a) Nos hacemos cargo, a través de la inteligencia, de que los estímulos proceden de una «realidad estimulante» por la que nos sentimos afectados. Lo que nos afecta no es el medio, sino la realidad, lo cual implica que tenemos un compromiso originario con ella.

Doc. 3

«Si el hombre es constitutivamente moral porque tiene que conducir por sí mismo su vida, la moral, en un sentido primario, consistirá en cómo la conduzca, es decir, en las posibilidades de sí mismo que haya preferido. La moral consiste no solo en el ir haciendo mi vida, sino también en la vida tal como queda hecha: en la apropiación de las posibilidades realizadas.

La moral resulta ser así, como decía Aristóteles, una "segunda naturaleza". Tal es el sentido fuerte, el sentido pleno de los vocablos que clásicamente ha empleado la ética: *éthos, mos, héxis, habitus* y *habitudo, areté, virtus, vitium*».

José Luis López Aranguren, *Obras completas*

- ¿Qué significa afirmar que la persona tiene que conducir su vida por sí misma? ¿Realmente es así? ¿Por qué?
- ¿Por qué afirma el autor que la moral tiene relación con ir haciendo la propia vida y también con la vida tal como queda hecha?
- ¿En qué sentido la moral es una «segunda naturaleza»?

b) La respuesta ante la realidad no nos viene dada de forma automática, sino que, a la hora de responder, imaginamos un conjunto de posibilidades entre las cuales hemos de elegir la que queremos realizar. No todos contemplamos la misma cantidad de posibilidades, porque eso depende del desarrollo de la inteligencia y la imaginación de cada cual. Las posibilidades son en sí mismas irreales, pero están enraizadas en la realidad. A partir de ahí nos vemos forzados a elegir, nos vemos obligados a ser libres.

c) Cuando elegimos una posibilidad, renunciamos necesariamente a las demás, y por eso la elección ha de ser justificada (ante uno mismo y ante los otros). Lo que en el animal era justeza automática, en el ser humano es justificación activa, y esta necesidad de justificarse hace que nuestra elección sea necesariamente moral.

Por eso Diego Gracia (España, 1941, discípulo de Zubiri) ha llamado «protomoral» a esta estructura básica del ser humano, puesto que es la base necesaria para que pueda hablarse de decisiones morales, que serán buenas o malas dependiendo del referente que se tome para justificar la opción elegida. Dicho referente es el contenido moral que se adopte como justificación en cada caso.

Los contenidos morales

Los principios, valores, normas o ideales de vida que justifican mi elección son los contenidos morales. Si, por ejemplo, veo que una persona se está ahogando en una piscina y me tiro al agua para intentar salvarla, para justificar mi acción podría decir que «era mi deber intentarlo», o que «necesitaba la recompensa que tal vez me van a dar», o que «lo hice porque se trataba de mi pareja», etc. Cada una de estas razones tiene detrás un conjunto de referentes morales, es decir, unos principios, valores, normas e ideales de vida que justifican mi acción. Está claro que el valor moral de la acción dependerá de qué tipo de referente haya elegido realmente la persona que actúa, aunque no siempre es fácil saber cuál ha sido realmente ese referente.

Todos nos hemos visto obligados a decidir entre diversas alternativas, pero a veces algunas son moralmente buenas o malas.

Doc. 4

«El hombre, animal de realidades, es por lo mismo animal de posibilidades. Por ser animal de posibilidades puede hacer una vida; pero por ser animal de posibilidades apropiadas es, constitutivamente, un animal moral, y solamente porque es un animal moral, esto es, porque es realidad moral, puede y tiene que habérselas con eso que llamamos bien.

Vemos así que el objeto de la realidad moral es anterior al problema del bien. Si puede hablarse a propósito del hombre de bienes y males es porque previamente el hombre es una realidad moral. La posibilidad misma de que se plantee el problema del bien pende de algo previo, a saber, de la índole constitutivamente moral del hombre. El hombre en cada una de sus situaciones vive, y ese acto vital suyo consiste en autodefinirse por autoposición».

XAVIER ZUBIRI, *Sobre el hombre*

- ¿Qué es lo que determina que el hombre se plantee el problema del bien?
- ¿Qué es lo que hace que el hombre sea un animal moral?
- ¿En qué consiste la actividad vital del hombre?

ACTIVIDADES

INVESTIGA

8. ¿Se puede afirmar que las personas somos inevitablemente morales?

RAZONA

9. ¿Qué referentes o contenidos morales hay detrás de la acción «ayudar a mi compañera en inglés» si lo justifico diciendo que lo hice «porque creo que un buen compañero debe ayudar a otro» o «porque ella me gusta mucho» o «porque así me deberá un favor»?

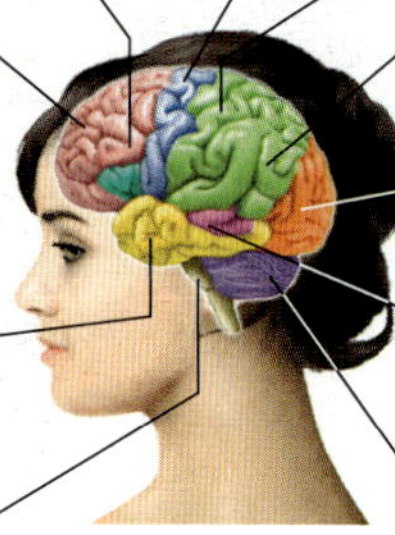

Áreas de funcionamiento del cerebro.

Doc. 5

Algunas virtudes destacadas por Aristóteles

A) Propias del intelecto práctico (virtudes dianoéticas):
- Prudencia (*phrónesis*)
- Arte o técnica (*tékne*)
- Discreción (*gnóme*)
- Perspicacia (*sínesis*)
- Buen consejo (*euboulía*)

B) Virtudes éticas o del carácter:
- Fortaleza o coraje (*andréia*)
- Templanza o moderación (*sofrosine*)
- Pudor (*aidos*)
- Justicia (*dikaiosine*)
- Generosidad o liberalidad (*eleutheriotes*)
- Amabilidad (*filía*)
- Veracidad (*alétheia*)
- Buen humor (*eutrapelía*)
- Afabilidad o dulzura (*praotes*)

Fuente: ARISTÓTELES, *Ética a Nicómaco*

- ¿Cuál de las virtudes dianoéticas te parece más necesaria para la vida? ¿Por qué?
- Ordena las virtudes éticas mencionadas de mayor a menor importancia para la convivencia entre las personas, y a continuación explica por qué piensas que tu listado cumple con ese criterio.

La moralidad en nuestro cerebro

Las técnicas de neuroimagen permiten observar cuáles son las zonas del cerebro humano que intervienen activamente en el análisis y en la toma de decisiones relacionadas con cuestiones morales. Por ejemplo, si escaneamos la cabeza de una persona mientras le pedimos su opinión sobre un problema moral, se puede observar en el monitor cómo se iluminan principalmente ciertas zonas cerebrales.

Se ha comprobado que, cuando se propone a la persona participante en el experimento un problema moral que puede afectarle personalmente, intervienen las zonas cerebrales encargadas de procesar las emociones (el sistema límbico). En cambio, cuando el problema planteado es de los que no afectan personalmente, entonces se activan ciertas zonas del neocórtex.

Investigadores del campo de las neurociencias como Marc Hauser (EE. UU., 1959) y Neil Levy mantienen la hipótesis, todavía no del todo comprobada, de que existen ciertas estructuras cerebrales que son depositarias de un «órgano moral», que consiste en «una capacidad producto de la evolución, que posee toda mente humana y que de manera inconsciente y automática genera juicios sobre lo que está bien y lo que está mal». Dicho órgano no proporciona más que principios generales abstractos que necesitan complementarse con el aprendizaje de las normas concretas propias de la cultura en la que uno se educa. El más básico de estos principios generales –según Hauser– sería el de «reciprocidad indirecta», que consiste en suponer que las normas han de ser generales, las mismas para todo el colectivo social, y que se ha de castigar a los infractores.

2.3. La forja del carácter

El saber ético nos proporciona referentes para forjarnos un buen carácter, que en gran medida es una conquista personal de cada cual.

A través de los genes heredamos un temperamento, un conjunto de predisposiciones que condicionan nuestro modo de ser, pero que no lo determinan por completo. Por ejemplo, una persona puede ser un tanto perezosa por temperamento, pero si se propone ser diligente y se esfuerza en lograrlo, puede apropiarse de esa cualidad, y así va construyendo su carácter.

Como explicaron Zubiri y Aranguren, los seres humanos tenemos dos tipos de cualidades: unas por naturaleza y otras por apropiación. Forma parte de nuestra condición moral el poder adquirir cualidades por apropiación, repitiendo los actos que consideramos buenos hasta convertirlos en hábitos, que por ser positivos los llamamos «virtudes». En cambio, los malos hábitos se llaman «vicios» y no se precisa ningún esfuerzo para apropiárselos.

Actualmente es muy frecuente que se hable de actitudes para referirse a los hábitos, de manera que las actitudes positivas serían lo mismo que lo que tradicionalmente se ha llamado virtudes, y las actitudes negativas serían lo mismo que los vicios. Sin embargo, aunque hay muchos contextos en los que ambos términos son intercambiables, hay otros en los que no lo son. Las actitudes se definen como predisposiciones aprendidas que adoptamos ante una situación u objeto determinado. Por ejemplo, la actitud de confianza en ciertas personas no tiene por qué ser considerada ni como una virtud ni como un vicio, sino simplemente como una predisposición favorable hacia tales personas. En cambio, cuando se dice que alguien tiene una actitud positiva para el trabajo en equipo, generalmente se entiende que esa persona ha adquirido la virtud de la cooperación en pequeño grupo.

2.4. La conciencia moral

La conciencia moral es la capacidad de captar los principios por los que distinguimos entre lo moralmente bueno y lo malo y saber aplicarlos a las situaciones concretas. Esta capacidad se desarrolla lentamente a lo largo de la vida, siempre y cuando nos esforcemos en aprender y en reflexionar sobre la propia experiencia.

Una conciencia bien formada nos orienta para actuar del mejor modo posible en cada situación concreta. Para ello, la conciencia elabora juicios prácticos, como, por ejemplo, «En este caso lo correcto es hacer tal y tal». Estos juicios son el resultado de tener en cuenta los principios generales («No instrumentalizar a las personas», «No dañar el medio ambiente», etc.) y los datos de la situación de que se trate.

La conciencia nos orienta, pero no nos impone forzosamente lo que vayamos a hacer, de manera que siempre es posible desatender los juicios prácticos que ella elabora. En tales casos, ejerce la tercera función, la autocrítica: si no ponemos en práctica lo que nos manda hacer, nos lo reprocha con remordimientos; y si lo hacemos, nos lo premia con la satisfacción personal.

Tareas de salvamento. Las actitudes positivas, como la solidaridad, se definen como predisposiciones aprendidas.

Doc. 6

«Diana viaja en un tranvía que circula sin control. El conductor ha perdido el conocimiento y el tranvía se dirige hacia cinco excursionistas que caminan por la vía sin percatarse de que el tren los va a atropellar sin remedio. No podrían salir de la vía en cualquier caso, porque los márgenes son muy empinados. Diana puede conseguir que el tranvía se desvíe hacia la izquierda accionando una palanca que obra en su poder, pero en la vía de la izquierda hay un operario trabajando, que morirá si ella presiona la palanca.

En un segundo escenario, Paco está en un viaducto situado sobre la vía del tranvía. Se acerca un tranvía descontrolado, tal vez porque el conductor se ha desvanecido. En la vía hay cinco personas que no podrán salir a tiempo. Junto a Paco hay una persona muy obesa, a la que puede empujar y arrojar a la vía, que quedará obturada en ese caso, evitando así que mueran las cinco personas, pero no la obesa, que será sacrificada para salvar a las otras cinco.

[...] Tras someter a la prueba a varios miles de sujetos, aproximadamente el noventa por ciento dijo que era lícito que Diana accionara la palanca para salvar a los cinco excursionistas, sacrificando al operario, mientras que solo un diez por ciento de los encuestados tuvo por lícito que Paco empujara a la persona obesa, aunque con ello se salvaran cinco.

[...] La pregunta es entonces: ¿Por qué los sujetos reaccionan de una forma distinta ante los dilemas personales y los impersonales? Para intentar responder a esta cuestión –dice Hauser y otros autores– pueden resultar de ayuda algunas técnicas de la neurociencia, como el estudio de la formación de imágenes, que nos permitirán señalar qué zonas del cerebro parecen intervenir directamente cuando formulamos juicios morales. La pregunta que siempre queda abierta en estos casos es por qué los llamamos «morales», pero no parece que los neurocientíficos estén muy dispuestos a contestarla, porque siempre queda abierta para investigaciones ulteriores que nunca llegan».

ADELA CORTINA, *Neuroética y neuropolítica. Sugerencias para la educación moral*

- ¿Piensas que las respuestas que dan los sujetos pueden servir realmente para saber cómo funciona nuestro cerebro cuando formula juicios morales? ¿Por qué?
- ¿Por qué llamamos «morales» a los juicios con los que se responde a estos dilemas?

ACTIVIDADES

INVESTIGA

10. ¿En qué se diferencian los seres humanos de los demás animales en cuanto al modo de relacionarse con el medio? ¿Qué implica esta diferencia de cara al comportamiento moral de las personas?

11. ¿Se puede forjar uno mismo su propio carácter moral? ¿De qué modo?

12. ¿Qué funciones desempeña la conciencia moral en nuestra vida?

13. Averigua en qué consisten las técnicas de neuroimagen y cómo se pueden aplicar al estudio de la moralidad.

REFLEXIONA

14. ¿Qué sentido tiene la metáfora «forja del carácter»? ¿Se podría expresar la misma idea con una metáfora distinta?

15. ¿Es posible que la conciencia moral de algunas personas no se haya desarrollado suficientemente? ¿Qué efectos puede tener ese hecho en la vida de esas personas y en la vida de las personas que las rodean?

Doc. 7

«Los valores ayudan a acondicionar el mundo y a hacerlo habitable. La justicia, la libertad, la belleza hacen a nuestro mundo habitable y humano, hacen de él un mundo en el que merece la pena vivir y en el que el suicidio resulta un sin sentido, porque es penoso marcharse. Los valores hacen de nuestro mundo un hogar y son atractivos. Lo contrario es repelente. Por eso los valores valen por sí mismos.

Como decía Kant, se puede actuar por interés o se puede *tomar interés en lo que es interesante por sí mismo*. Importa mantener esta distinción, porque no se trata tanto de que los valores valgan "para", sino de que son *en sí mismos* valiosos. Decía Tocqueville, y con razón, que "el que pregunta: libertad ¿para qué?, es que ha nacido para servir". El que pregunta "¿es que la libertad nos dará más bienes materiales?" no ha entendido que la libertad es valiosa por sí misma. Un mundo que reúne todas estas condiciones es un mundo en el que la vida es digna de ser vivida».

Adela Cortina, *Educación en valores y responsabilidad cívica*

- Resume con tus propias palabras el contenido del texto.
- Escribe algunos ejemplos de personas que «actúan por interés» y otros de personas que «se toman interés» en lo que hacen.
- ¿Es acertado afirmar que la libertad no tiene por qué valer para otra cosa, sino que vale por sí misma? Razona la respuesta.

2.5. Principios morales

Un principio moral es una orientación del comportamiento expresada en términos muy generales. Por ejemplo: «Respeta la dignidad de toda persona». Los principios no nos aclaran en qué ha de consistir exactamente el comportamiento de quien pretenda seguirlos. La aplicación de un principio moral a un caso concreto requiere aprendizaje y capacidad de razonamiento por parte de las personas que lo ponen en práctica.

2.6. Valores en general y valores morales

Los valores, en general, son cualidades valiosas que descubrimos en las personas y en las cosas, como, por ejemplo, la belleza de una sinfonía, la bondad de una persona o la utilidad de un teléfono. Se caracterizan por tener:

- **Doble polaridad** (hay valores positivos y negativos: bueno-malo, bello-feo, etc.).
- **Dinamismo** (los positivos nos impulsan a realizarlos y los negativos a superarlos).
- **Materia** (hay valores morales, estéticos, económicos, religiosos, utilitarios, etc.).
- **Historicidad** (a lo largo de la historia vamos descubriendo nuevas facetas de cada valor).

Los valores morales, como la bondad o la justicia, son un tipo de valores que se caracterizan por reunir las siguientes características:

- Dependen del libre albedrío humano. Esto significa que solamente los pueden poner en práctica las personas cuando tienen desarrollada su capacidad para tomar decisiones libres. Por ejemplo, que uno sea alto o bajo de estatura no depende de su voluntad, pero ser solidario o insolidario sí depende de cada cual.
- En la medida en que actuamos con libertad, somos responsables de lo que hacemos. La moralidad lleva consigo responsabilidad. En consecuencia, estos valores solo pueden referirse a las personas y a las instituciones, pero no tiene sentido referir este tipo de valores a los animales, ni a las plantas, ni a los objetos inanimados.
- Estos valores están ligados a sentimientos morales como la compasión ante el sufrimiento ajeno, la indignación ante los abusos e injusticias, etc. Tales sentimientos tienen una base neuronal en nuestro cerebro, que hemos heredado a través del proceso evolutivo, y también tienen una base de aprendizaje desde la primera infancia hasta la edad adulta.
- Son valores que consideramos tan sumamente importantes que tendemos a pensar que deberían ser universales. Cuando pensamos en serio en la libertad, la igualdad, la solidaridad, el respeto, la honestidad, la justicia, etc., creemos que tendrían que ponerse en práctica en todas partes y así beneficiarse todas las personas e incluso todo el planeta, puesto que también las demás especies y el medio ambiente serían más respetados.
- Suponemos que los valores morales no son cualidades opcionales que dependen de los gustos particulares de cada uno, sino que deben interesar a toda persona, porque son valores que humanizan a quien los tiene y deshumanizan a quien no los aprecia. Nos parece aceptable que una persona no aprecie el valor de la elegancia o de la simpatía, que no son valores morales, pero encontramos rechazable que no aprecie el valor de la honradez o de la solidaridad.

2.7. Normas en general y normas morales

Las normas, en general, son ciertas reglas de conducta que nos permiten organizar nuestra vida contando con que las demás personas también las seguirán. Por eso el filósofo Jürgen Habermas (Alemania, 1929) caracteriza las normas de acción como «expectativas de conducta generalizadas en el tiempo y en la sociedad de modo objetivo».

Las normas pueden estar recogidas expresamente en códigos y reglamentos o, por el contrario, regular la vida de una forma más o menos implícita. Existen distintos tipos de normas: jurídicas, religiosas, morales, sociales, etc. Las diferencias entre los principales tipos de normas se pueden ver más claras con ayuda de la tabla siguiente:

TIPO DE NORMA	RELIGIOSA	JURÍDICA	SOCIAL	MORAL
¿Quién promulga el mandato?	Dios, a través de la revelación y el magisterio	El Estado o autoridad legitimada para ello	La sociedad (costumbres, moda, etc.)	La razón humana nutrida por la experiencia histórica
Destinatarios del mandato	Todos los seres humanos	Los miembros de la comunidad política	Los miembros de la sociedad	Cada persona en conciencia
¿Ante quién se responde?	Ante Dios	Ante los tribunales	Ante la sociedad	Ante uno mismo
Tipo de sanción	Conciencia de pecado	La determinada por las leyes	Vergüenza, ostracismo	Remordimiento, pesar
¿De quién se puede esperar obediencia?	De los creyentes	De los miembros de la comunidad política	De los miembros de la sociedad	De todas las personas en su sano juicio

2.8. Los juicios morales

Continuamente llevamos a cabo juicios morales sobre nosotros mismos y sobre los demás. A veces expresamos esos juicios y a veces los pensamos, pero no los expresamos. Por ejemplo, una alumna dice en voz alta que su profesora es «una excelente persona», mientras que un cliente piensa en silencio: «Este vendedor es una persona honrada».

A menudo nos guiamos por este tipo de juicios a la hora de tomar decisiones importantes. Sin embargo, no es fácil acertar cuando se hacen juicios morales, porque en muchos casos, para hacer un juicio moral con todas las garantías, se necesita conocer muchos hechos y también las intenciones de las personas. Por ejemplo: «¿Cómo puedo saber si esta persona es voluntaria en tareas solidarias porque es generosa o porque persigue un interés oculto?». Y lo mismo pasa con uno mismo, en ocasiones: «¿Cómo puedo estar seguro de lo que yo pretendía al apoyar a tal persona?, ¿lo hice por altruismo o por egoísmo?».

Cuando ayudamos a los demás, lo normal es que lo hagamos pensando en su beneficio.

ACTIVIDADES

16. ¿Qué diferencia encuentras entre «principios» y «normas»?

17. Si un valor moral es poco practicado en un lugar o época particular, ¿significa eso que tal valor ya no sirve? ¿Por qué?

18. ¿Haz una lista de valores morales y trata de ponerlos en orden de mayor a menor importancia. Compara tu lista con la de dos o tres compañeros y debate con ellos sobre las diferencias encontradas.

- Sacar ideas fundamentales
- Relacionarlas

SABER HACER

1 Comentario de texto

«Con razón se dice, pues, que realizando acciones justas se hace uno justo, y con acciones sensatas, se hace sensato. Y sin hacerlas, ninguno tiene la menor probabilidad de llegar a ser bueno. Pero los más no practican estas cosas, sino que se refugian en la teoría y creen filosofar y poder llegar así a ser hombres cabales; se comportan de un modo parecido a los enfermos que escuchan atentamente a los médicos y no hacen nada de lo que les prescriben. Y así, lo mismo que estos no sanarán del cuerpo con tal tratamiento, tampoco aquellos sanarán del alma con tal filosofía».

Aristóteles, *Ética a Nicómaco*

Cuestiones

1. ¿Qué título le pondrías a este fragmento? Compara tu título con los de otros compañeros y razonad juntos cuáles serían más acertados.
2. ¿Te parece que lo que dice el texto sigue siendo acertado en la actualidad? ¿Por qué?
3. ¿De qué modo dice Aristóteles que se puede llegar a ser bueno?
4. ¿Es importante ser bueno en la vida y rodearse de personas buenas, o eso da lo mismo? ¿Por qué?

2 Comentario de texto

«No hay nada en el mundo, ni tampoco fuera de él, que podamos considerar bueno sin límites sino la buena voluntad. El entendimiento, el ingenio, la capacidad de juicio, o como quieran llamarse los *talentos* del espíritu, y también el valor, la decisión, la perseverancia en los propósitos, como cualidades del temperamento, son todas ellas cualidades buenas y deseables en muchos sentidos; pero pueden llegar a ser enormemente malos y nocivos si no es buena la voluntad que ha de hacer uso de estos dones naturales cuya disposición peculiar se denomina *carácter*. Eso mismo sucede con los *dones de la fortuna*. El poder, la riqueza, el honor, la misma salud y el bienestar completo y la satisfacción con la propia situación que toma el nombre de *felicidad* dan lugar a la valentía y también, con mayor frecuencia, a la arrogancia si no existe una buena voluntad que regule el principio de toda acción y acomode a un fin universal la influencia que estos dones ejercen sobre el ánimo; un espectador racional e imparcial, a la vista del bienestar ininterrumpido de un ser que no muestra rasgo alguno de una voluntad pura y buena, no puede nunca sentirse complacido, por lo que parece que la buena voluntad constituye la condición indispensable que nos hace dignos de ser felices».

Immanuel Kant, *Fundamentación de la metafísica de las costumbres*

Cuestiones

1. ¿Qué entiende el autor aquí por «carácter»?
2. ¿Qué entiende por «dones de la fortuna»?
3. ¿Qué entiende por «felicidad»?
4. ¿Dónde reside para el autor la clave de la moral? ¿Por qué?
5. ¿Qué quiere decir Kant al referirse a un espectador racional e imparcial? ¿Por qué dice Kant que un supuesto espectador de este tipo no se sentiría complacido ante el bienestar ininterrumpido de un ser que no mostrase nunca el menor rasgo de poseer una buena voluntad?

3 Comentario de texto

«Qué duda cabe de que las bases cerebrales resultan indispensables para la educación moral. Un ser que careciera de cerebro no podría ser educado. Y, dando un paso más, si hablamos de educación, y más aún de educación moral y política, ese cerebro debe ser humano. Por mucho que se insista en que los valores morales están enraizados en conductas comunes a todos los mamíferos, es enorme la diferencia que existe entre las raíces comunes a los mamíferos y los distintos árboles que surgen de ellas. Educar moralmente a un niño no significa adiestrarlo para que actúe de la forma que desea el educador, ni siquiera aunque el educador se propusiera con el adiestramiento lograr lo que él cree que es el bien del niño. Educar moralmente significa ayudarle a extraer lo mejor de él para que pueda llevar adelante, desde su autonomía, una vida justa y feliz. Unos valores que son específicamente humanos, y en torno a los cuales podemos decir que giran los demás».

Adela Cortina, *Neuroética y neuropolítica. Sugerencias para la educación moral*

Cuestiones

1. ¿Qué título le pondrías a este fragmento? Compara tu título con los de otros compañeros y razonad juntos cuáles serían más acertados.
2. Señala las ideas principales que hay en este fragmento y coméntalas por escrito.
3. Comparte tus comentarios con el resto del grupo, tratando de llegar a algunas conclusiones.
4. ¿Qué diferencias puede haber entre adiestrar a un animal de circo y educar a un ser humano? ¿Por qué dice la autora que ni siquiera sería adecuado para un ser humano un adiestramiento en el que el adiestrador se propusiera lograr lo que él cree que es el bien del niño?

Las ideas fundamentales del texto son
.... → línea 1 y 2
La relación entre ellas es ...

4 Disertación

Escoge uno de estos temas para escribir la disertación teniendo en cuenta el guion que se sugiera.

Relaciones entre moral y religión

- Distingue lo más claramente posible entre una y la otra.
- ¿Se puede vivir sin ninguna de las dos? ¿Por qué?
- ¿Se puede vivir con una sola de las dos? ¿Por qué?
- Si una persona vive con una moral y una religión, ¿puede experimentar conflictos entre ambas? En caso afirmativo, ¿cómo se podrían superar tales conflictos?
- ¿Cómo sería una sociedad en la que todos sus miembros carecieran por completo de moral? ¿Sería posible la supervivencia de esa sociedad?
- ¿Cómo sería el comportamiento de un individuo que careciera por completo de moral y que viviera en un entorno social como el de nuestra sociedad actual?

Normas morales, jurídicas y religiosas

¿Se puede averiguar si una persona que no roba, pudiendo hacerlo, está orientándose por una norma moral, por una norma jurídica o por una norma religiosa?

- ¿Cómo actuaría una persona que orientase su comportamiento dando prioridad a su moral frente a todo lo demás? Llamemos a este tipo de personas «tipo 1».
- ¿Cómo actuaría una persona que orientase su comportamiento dando prioridad a las normas jurídicas frente a todo lo demás? Llamemos a este tipo de personas «tipo 2».
- ¿Cómo actuaría una persona que orientase su comportamiento dando prioridad a su religión frente a todo lo demás? Llamemos a este tipo de personas «tipo 3».
- Una vez respondidas las preguntas anteriores, ¿habría algún dato observable que nos ayudara a distinguir entre personas de los tipos 1, 2 y 3?

5 Debate

¿Qué papel desempeña la moral en nuestra vida?

Plantead estas preguntas a todo el grupo, en el orden en que están escritas, e iniciad el debate de cada cuestión.

1. ¿En qué consiste eso que llamamos «la moral»?
2. ¿Es lo mismo ética que moral?
3. ¿Los animales no humanos son sujetos morales?
4. ¿Qué es la conciencia moral y cuáles son sus principales funciones?
5. ¿Somos responsables de tener un carácter moral bueno o malo?
6. ¿Qué diferencia hay entre principios, normas y valores?
7. ¿En qué consisten los valores morales?
8. ¿Por qué se dice a veces que no se debe hacer juicios morales sobre las personas?
9. El grupo puede añadir nuevas cuestiones.

PROYECTO FINAL. **Trabajo cooperativo**

Cerebro y moralidad

- Hacemos grupos de cuatro o cinco personas que deberán indagar sobre las posiciones de diversos investigadores sobre las preguntas siguientes:
  - ¿Es la estructura y funcionamiento de nuestro cerebro lo que determina nuestra moralidad y llevamos grabadas en el cerebro ciertas normas morales? ¿O más bien nacemos con el cerebro «en blanco» y necesitamos que nos eduquen en alguna moral dentro de una determinada cultura? ¿Cabe una posibilidad intermedia? ¿Qué posibilidad sería esa? ¿Qué opinan los investigadores del cerebro humano sobre estas cuestiones?
- Cada grupo debe adoptar como propia una de estas posiciones, y encontrar todos los argumentos posibles para defenderla. También han de anticiparse a las posibles objeciones y pensar en cómo rebatirlas.
- A continuación, todos los grupos que hayan trabajado la misma respuesta nos reunimos para poner en común los argumentos encontrados y, finalmente, dos representantes de cada una de las posiciones escenifican el debate ante el resto de los compañeros.
- Tras el debate, cada participante deberá escribir sus conclusiones en forma muy resumida en una cartulina tamaño folio, con rotulador y letra grande. Las cartulinas serán recogidas por tres o cuatro voluntarios que se encargarán de clasificarlas en dos columnas: a) quienes concluyen más o menos que es acertada la tesis positiva, y b) quienes concluyen lo contrario. Colocaremos las cartulinas clasificadas de este modo en una pared del aula y las mantendremos allí hasta el siguiente trabajo cooperativo.

13 Referentes morales: lo bueno y lo justo

CONTENIDOS

1. ¿Hay valores morales universales?
2. Negaciones del universalismo moral
3. Lo bueno y lo justo
4. El razonamiento moral sobre lo justo

PARA PENSAR JUNTOS

Leemos el diálogo de la página siguiente, debatimos sobre él y, después de estudiar esta unidad didáctica, respondemos estas cuestiones:

- ¿Te interesas por quienes te rodean cuando los notas tristes o preocupados? ¿Por cualquiera o solo por los que te son más cercanos en afecto? ¿Por qué?
- ¿Por qué crees que dice Ana que la cuestión que están tratando no es de justicia, sino de felicidad?
- ¿Piensas que todos los esfuerzos que hacemos deben ser compensados?
- ¿Estás de acuerdo en que hay deberes que corresponden a la justicia y otros que se derivan de nuestra idea de felicidad? Razona la respuesta.

Las mejoras en la aplicación de los derechos humanos deben ser universales porque significan un progreso de la humanidad que no puede perderse.

¿Quién está en forma?, ¿quién está alto de moral? A lo largo de esta unidad argumentaremos que quien actúa según principios universales de justicia e intenta con prudencia llevar a cabo un proyecto de vida feliz será una persona con altura moral, alguien que está en buena forma moral. Porque la justicia en las relaciones sociales y la prudencia en las decisiones personales que atañen a la propia vida son la clave para tener la moral alta, y de esa manera poder afrontar los retos que se nos van presentando a lo largo de los años. Cuando olvidamos estos dos referentes morales básicos, sobreviene la desmoralización: nos sentimos corruptos, asqueados, desesperanzados, bajos de moral.

Carmen llegó cuando acababa de entrar el profesor, se sentó en primera fila y ni volvió la cara para saludar. Salieron de clase y la perdieron de vista hasta que comenzó la siguiente, a la que entró otra vez detrás del profesor y sin mirar a nadie. Cuando sonó el timbre para el recreo, todos se reunieron en torno a ella.

JUAN.- ¿Qué te pasa? No te hemos visto la cara ni hemos oído una palabra de tu boca.

CARMEN (*muy seria*).- Nada.

PACO.- Estás triste y silenciosa desde que llegaste, ¿pasa algo en casa?

CARMEN.- No, no pasa nada.

BELÉN (*animosa*).- Venga, mujer, pues no estés tan triste, porque nos contagias a los demás.

JUAN.- Ya sabes, estar alto de moral es importante para afrontar la vida.

CARMEN.- ¡Sí, alto de moral! ¡Como si fuera posible rodeada de prohibiciones!

CONSUELO.- Bueno. Me parece que ya nos vamos a enterar de lo que pasa, porque tú no estás así por nada. ¿La fiesta del sábado?

CARMEN (*iracunda*).- ¡Pues claro! ¿Cómo no? Es el tema preferido para discutir. No se dan cuenta de que ya soy mayor y responsable: estudio, ayudo en las tareas de casa siempre que puedo, me quedo con la abuela para que ellos salgan, aunque me lo paso genial con ella, pero lo hago; en fin, que no pueden tener queja. Y ni así. Dije anoche que tenemos fiesta el sábado y que quería llegar más tarde, que tengo las tareas controladas, que vais todos, que os conocen de sobra, y nada. Mi padre dijo que las fiestas, en vacaciones, porque durante el curso hay que estudiar. Mi madre añadió que no pienso más que en mí, no sé por qué. Y mi hermano, en vez de ayudar, se calló como una tumba.

PACO (*tímido*).- ¿Pero tú les dijiste que la fiesta es en el sótano de Juan y que luego nos acompañaremos para que nadie regrese solo a casa?

CARMEN.- ¿Tú qué crees? Pues claro, pero a ellos les da igual. Mi madre dice que yo solo pienso en mí, pero me gustaría saber en quién piensan ellos. Piensan en que nadie les altere su tranquilidad. ¡Pero no es justo!

ANA.- ¡Mujer, yo no hablaría de justicia en un tema como este! Más bien hablaría de nuestra, de tu felicidad.

CARMEN.- Pues no. Sí es una cuestión de justicia: yo cumplo con mis obligaciones, tengo derecho a ser compensada por ello.

BELÉN.- Sí es cuestión de justicia; se nos manda que estudiemos, que nos preparemos para el futuro, y luego, cuando se trata de disfrutar, todo son prohibiciones. Yo también pienso que no es justo, y así es muy difícil estar alto de moral; con tanto deber, ¿cómo no nos vamos a desmoralizar?

FERNANDO (*dubitativo*).- No sé. Depende de quién nos obligue, porque si nos obligamos nosotros mismos para vivir como queremos cuando seamos independientes, quizá cumplimos con ellos para ser felices.

BRAHIM (*serio*).- Nuestros padres se sienten responsables de nuestro porvenir, quizá más de lo que deberían a veces, pero decir que a ellos no les preocupa más que su tranquilidad sí que me parece injusto.

CARMEN.- Entiéndeme. A mis padres los quiero un montón, pero hay momentos…

JUAN (*sonriendo*).- Ya, hay momentos en los que los sortearíamos en una rifa, y no benéfica precisamente.

Vaca india. Existe una gran diversidad de grupos religiosos y culturales que mantienen distintas costumbres en cuanto al modo en que se debe tratar a los animales. Pero al mismo tiempo podemos encontrar algunos principios éticos compartidos que nos permitan convivir y solucionar pacíficamente los conflictos.

Collar de esclavo en la antigua Roma. El esclavo era una persona privada de libertad, explotada por su dueño, y se la podía comprar y vender.

1 ¿Hay valores morales universales?

Es evidente que los contenidos morales son diferentes según las épocas, las culturas y los grupos, de modo que parece imposible hallar valores universales. Sin embargo, cuando utilizamos ciertas expresiones morales como «esto es injusto», lo hacemos con la convicción de que toda persona debería reconocer que es así.

Podemos entender que en la Edad Antigua la esclavitud no se considerase inmoral, porque se tenía una idea distinta del ser humano. Pero podemos seguir pensando, al mismo tiempo, que aquella era una situación injusta que no debería existir nunca más. Además, sabemos defenderlo con argumentos, por ejemplo, afirmando que toda persona es libre y tiene una igual dignidad. Con ello mostramos que en ciertas cuestiones morales hay razones que valen no solo para mí, sino también para cualquier persona.

¿Hay valores morales que valen para todos, que todas las personas deberían reconocer? Ante esta pregunta, algunos filósofos han respondido que no hay ni puede haber valores morales universalmente compartidos, pero otros muchos han argumentado que, al menos, algunos valores básicos son válidos para todos.

En el siguiente apartado vamos a ver las respuestas de los que niegan la posibilidad de encontrar unos valores universalmente compartidos, y en cada respuesta comentaremos las limitaciones e inconvenientes que presenta.

2 Negaciones del universalismo moral

2.1. El relativismo moral

El origen del relativismo moral es muy antiguo. Nació en Grecia con los sofistas (siglo V a.C.), especialmente con Protágoras (Grecia, 485-411 a.C.). Estos pensadores conocían muy bien la diversidad de las costumbres de muchos países y también la diversidad de puntos de vista que hay dentro de una misma sociedad, y a partir de ahí sacaron la conclusión de que no era posible encontrar criterios morales universales.

El relativismo moral consiste en afirmar que cada sociedad, e incluso cada persona, tiene sus propios principios morales que forman parte de su mentalidad particular y que tales principios solo valen para ella, pero no para todos los seres humanos. Partiendo de la evidencia de que cada grupo humano tiene sus costumbres y tradiciones, y de que hay diferencias de opinión moral entre las personas, el relativismo concluye que todos los valores y normas morales son relativos a algún grupo o a cada individuo, y que, por tanto, no es posible alcanzar unos principios con validez universal. Este punto de vista se llama «etnocentrismo» y en él se apoya el relativismo, que sigue presente en las obras de numerosos filósofos y científicos sociales que mantienen que este etnocentrismo es insuperable.

El etnocentrismo afirma la imposibilidad de justificar la bondad de una opción teniendo por interlocutor a cualquier ser humano. Para el etnocentrista, solo podemos justificar una decisión ante aquellos que comparten ya nuestra forma de vida, porque solo ellos pueden entendernos.

En contra del relativismo podemos argumentar lo siguiente:

- Las creencias y las prácticas de un determinado grupo humano, o de un individuo, pueden ser moralmente erróneas. Por ejemplo, si una sociedad organiza cacerías para capturar extranjeros y hacerlos esclavos, o mutila a sus propias mujeres, o planifica el exterminio de ciertas minorías étnicas –todos ellos ejemplos reales–, no parece razonable admitir tales costumbres como moralmente correctas. Del hecho de que haya gente que *crea* que ciertas costumbres son buenas, no se sigue lógicamente que tales costumbres lo sean realmente. Podría ser, por ejemplo, que esas costumbres favorecen únicamente a los sectores más poderosos de la sociedad, en perjuicio de la comunidad en su conjunto, y en tal caso no son realmente buenas.
- Si el relativismo fuese acertado, no habría modo de criticar los defectos del código moral vigente en la propia sociedad en la que uno vive, puesto que el único criterio moral disponible sería ese mismo código. Sin embargo, es fácil ver que el código moral de la propia sociedad es mejorable en muchos aspectos, si somos capaces de analizar dicho código desde un punto de vista universal.
- El relativismo es incompatible con la idea de un progreso moral. Cualquier mejora de la situación de la mujer, o de los niños, o de protección a los animales y al medio ambiente, etc., sería considerada como un mero cambio, pero no un progreso. Para admitir que ciertos cambios deben ser irreversibles porque son verdaderas mejoras, es preciso superar el relativismo y aceptar que ciertos cambios son un progreso de la humanidad que no deberíamos perder.
- Por último, el relativismo moral generalmente presupone que las diferencias en cuestión de valores morales entre unas sociedades y otras son mucho mayores de lo que lo son. Por ejemplo, algunas diferencias se basan en creencias religiosas (como la prohibición de matar vacas en la India) y otras se basan en la necesidad de sobrevivir en un medio natural muy hostil (como el infanticidio como recurso extremo entre los esquimales). Si analizamos las diferencias con detalle, podemos encontrar una gran coincidencia de valores entre sociedades que tienen costumbres muy distintas.

Zapatos antiguos chinos. Su tamaño diminuto se debe a que son para pies vendados. La antigua costumbre china de deformar los pies de las mujeres fue ampliamente aceptada durante siglos. A principios del siglo XX se prohibió y hoy nos parece una práctica cruel y moralmente inaceptable.

Doc. 1

«Imaginemos cómo sería una sociedad que no le atribuyera ningún valor a decir la verdad. Cuando una persona le hablara a otra, no habría ninguna suposición de que estuviera diciendo la verdad, puesto que igualmente podría estar mintiendo. En esa sociedad, no habría ninguna razón para poner atención a lo que alguien dijera. (Te pregunto la hora y tú me dices: "Son las cuatro", pero no se presupone que estás diciendo la verdad; podrías igualmente haber dicho lo primero que te vino a la cabeza. Por ello, no tengo ninguna razón para poner atención a tu respuesta. De hecho, en primer lugar, no habría tenido sentido haber preguntado). La comunicación sería entonces extremadamente difícil, si no imposible. Y puesto que las sociedades complejas no pueden existir sin comunicación entre sus miembros, la sociedad vendría a ser imposible. De esto se sigue que en cualquier sociedad compleja debe haber una presunción a favor de decir la verdad. Por supuesto, puede haber excepciones a la regla; puede haber situaciones en las cuales se considere permisible mentir. De cualquier modo, serían excepciones a una regla que está vigente en la sociedad».

JAMES RACHELS, *Introducción a la filosofía moral*

- ¿Aporta el autor del texto alguna razón para justificar que la norma que manda decir la verdad es una norma universal?
- ¿Admite el autor que esa norma puede tener excepciones? ¿Qué excepciones existen en nuestra sociedad a esa norma general?

ACTIVIDADES

1. Elabora una lista de comportamientos que fueron moralmente aceptados en otras épocas y que hoy consideramos inaceptables. ¿Qué razones encuentras para mantener nuestra creencia actual?

REFLEXIONA

2. Decir que un modo de comportarse es típico de tal o cual pueblo, o de tal o cual época histórica, ¿es suficiente para considerarlo moralmente aceptable? ¿Por qué?

Boda infantil india. Desde el punto de vista del escepticismo, del subjetivismo y del relativismo, no existen argumentos racionales para criticar y rechazar este tipo de prácticas que atentan contra la libertad de las personas.

2.2. El escepticismo

El relativismo ha conducido frecuentemente al escepticismo, que iniciaron Pirrón (Grecia, h. 360-h. 270 a.C.) y su escuela en el siglo III a.C. Afirma el escepticismo que no podemos encontrar ningún criterio para preferir unas opciones u otras; y por tanto, ninguna es mejor y es imposible distinguir realmente entre lo justo y lo injusto, entre lo bueno y lo malo. Aunque nos veamos obligados a tomar decisiones, nunca encontraremos para ellas una justificación racional.

Frente a los argumentos escépticos es posible replicar que existen buenas razones para mantener que hay valores, principios y normas morales que nos permiten distinguir con claridad entre lo que es racionalmente preferible y lo que no lo es. En general, la reflexión moral nos orienta para ir construyendo una vida social más justa y una vida personal más feliz.

2.3. El subjetivismo

El subjetivismo confronta la manera en que se abordan las cuestiones morales con el pensamiento científico: en el terreno científico es posible ponerse de acuerdo atendiendo a los datos o a los experimentos; por el contrario, en el caso de los juicios morales no se puede recurrir a este tipo de comprobaciones objetivas por lo que, en consecuencia, las cuestiones morales son subjetivas y es imposible llegar a ponerse de acuerdo con razones.

Según el filósofo y sociólogo Max Weber (Alemania, 1864-1920), el subjetivismo moral se ha extendido en el mundo moderno mediante un proceso de racionalización que ha dado lugar al triunfo de la llamada «racionalidad instrumental», la que nos capacita para adaptar los medios adecuados a los fines que nos proponemos. Sin embargo, existe otro tipo de racionalidad, la racionalidad evaluativa, encargada de fijar los fines o valores últimos, que ha sido relegada, según Weber, hasta el punto de que en ese ámbito no tenemos razones para convencer de nuestras posturas: aceptamos una escala de valores por una especie de fe, pero no podemos convencer racionalmente a otros de que la compartan.

Frente a la posición subjetivista están los que defienden que en el terreno moral tal vez no pueda alcanzarse una total objetividad, pero que sí es posible la intersubjetividad. Son aquellos que consideran que los sujetos, al esforzarse en argumentar, comunican sus razones a los demás y las exponen a la crítica racional. De ese modo las objetivan, porque al igual que los científicos proponen sus hipótesis y luego los hechos las confirman o no, también las personas en la vida cotidiana, o los expertos en la reflexión ética, exponen sus razones en la argumentación moral y pueden llegar a acuerdos tras un proceso serio de discusión. Si no fuera así, ¿qué sentido tendría elaborar argumentaciones morales?

La respuesta a este complicado dilema pretende ofrecerla el emotivismo.

Encuentro entre el papa Francisco y el arzobispo de Canterbury (junio de 2013). El diálogo entre grupos religiosos diferentes sería imposible e inútil si cada uno de ellos aceptase los argumentos del subjetivismo y del emotivismo.

2.4. El emotivismo

Según los emotivistas, los enunciados morales solo pretenden expresar emociones y sentimientos, y no aumentar nuestro conocimiento. Porque de ellos no puede decirse que sean ni verdaderos ni falsos. Verdaderos o falsos son los enunciados lógicos y matemáticos, y también los enunciados que describen hechos que podamos comprobar empíricamente, pero los enunciados morales, según los emotivistas, solo expresan lo que siente el que habla.

El emotivismo nació en el siglo XVIII, especialmente con la obra de David Hume (Reino Unido, 1711-1776), quien afirmaba que la maldad o bondad de un acto se percibe por el sentimiento que experimentamos ante él, no porque la razón nos lo muestre.

En el siglo XX aparece de nuevo el emotivismo como una de las corrientes del análisis del lenguaje moral, representado por autores como Alfred Julius Ayer (Reino Unido, 1910-1989) y Charles Leslie Stevenson (EE. UU., 1908-1979). Según ellos, los predicados morales («bueno», «malo») no expresan algo comprobable, sino que expresan aprobación o desaprobación. Por eso tienen una doble función: expresar sentimientos o emociones subjetivas e influir en los interlocutores para provocar en ellos la misma emoción del que habla. Si, por ejemplo, estoy en contra de la pena de muerte, y afirmo: «La pena de muerte es moralmente insostenible», no hago sino expresar mi sentimiento de rechazo e intentar influir en otros para que la rechacen igualmente.

El Coliseo de Roma iluminado con la inscripción «No justice without life» («No hay justicia sin vida»), dentro de una campaña contra la pena de muerte. Quienes defienden este tipo de campañas sostienen que realmente hay valores universales.

2.5. Puntos débiles del subjetivismo y el emotivismo

Subjetivismo y emotivismo son posiciones actualmente muy extendidas y, sin embargo, presentan puntos débiles:

- Son incapaces de dar cuenta del significado de algunos términos morales. Cuando afirmamos «*x* es justo», el predicado «justo» no expresa simplemente una opinión subjetiva: «yo apruebo *x*», ni tampoco relativa exclusivamente a nuestro grupo, sino la exigencia de que cualquier persona o grupo humano lo tenga por justo.
- Son incapaces de explicar el hecho de que argumentemos sobre cuestiones morales, pues cuando argumentamos para aclarar por qué tenemos algo por justo, estamos dando a entender que creemos tener razones suficientes para convencer a cualquier interlocutor racional, y no solo tratando de provocar en otros la misma actitud de aceptación o rechazo que ya tenemos nosotros. Es preciso distinguir entre tratar de causar psicológicamente en otros una actitud (por ejemplo, mediante la propaganda) e intercambiar razones para que cada cual pueda tomar una decisión bien fundamentada, de modo autónomo. En el primer caso no nos interesa dialogar en serio con el interlocutor, sino ganarlo para nuestra causa con recursos psicológicos, utilizarlo para nuestros fines, que es lo propio de la manipulación y la propaganda. Sin embargo, al menos una parte de nuestro lenguaje moral, la que se refiere a lo justo, tiene pretensiones de valer universalmente, y si se utiliza para manipular queda desvirtuado.
- Son incapaces de ver que la dimensión comunicativa no solo cuenta con una dimensión argumentativa, sino también con una dimensión cordial y compasiva sin la que no hay comunicación. Conocemos lo justo por medio de argumentos y también de sentimientos.

Voluntarios de Cruz Roja atienden a personas que necesitan ayuda humanitaria. Estas personas muestran, con su actitud y su comportamiento, que la solidaridad es un valor universal.

ACTIVIDADES

3. ¿En qué se parecen y en qué se diferencian el relativismo moral, el escepticismo y el subjetivismo?
4. ¿Pueden ser compatibles el subjetivismo y el emotivismo? ¿Por qué?
5. ¿Qué razones puede haber para considerar poco convincentes las posiciones emotivistas?
6. ¿Qué aportación positiva hacen estas posiciones a la reflexión ética?

El trabajo prematuro de los niños, las más de las veces para ayudar a sus familias, los priva de una formación y unos conocimientos que ya no podrán conseguir.

Doc. 2

«Pero es evidente que la felicidad necesita también de los bienes exteriores, como dijimos; pues es imposible o no es fácil hacer el bien cuando no se cuenta con recursos. Muchas cosas, en efecto, se hacen por medio de los amigos o de la riqueza o el poder político, como si se tratase de instrumentos; pero la carencia de algunas cosas, como la nobleza de linaje, buenos hijos y belleza, empañan la dicha; pues uno que fuera de semblante feísimo o mal nacido o solo y sin hijos no podría ser feliz del todo, y quizá menos aún aquel cuyos hijos o amigos fueran completamente malos, o, siendo buenos, hubiesen muerto. Entonces, como hemos dicho, la felicidad parece necesitar también de tal prosperidad, y por esta razón algunos identifican la felicidad con la buena suerte, mientras que otros la identifican con la virtud».

ARISTÓTELES, *Ética a Nicómaco*

- Resume con tus propias palabras el contenido del texto.
- ¿Tiene razón Aristóteles en lo que dice en este fragmento? Razona la respuesta.

3 Lo bueno y lo justo

En el terreno del comportamiento moral podemos distinguir dos grandes cuestiones: lo bueno y lo justo, la felicidad y la justicia. Lo justo se refiere a aquellos comportamientos que son exigibles a cualquier ser racional que quiera vivir moralmente, mientras que lo bueno, lo que proporciona la felicidad, se refiere a comportamientos que, no siendo inmorales, no son exigibles a todos. Esta distinción es aceptada por el prescriptivismo de Richard Hare (Reino Unido, 1919-2002), la teoría de John Rawls (EE. UU., 1921-2002), llamada por él mismo «justicia como equidad», la ética discursiva de Karl-Otto Apel (Alemania, 1922) y Jürgen Habermas (Alemania, 1929), y la psicología cognitiva de Lawrence Kohlberg (EE. UU., 1927-1987).

3.1. Lo bueno como proyecto de felicidad

El ámbito de lo bueno es lo que se refiere a la propia realización personal, a la propia felicidad o vida buena de cada cual, que no tiene por qué ser exactamente lo mismo para todas las personas. Las normas que pertenecen a este ámbito son «consejos de prudencia», que pueden valer para ciertas personas, pero no para otras, dependiendo de lo que cada persona considere que es lo bueno para ella. Estas normas tienen validez moral para cada uno mientras se mantenga el concepto de bien que uno tiene.

Por ejemplo, supongamos que un padre le dice a su hija adulta: «Deberías ahorrar cada mes la mitad de lo que te pagan en ese empleo e invertirlo en comprar una casa»; la hija escucha a su padre con respeto, pero tiene sus propios ideales de vida y prefiere regalar la mitad de su sueldo a una organización solidaria, e incluso hace planes para dejar su empleo actual y marcharse como voluntaria de esa organización a un país africano. En este caso se observa que el consejo del padre no es malo, porque le está aconsejando lo que él considera honestamente que es «lo bueno» para ella. Pero la hija tiene un concepto diferente de su propio bien y, por eso, ella está aplicando en este caso esta otra norma: «Lo que yo debo hacer con mis ahorros es ayudar a los más necesitados, aunque no me compre una casa». Ambas personas tienen buenas razones para pensar de la manera en que lo hacen, y desde el punto de vista moral los dos modos de actuar son legítimos, puesto que ninguno de los dos es dañino para nadie. Ahora bien, la hija piensa honestamente que su conciencia está comprometida con un ideal altruista, y mientras ella siga pensando así, la norma que está siguiendo con respecto a los ahorros es la correcta, puesto que es una norma congruente con su proyecto personal de felicidad. Si algún día cambia ese proyecto, será lógico que cambie también la norma que sigue ahora sobre los ahorros.

Para ser una persona moralmente en forma es preciso tener un proyecto de felicidad. Y para eso es indispensable entrenarse, cultivar un conjunto de virtudes, la más importante de las cuales es la prudencia. Es prudente quien sabe actuar buscando lo que es bueno y conveniente para uno mismo y para los demás, lo más conveniente en el conjunto de su vida. Optar por un placer inmediato, que a la larga causa dolor, es de imprudentes; conjugar el sacrificio y el disfrute, de modo que resulte la mayor felicidad posible, es de sabios.

Es prudente la persona que sabe encontrar el justo medio entre el defecto y el exceso, entre la temeridad y la cobardía, entre el despilfarro y la avaricia; que sabe apreciar la amistad y no se deja engañar por el éxito fácil ni por los amigos que solo te acompañan en el triunfo, y no en el fracaso.

NO

Sin embargo, la felicidad plantea a la ética al menos tres problemas:

- No todos hemos de tener el mismo ideal de felicidad, sino que parece lógico que exista una variedad de modelos de felicidad dependiendo de personas, grupos y culturas. Los ideales de felicidad no son, pues, universalizables.
- Alguien puede entender que su felicidad justifica el sufrimiento de otros; es decir, que, con tal de estar él bien, no importa que otros sufran. Este tipo de felicidad no es acertado, no es moralmente aceptable, sino que es bienestar, y el bienestar se opone muchas veces a la justicia.
- Ser felices no depende solo de uno mismo, sino también de otras personas y de tener suerte. La felicidad es, pues, conquista y don.

CONSEJOS PARA LA FELICIDAD

1. Recuerda que los acontecimientos adversos solo destruyen a los que ya están desmoralizados. No permitas que te bajen la moral.
2. Recuerda que hay motivos para tener la moral alta: aunque falta mucho por andar, ha aumentado la conciencia de que son inhumanas las injusticias, la corrupción, la discriminación y la intolerancia. Ayuda a mantener alto el listón y a subirlo.
3. En las situaciones agobiantes busca siempre salidas imaginativas, amplía el campo de visión, no te dejes atrapar por soluciones apolilladas. La capacidad creadora humana es enorme con tal de que se la ponga en funcionamiento.
4. No culpes de todo lo malo al sistema, a los políticos, al mal tiempo. Exige que cada uno cumpla su tarea, pero tú toma la iniciativa, porque eres un ciudadano y no un súbdito.
5. Jamás te conviertas en vasallo, porque eres algo absolutamente valioso. No te vendas nunca por un plato de lentejas, ya que eso no solo te rebaja en tu dignidad, sino que en estos casos las lentejas acaban sentando mal.
6. Apoya a los que tienen proyectos generosos, no a los mezquinos. La mezquindad se contagia, la generosidad también.
7. Nunca pienses que tu aportación es irrelevante: los ratoncitos de campo se mueven mejor que los grandes monstruos.
8. Adáptate a los cambios, pero teniendo como brújula para ello tus convicciones bien fundadas. Los dinosaurios no resisten los cambios, pero los camaleones carecen de norte. Entre unos y otros está el ser humano.
9. Disponte a exigir tus derechos, pero también a asumir tus responsabilidades en la construcción de un mundo más humano. Nunca reclames para ti la satisfacción de un derecho que no estés dispuesto también a reclamar para cualquier persona que se encuentre en las mismas condiciones, ni hagas dejación de tu responsabilidad en la protección de esos derechos.
10. Jamás retrocedas en exigencias de justicia, ni te arrugues ante proyectos solidarios, ni te conformes con menos que la felicidad.

Adela Cortina, «Sugerencias para un nuevo año», Diario *ABC*

ACTIVIDADES

7. ¿Es posible que si actúo según lo que considero bueno obtenga más disgustos y sinsabores que felicidad? Cuando considero que algo es bueno para mí, ¿significa que también será bueno para todos?
8. ¿Qué virtud ha sido considerada como la clave para llegar a ser feliz? ¿Por qué?
9. ¿Qué razones puede haber para considerar la búsqueda de la felicidad como distinta de la búsqueda de la justicia?

Doc. 3

«En cuanto a la prudencia, podemos llegar a comprender su naturaleza, considerando a qué hombres llamamos prudentes. En efecto, parece propio del hombre prudente el ser capaz de deliberar rectamente sobre lo que es bueno y conveniente para sí mismo, no en un sentido parcial, por ejemplo, para la salud, para la fuerza, sino para vivir bien en general. Una señal de ello es el hecho de que, en un dominio particular, llamamos prudentes a los que, para alcanzar algún bien, razonan adecuadamente. [...] La buena actuación misma es un fin. Por eso pensamos que Pericles y los que son como él son prudentes, porque pueden ver lo que es bueno para ellos y para los hombres, y pensamos que esta es una cualidad propia de los administradores y de los políticos».

Aristóteles, *Ética a Nicómaco*

- ¿Qué relación puede haber entre ser una persona prudente como la que describe aquí Aristóteles y ser una persona feliz?
- ¿Qué puede significar «deliberar rectamente sobre lo que es bueno y conveniente [...] para vivir bien en general»? ¿Puedes poner ejemplos?

3.2. Lo justo como proyecto de convivencia

Lo justo es el ámbito de lo correcto en las relaciones con los demás y con uno mismo. En este ámbito las normas pretenden tener validez universal, con independencia de lo que cada cual considere como su bien particular. Las normas de justicia indican unos mínimos de comportamiento que debe cumplir toda persona por el hecho de serlo. Son normas que, aunque a veces dejamos de cumplirlas por diversos motivos, siguen siendo válidas, porque indican los límites que nunca se deberían traspasar, si es que queremos comportarnos como seres humanos.

Por ejemplo, supongamos que una madre le dice a su hijo: «No debes permitir que tus compañeros de colegio maltraten a otros; si ves que lo hacen, debes denunciarlo, aunque te llamen chivato; de lo contrario, te conviertes en cómplice de los abusones». Es posible que el hijo no quiera seguir esta norma que su madre le enseña, debido a las consecuencias desagradables que le puede acarrear en relación con sus compañeros, pero seguramente no duda ni un momento de que la norma que manda abstenerse de abusar de otros es una norma correcta, justa, universalizable (es decir, que todos deberíamos cumplirla), porque actuar así nos humaniza y actuar en sentido contrario nos deshumaniza.

Cuando afirmo que algo es justo no pretendo solo expresar un sentimiento mío (emotivismo), ni informar de que lo apruebo (subjetivismo). Tampoco estoy expresando que lo tiene por justo mi grupo y que sería correcto que otros grupos no lo vieran así (relativismo): estoy pretendiendo que lo tenga por justo cualquier ser racional que sea imparcial, es decir, que no piense solo en su interés individual o de grupo, sino en el de todas las personas. Ser justo es ser capaz de ignorar el interés de unos pocos en favor del interés de todos.

Si digo, por ejemplo, que la actual distribución de la riqueza es injusta, porque gran parte de la humanidad padece hambre mientras que a una minoría le sobra, no intento solamente expresar una opinión. Pretendo afirmar que debería cambiar la distribución de la riqueza y que pensaría igual que yo cualquier persona preocupada por el bien de todos, sea de la etnia, nacionalidad o grupo que sea.

En las grandes ciudades, como São Paulo, se dan grandes contrastes de riqueza y pobreza.

Doc. 4

«En las sociedades pluralistas las personas y los grupos sociales diseñan proyectos de felicidad, ideales de vida plena, lo que yo llamaría éticas de máximos, que pueden ser religiosas o no serlo. Pero si quieren proceder adecuadamente con esos ideales, no pueden imponerlos, sino solo ofrecerlos, invitar a ellos, porque la felicidad no se impone, no se exige ni se prescribe: a la felicidad se invita, y es cada persona la que ha de decidir libremente si quiere aceptar la invitación. Sin embargo, las personas formulan también exigencias de justicia, enraizadas en sus éticas de máximos, exigencias que componen unos mínimos éticos de justicia, por debajo de los cuales no se puede descender sin caer en inhumanidad. Esos mínimos configuran el trasfondo de la cultura cívica de su comunidad, su ética cívica, la que les permite abordar juntos los problemas que afectan a todos».

ADELA CORTINA, «Lo justo y lo bueno», en *La aventura de la moralidad*

- ¿Qué título le pondrías a este fragmento?
- ¿Cómo entiende la autora lo que ella llama «sociedades pluralistas»? ¿Nuestra sociedad puede ser considerada una sociedad pluralista? ¿Por qué?
- ¿Qué diferencias hay entre lo que la autora llama «éticas de máximos» y lo que llama «mínimos éticos de justicia»?
- ¿Por qué afirma la autora que «por debajo de los mínimos éticos no se puede descender sin caer en inhumanidad? ¿Qué crees que significa «caer en inhumanidad» y qué ejemplos se te ocurren de tal comportamiento?

Si entendemos la distinción entre lo justo y lo bueno, ya podemos intentar responder a la pregunta de si hay valores o criterios morales universales: los hay de justicia, pero no de felicidad. La justicia se exige, a la felicidad se invita. Por eso hoy en día ha hecho fortuna la distinción entre éticas de mínimos y éticas de máximos, entre éticas de la justicia y éticas de la felicidad.

3.3. Éticas de mínimos y éticas de máximos

Las éticas de la justicia o éticas de mínimos son propuestas filosóficas que se ocupan únicamente de señalar los deberes de justicia que son exigibles a cualquier ser racional. Las ambiciones personales o grupales son consideradas legítimas si no quiebran los principios de justicia.

Las éticas de la felicidad, por el contrario, intentan ofrecer ideales de vida buena, en los que el conjunto de bienes de que las personas podemos gozar se presentan formando un proyecto coherente para producir la mayor felicidad posible. Son, por tanto, éticas de máximos, que aconsejan seguir su modelo, nos invitan a tomarlo como orientación de la conducta, pero no pueden exigir que se siga, porque la felicidad es cosa de consejo e invitación, no de exigencia. Por eso cada religión y cada ideología política llevan asociada su correspondiente ética de máximos, su oferta particular de felicidad.

3.4. Ética cívica y orden moral universal

Reconocer en la moral la doble faceta de lo justo y lo bueno nos permite explicar dos fenómenos:

- La existencia de contenidos morales diversos y a la vez de ciertos juicios morales universales. Estos últimos son unos mínimos que han de ser exigidos a todos para que cada persona y cada grupo puedan profesar los máximos que sean de su agrado.
- El pluralismo de las sociedades democráticas, que consiste en compartir unos mínimos de justicia, desde los que se conviene que cada uno viva según su modelo de felicidad y pueda invitar a otros a vivir según él, nunca imponerlo.

Por eso, la articulación de mínimos y máximos permite, entre otras cosas, las siguientes:

- Construir una ética cívica democrática, que consistiría en los mínimos que los ciudadanos comparten, alimentados por los máximos que profesan.
- Aplicar esos mínimos a los distintos ámbitos de la vida social (medicina, empresa, ciencia y tecnología, educación, política, ecología), de modo que se encuentre alta de moral, en forma. Esta es la tarea de la parte de la ética que se llama «ética aplicada».
- Construir una ética universal, un nuevo orden moral universal, desde aquellas exigencias de justicia que son incuestionables, entre las que se cuenta el deber de respetar los modelos de felicidad de los distintos grupos y culturas. El deber de respetar, por tanto, las diferencias culturales legítimas.
- Reconocer que los mínimos de justicia se van ampliando históricamente por el empuje de la compasión, por los esfuerzos de la razón cordial, que nos lleva a descubrir nuevas facetas de la justicia que anteriormente no se tenían en cuenta: derechos de las mujeres, de los niños, de los grupos étnicos, de las generaciones futuras, etc.

Doc. 5

«Las normas morales no pueden proteger una cosa sin la otra: no pueden proteger la igualdad de derechos y libertades del individuo sin hacer lo propio con el bien del prójimo y de la comunidad a la que pertenecen».

JÜRGEN HABERMAS, *Aclaraciones a la ética del discurso*

- Las normas morales, según Habermas, protegen dos cosas a la vez. ¿De qué dos cosas se trata?
- Supongamos que una de esas dos cosas se relaciona con «lo justo» y la otra con «lo bueno». ¿Cuál de ellas representa lo justo y cuál representa lo bueno?

ACTIVIDADES

ARGUMENTA

10. ¿Hay alguna relación entre tratar de ser justo y la actitud de buscar el bien de todos por encima del bien personal o grupal? ¿Por qué?

11. ¿Es lo mismo una ética de mínimos que una ética centrada en la justicia? ¿Por qué?

INVESTIGA

12. ¿Es la ética cívica democrática una ética de mínimos? ¿Por qué? ¿Puede ser compatible con varias éticas de máximos? Razona la respuesta.

13. ¿Cómo podemos aplicar la distinción entre lo justo y lo bueno a la construcción de un orden internacional moralmente aceptable?

4 El razonamiento moral sobre lo justo

4.1. Teoría del desarrollo del razonamiento moral: Piaget y Kohlberg

La segregación por prejuicios raciales, como en este autobús «solo para blancos», es hoy rechazada por amplias mayorías sociales.

A lo largo del siglo pasado se llevaron a cabo muchas investigaciones acerca de cómo evolucionan las personas durante su vida en el aspecto de la moralidad. Fueron muy relevantes las aportaciones de dos psicólogos filósofos: Jean Piaget (Suiza, 1896-1980) y el norteamericano Kohlberg. Ambos desarrollaron una teoría sobre el desarrollo del razonamiento moral en niños y adolescentes.

Kohlberg entrevistó a cientos de niños y adolescentes en diversos países acerca de cómo se debería actuar en ciertos casos que él les presentaba en forma de dilemas morales.

Algunas de las conclusiones a las que llegó este autor son las siguientes:

- En el terreno de lo moral formulamos juicios y, por tanto, es un tipo de conocimiento sobre el que se puede argumentar, aunque es obvio que también las emociones desempeñan un papel muy importante en este ámbito.
- Aunque los contenidos morales son diferentes en diversas culturas, la manera de razonar sobre ellos es muy semejante en todas las personas.
- Es posible educar la conciencia moral en las formas más justas de tomar decisiones, porque las cuestiones de justicia se pueden universalizar.

El desarrollo del razonamiento moral, según Kohlberg, sigue en todas las personas una secuencia de varias etapas, que él ordena en tres niveles, de menor a mayor grado de madurez de juicio:

- En el nivel preconvencional, las personas tienen por justo lo que satisface sus intereses. Respetan las normas atendiendo únicamente a las consecuencias que calculan que se van a producir, que pueden ser positivas (premio o ausencia de castigo) o negativas.
- En el nivel convencional, las personas consideran justo lo que concuerda con las costumbres propias de la mayoría de la sociedad en la que viven. Admiten, por ejemplo, ciertos prejuicios sexistas, chovinistas y racistas porque en la sociedad en la que viven son socialmente aceptados.
- En el nivel postconvencional, las personas distinguen entre las normas de su sociedad y los principios morales universales. Se sienten miembros de la humanidad, y por ello consideran que la justicia particular es inseparable de la solidaridad global. Es el caso de los defensores de ciertos derechos, que actúan por el convencimiento de la universalidad de los mismos.

El derecho a la educación básica forma parte de los mínimos de justicia que deben ser garantizados a todas las personas desde el punto de vista postconvencional de la conciencia moral.

4.2. Autonomía y responsabilidad cuidadora

La teoría de Kohlberg se basa en la idea kantiana de que la madurez moral es un proceso que comienza con la heteronomía y culmina con la autonomía moral.

Esto significa, en primer lugar, que las personas que razonan desde el nivel preconvencional son las que se dejan llevar por sus impulsos egoístas. Por ello no son autónomas, sino heterónomas (del griego *héteros*, «otro», y *nómos*, «ley», «norma»). Por ejemplo, un marido que maltrata a su esposa o un jefe que paga a su empleado menos de lo que le corresponde por su trabajo son casos lamentablemente habituales de dejarse llevar por el egoísmo.

En segundo lugar, las personas que razonan desde el nivel convencional todavía siguen siendo bastante heterónomas, porque a pesar de que ahora consiguen controlar sus impulsos egoístas, lo hacen para adaptar su comportamiento a lo que creen que se espera de ellas en la sociedad en la que viven. Siguen la norma de otro, aunque ese otro sea la mayoría. Pero son más autónomas que las del nivel anterior, puesto que se muestran capaces de regir su comportamiento conforme a las normas del orden social establecido.

Por último, las personas que razonan con los esquemas del nivel postconvencional son las personas autónomas, porque rigen su comportamiento por los principios universales que su propia conciencia reconoce como tales. Adoptan la perspectiva de buscar el bien de todos, o al menos de la mayoría, de los seres humanos.

La teoría de Kohlberg ha sido completada con las aportaciones de su discípula Carol Gilligan (EE. UU., 1936). Esta ha mostrado que, además de progresar en los valores de la justicia, la persona moralmente madura ha de progresar también en los valores del cuidado: desarrollar un sentido de la compasión y de la responsabilidad por quienes necesitan ayuda, empezando por los más cercanos.

En la siguiente tabla observamos que esta autora mantiene que hasta ahora ha habido dos modos distintos de educar moralmente a varones y mujeres. Pero ella propone que todas las personas sean educadas «en ambas voces» a la vez.

LAS DOS VOCES DE LA MORAL

Lógica de la justicia («lenguaje masculino»)	**Lógica del cuidado** («lenguaje femenino»)
Individuación	Trama de relaciones que puede ser dañada
Autonomía	Proteger lo vulnerable (las relaciones, los débiles)
Ley / derecho / justicia	Responsabilidad / cuidado
Contrato	Protección / autosacrificio
Abstracción	Narración / contexto
Universalidad	Particularidad
Imparcialidad	Parcialidad

ACTIVIDADES

14. ¿Qué características presenta la capacidad de formular juicios morales, según las investigaciones de Piaget y Kohlberg?

15. ¿En qué se distinguen las etapas de desarrollo del razonamiento moral, conforme a la teoría de Kohlberg?

16. ¿Cómo se puede entender el proceso de desarrollo moral de una persona, teniendo en cuenta las aportaciones de Kohlberg y de Gilligan?

LA TEMPERATURA MORAL

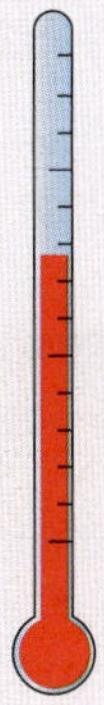

Postconvencional	Principios universales: lo que conviene a la humanidad
Convencional	Normas sociales: lo que piensa la mayoría
Preconvencional	Intereses autocentrados: evitar castigos, conseguir premios

Conforme las personas pasan de un nivel a otro de madurez de juicio, su temperatura moral sube.

Ayudar a los ancianos a mantener sus habilidades manuales es una acción moralmente valiosa, que responde a la lógica del cuidado.

SABER HACER

1 El ámbito de lo justo y el ámbito de lo bueno

Analiza las siguientes afirmaciones y razona si corresponden al ámbito de lo justo o más bien al ámbito de lo bueno:

a) Mis convicciones morales me llevan a hacerme vegetariano.

b) Considero moralmente correcto que se prohíba el consumo de alcohol a los conductores.

c) Es éticamente adecuado que unamos fuerzas para acabar con el hambre en el mundo.

d) Deberías dedicar tu tiempo libre a la poesía y el arte.

e) Es tu ética lo que te impulsa a participar como voluntaria en esa organización que ayuda a personas en apuros.

f) No es moralmente correcto que ejerzas tu profesión de ese modo tan negligente.

g) Elegí este oficio porque me parece una manera excelente de servir a los demás.

h) Creo que no está bien, desde el punto de vista ético, que obligues a tu hijo a estudiar esa carrera universitaria.

i) Encontré mi opción ética vital cuando empecé a dedicarme a la investigación científica.

j) Tu conducta mafiosa es inmoral, aunque te sirva para mantener a tu familia y aunque hayas creado puestos de trabajo.

k) Creo que el Estado hace bien cuando prohíbe el tráfico de narcóticos.

l) Forma parte de la ética la obligación de respetar el medio ambiente y defenderlo de todo tipo de atentados.

2 Tabla de contenidos morales

1. Completa la tabla en tu cuaderno escribiendo las características que diferencian lo justo y lo bueno.
2. Una vez completada la tabla, escribe tu respuesta a estas preguntas:
   a) ¿Sería posible prescindir de alguno de los dos? ¿Por qué?
   b) ¿Qué ventajas y qué inconvenientes tiene, para la vida social, establecer una separación entre ambos?

CONTENIDOS MORALES	
Lo bueno	**Lo justo**

3 Comentario de texto

«A menudo se exagera la importancia de la diversidad de valores. En ocasiones, los valores parecen variar simplemente porque tenemos convicciones diferentes acerca de hechos que ocurren. Quizá, por ejemplo, no me preocupe conducir a gran velocidad porque creo que es totalmente seguro, mientras que tú no crees que sea así, pero ambos valoramos la seguridad de igual modo: ese es el valor básico en cuestión que, en este caso, no varía.

¿Qué grado de diversidad tienen los valores básicos? Esa es una pregunta abierta. Algunos filósofos opinan que la ética, en sí misma, está enmarcada por una serie de acuerdos en torno a valores muy básicos: no causar daño a inocentes, por ejemplo, o no manipular a otros en tu propio beneficio. Toda sociedad ha de promover un cierto grado de respeto hacia las vidas de los demás, así como la honestidad en las relaciones sociales y económicas, si es que quiere sobrevivir como sociedad. Otros valores básicos puede que sean «relativos», como por ejemplo los valores asociados al género (son ejemplo de valores que parecen cambiar mucho de una cultura a otra). La relatividad de los valores en ese caso puede ser hasta cierto punto parcial, y a medida que los valores implicados son más básicos y esenciales, puede ser que converjan también».

ANTHONY WESTON, *El pensamiento atento. Compendio práctico de ética*

Cuestiones

1. ¿Qué título le pondrías a este fragmento? Compara el título que propongas con el que le ponen otros compañeros y tratad de seleccionar el más adecuado.
2. Escribe otros ejemplos de discrepancia en cuanto a ciertos hechos, pero coincidencia en los valores que están en juego.
3. Amplía la lista de valores básicos compartidos que menciona el texto y argumenta hasta qué punto esos valores se relacionan con la supervivencia de la sociedad.
4. ¿Qué significa la frase «La relatividad de los valores puede ser hasta cierto punto parcial, y a medida que los valores implicados son más básicos y esenciales, puede que converjan también»?
5. ¿Por qué crees que dice el autor que «a menudo se exagera la importancia de la diversidad de valores»? ¿Crees que la diversidad de valores que se puede observar entre los individuos, entre los grupos y entre las personas de países diferentes tiende a aumentar o a disminuir? ¿Por qué?

4 Comentario de texto

«José es un muchacho de catorce años que desea ir a un campamento. Su padre le ha prometido que puede ir si consigue ahorrar el dinero él mismo. José ha trabajado mucho repartiendo periódicos y ha ahorrado los 40 euros que cuesta ir, y un poco más.

Pero justo antes de que empiece el campamento, el padre cambia de idea. Algunos de los amigos de su padre han decidido ir de pesca y él tiene poco dinero para acompañarlos. Le dice a José que le dé el dinero que ha ahorrado repartiendo periódicos. José no quiere renunciar a ir al campamento, así que piensa en negarse a darle a su padre el dinero».

LAWRENCE KOHLBERG, *Dilema 1 y cuestiones que lo acompañan*, en R. Hersh, J. Reimer y D. Paolitto, *El crecimiento moral de Piaget a Kohlberg*

Cuestiones

1. ¿Debe José negarse a darle a su padre el dinero? ¿Por qué sí o por qué no?
2. ¿Hasta qué punto es el hecho de que José ganó el dinero por sí mismo algo muy importante que el padre debe considerar?
3. El padre prometió a José que podía ir al campamento si conseguía el dinero. ¿Es esa promesa algo muy importante para que el padre o José la piensen? ¿Por qué sí o por qué no?
4. ¿Por qué se deben cumplir las promesas, en general?
5. ¿Es importante cumplir una promesa hecha a alguien que no conoces bien y probablemente no verás más? ¿Por qué sí o por qué no?
6. ¿Qué piensas que es lo más importante que un buen hijo debe considerar sobre la relación con su padre en esta o en otras situaciones? ¿Por qué es esto importante?

PROYECTO FINAL. **Trabajo cooperativo**

Diversos modos de entender lo bueno

- En equipos de tres personas como máximo, hacemos una lista de concepciones de lo bueno que existen en la actualidad, por ejemplo: vegetarianismo-veganismo, vida bohemia dedicada al arte, budismo, judaísmo, islam, estilo de vida rapero, vida monástica, estilo de vida ejecutivo, estilo de vida centrado en los hijos, etc.

  En grupos seleccionamos únicamente una o dos concepciones de la lista y preparamos un informe para ser expuesto ante toda la clase en el que se explique con detalle cuáles son las principales creencias, costumbres y valores de cada concepción de lo bueno seleccionada.

- Para preparar la exposición y las respuestas a posibles preguntas, consultamos fuentes escritas, preparamos fragmentos de vídeos, realizamos entrevistas, etc.

  Deberemos asegurarnos de que las fuentes de información son fiables y argumentar ante el gran grupo por qué creemos que lo son.

Plan de discusión

- Planteamos estas preguntas en voz alta ante todo el grupo, respetando el orden en que están escritas, y sin pasar a la siguiente hasta que todos estemos de acuerdo en que la anterior ha sido suficientemente debatida:

  – ¿Hay actualmente algunos valores y normas que sean considerados como universalmente válidos? En caso afirmativo, ¿qué valores y normas son esos?
  – ¿Qué significa afirmar que «las normas morales son relativas»? ¿Qué consecuencias se siguen de la aceptación del relativismo moral?
  – ¿Qué significa afirmar que algo es justo (por ejemplo, cumplir una promesa) y que algo es injusto (por ejemplo, abusar de un compañero más débil)?
  – Cuando dices en serio «¡Esto es injusto!», ¿pretendes que todos vean contigo que se ha cometido una injusticia o que entiendan que eso es injusto solo para ti?
  – ¿Se puede ser feliz en un mundo injusto?
  – ¿Sería posible que las personas lleguen a aceptar unas normas morales básicas para convivir, y que al mismo tiempo estén en desacuerdo sobre qué modelo de felicidad es el más deseable?
  – ¿Qué entendemos por «madurez moral» de una persona? ¿Cómo se puede distinguir entre una persona moralmente desarrollada y una persona moralmente inmadura?
  – El grupo puede añadir nuevas preguntas.

14 Fundamentación de la moral: las teorías éticas

CONTENIDOS

1. La pregunta por la fundamentación de la moral
2. Las éticas de la felicidad
3. Las éticas de la justicia
4. Cuatro modelos de racionalidad en relación con la moral

PARA PENSAR JUNTOS

Leemos el diálogo de la página siguiente, debatimos sobre él y, después de estudiar esta unidad didáctica, respondemos estas cuestiones:

- ¿Estás de acuerdo con las concepciones de la felicidad que aparecen en el texto? ¿Por qué?
- ¿Qué te parecen las ideas de la justicia que se exponen?
- ¿Te identificas con algún personaje? Explícate.

La búsqueda de la felicidad guía muchas de nuestras acciones, como fundar una familia, tener hijos y hasta salir a pasear con ellos. Esta aspiración a ser felices es para algunas teorías éticas el fundamento de la moral.

A lo largo de la historia los filósofos han elaborado diversas teorías acerca de la moral, diversas teorías éticas. Cada una de ellas presenta una interpretación distinta de esa dimensión de la vida humana que llamamos «moralidad». No son teorías necesariamente incompatibles entre sí, puesto que cada teoría ética resalta algún aspecto de la vida moral, por ejemplo: la aspiración a la felicidad, la valoración de las consecuencias de nuestros actos, la existencia de deberes incondicionales de justicia, la necesidad de dialogar en serio sobre las normas, etc.

Las principales teorías éticas que han resistido el paso del tiempo se pueden clasificar en dos grandes grupos: éticas de la felicidad y éticas de la justicia.

LA FILOSOFÍA EN TU VIDA

JUAN.- ¡Qué bronca nos ha echado el profe de Lengua!

CONSUELO.- Es que hay gente para todo. ¿Tú crees que es normal que copien un trabajo que se puede hacer en una tarde? Te lees la obra, te sientas y escribes siguiendo el guion que él nos dio, y ya está.

CARMEN.- Además, ya nos dijo que lo que quería era que nos expresáramos nosotros mismos, que eso era lo que iba a valorar.

BELÉN.- Y que da lo mismo lo que se tarde en hacer algo, lo que no se puede es mentir de ese modo.

PACO.- Las mentiras son malas, porque siempre terminan descubriéndose.

ANA.- Pero no son malas por eso; son malas porque es malo mentir.

FERNANDO.- Depende, si no te pillan y consigues lo que quieres...

BRAHIM.- Venga, Fernando, ¿cómo puedes decir una cosa así? ¿Tú no piensas que hay cosas que no se deben hacer, por muy buenas que sean las consecuencias que tengan?

FERNANDO.- Pues no, yo pienso que no hay cosas que se deban o no se deban, sino que serán más o menos adecuadas para lo que te propones conseguir.

JUAN.- Ya, ya, pues mira lo que han conseguido quienes han copiado el trabajo, tienen un cero y la vergüenza pública.

BRAHIM.- Ahora Fernando dirá que eso les pasa porque no han sido listos, ¿no?

FERNANDO.- Por supuesto, han hecho una chapuza; y encima se lo hacen al de Lengua, que se las sabe todas... ¡Hay que ser tonto!

JUAN.- Pero, bueno, ¿no se supone que venimos aquí a aprender y a formarnos? Mira que a mí la literatura me interesa poco, pero reconozco que tiene su importancia y que se aprende mucho leyendo. Lo que han hecho es un fraude.

PACO.- Bueno, un fraude no, porque no les ha salido bien.

CARMEN.- Es un fraude igualmente, Paco, porque no solo cuenta el fin, también los medios. ¿Han pensado en los demás? Si no los hubieran descubierto, habrían sacado una nota que no merecen, y eso es injusto para todos los que sí hemos hecho el trabajo, ¿o no?

FERNANDO.- Bueno, habrían sido más hábiles que los demás.

BRAHIM.- Más hábiles sí, pero mucho menos honrados.

ANA.- Además, el de Lengua lleva todo el año hablando de la importancia de hacer bien las cosas y de que los resultados ya llegarán.

PACO.- Sí, pero eso explícaselo tú a mi padre cuando ve las notas. Dile que yo estoy estudiando y aprendiendo mucho, aunque las notas no sean buenas. Ya verás qué contento se pone.

BELÉN.- Pues no se pondrá contento, pero él sabe mejor que nosotros que no todo en la vida da resultados inmediatos, que hacemos muchas cosas que parecen no servir para nada y luego resulta que sí, que nos hacen mejores.

FERNANDO.- Ser mejor, si no eres feliz, no sirve de mucho. Tú puedes saber mucho y ser muy buena persona, pero si no eres feliz, no sé para qué te valen la sabiduría y la bondad.

BRAHIM.- Pues para tener más posibilidades de lograr la felicidad, que requiere más cosas, pero esas dos son muy importantes para alcanzarla.

PACO.- No sé yo. Cuando sabía menos cosas, era más feliz, me preocupaba menos de los problemas que hay en el mundo y del futuro.

JUAN.- Más feliz no, eras más inconsciente, que es distinto. No es lo mismo felicidad que despreocupación.

ANA.- Claro que no. El mundo está como está justamente por eso, porque la mayoría vive desentendida de los demás, solo se miran su ombligo.

CARMEN.- ¿Y nosotros? ¿Miramos por los demás?

JUAN.- Pues yo creo que estudiar de verdad y formarnos bien mejorará la sociedad, y eso es mirar por los demás. Si llegamos a ser buenos profesionales y trabajamos con honradez, la situación puede cambiar.

BELÉN.- Por eso es tan grave copiar los trabajos. ¡Chicos, el timbre! ¡A clase!

Mahatma Gandhi, abogado indio que estudió en Gran Bretaña y vivió un tiempo en Sudáfrica, luchó por la independencia de la India usando exclusivamente métodos no violentos. Su figura sigue siendo un referente ético de lucha para las generaciones posteriores.

Doc. 1

1. «Si un hombre ha reventado el ojo de un hombre libre, se le reventará un ojo».
   Código de Hammurabi

2. «Vida por vida, ojo por ojo, diente por diente, mano por mano, pie por pie, quemadura por quemadura, herida por herida, golpe por golpe».
   La Biblia, Éxodo

3. «Sabéis que se os dijo "Ojo por ojo y diente por diente", pero yo os digo: no os enfrentéis al malvado, sino que a quien te pegue en tu mejilla derecha, vuélvele también la otra».
   Evangelio de Mateo

4. «Si se sigue el "ojo por ojo", al final todos ciegos».
   Gandhi

- En la época anterior al *Código de Hammurabi* y al libro del Éxodo, la costumbre era castigar con la muerte a quien reventaba un ojo de otro. ¿Crees que la nueva costumbre instaurada en dicho código es mejor, peor o igual de valiosa que la anterior? ¿Por qué?
- ¿Crees que hay algún progreso moral entre las épocas de los cuatro textos? Razona la respuesta.

1 La pregunta por la fundamentación de la moral

Recordemos que la ética filosófica tiene tres tareas principales: aclarar qué es la moral, fundamentarla y aplicarla. Nos hemos ocupado en las dos unidades anteriores de la aclaración; veamos a continuación las cuestiones relacionadas con la fundamentación de la moral.

1.1. La moral a lo largo de la historia

Ha habido momentos clave en la historia de la humanidad en los que algunas personas han cuestionado los contenidos de la moral vigente en su época y han propuesto cambios importantes en ella. Es el caso, por ejemplo, de Confucio (China, 551-479 a.C.), Buda (Nepal, 500-420 a.C.), Sócrates (Grecia, 469-399 a.C.), Jesucristo, Gandhi (India, 1869-1948), etc. En muchos de estos casos, el «atrevimiento» de poner en cuestión los valores establecidos y su actitud consecuente con los nuevos valores que ellos propusieron les costó la vida, pero su legado ha tenido una influencia decisiva en cuanto al modo de entender la moral de las generaciones posteriores.

Esos grandes reformadores morales mostraron, por ejemplo, que es preferible el orden al capricho (Confucio), que es mejor el autodominio que ser esclavo de los deseos (Buda), que es mejor padecer una injusticia que cometerla (Sócrates), que es más humano el amor que el egoísmo y que conviene más el perdón que la venganza (Jesucristo), que es más eficaz la lucha no violenta que el uso de la violencia (Gandhi), etc.

1.2. Los filósofos han ayudado a entender la moral

Los filósofos, por su parte, han reflexionado de un modo sistemático sobre la moral heredada. Sócrates (Grecia, h. 470-399 a.C.), Platón (Grecia, 427-347 a.C.) y Aristóteles (Grecia, 384-322 a.C.) pueden ser considerados los primeros que llevaron a cabo esta tarea. Pero la pregunta que ellos se plantean no es: «¿Cómo he de comportarme si me propongo ser una buena persona?», sino más bien esta otra: «Suponiendo que ya sé cómo he de comportarme para ser una buena persona, ¿por qué tengo que serlo?, ¿qué razones hay para que me tenga que esforzar en esa tarea, que no siempre me apetece? En suma, ¿por qué he de actuar moralmente?».

La pregunta es arriesgada. Porque, si no encontramos razones que justifiquen el compromiso con las orientaciones de la moral cotidiana, lo lógico y consecuente sería abandonar esas orientaciones. Dicho de otra manera: si resultase que la respuesta a la pregunta por el fundamento de la moral fuese que, en realidad, no existe fundamento alguno, entonces tendríamos que aceptar la conclusión práctica de que no merece la pena esforzarse por cumplir las directrices morales. Y lo lógico sería, en tal caso, dejarse llevar por lo que a uno le conviene en cada momento.

Pero resulta que, aunque ha habido algunos pensadores que han mantenido esa opinión escéptica, sin embargo, la mayor parte de los filósofos que se han ocupado de la moral han formulado teorías éticas en las que tratan de explicar cuál es el fundamento, el sentido y el alcance de la moralidad cotidiana. Veamos a continuación algunas de ellas.

1.3. Clasificación de las teorías éticas

Las reflexiones de los filósofos en torno a la moralidad se pueden clasificar en dos grandes grupos:

- **Éticas de la felicidad.** Por una parte, algunos consideran que reconocemos lo moralmente bueno y lo malo porque la naturaleza nos ha dotado de un afán de búsqueda de la felicidad y de una capacidad de razonamiento para descubrir cuáles son los mejores medios para alcanzarla. En este grupo se sitúan teorías éticas como el eudemonismo de Aristóteles, el hedonismo de Epicuro de Samos (Grecia, 341-270 a.C.) y el utilitarismo de Jeremy Bentham (Reino Unido, 1748-1832) y de John Stuart Mill (Reino Unido, 1806-1873), entre otras.
- **Éticas de la justicia.** Por otra parte, hay filósofos que contestan a la pregunta ética señalando que, con independencia de que la naturaleza nos empuje a buscar la felicidad, nos encontramos con que somos libres para elegir nuestro modo de comportamiento (la moralidad es el ámbito de la libertad) y que al mismo tiempo reconocemos ciertos deberes morales como válidos por sí mismos, porque la razón nos indica que las personas tienen un valor absoluto (dignidad) y hemos de respetarlas, aunque no siempre alcancemos la felicidad al hacerlo. En este segundo grupo de teorías éticas podemos situar la de Immanuel Kant (Alemania, 1724-1804) y la ética discursiva (siglo XX).

Escultura *El pensador*, de Auguste Rodin (Francia, 1840-1917). Según el filósofo alemán Kant, la razón nos lleva a reconocer la dignidad de toda persona, y este reconocimiento nos obliga a seguir determinados principios morales.

	ÉTICAS DE LA FELICIDAD	ÉTICAS DE LA JUSTICIA
¿Por qué hay moral?	Porque tendemos por naturaleza a la felicidad	Porque nos percibimos como racionales y libres
Son éticas de…	Máximos	Mínimos
Autores representativos	Aristóteles, Epicuro, Bentham, Stuart Mill	Kant, Apel, Habermas

Doc. 2

«La cuestión ética no es de modo inmediato "¿qué debo hacer?", sino "¿por qué debo?". La ética trata de esclarecer si es acorde a la racionalidad humana atenerse a la obligación universal expresada en los juicios morales, respondiendo a la pregunta de G. J. Warnock: "Quisiera preguntarme ahora si hay algún sentido, y en ese caso cuál, en el que un ser racional se halle obligado –en tanto que racional– a aceptar principios morales o a reconocerlos y ponerlos en práctica a través de sus juicios y sus actos. ¿Podría un ser semejante rechazar la moralidad sin merma de su racionalidad?"».

ADELA CORTINA, *Ética mínima. Introducción a la filosofía práctica*

- ¿Qué título le pondrías a este fragmento?
- ¿Distingue la autora en este fragmento entre la pregunta propia de la moral y la pregunta propia de la filosofía moral? En caso afirmativo, ¿qué pregunta es la propia de cada uno de esos saberes?
- Reflexiona sobre la cuestión planteada por G. J. Warnock que recoge este fragmento: ¿Es posible ser una persona plenamente racional y al mismo tiempo prescindir de la moralidad?

ACTIVIDADES

INVESTIGA

1. ¿Qué han aportado las grandes figuras morales al progreso de la humanidad? Busca algunos ejemplos que no se mencionan en el texto.
2. ¿Qué pregunta filosófica tratan de responder todas las teorías éticas? ¿Por qué se dice que esa pregunta es arriesgada?
3. ¿Qué respuesta ofrecen a la pregunta ética los filósofos que defienden las teorías de la felicidad? ¿Qué respuesta ofrecen los que defienden las teorías de la justicia?

Doc. 3

«Es evidente que si observamos los vaivenes de la suerte, declararemos al mismo hombre tan pronto feliz como desgraciado, presentando al hombre feliz como un camaleón y sin fundamentos sólidos. Pero en modo alguno se deben seguir los vaivenes de la fortuna; porque no estriba en ellos el bien ni el mal, aunque la vida humana necesita de ellos, como ya dijimos; las que determinan la felicidad son las actividades de acuerdo con la virtud, y las contrarias, lo contrario. En ninguna obra buena hay tanta firmeza como en las actividades virtuosas, que parecen más firmes incluso que las ciencias. Y esta parece ser la causa de que no se las olvide. El hombre será feliz toda su vida en la medida en que hará lo que es conforme a la virtud; y en cuanto a los vaivenes de la fortuna, los sobrellevará de la mejor manera, y moderadamente en todos los respectos el que es verdaderamente bueno e intachable».

ARISTÓTELES, *Ética a Nicómaco*

- ¿Qué título le pondrías a este fragmento?
- ¿Qué importancia concede Aristóteles a la suerte en relación con el logro de la felicidad? ¿Por qué? ¿Puede ser realmente feliz una persona que tenga mala suerte en la vida, según Aristóteles?
- ¿Qué importancia concede Aristóteles a la práctica de las virtudes en relación con el logro de la felicidad? ¿Por qué? ¿Puede ser realmente feliz una persona que no sea virtuosa, según Aristóteles?

2 Las éticas de la felicidad

Entre las teorías éticas que fundamentan la moralidad en la búsqueda de la felicidad, destaca el eudemonismo, también llamado «ética de la virtud», elaborada por Aristóteles. Pero antes de entrar en los detalles de dicha ética, conviene conocer el contexto histórico en el que surgió.

2.1. Contexto histórico de la ética eudemonista de las virtudes

En los cuatro siglos que preceden a la época de Aristóteles, esto es, desde el siglo VIII al IV a.C., la base de la educación en la sociedad griega eran los poemas épicos, principalmente los recopilados por Homero en la *Ilíada* y en la *Odisea*. En dichos poemas se describe a cada personaje como portador de alguna virtud en la que destaca: Aquiles es veloz, Héctor sobresale por su valor, Príamo es excelente por su prudencia, Penélope es ejemplar por su fidelidad y su paciencia, etc.

En el contexto de la Grecia arcaica, como en muchas otras sociedades tradicionales, los relatos que ayudan a formar moralmente a los jóvenes están llenos de personajes considerados dignos de imitación. La virtud *(areté)* es entendida como excelencia del carácter: el virtuoso es el que se sitúa por encima de la media en alguna actividad, y que pone esa excelencia al servicio de una buena causa, que suele ser el interés de la comunidad propia.

2.2. Eudemonismo: la moralidad como forja del carácter

Consecuente con esa tradición de los héroes virtuosos, Aristóteles considera que la bondad moral reside en forjarse un buen carácter. Una buena persona, a su juicio, se comporta adecuadamente para llevar una vida buena, una vida plena. Aristóteles usa el término griego *eudaimonía*, que suele traducirse por «felicidad», pero en el sentido de autorrealización. Por eso se denomina «eudemonismo» a esta teoría ética.

Para forjarse un buen carácter no basta con saber lo que está bien y lo que no; es preciso que la persona se esfuerce por comportarse en consecuencia con ese saber, de manera que se convierta en una persona virtuosa. Las virtudes morales son aquellas cualidades que sería deseable que tuvieran todas las personas, como, por ejemplo, la compasión, la generosidad, la sinceridad, la laboriosidad, la confiabilidad, la moderación, la justicia, etc.

Sin ejercicio y esfuerzo, un corredor no puede competir con posibilidades de ganar. Para Aristóteles, las virtudes morales necesitan ejercitarse de modo que la persona pueda llevar una vida orientada al bien.

Aristóteles considera que las virtudes se pueden entender mejor si las pensamos como el término medio deseable entre dos extremos indeseables, que serían vicios: uno por exceso y otro por defecto. Por ejemplo, una persona realmente generosa es aquella que tiene adquirido el hábito de ayudar a otras personas con sus propios recursos, pero controlando sus gastos de tal modo que mantenga cierto equilibrio entre la tacañería (defecto) y el despilfarro (exceso).

2.3. La prudencia como clave de la moralidad

Conforme a esta filosofía, las personas tendemos necesariamente a la felicidad. La felicidad es considerada como el fin último natural de nuestra vida, pero no solo el fin natural, sino también el fin moral, porque alcanzarlo o no depende de que sepamos elegir los medios más adecuados para llegar a ella y de que actuemos según lo elegido. Obrar moralmente es entonces lo mismo que obrar racionalmente, siempre que entendamos aquí por «razón» la razón prudencial, que nos aconseja elegir los medios oportunos para ser feliz.

Por eso, la virtud más importante en esta filosofía es la prudencia (*phrónesis*), una cualidad que para Aristóteles es al mismo tiempo una virtud intelectual, porque nos acerca a la verdad de las cosas, y moral, porque nos permite elegir con acierto. La persona prudente es aquella que reúne estas características:

- Al elegir, no tiene en cuenta solo un momento concreto de su vida, sino lo que le conviene en el conjunto de su existencia. Por eso sopesa los bienes que puede conseguir y establece entre ellos una jerarquía para obtener en su vida el mayor bien posible. Quien elige pensando solo en el presente y no en el futuro es imprudente y, lo que es idéntico, inmoral.
- Se propone siempre fines buenos, a diferencia de quien solo es hábil. Alguien puede ser habilidoso en suministrar venenos y emplear su habilidad para matar. El prudente emplea sus «habilidades» para fines buenos; en este caso, para sanar.
- Sabe aplicar los principios morales más generales, como el que define la virtud como un término medio, a los casos concretos de la vida cotidiana. Es imprescindible saber aplicar las ideas generales a las situaciones concretas con prudencia, porque cada caso tiene sus propias circunstancias que lo hacen diferente.
- Es capaz de deliberar acerca de qué deseos deben ser satisfechos porque su satisfacción proporcionará felicidad, y cuáles no. Y, en el caso de los que deben ser satisfechos, hasta dónde, es decir, cuál es el límite que no se debe rebasar.

La prudencia es una virtud básica cuando circulamos por la vía pública: constantemente hemos de saber aplicar normas generales (las normas de tráfico) a los casos particulares de cada momento, con el objetivo último de no sufrir accidentes ni hacer daño a nadie.

ACTIVIDADES

INVESTIGA

4. ¿En qué contexto histórico surgen las teorías éticas que destacan la virtud y la felicidad como ideas clave?

ARGUMENTA

5. ¿Cómo entiende Aristóteles el concepto de virtud y qué relación piensa que hay entre virtud y felicidad?
6. ¿Cómo entiende Aristóteles la virtud de la prudencia y por qué la considera una virtud clave en su modo de entender la moralidad?

Doc. 4

«En el lenguaje actual, *prudente* tiene cierto sabor a "cauto y calculador en interés propio". Pero *frónesis* no tiene ninguna conexión particular con la cautela o con el propio interés. Es la virtud de la inteligencia práctica, de saber aplicar principios generales a las situaciones particulares. La prudencia es la clave de todas las virtudes. Sin ella no es posible ser virtuoso. Un hombre puede tener excelentes principios, pero no actuar de acuerdo con ellos. O bien puede realizar acciones justas y valientes sin ser justo o valiente, al actuar por temor a un castigo. En ambos casos carece de prudencia».

ALASDAIR MACINTYRE, *Historia de la ética*

- ¿Qué título le pondrías a este fragmento?
- ¿Encuentras alguna diferencia entre el significado actual de «prudencia» y el significado que atribuye Aristóteles a este término?
- ¿Por qué dice el autor que sin la *frónesis* no es posible ser una persona virtuosa?
- ¿Crees que tiene razón el autor cuando dice que una persona que actúa bien pero que lo hace por temor a un castigo no es una persona virtuosa? ¿Por qué?

2.4. Hedonismo y utilitarismo: el cálculo inteligente del placer

Epicuro: el hedonismo clásico

También en el mundo griego nace otro modo de entender el saber moral y el modo en el que funciona la racionalidad en él, que es el propio del hedonismo, de *hedoné*, que significa «placer».

Esta tradición ética se asienta fundamentalmente sobre tres puntos, que ya señaló Epicuro:

- Todos los seres vivos con capacidad de sentir buscan el placer y huyen del dolor. Por tanto, el móvil del comportamiento animal y humano es el placer.
- La felicidad consiste en organizar de tal modo nuestra vida que logremos el máximo de placer y el mínimo de dolor.
- Precisamente porque se trata de alcanzar un máximo, la razón moral será una razón calculadora, es decir, una razón que calcula las consecuencias de nuestras acciones, valorándolas desde el punto de vista del placer que proporcionan.

¿Quién obra moralmente entonces? El que sabe calcular de forma inteligente, a la hora de tomar decisiones, qué opciones proporcionarán consecuencias más placenteras y menos dolorosas, y pone en práctica tales opciones. Pero el máximo de placer y el mínimo de dolor ¿para quién? Epicuro considera que el cálculo hedonista es cosa de cada individuo, que ha de hacerlo teniendo en cuenta únicamente sus intereses particulares.

Epicuro distingue entre dos tipos de placeres: los negativos y los positivos. Los negativos consisten en la armonía producida por ausencia de dolor en el cuerpo y de turbación en el alma. En cambio, los positivos son los producidos por una excitación que va más allá de eliminar el dolor, y que puede acarrear fácilmente consecuencias dolorosas, como, por ejemplo, la alegría provocada por algunas bebidas. Considera que los negativos son más estables y le parecen superiores a los positivos, porque tienen menos riesgos. La razón ha de hacer un buen cálculo, ponderando qué placeres son más intensos y duraderos, y cuáles producen menos dolor, para obtener así el máximo placer posible.

Utilitarismo: el hedonismo moderno

El hedonismo moderno, que recibe el nombre de «utilitarismo», propone como meta moral lograr la mayor felicidad (el mayor placer) para el mayor número posible de seres sentientes, seres vivos capaces de sentir dolor y placer. El placer es entendido ahora como «bienestar de la mayoría».

Se puede considerar a David Hume (Reino Unido, 1711-1776) como un precursor de esta teoría ética, especialmente por su insistencia en que los seres humanos estamos dotados de unos sentimientos sociales que nos impulsan a preocuparnos por los demás. La base de estos sentimientos sociales, como la compasión, la vergüenza o la indignación, estaría en la empatía, que es la capacidad de identificarse con otros y compartir sus sentimientos.

Posteriormente, Bentham y Stuart Mill señalan que lo esencial para el comportamiento moral es aprender a calcular las consecuencias de nuestras decisiones, teniendo por meta el mayor placer del mayor número, y actuar de acuerdo con esos cálculos.

Doc. 5

«El placer lo necesitamos cuando su ausencia nos causa dolor, pero, cuando no experimentamos dolor, tampoco sentimos necesidad del placer. Por este motivo afirmamos que el placer es el principio y el fin de una vida feliz, porque lo hemos reconocido como bien primero y congénito, a partir del cual iniciamos cualquier elección o aversión y a él nos referimos al juzgar los bienes según la norma del placer y del dolor. Y, puesto que este es el bien primero y connatural, por este motivo no elegimos todos los placeres, sino que en ocasiones renunciamos a muchos cuando de ellos se sigue un trastorno mayor. Y muchos dolores los consideramos preferibles a los placeres si obtenemos un mayor placer cuanto más tiempo hayamos soportado el dolor. Cada placer, por su propia naturaleza, es un bien, pero no hay que elegirlos todos. De modo similar, todo dolor es un mal, pero no siempre hay que rehuir el dolor. Según las ganancias y los perjuicios, hay que juzgar sobre el placer y el dolor, porque algunas veces el bien se torna en mal, y otras veces el mal es un bien».

EPICURO, *Carta a Meneceo*

- ¿Qué título le puedes poner a este fragmento?
- ¿Por qué dice Epicuro que «algunas veces el bien se torna en mal, y otras veces el mal es un bien»?

Para calcular placeres es indispensable saber si los hay de distinto tipo, y este es uno de los mayores problemas del hedonismo. Ya hemos visto que Epicuro distingue solo dos tipos de placer. Bentham, por su parte, cree que el placer puede medirse, porque según él todos los placeres son iguales en la cualidad, pero difieren en la cantidad. Para obtener la cantidad hay que tener en cuenta la intensidad, la duración, la proximidad –si se va a conseguir pronto o no– y la seguridad –si se va a conseguir con seguridad o no–.

Sin embargo, Mill considera, frente a Bentham, que los placeres se diferencian también por la cualidad, y no solo por la cantidad, de modo que hay placeres superiores y placeres inferiores. El problema que se presenta entonces es el de determinar quiénes están legitimados para decidir qué placeres son superiores y cuáles inferiores. Mill cree que esta tarea corresponde a aquellas personas que han experimentado a lo largo de su vida ambos tipos de placeres, y considera que estas personas tienen por placeres superiores los intelectuales y morales (como el disfrute de las artes y las ciencias), mientras que desdeñan como inferiores los que más nos asemejan a los animales (como los de la comida, la bebida, la cama, etc.).

El utilitarismo de Stuart Mill considera que el bien supremo es el bienestar social, de modo que lo esencial para construir un mundo mejor es hacer las reformas sociales, políticas y económicas que sean necesarias para alcanzar dicho bienestar.

Doc. 6

«Es mejor ser un ser humano insatisfecho que un cerdo satisfecho. Vale más ser un Sócrates insatisfecho que un tonto satisfecho. Y si el tonto o el cerdo tienen una opinión distinta, es solo porque conocen únicamente una parte de la cuestión».

JOHN STUART MILL, *Utilitarismo*

- ¿Qué título le pondrías a este fragmento?
- ¿Qué significa la alusión a Sócrates en este contexto?
- ¿Te parece acertada la idea que mantiene aquí el autor? ¿Por qué?

Dos modos contrapuestos de entender el utilitarismo

Muchos autores utilitaristas distinguen entre dos maneras de entender lo que exige esta teoría:

- **Utilitarismo del acto.** Consiste en preguntarse qué modo de actuar será preferible en cada caso particular, con vistas a la mayor felicidad del mayor número. Por ejemplo, si disponemos de una cantidad de dinero y hemos de elegir entre pagar una deuda a un rico prestamista o bien ayudar a una persona que está en apuros, lo preferible será calcular cuál de las dos opciones tendrá las mejores consecuencias posibles, aunque eso signifique que se tenga que dejar de cumplir, al menos en ese momento, la regla que obliga a pagar las deudas.
- **Utilitarismo de la regla.** En cambio, otra interpretación de lo que exige el principio utilitarista es que, para conseguir la mayor felicidad del mayor número, es necesario que todos nos atengamos a las reglas generales de moralidad en las circunstancias normales, y que únicamente en circunstancias extraordinarias, como catástrofes, guerras, accidentes, etc., se realice el cálculo de consecuencias que puedan suponer el incumplimiento de una regla establecida. Porque así nos aprovechamos de la experiencia adquirida y ahorramos energía al no tener que pensar caso por caso.

Hay quienes buscan el placer rodeándose de objetos lujosos, como un yate, coches, ropa de marca… Pero existen otros placeres de un orden superior, que no consisten en tener muchos bienes, sino en buscar el bienestar de la mayoría.

ACTIVIDADES

ARGUMENTA

7. ¿Considera Epicuro que la decisión moral correcta consiste en elegir siempre el placer y en huir siempre del dolor? ¿Por qué?
8. ¿Sería correcto afirmar que el epicureísmo es un hedonismo individualista y que el utilitarismo es un hedonismo colectivista o hedonismo social?
9. ¿En qué se parecen y en qué se diferencian el utilitarismo de Bentham y el de Stuart Mill?
10. ¿En qué se parecen y en qué se diferencian el utilitarismo del acto y el utilitarismo de la regla?

Doc. 7

«En el reino de los fines todo tiene o bien un precio o bien una dignidad. Lo que tiene precio puede ser reemplazado por alguna otra cosa equivalente; por el contrario, lo que se eleva sobre todo precio y no admite ningún equivalente tiene una dignidad.

Cuanto se refiere a las inclinaciones y necesidades humanas tiene un precio de mercado; lo que, sin suponer una necesidad, se adecua a cierto gusto, es decir, a un bienestar basado en el juego sin propósito de nuestras facultades anímicas, tiene un precio de afecto; pero lo que constituye la condición única bajo la cual algo puede ser fin en sí mismo no tiene meramente un valor relativo, o sea un precio, sino que tiene un valor intrínseco, es decir, dignidad.

La moralidad es la condición bajo la cual un ser racional puede ser fin en sí mismo, porque solo por ella es posible ser miembro legislador en el reino de los fines. Así pues, la moralidad, y la humanidad en tanto sea capaz de ella, es lo único que posee dignidad».

IMMANUEL KANT, *Fundamentación de la metafísica de las costumbres*

- ¿Qué título le pones a este fragmento?
- Averigua cómo entiende Kant la expresión «reino de los fines». ¿Por qué dice que en dicho reino todo tiene un precio o una dignidad?
- ¿Qué tipos de precio se distinguen en el texto? ¿Es la dignidad un tipo de precio o algo completamente ajeno al precio?
- ¿Cómo entiende Kant la moralidad en este fragmento?
- ¿Cómo llega a la conclusión de que la humanidad posee dignidad?

3 Las éticas de la justicia

Las llamadas «éticas de la justicia» o también «éticas deontológicas», por ocuparse primariamente del deber, *déon* en griego, proponen como clave de la moral la dignidad humana y el respeto que a ella se debe. Desde esta clave proporcionan dos criterios para la decisión: uno negativo, «no dañar a las personas», y otro positivo, «apoyarlas en sus proyectos legítimos de vida».

3.1. La teoría ética de Kant

A finales del siglo XVIII, Kant elabora la primera teoría ética deontológica. Él reconoce que, por naturaleza, todos los seres vivos sentientes tienden al placer y que todos los seres humanos queremos ser felices. Pero argumenta que los fines que queremos por naturaleza no pueden ser morales, porque no podemos elegirlos. La naturaleza es el reino de la necesidad, mientras que la moral es el reino de la libertad. Por eso considera que solo son fines morales los que podemos proponernos libremente, y no los que ya nos vienen impuestos por naturaleza.

¿Cuáles son esos fines morales? Para responder a esta pregunta, Kant sostiene que las personas tenemos conciencia de que hay determinados mandatos que debemos seguir, tanto si el obedecerlos nos hace felices como si no. Cuando decimos que «no se debe matar» o que «no hay que ser hipócrita», no estamos pensando en si seguir esos mandatos nos hace más o menos felices, sino en que es inhumano actuar de otro modo.

¿De dónde surgen estos mandatos? Surgen de nuestra propia razón y no de los deseos. Y un ser capaz de darse normas a sí mismo es, como su nombre indica, un ser autónomo. Tales normas no prometen la felicidad a cambio de ser cumplidas; solo prometen respetar la propia humanidad. De ahí que tales normas se expresen como imperativos categóricos, esto es, como mandatos incondicionados.

Los imperativos categóricos son aquellos que mandan hacer algo sin condición alguna, como, por ejemplo, «respeta a tus padres», «ayuda a las personas en apuros», «cumple tus promesas», etc. En cambio, los imperativos hipotéticos son aquellos que mandan hacer algo como medio para conseguir

A reyes, gobernantes, obispos, etc., se los suele denominar «dignatarios». La clave de las éticas de la justicia reside en la dignidad que corresponde a todo ser humano.

algún fin que se desea. Por ejemplo: «Debes estudiar si quieres aprobar» o «debes ser amable con los clientes si deseas mantener este empleo», etc. Kant afirma que los imperativos hipotéticos no son imperativos morales, sino más bien consejos de prudencia.

Por otra parte, la razón descubre que ser persona es por sí mismo valioso, y que la meta de la moral consiste en querer serlo por encima de cualquier otra meta: en querer tener la buena voluntad de cumplir nuestras propias normas racionales, que son las auténticas normas morales. La razón humana es razón práctica, que orienta la acción de forma incondicionada por respeto a fines (las personas) que son valiosos en sí mismos. Las personas son absolutamente valiosas, fines en sí, dotadas de dignidad y no intercambiables por un precio.

Para comprobar si una norma cualquiera es un imperativo categórico o no, y, por lo tanto, si es un mandato moral o no lo es, Kant propone un procedimiento que consiste en lo siguiente:

- Si la norma es realmente un imperativo categórico, se podrá mostrar que se ajusta al siguiente principio: «Obra solo de manera tal que puedas querer que la máxima de tu acción se convierta en ley universal». Por ejemplo, imaginemos que estás pensando en hacer una promesa a otra persona, pero sabes que no la podrás cumplir. En este caso, la máxima de tu acción sería: «Cuando necesites prometer algo, hazlo aunque sepas que no lo vas a cumplir». A continuación nos preguntamos: «¿Puedo desear que esta máxima se convierta en una ley universal?». La respuesta sería negativa, porque si todo el mundo hiciera lo que dice la máxima, nadie haría promesas, puesto que sería absurdo confiar en ellas, y uno mismo se vería perjudicado por vivir en un mundo en el que nadie puede confiar en promesas. Por tanto, sería contradictorio seguir la máxima de mi acción y desear al mismo tiempo que se convierta en una ley universal. En suma, la máxima de mi acción no es un imperativo moral, sino que más bien viola el verdadero imperativo moral, que en este caso sería: «Cumple siempre tus promesas».
- Kant ofrece dos formulaciones del principio del imperativo categórico, que funcionan de modo parecido a la que acabamos de comentar:
  - «Obra de tal modo que trates a la humanidad, en tu persona y en la de cualquier otro, no solo como un medio, sino al mismo tiempo como un fin».
  - «Obra de tal modo que la norma de tu comportamiento pudiera servir como parte de la legislación en un reino de los fines». Un reino de los fines sería un mundo en el que todas las personas se tratan mutuamente como fines y no solo como medios, esto es, se tratan con el máximo respeto.

El ciclista pone todo su afán en llegar el primero a la meta. Según la ética de Kant, debemos tratar a todas las personas como fines en sí mismas, no solo como medios para conseguir un fin.

IMPERATIVOS HIPOTÉTICOS	IMPERATIVOS CATEGÓRICOS
Orientan de modo condicionado.	Orientan de modo incondicionado.
Consejos de prudencia.	Mandatos de moralidad.
Ejemplo: «No debes matar si no quieres que te maten».	Ejemplo: «No debes matar porque eso es irracional e inhumano».

ACTIVIDADES

ARGUMENTA

11. ¿Cuál es la clave de la moral para las éticas de la justicia? Compara esta clave de la moral con la de las éticas de la felicidad. ¿Crees que son compatibles esos dos modos de entender la moral? ¿Por qué?

12. ¿Cómo analizaría Kant el caso de una persona que está pensando en quedarse un dinero que no es suyo? ¿Qué máxima estaría adoptando esta persona si decide hacerlo?

INVESTIGA

13. ¿Cuál es la diferencia entre los imperativos categóricos y los hipotéticos? ¿Cuál de estos dos tipos de imperativos puede servir para expresar normas morales?

14. ¿Por qué dice Kant que el deseo de felicidad que todos tenemos no puede ser un fin moral? ¿Qué requisito ha de cumplir un fin para que Kant considere que es válido como fin moral?

todo tiene que ser escuchado, todo lo que digan las personas

Discusión misma que involucra a los demás. No negar ninguna idea. ej: escuchar compañeros

3.2. La ética del discurso

(ética comunicativa)

se establen protocolos, equitativa → justo.

todas las personas tienen que estar incluidas

Doc. 8

«Todos los seres capaces de comunicación lingüística deben ser reconocidos como personas, puesto que en todas sus acciones y expresiones son interlocutores virtuales y la justificación ilimitada del pensamiento no puede renunciar a ningún interlocutor y a ninguna de sus aportaciones virtuales a la discusión.

A mi juicio, no es, pues, el uso lógicamente correcto del entendimiento individual, sino esta exigencia de reconocimiento recíproco de las personas como sujetos de la argumentación lógica, la que justifica el discurso sobre la ética de la lógica».

KARL-OTTO APEL,
La transformación de la filosofía

- ¿A quiénes hay que reconocer como personas, según el autor? ¿Te parece adecuado el requisito que establece para ser reconocidos como personas? ¿Por qué?
- El reconocimiento recíproco de las personas al que se refiere el texto ¿incluye a las personas del futuro o únicamente a las del presente? ¿Por qué?

A partir de los años 70 del siglo XX, Karl-Otto Apel (Alemania, 1921) y Jürgen Habermas (Alemania, 1929), profesores de la Universidad de Fráncfort, proponen continuar la tradición de la ética kantiana, pero superando sus insuficiencias. Llaman a su teoría «ética del discurso» y están de acuerdo con Kant en que el mundo moral es el de la autonomía humana, es decir, el de aquellas normas que los seres humanos nos imponemos a nosotros mismos. Precisamente porque nos las imponemos nosotros, y no la naturaleza, podemos promulgarlas o rechazarlas, aceptarlas o abolirlas.

Sin embargo, discrepan de Kant –entre otras cosas– a la hora de determinar qué significa «nos imponemos nuestras propias normas». Es decir, no están de acuerdo con la manera kantiana de entender la autonomía. Porque así como Kant entiende que cada uno de nosotros ha de decidir qué normas cree que son propias de las personas, consideran estos autores que deben decidirlo los afectados por ellas, después de haber celebrado un diálogo en condiciones de racionalidad.

La racionalidad moral no es una capacidad monológica, que considera que cada persona se basta a sí misma para reconocer qué normas son morales, sino una razón práctica dialógica: una racionalidad comunicativa.

Las personas no debemos llegar a la conclusión de que una norma es moralmente válida, o de que no lo es, a través de un razonamiento meramente individual, sino por medio de un diálogo. En ese diálogo han de poder participar todos los afectados por la norma que se discute, y debería concluir cuando se llegue al acuerdo (consenso) de que la norma es correcta –o no lo es– porque tiene en cuenta los intereses de todos –o porque no los tiene en cuenta–.

Evidentemente, no es así como se decide normalmente si una norma es o no correcta, pero así es como debería decidirse. Saber comportarse moralmente significa, desde esta perspectiva, dialogar en serio a la hora de decidir normas, teniendo en cuenta que cualquier afectado por ellas es un interlocutor válido y como tal hay que tratarle. Esta posición recibe indistintamente los nombres de «ética dialógica», «ética comunicativa» o «ética discursiva», y tiene hoy en día seguidores en todo el mundo.

Las personas son aquellas que son capaces de discutir y dialogar. (todas) Discutir → usando lógica

muy importante escuchar, aportar cosas → mejorar.

Un grupo de personas dialogando acerca de cuál sería la norma correcta a seguir en una cuestión moral. Según la ética discursiva, este procedimiento es el más adecuado para detectar qué normas morales son realmente válidas y cuáles no lo son.

Doc. 9

«– Cualquier sujeto capaz de lenguaje y acción puede participar en el discurso.
– Cualquiera puede problematizar cualquier afirmación.
– Cualquiera puede introducir en el discurso cualquier afirmación.
– Cualquiera puede expresar sus posiciones, deseos y necesidades.
– No puede impedirse a ningún hablante hacer valer sus derechos, establecidos en las reglas anteriores, mediante coacción interna o externa al discurso».

JÜRGEN HABERMAS,
Conciencia moral y acción comunicativa

- ¿Qué título le puedes poner a este fragmento?
- ¿Qué resultado se espera obtener de un diálogo en el que se respeten las condiciones que se expresan en este fragmento?
- ¿Qué relación puede haber entre el respeto a estas condiciones y la moralidad?

muy importante hablar de forma lógica pero no lo más importante. Intervenir para que haya ética y consenso entre otros. Base democracia.

4 Cuatro modelos de racionalidad en relación con la moral

TEORÍA ÉTICA	TIPO DE RACIONALIDAD	CARACTERÍSTICAS
Eudemonismo (tradición aristotélica)	Prudencial (reflexiona sobre los mejores medios para alcanzar el fin dado por la naturaleza y elige los más adecuados)	▪ **Fin último natural y moral:** la felicidad entendida como un bien que se busca por sí mismo, y no como medio para otro fin, y que alcanzan quienes son capaces de deliberar y elegir lo que les conviene en el conjunto de su vida para autorrealizarse como seres humanos. ▪ **Criterio moral:** entre dos cursos de acción, elegir aquel que me permite forjarme un buen carácter.
Hedonismo-utilitarismo (tradición hedonista-utilitarista)	Calculadora (compara las distintas alternativas de acción atendiendo a las consecuencias para lograr la maximización del placer y minimización del dolor)	▪ **Fin último natural y moral:** la felicidad entendida como el máximo de placer y el mínimo de dolor. ▪ **Criterio moral:** entre dos cursos de acción elegir aquel cuyas consecuencias procuran el mayor placer al mayor número de seres sentientes, entendido como bienestar.
Deontologismo monológico (tradición kantiana)	Práctica (no se limita a calcular sobre medios para un fin ya dado, sino que propone fines)	▪ **Fin moral:** conseguir una buena voluntad, que se guíe por las normas que nos damos a nosotros mismos. ▪ **Criterio moral:** elegir las normas que nos hacen verdaderamente personas, que son las que expresan nuestra autonomía. Son las que pueden expresarse como imperativos categóricos porque son universalizables, porque tratan a las personas como seres dotados de dignidad (y no precio) y porque serían válidas en una sociedad justa.
Deontologismo dialógico (tradición dialógica)	Práctica y comunicativa (además de práctica, tiene en cuenta los intereses de todos los afectados por las normas)	▪ **Fin moral:** conseguir una voluntad dispuesta a entablar un diálogo racional con todos los afectados por una norma a la hora de decidir si es o no correcta. Lograr consensos mediante un diálogo celebrado en las condiciones más próximas posible a la simetría. ▪ **Criterio moral:** que las normas que afectan a los seres humanos satisfagan intereses universalizables.

ACTIVIDADES

15. ¿En qué se parecen y en qué se diferencian la teoría ética de Kant y la de la ética discursiva?

16. ¿A quiénes se considera interlocutores válidos según la ética del discurso?

17. ¿Qué requisitos ha de cumplir una norma para que pueda ser considerada como moralmente válida, según la ética del discurso?

Disputa entre filósofos, miniatura de un códice del siglo XV de *De Senectute* de Cicerón.

Doc. 10

«La moral es un tipo de saber que pretende orientar la acción humana en un sentido racional. Es decir, pretende ayudarnos a obrar racionalmente, siempre que por "razón" entendamos esa capacidad de comprensión humana que arranca de una inteligencia sentiente. La razón es capaz de diseñar esbozos, propuestas, que funcionan como brújulas para guiar nuestro hacer vital, pero hunde sus raíces en ese humus fecundo de nuestra inteligencia sentiente, del que en último término se nutre. Por eso, las tradiciones filosóficas empeñadas en abrir un abismo tajante entre inteligencia, sentimientos y razón nos hacen un flaco servicio: la razón enraíza en la inteligencia, que es ya sentiente. La moral es, en este sentido, un tipo de saber racional».

Adela Cortina, *El quehacer ético*

- ¿Qué título le pondrías a este fragmento?
- ¿Establece la autora alguna relación entre la moral y la racionalidad humana?
- ¿Qué características atribuye la autora a la razón? ¿Crees que esa descripción de esta capacidad humana es acertada o errónea? ¿Por qué?
- ¿Qué significa afirmar que la inteligencia es «sentiente»? ¿Crees que la razón y la inteligencia están ligadas a los sentimientos o que «hay un abismo» entre estos últimos y las capacidades racionales? Justifica tu respuesta.

SABER HACER

1 Comentario de texto

«Tales son las acciones de acuerdo con la virtud, de suerte que son agradables para los hombres y por sí mismas. Así, la vida de estos hombres que aman la virtud no necesita del placer como de una especie de añadidura, sino que tiene el placer en sí misma. Añadamos que ni siquiera es bueno el que no se complace en las acciones buenas, y nadie llamará justo al que no se complace en la práctica de la justicia, ni libre al que no se goza en las acciones liberales, e igualmente en todo lo demás. Si esto es así, las acciones de acuerdo con la virtud serán por sí mismas agradables. Y también serán buenas y hermosas en sumo grado, si el hombre virtuoso juzga rectamente acerca de todo esto, y juzga como ya hemos dicho».

ARISTÓTELES,
Ética a Nicómaco

Cuestiones

1. ¿Qué ideas principales puedes señalar en este fragmento?
2. ¿Es cierto que las acciones virtuosas son por sí mismas agradables? ¿Puede haber casos en los que una acción virtuosa resulte desagradable a quien la pone en práctica? Razona la respuesta.
3. ¿Qué relación establece el texto entre el placer, la virtud y la justicia?

2 Comentario de texto

«Las reglas morales que prohíben que unos causen daño a otros (entre las cuales nunca debemos olvidar incluir la interferencia perjudicial en las libertades mutuas) son más vitales para el bienestar humano que ninguna otra máxima, por importante que sea, que solo indique la mejor manera de solventar alguna parcela de la problemática humana. Es mediante su observación, también, como se mantiene la paz entre los seres humanos. Si lo habitual no fuera obedecerlas, y su desobediencia lo excepcional, todos verían en todos un enemigo contra el cual deberían estar continuamente en guardia».

JOHN STUART MILL,
Utilitarismo

Cuestiones

1. ¿Qué título le pones a este fragmento?
2. ¿Por qué crees que el autor considera que las reglas morales que prohíben que unos causen daño a otros son las más vitales para el bienestar humano? ¿Te parece acertada esta observación o no? ¿Por qué?
3. Las reglas morales a las que se refiere el texto, ¿qué relación tienen con la justicia y qué relación tienen con la felicidad, según el propio autor?

3 Comentario de texto

«En suma, nadie es capaz de determinar, por un principio, con plena certeza, qué le haría verdaderamente feliz, porque para eso sería indispensable que fuera omnisciente. Así pues, para ser feliz no cabe obrar por principios determinados, sino solo por consejos empíricos: por ejemplo, de dieta, de ahorro, de cortesía, de comedimiento, etc.; la experiencia enseña que estos consejos son los que mejor fomentan, por término medio, el bienestar. De donde resulta que los imperativos de la prudencia, hablando exactamente, no pueden mandar, esto es, exponer objetivamente ciertas acciones como necesarias prácticamente; hay que considerarlos más bien como consejos (*consilia*) que como mandatos (*praecepta*) de la razón. [...] Por eso no es posible con respecto a ella un imperativo que mande en sentido estricto realizar lo que nos hace felices, porque la felicidad no es un ideal de la razón, sino de la imaginación, que descansa en meros fundamentos empíricos, de los cuales en vano se esperará que hayan de determinar una acción por la cual se alcance la totalidad de una serie de consecuencias, en realidad infinita».

IMMANUEL KANT,
Fundamentación de la metafísica de las costumbres

Cuestiones

1. ¿Considera el autor que la felicidad es el concepto clave de la moralidad o que más bien ha de ser otro? ¿Por qué?
2. ¿Qué papel otorga el autor a la razón y a la imaginación en este fragmento? ¿Cuál de estas dos capacidades ha de tener prioridad, según el autor, a la hora de orientar el comportamiento propiamente moral? ¿Por qué?

4 Disertación

¿Qué condiciones básicas son necesarias para ser feliz?

Guion para desarrollar el tema:

- A pesar de la enorme variedad de maneras distintas de ser felices que existen entre los seres humanos, ¿hay algunas condiciones básicas que son necesarias para que puedan ponerse en práctica todas o casi todas esas maneras distintas?

  En caso afirmativo, ¿qué condiciones serían esas?

  En caso negativo, ¿qué tipos de felicidad pueden prescindir de condiciones básicas que sí parecen necesarias para otros muchos tipos de felicidad?
- Suponiendo que sean necesarias algunas condiciones básicas para todas o casi todas las maneras de ser feliz, ¿es posible reunirlas todas en un mismo sistema social, de modo que sus integrantes tuviesen asegurada la posibilidad de ser felices?

  ¿Se podría garantizar a todos los integrantes de ese sistema social que con toda seguridad van a ser felices?

¿Qué implicaciones prácticas tiene reconocer la dignidad de las personas?

Guion para desarrollar el tema:

- ¿Es idéntico el trato que merecen los seres a los que reconocemos dignidad que el que se debe dar a los seres a los que ponemos precio? ¿Por qué?

  En caso de que aceptemos dar un trato especial a quienes tienen dignidad, ¿en qué se nota ese trato especial?, ¿qué está permitido y qué está prohibido con respecto a los seres que tienen dignidad?
- ¿Qué pasaría si todo lo que hay en el mundo (también las personas y sus órganos corporales) se pudiera tratar como mercancía?

  ¿Tenemos argumentos para resistirnos a que todo, absolutamente todo, se pueda comprar y vender?

  ¿Debemos poner algún límite a lo que es comercializable?

5 Debate

Progreso moral, ¿sí o no?

Formad dos equipos de cuatro personas. Cada equipo prepara las dos opciones. Justo antes de comenzar, sortead qué opción defenderá cada uno.

Los estudiantes que no forman parte de los grupos hacen de jurado, siguiendo instrucciones del profesor o profesora.

1. ¿Ha habido progreso moral a lo largo de la historia? Argumentos a favor y en contra.
2. Ética eudemonista frente a ética hedonista.
3. Ética epicúrea frente a ética utilitarista.
4. ¿Ética de las virtudes o ética de los deberes?
5. ¿Ética de la felicidad o ética de la justicia?
6. Ética kantiana frente a ética del discurso.

PROYECTO FINAL. **Trabajo cooperativo**

La felicidad y la justicia en nuestro país

- Hacemos grupos de cuatro o cinco estudiantes como máximo.
- Cada grupo busca información en la red acerca de las estadísticas que recogen datos sobre la percepción de la población acerca del bienestar, la felicidad personal, la igualdad hombres-mujeres, la distribución de la riqueza (si las desigualdades sociales están creciendo o disminuyen), etc. Para ello consultamos las encuestas del CIS (Centro de Investigaciones Sociológicas), ministerios, medios de comunicación, etc. La búsqueda ha de centrarse en cuestiones como las siguientes: ¿En qué medida nos percibimos como felices? ¿A qué factores de felicidad concedemos mayor importancia? ¿En qué medida percibimos nuestras relaciones mutuas como justas?
- Consultamos también el más reciente *Informe sobre el Desarrollo Humano* que publica anualmente el Programa de las Naciones Unidas para el Desarrollo Humano (PNUD). En dicho informe nos fijamos especialmente en el puesto que ocupa nuestro país en la clasificación mundial de países ordenados de mayor a menor índice de desarrollo humano, y también el puesto que ocupa en las demás clasificaciones que aparecen en el informe. Averiguamos si ha habido variación respecto a informes de años anteriores.
- Con toda esa información, cada equipo expone en un mural sus conclusiones y las explica al resto de la clase. Conviene que, como resultado de la investigación realizada, propongamos al menos un compromiso ético que sea asumible por todos para avanzar hacia una sociedad mejor.

15 Estado y sociedad civil: el quehacer democrático

CONTENIDOS

1. De la ética a la política
2. Los fundamentos del Estado
3. La democracia hoy
4. La sociedad civil
5. El futuro de la democracia

PARA PENSAR JUNTOS

Leemos el diálogo de la página siguiente, debatimos sobre él y, después de estudiar esta unidad didáctica, respondemos estas cuestiones:

- ¿Estás de acuerdo con Luisa en que no ceder para uso de otros algo que no se necesita es egoísta? ¿Por qué?
- ¿Qué piensas de lo que dice Fernando sobre las empresas?
- Explica las funciones del Estado, de las empresas y de la sociedad civil que aparecen en el diálogo, ayudándote con los contenidos del tema.
- Para Juan y Fernando las leyes y la cooperación parecen excluyentes. ¿Estás de acuerdo con ellos? Razona tu respuesta.
- ¿Crees que los ciudadanos de un Estado no piensan en él cuando hay problemas? ¿Y en nuestras democracias? ¿Por qué?
- ¿Piensas, como Belén, que la cooperación entre los ciudadanos hace crecer la injusticia? Da razón de tu respuesta.

Ciudad de Lego en el parque temático de Gunzburgo, Alemania. En cada contexto histórico concreto hay un orden social en el que se mezclan elementos heredados y nuevos, iniciativas del Estado y de la sociedad civil.

¿Cómo organizar la vida en común? ¿Cómo es posible la convivencia? ¿Qué instituciones se encargan de garantizar la paz y la justicia? ¿Cuál es el papel del Estado y la sociedad civil? ¿Cómo se justifica el poder político? ¿Por qué la democracia es el mejor de los sistemas políticos?

Estos son algunos de los principales interrogantes de la filosofía política, esa parte de la filosofía cuya función básica consiste en dar razón del paso de la ética a la política, de la idea de justicia a las posibilidades de su realización práctica. El Estado es la institución básica encargada del orden social, pero él solo poco puede hacer si no cuenta con la colaboración y la fuerza de la sociedad civil. El sistema democrático constituye la mejor respuesta a estas cuestiones.

LA FILOSOFÍA EN TU VIDA

Carmen venía de una asamblea de delegados del instituto y, a juzgar por su cara, la reunión no debía de haber ido demasiado bien.

BELÉN.- ¿Qué, cómo ha ido la reunión?

CARMEN.- Pues como siempre. No ha habido manera de ponernos de acuerdo sobre algunos asuntos importantes. La directora nos ha informado de que se prevé para el próximo curso una disminución significativa de las ayudas para libros y de que hay un buen número de compañeros que no van a poder adquirirlos para seguir estudiando. Nos ha pedido que estudiemos la situación y que hagamos alguna propuesta que ayude a paliarla, y luego se ha marchado para que habláramos con más libertad. Y ahí ha empezado lo bueno. Pepe, un delegado de 4.º, ha propuesto que llevemos al centro todos los libros de texto que tengamos en casa, para hacer un banco de libros y prestarlos a quienes los necesiten; un delegado de 1.º ha respondido que ellos no tienen libros de ESO, pero sí pueden llevar al colegio los libros de Primaria, que harán falta también. Luego ha intervenido Luisa, delegada de un grupo de 2.º, y ha dicho que esta propuesta es inaceptable, porque los padres que han comprado los libros a sus hijos no tienen por qué llevarlos a ninguna parte, porque son suyos. Mari, delegada de 3.º, ha dicho entonces que esa postura es muy egoísta, porque no piensan en los demás: si ellos han tenido dinero para pagar los libros, mejor para ellos, pero ya no los necesitan y a otros les hacen falta. Y aquí se ha liado la bronca.

PACO.- Y tiene razón. Además, quién sabe si el curso próximo van a tener el mismo dinero para comprar los libros a sus hijos.

JUAN.- ¿Postura egoísta? ¿Alguien se ha preguntado si no es el Estado el que tiene la obligación de dar ayudas para que todo el mundo pueda estudiar, al menos durante la ESO?

FERNANDO.- Muy bien dicho, porque todos los mayores pagan sus impuestos y me gustaría saber qué se hace con ese dinero…

BELÉN.- Bueno, eso de que todo el mundo paga sus impuestos habría que verlo…

CONSUELO.- Desde luego, porque aquí, en cuanto se puede, se declara a Hacienda lo menos posible.

BRAHIM.- Mi padre me ha dicho que lo tenemos muy complicado para el futuro: encontrar trabajo cada vez está peor, los sueldos bajan cada mes y los gastos no disminuyen.

ANA (*en un susurro*).- No estaría mal, Brahim, que tuviéramos que buscar trabajo en otros países; sería una buena manera de comprender lo que vosotros estáis viviendo aquí.

FERNANDO.- Yo vuelvo a lo que ha dicho Juan, porque una cosa son las empresas, que solo están para ganar dinero y, si pierden, cierran, y otra cosa es el Estado, que tiene la obligación de asegurar la enseñanza para todos.

CARMEN.- Chicos, dejad la gran política y vayamos a lo nuestro. Si algunos de nuestros compañeros no pueden comprar los libros y nosotros podemos ayudarles, ¿por qué no hacerlo? ¿No nos gustaría, si nos viéramos en esa situación, que alguien nos ayudara?

BRAHIM.- En mi país no se nos ocurriría pensar en el Estado; lo que hacemos allí es ayudarnos unos a otros, entre la familia, los amigos y los vecinos. Vosotros tenéis una democracia y entonces todo es distinto.

BELÉN.- Claro, pero eso es lo que hace crecer la injusticia, porque son los políticos quienes deben hacer leyes que aseguren los derechos de todos, y no confiar en un sistema de intercambio que depende de con quién nos relacionemos para tener más o menos posibilidades. Y en cuanto a lo de la democracia, no sé yo, Brahim. La nuestra consiste solo en votar cada cierto tiempo, pero luego los políticos hacen lo que quieren, y no lo que han prometido ni lo que necesita la sociedad.

PACO (*nervioso*).- Al final, ¿habéis fijado una fecha para traer los libros usados? Porque yo creo que es lo mejor que podemos hacer.

CARMEN (*enfadada*).- ¡Qué va! Nos volveremos a reunir para seguir hablando.

1 De la ética a la política

1.1. La realidad social y el orden político

Una característica básica del ser humano es su carácter social. La formación de nuestra propia identidad personal no puede nunca producirse de manera aislada, independiente de los procesos de socialización. Es dentro de la familia, la escuela, los amigos, el trabajo, etc., como conseguimos entendernos a nosotros mismos y a los demás. Nos hacemos personas a través de los valores y normas que contiene toda tradición cultural y, en este sentido, hablamos de una forma de vida comunicativa.

A su vez, la sociedad no es posible sin la capacidad de coordinar nuestras acciones. Necesitamos organizarnos y crear diferentes prácticas sociales, grupos, organizaciones, etc. Estas estructuras sociales nos permiten organizar la vida en común, relacionarnos unos con otros y solucionar nuestros problemas buscando acuerdos y compromisos, reduciendo al máximo el uso de la violencia.

Mientras que la naturaleza se rige por leyes que no podemos cambiar, como es el caso de la gravedad, la realidad social es el resultado de la actividad conjunta de las personas. Los Gobiernos, partidos políticos, escuelas, hospitales y, en general, todo el orden social tienen hoy una determinada estructura, pero han sido históricamente diferentes y podemos cambiarlos en el futuro, transformarlos y mejorarlos. Incluso pueden llegar a desaparecer si pierden credibilidad, si las personas no aceptan la pretensión de justicia que acompaña a su poder. La realidad social depende de los individuos que la componen, de sus capacidades y de su libertad para transformarlas. Por eso decimos que toda realidad social tiene un carácter moral, esto es, pretende ser correcta o justa.

Doc. 1

«De un lado, está la sociedad que hace posible a la persona, y del otro lado se encuentra la persona que hace posible a la sociedad altamente organizada. Ambas se responden mutuamente en la conducta moral».

GEORGE MEAD, *Espíritu, persona y sociedad*

- ¿Qué relación tiene el orden social con el ámbito personal?
- ¿Por qué dice el autor que la conducta moral es el punto de mutua respuesta entre la persona y la sociedad?

1.2. Los retos de la filosofía política

La filosofía política se ocupa de reflexionar acerca de cuál es la mejor organización que podemos dar a la realidad social. Es la parte de la filosofía que trata de pensar y diseñar una comunidad donde todos puedan vivir de forma pacífica y justa, donde todos puedan llevar una vida que merezca el calificativo de «digna». Mientras que la ética o filosofía moral se ocupa de la aclaración, fundamentación y aplicación del saber moral, de lo que debe ser, por su parte la filosofía política se centra en las instituciones y los argumentos que fundamentan el poder político, es decir, en la autoridad necesaria para convertir en realidad aquel deber ser, de modo que su realización práctica sea lo más completa y efectiva posible.

El término «política» se refiere, por una parte, al Estado, a los partidos políticos, al Gobierno y a la oposición, a los procesos electorales, a las leyes y a su obligatorio cumplimiento, etc. Pero también se refiere, por otra parte, a los derechos humanos, a la pretensión de justicia que acompaña a las leyes, a la legitimidad que requiere la legalidad, etc. No es posible hablar de política sin referirnos a la pretensión de justicia que todo poder instituido reclama y necesita.

A diferencia de los principios morales, los principios políticos no tienen validez para todos los seres humanos. Están ligados a una sociedad determinada, a circunstancias sociales y económicas concretas y, en consecuencia,

Doc. 2

«Recordemos, en primer lugar, que las instituciones políticas (aunque esta proposición parezca a veces ignorarse) son obra de los hombres, que deben su origen y toda su existencia a la voluntad humana. Los hombres no las han encontrado formadas de improviso al despertarse una mañana. No se parecen tampoco a los árboles que, una vez plantados, crecen siempre mientras los hombres duermen. En cada período de su existencia la acción voluntaria del hombre las hace lo que son. Así, pues, como todas las cosas debidas al hombre pueden estar bien o mal hechas, puede haberse desplegado al crearlas juicio y habilidad o todo lo contrario… El mecanismo político no obra por sí mismo. Así como fue creado por hombres, por hombres debe ser manejado y aun por hombres ordinarios. Tiene necesidad no de la simple aquiescencia, sino de su participación activa, y debe ajustarse a las capacidades y moralidad de los hombres, tal como los encuentre».

JOHN STUART MILL, *Del gobierno representativo*

- Explica las diferencias entre la realidad natural y la social.
- ¿Por qué la política exige nuestra participación?

son siempre variables y dependientes de los problemas de cada momento histórico. La reflexión política, ya sea comprendida en un sentido estricto por su relación con el Estado o se entienda en un sentido amplio como reflexión sobre el poder, siempre debe tener en cuenta la realidad presente, las consecuencias que se siguen o pueden seguirse de la aplicación de las leyes y de las políticas públicas.

En resumen, la tarea principal de la filosofía política consiste, en palabras del filósofo José Luis López Aranguren (España, 1909-1996): «Enseñarnos cómo debe ser y organizarse la sociedad y conforme a qué principios debe gobernarse para que esa sociedad y ese gobierno sean justos».

La escuela es una más de las instituciones sociales, y, como todas las demás, va cambiando por voluntad de las personas.

1.3. Legalidad y legitimidad

La relación entre la ética y la política en la construcción del orden social se aprecia de forma clara cuando distinguimos entre la legalidad de una decisión, acción o institución –si cumple con las leyes– y su legitimidad –si está justificada–. Un ejemplo bien claro lo tenemos en aquellas leyes que, a pesar de haber sido aprobadas por la mayoría parlamentaria, seguimos pensando y argumentando que son inmorales, porque se alejan de la idea de justicia.

Tenemos así tres perspectivas diferentes aunque complementarias, para valorar la realidad social, el orden que hemos logrado construir entre todos:

- **Validez moral:** define la moralidad o justicia de la norma. Nos dice si la norma es correcta o justa según criterios morales, es decir, universales. Por ejemplo, el respeto a las personas, la prohibición de matar, el no mentir, etc.
- **Validez jurídica:** se refiere a la legalidad de la norma, si está recogida en la legislación correspondiente y su cumplimiento viene respaldado por la fuerza o coacción de las leyes. Cuando no cumplimos este tipo de normas decimos que la conducta es ilegal.
- **Vigencia social:** nos referimos a la eficacia social que acompaña a las normas, a su aceptación por parte de los miembros de la sociedad. Algunas normas tienen mayor vigencia, y otras menos. Por ejemplo, en algunos lugares los conductores detienen su vehículo en los pasos de peatones, mientras que en otros lugares no suelen hacerlo.

Cuando hablamos del sistema político nos referimos al conjunto de individuos e instituciones encargados del gobierno de una sociedad. El Estado ocupa el lugar central en este sistema, precisamente por su poder para elaborar y hacer cumplir las leyes. El orden social no se puede mantener sin este poder, sin la capacidad de influir en la conducta de los demás y solucionar así los conflictos de acción o alcanzar los bienes sociales propuestos. Aunque, como tendremos ocasión de comprobar, el Estado requiere a su vez de la sociedad civil y de sus instituciones.

ACTIVIDADES

REFLEXIONA

1. ¿Puede existir algún ser humano que llegue a desarrollarse como persona sin necesidad del apoyo social? ¿Por qué?
2. ¿Es justa la norma jurídica que prohíbe la entrada de extranjeros pobres a los países ricos? Utiliza tu respuesta para diferenciar los tres tipos de validez de las normas.

INVESTIGA

3. ¿En qué consiste la política?
4. ¿Qué diferencias existen entre la ética y la política?

Doc. 3

«Si se define incorrectamente la democracia, a largo plazo corremos todos el riesgo de rechazar algo que no hemos identificado apropiadamente y de recibir a cambio algo que no quisiéramos de modo alguno».

Giovanni Sartori, *Teoría de la democracia*

- Explica con algún ejemplo concreto lo que se afirma en este fragmento.
- ¿Percibes alguna relación entre la democracia existente en nuestro país y los conceptos que utilizamos para entenderla? Pon algún ejemplo.
- ¿Sería adecuado afirmar que la política real depende de lo que pensamos y esperamos de ella los ciudadanos? ¿Por qué?

2 Los fundamentos del Estado

2.1. Rasgos básicos del Estado moderno

El Estado moderno es la institución social que tiene la autoridad necesaria para garantizar los derechos y obligaciones de los miembros de una comunidad política y para definir y desarrollar políticas públicas, como asegurar el abastecimiento de agua potable, construir puentes y carreteras, etc.

El filósofo renacentista Nicolás Maquiavelo (Italia, 1469-1527) destacó que el poder coactivo, la amenaza de violencia, es el elemento central del Estado moderno. Su enfoque teórico se denomina «realismo político»: dado el egoísmo y la ambición de los seres humanos, es necesaria una estructura de poder, una organización jerárquica estable, que asegure el orden social y permita la supervivencia, el comercio y la prosperidad general. En su obra más conocida, *El Príncipe,* Maquiavelo describe la política como el arte de manejar el poder con habilidad, de modo que la principal virtud del político sería la astucia para conservar dicho poder.

Posteriormente, el filósofo y sociólogo Max Weber (Alemania, 1864-1920) define el Estado como «una asociación de tipo institucional que trata con éxito de monopolizar la violencia legítima como instrumento de dominio en un territorio determinado». Esto significa que el Estado necesita disponer en exclusiva del poder de coacción para hacer cumplir las leyes, haciendo uso de la fuerza física cuando sea necesario y persuadiendo a la población de que esa exclusividad es legítima.

El poder político solo funciona adecuadamente, de modo estable, cuando es aceptado por la sociedad. El derecho de los gobernantes a imponer las leyes y políticas públicas que ellos estimen adecuadas debe ser reconocido por los gobernados para que pueda mantenerse el sistema político. La aceptación de este derecho por parte de los ciudadanos se llama «legitimidad» e implica que este poder y su ejercicio están justificados.

Según Weber, este reconocimiento público puede derivar de las características y cualidades personales del líder o jefe (legitimidad carismática), o bien de las costumbres y la tradición (legitimidad tradicional), o también de la confianza en los procedimientos legales que determinan cómo puede ser instituido (legitimidad racional).

En nuestros días, puesto que afirmamos que las personas son libres e iguales, esta legitimidad solo puede estar basada en el acuerdo o consentimiento de los gobernados. De ahí la justificación e importancia de la democracia.

2.2. La legitimación del poder político

Este acuerdo posible entre todos los miembros de una sociedad es la idea central que defienden las teorías del contrato social. Estas teorías parten de una situación inicial, llamada «estado de naturaleza», que describe cuál sería la situación de las personas antes de que existiera el Estado. No es ninguna descripción histórica, sino una hipótesis que nos permite imaginar cómo sería nuestra vida en el caso de que el Estado no hubiera comenzado su existencia. A continuación se indica que tal situación inicial es indeseable, o que es imposible de mantener a largo plazo, o ambas cosas al mismo tiempo. Y así se llega a la conclusión de que el Estado era necesario y que está justificada la obligación de obedecer sus mandatos.

ACTIVIDADES

INVESTIGA

5. ¿Cuáles son los rasgos principales del Estado moderno? ¿Cuál es el rasgo que destaca Maquiavelo? ¿Cuál es el rasgo que destaca Weber?
6. ¿Qué tipos de legitimidad distingue Max Weber? ¿Puedes poner algún ejemplo tomado de la historia?
7. ¿En qué consisten las teorías del contrato social? ¿Cuáles son las principales? ¿En qué se parecen y en qué se diferencian?
8. ¿Qué principios expone Kant como requisitos necesarios para que un Estado moderno sea legítimo?

Doc. 4

«La causa final, propósito o designio que hace que los hombres –los cuales aman por naturaleza la libertad y el dominio de los demás– se impongan a sí mismos esas restricciones de las que vemos que están rodeados cuando viven en Estados es el procurar su propia conservación y, consecuentemente, su vida más grata. Es decir, que lo que pretenden es salir de esa insufrible situación de guerra que es el resultado de las pasiones naturales de los hombres cuando no hay poder visible que los mantenga atemorizados y que, con la amenaza de castigo, los obligue a cumplir los convenios y a observar las leyes de la naturaleza. Porque leyes de la naturaleza como la justicia, la equidad, la modestia, la misericordia, y, en suma, el hacer con los demás lo que quisiéramos que se hiciese con nosotros, son en sí mismas, y cuando no hay terror a algún poder que obligue a observarlas, contrarias a nuestras pasiones naturales, las cuales nos inclinan a la parcialidad, el orgullo, a la venganza y demás».

THOMAS HOBBES, *Leviatán*

- ¿Qué relación establece Hobbes entre leyes de la naturaleza y pasiones naturales?
- ¿Por qué y para qué surge el Estado?

El objetivo del supuesto pacto o contrato político es formar un «Estado de derecho» en el que los individuos están protegidos por las leyes para no quedar en una situación donde cualquiera les puede quitar la vida, la propiedad o la libertad. Si son inteligentes, sellarán un contrato y de ese modo se comprometerán a cumplir con los deberes que imponga el Estado, siempre que los demás hagan lo mismo.

El siguiente cuadro nos muestra tres formas diferentes de concebir este pacto político: la de Thomas Hobbes (Reino Unido, 1588-1679), la de John Locke (Reino Unido, 1632-1704) y la de Jean-Jacques Rousseau (Suiza, 1712-1778). Cada una de ellas entiende el Estado con matices diferentes: la primera pone el énfasis en la necesidad de que el Estado cuente con un poder soberano capaz de imponer la ley y el orden; la segunda acepta que ha de haber ese poder soberano, pero insiste en la necesidad de limitar el poder de los gobernantes para que no violen los derechos individuales, y la tercera pone el énfasis en la necesidad de la participación democrática al servicio de una voluntad general o bien común como legitimación del poder soberano.

ACTIVIDADES

ARGUMENTA

9. ¿Podría funcionar un Estado sin poder coactivo? ¿Por qué?
10. ¿Podría funcionar un Estado sin legitimidad de sus gobernantes? ¿Por qué?
11. ¿Podría subsistir una sociedad sin poder político alguno? ¿Qué dirían al respecto los teóricos del contrato social?

	PODER SOBERANO (Thomas Hobbes)	CONTROL POLÍTICO (John Locke)	PARTICIPACIÓN DEMOCRÁTICA (Jean-Jacques Rousseau)
Situación inicial	Guerra de todos contra todos: miedo e inseguridad. No hay normas, ni derechos, ni obligaciones.	Paz precaria. Todos tienen derechos naturales a la vida, libertad y propiedad, pero no hay un juez común con autoridad.	Igualdad natural de individuos aislados, pero hay problemas de subsistencia. No hay derechos previos al contrato.
Contrato político	Entre todos los individuos a favor de un soberano con poder ilimitado.	Doble contrato: entre todos los individuos para crear el Estado y entre los individuos y los gobernantes.	Entre todos los ciudadanos a favor de la comunidad.
Fines del Estado resultante	Estado como garante de la paz, del orden y de la seguridad.	Estado como agencia protectora que evite que cada individuo tome la justicia por su mano.	Estado como expresión de la voluntad general de la comunidad unida. El pueblo ha de participar en las decisiones.

Por su parte, Immanuel Kant (Alemania, 1724-1804), en su obra *La paz perpetua*, formula los tres principios siguientes como base del sistema jurídico que corresponde a un Estado moderno:

1. Principio de la libertad de cada miembro de la sociedad (en cuanto hombre).
2. Principio de la dependencia de todos respecto a una única legislación común (en cuanto súbditos).
3. Principio de la igualdad de todos los súbditos (en cuanto ciudadanos).

Para preservar estos tres principios, nos dice Kant, el soberano debe tener en cuenta, al promulgar las leyes, la siguiente fórmula: «Lo que no puede decidir el pueblo sobre sí mismo y sus componentes tampoco puede decidirlo el soberano sobre el pueblo». La idea del acuerdo o consentimiento constituye la base última de toda posible justificación del poder político, ya esté en manos de una persona (monarquía), de un pequeño grupo (oligarquía) o de todo el pueblo (democracia).

Estos tres criterios que Kant propone para distinguir entre un Estado legítimo y otro que no lo es pueden ser útiles en el plano internacional para distinguir entre Estados consolidados y Estados a los que se ha llamado «fallidos», es decir, Estados que no han conseguido todavía establecer un orden social estable en su territorio. Por otra parte, no debe confundirse «fallidos» con «canallas» o «forajidos» (*Outlaw States*): estos últimos son Estados consolidados que son considerados por la comunidad internacional como una amenaza para la paz y la estabilidad de las relaciones internacionales.

Doc. 5

«Lo que pierde el hombre por el contrato social es su libertad natural y un derecho ilimitado a todo cuanto le tienta; lo que gana es la libertad civil y la propiedad de todo cuanto posee; [...] hay que distinguir bien la libertad natural, que no tiene más límites que las fuerzas del individuo, de la libertad civil, que está limitada por la voluntad general [...]. Podría añadirse a la adquisición del Estado civil la libertad moral, la única que hace al hombre auténticamente dueño de sí; porque el impulso del simple apetito es esclavitud, y la obediencia a la ley que uno se ha prescrito es libertad».

JEAN-JACQUES ROUSSEAU, *El contrato social*

- ¿Qué significados se atribuye al término «libertad» en el texto?
- Según Rousseau, ¿son compatibles ley y libertad en el marco del contrato social? ¿Por qué?

2.3. La evolución del Estado moderno

La forma política que denominamos «Estado» ha pasado por diversas fases de desarrollo en los últimos tres siglos. En cada una de ellas se han ido incorporando cada vez mayores exigencias morales y políticas para la realización de los valores de libertad, igualdad y solidaridad.

Estas son las principales fases de dicho desarrollo:

- **El Estado absolutista.** En esta primera forma, la de monarquía absoluta, el rey acaparaba todo el poder. De él dependían tanto las leyes como su aplicación. No existían controles ni límites para evitar posibles abusos, ni tampoco participación del pueblo en las cuestiones de gobierno.
- **El Estado liberal de derecho.** Serán las revoluciones liberales las que se encargarán de acabar con ese poder absolutista y de implantar la idea de que nadie, tampoco el monarca, puede estar por encima de las leyes. Esto es lo que se denomina «imperio de la ley», y es lo propio de un «Estado de derecho». Se establece un marco legal que proteja los derechos individuales, como por ejemplo el derecho a la vida, a la libertad de movimientos, a disponer de propiedades, a reunirse con otros, a expresar su opinión, a escoger un trabajo y ejercerlo, a elegir y cambiar las creencias religiosas, etc. La política se entiende ahora como el arte de equilibrar los distintos intereses contrapuestos. Para alcanzar estos objetivos se establece una Constitución. La separación de poderes, establecida en Gran Bretaña en el siglo XVII y elogiada por Montesquieu (Francia, 1689-1755), tiene por objeto asegurar la independencia y el control mutuo entre los tres poderes del Estado (legislativo, ejecutivo y judicial), con el fin de evitar, en lo posible, los abusos de los gobernantes.
- **El Estado democrático de derecho.** La tradición democrática, nacida entre los antiguos griegos, mantiene que la mejor manera de controlar el poder de los gobernantes y garantizar así la libertad es la participación en la política de los gobernados. El principio democrático señala que nadie debería ser excluido de participar de forma eficaz en la elaboración y aplicación de las leyes que le afectan.

  De acuerdo con la distinción de Benjamin Constant (Suiza, 1767-1830), existen dos tipos básicos de libertad:

  - La libertad entendida como independencia, que es la capacidad de perseguir nuestros objetivos individuales.
  - La libertad como participación en los asuntos públicos, como capacidad de intervenir de forma efectiva en la vida política.

Constant nos avisa de que la libertad como independencia y privacidad requiere de la garantía de la libertad política, de la posibilidad de participación de los ciudadanos en el gobierno. Más aún, si nos quedamos solo con la independencia privada y no prestamos atención a la participación política, puede ser que nos quedemos sin la primera.

Teniendo en cuenta ambos tipos de libertad, la idea moderna de que es necesario el acuerdo o consentimiento de los gobernados como criterio de legitimidad del poder político se concreta ahora en la exigencia de una participación real de todos los afectados, o de sus representantes, en la elaboración de las leyes y políticas públicas.

Pero ¿cómo conseguir esta participación cuando la vida privada, el trabajo, la familia, los amigos, etc., ocupan la mayor parte de nuestro tiempo? La respuesta será el sistema representativo.

Doc. 6

«Democracia y liberalismo son dos respuestas a dos cuestiones de derecho político totalmente distintas.

La democracia responde a la pregunta: ¿Quién debe ejercer el poder público? La respuesta es: el ejercicio del poder público corresponde a la colectividad de los ciudadanos.

Pero en esa pregunta no se habla de la extensión que deba tener el poder público. Se trata solo de determinar el sujeto a quien el mando compete. La democracia propone que mandemos todos; es decir, que todos intervengamos soberanamente en los hechos sociales.

El liberalismo, en cambio, responde a esta otra pregunta: ejerza quienquiera el poder público, ¿cuáles deben ser los límites de este? La respuesta suena así: el poder público, ejérzalo un autócrata o el pueblo, no puede ser absoluto, sino que las personas tienen derechos previos a toda injerencia del Estado. Es, pues, la tendencia a limitar la intervención del Estado.

El poder público tiende siempre y dondequiera a no reconocer límite alguno. Es indiferente que se halle en una sola mano o en la de todos. Sería, pues, el más inocente error creer que a fuerza de democracia esquivamos el absolutismo. Todo lo contrario. No hay autocracia más feroz que la difusa e irresponsable del *demos*».

José Ortega y Gasset, *El Espectador*

- ¿A qué cuestiones de derecho político responden la democracia y el liberalismo y cuáles son sus respectivas respuestas?
- ¿Por qué se puede ser demócrata y no ser liberal y viceversa? ¿Se puede ser también demócrata y liberal a la vez?
- Según el texto, ¿la democracia es una garantía contra el absolutismo? ¿Por qué?

- **El Estado social y democrático de derecho.** Las luchas sociales llevadas a cabo por el movimiento obrero a lo largo de los siglos XIX y XX mostraron que no es suficiente con que las leyes recojan el reconocimiento de ciertos derechos para que se pueda asegurar el pleno disfrute de tales derechos, sino que al mismo tiempo es necesario disponer de los recursos necesarios para poder hacer un uso real y efectivo de esas libertades formalmente reconocidas. La tradición socialista introduce en nuestra comprensión de la democracia el valor de la igualdad. Para ello, desde finales del siglo XIX hasta nuestros días, el Estado ha ido asumiendo un papel cada vez más activo en la vida colectiva, principalmente por dos razones:
  - Como respuesta a las exigencias de la justicia social, para hacer real la igualdad de oportunidades. Esto ha provocado la expansión progresiva de los servicios sociales: educación, asistencia médica, protección de la vejez, del desempleo, de los grupos más débiles, etc. También se ha impulsado la redistribución de la riqueza mediante una política fiscal que favorece más a los grupos de menores ingresos.
  - Como respuesta a los problemas propios del sistema económico. La economía requiere una coordinación estatal para asegurar la eficacia y evitar las tendencias a la crisis. El aumento de la producción y la expansión de la demanda interna exigen, entre otras medidas, una política de pleno empleo, la función directiva del consumo mediante la política fiscal, la creación de empresas públicas y el aumento del gasto público.

Esto no significa que el Estado tenga la obligación de satisfacer todos los deseos de los ciudadanos, como a veces malinterpreta el llamado «Estado de bienestar». Pero sí existe la obligación del Estado de garantizar los mínimos de justicia para que todos puedan elegir un modo de vida que consideren digno. En realidad, el Estado que cubre esos mínimos no debería ser llamado «Estado de bienestar», sino más bien «Estado de justicia», en palabras del filósofo español Aranguren.

TIPO DE ESTADO	GARANTÍA DE DERECHOS
Estado absolutista	Ninguna: el monarca acumula todo el poder y está por encima de la ley.
Estado de derecho liberal	Derechos civiles (libertad de conciencia, igualdad ante la ley, garantía legal, libertad de culto, libertad de expresión, etc.)
Estado de derecho liberal y democrático	Derechos civiles y políticos (sufragio universal, asociación política, a elegir y ser elegido, a ocupar cargos públicos, etc.)
Estado de derecho liberal, democrático y social	Derechos civiles, políticos y sociales, económico-culturales, (educación, salud, vivienda, empleo, jubilación, etc.)

Casas del Parlamento de Londres.
En el Estado democrático de derecho, el Parlamento encarna el poder legislativo.

ACTIVIDADES

ARGUMENTA

12. ¿Qué razones crees que explican la evolución del Estado moderno en los tres últimos siglos?

INVESTIGA

13. ¿Cuáles son los principales tipos de Estado que se han sucedido en la historia reciente de Occidente?
14. ¿Cuáles son las diferencias más importantes entre el Estado liberal y el Estado democrático?
15. ¿Cuáles son las aportaciones fundamentales del Estado social y democrático de derecho?

Doc. 7

«Un derecho de propiedad no es un derecho a poseer la propiedad, sino un derecho a adquirirla cuando se puede, y a protegerla cuando se tiene. Pero si utilizáramos estos argumentos para explicar a un pobre que sus derechos de propiedad son idénticos a los de un millonario, probablemente nos tacharía de demagogos. De igual modo, el derecho a la libertad de palabra carece de sustancia cuando, por falta de educación, no se puede decir nada que merezca la pena o no se tienen medios para hacerse oír».

Thomas Marshall, *Ciudadanía y clase social*

- ¿Con qué fase evolutiva del Estado se corresponde esta reflexión sobre el derecho a la propiedad y a la libertad de expresión?

3 La democracia hoy

3.1. La elección de representantes

Voluntarios limpiando el chapapote de las costas de Galicia después del hundimiento del buque petrolero Prestige en marzo de 2003.

En ciertas circunstancias, los ciudadanos se ofrecen masivamente como voluntarios para realizar ciertas tareas de interés común. Esto es un síntoma de vitalidad de la democracia.

Nuestros actuales sistemas democráticos tienen una antigüedad de apenas dos siglos. Aunque las ideas de libertad, igualdad y participación son herencia de la democracia ateniense, las primeras democracias modernas surgen en el siglo XIX, en estrecha relación con las ideas liberales y constitucionalistas, como un mecanismo para defender al individuo de los abusos del poder estatal, de la tiranía y del absolutismo.

A lo largo del siglo XIX y principios del siglo XX se llevó a cabo una lucha popular para extender el derecho a voto a todas las personas. Primero se logró el sufragio universal de los varones, y posteriormente el de las mujeres. Actualmente, únicamente los menores de edad y los extranjeros están excluidos de este derecho, aunque algunos colectivos de extranjeros también pueden votar en ciertas ocasiones (por ejemplo, en elecciones locales) si se cumplen ciertos requisitos (como, por ejemplo, que se trate de residentes permanentes y que en su país de origen se reconozca el mismo derecho recíprocamente).

Al establecer el sistema de representantes públicos elegidos periódicamente, se aminora la posibilidad de la participación directa en los asuntos del Estado, pero al mismo tiempo se amplía cada vez más el número de posibles votantes, incluyendo a personas de diferentes grupos culturales, con tal que se respeten los derechos humanos como núcleo moral de la democracia. Hoy la democracia se caracteriza básicamente como un sistema representativo, el cual es posible si se dan las siguientes condiciones:

1. Sufragio universal (igualdad política = un ciudadano, un voto).
2. Elecciones periódicas regulares, en las que los gobernantes puedan ser sustituidos o reelegidos.
3. División de poderes: legislativo (reside en el Parlamento y se encarga de promulgar las leyes), ejecutivo (es el poder encargado de hacer cumplir las leyes y de proponer al Parlamento las reformas necesarias; lo ejercen los ministros, que toman las decisiones de acuerdo con el programa de su partido) y judicial (desempeñado por los jueces y jurados, que deciden si los comportamientos se ajustan o no a lo prescrito por la ley, e imponen castigos a los infractores).
4. Garantía de libre discusión pública: para lo cual se requiere la libertad de expresión, de reunión y asociación, la igualdad ante la ley, la transparencia en la toma de decisiones públicas, la información plural necesaria para la deliberación, la educación básica para todos, etc.
5. Igual posibilidad de que todos puedan ser candidatos y ocupar cargos públicos. Libre competencia entre todos los candidatos y sus partidos políticos, lo que implica el acceso equitativo a los medios de información públicos, subvenciones para gastos electorales, etc.
6. Aceptación de la regla de la mayoría como instrumento básico para la toma de decisiones, pero con limitaciones para evitar que las mayorías puedan abusar de su poder.
7. Límites constitucionales a la regla de la mayoría: conjunto de derechos civiles y políticos que garanticen el respeto a las minorías y la posibilidad de que puedan convertirse en mayorías.

Por medio de las organizaciones solidarias, los ciudadanos detectamos las injusticias y exigimos que se hagan reformas.

3.2. La importancia de la participación

Aunque la elección de representantes es necesaria en contextos complejos y plurales como los actuales, la fundamentación de la democracia como sistema político se sigue apoyando en la aceptación racional de todos los ciudadanos. Esta idea del acuerdo posible exige la participación no solo en la elección de los representantes, sino, sobre todo, en las deliberaciones públicas que preceden a la toma de decisiones. La deliberación, la discusión racional sobre los fines y los medios, sobre los pros y los contras de cada decisión, nos permite definir una voluntad común e ir más allá de la simple suma o agregación de intereses particulares. Por ello, la deliberación es la clave del quehacer democrático: una auténtica democracia ha de ser una democracia deliberativa, no agregativa. Tanto en el Parlamento como en las demás instituciones políticas y sociales, las decisiones serán tanto más democráticas cuanto más se practique la deliberación previa a la votación. En algunos casos, una buena deliberación hará innecesaria la votación, porque se habrá alcanzado el consenso a través del proceso deliberativo.

Para que esta participación sea posible necesitamos enmarcar la elección de representantes en un sistema democrático que garantice cuatro aspectos básicos:

1. Asegurar un mínimo de justicia. No se puede pedir a los ciudadanos que se interesen por el debate público si la sociedad a la que pertenecen no se preocupa por asegurarles el mínimo decente para vivir con dignidad: empleo digno, alimentación, vivienda, atención sanitaria, educación, ayuda en situaciones de vulnerabilidad, etc.
2. Perfeccionar los mecanismos de representación. Se debe exigir competencia y responsabilidad a nuestros representantes políticos y a sus partidos. Por ejemplo, asegurando la transparencia de su financiación para evitar la corrupción; exigiendo participación y procedimientos democráticos en el interior de los partidos; confeccionando listas abiertas para que los ciudadanos voten a sus candidatos preferidos dentro de la lista que propone cada partido; castigando a los partidos que no cumplen las líneas básicas de su programa ni explican el porqué; etc.
3. Dar mayor protagonismo a los ciudadanos. Es necesario diseñar nuevos espacios de participación en la esfera política para canalizar las ideas de los ciudadanos y para la vigilancia y el control de los representantes políticos. Las posibilidades de las nuevas tecnologías de la comunicación facilitan la creación de estos espacios.
4. Propiciar el desarrollo de una ciudadanía activa. Se deben ampliar los espacios donde sea posible participar en la toma de decisiones y se aprecien directamente los resultados de la participación. Por ejemplo, en la asignación de parte del presupuesto público en los ayuntamientos, así como en la definición y seguimiento de las políticas públicas.

3.3. Una doble vía para la participación

Un sistema democrático requiere de la representación y sus elecciones periódicas, pero también pone las condiciones para que los ciudadanos participen en la sociedad civil, en todas las esferas de acción no gubernamentales. Los ciudadanos han de ser los protagonistas de la actividad económica, y también en el ámbito de la solidaridad y de la amistad cívica. Las diferentes éticas aplicadas pueden ayudarnos en que las instituciones funcionen correctamente bajo la atenta vigilancia de los ciudadanos.

Doc. 8

«Los representantes políticos son elegidos por los ciudadanos para gestionar la cosa pública, con todo lo que eso significa de pactos, negociaciones, compromisos, etc. Los resultados a los que llegan son consensos fácticos, en los que nadie queda satisfecho del todo y en los que hay que contar con fuertes condicionamientos como el tiempo (existen unos plazos), la urgencia de tener que tomar decisiones, aunque no existan acuerdos totales, y el hecho de que intervengan las estrategias como elementos inevitables. La política es, pues, un ámbito en el que necesariamente intervienen la estrategia, el pacto y la negociación.

Es verdad que los políticos deben cumplir su cometido con honestidad, con honradez y transparencia, como todos los demás ciudadanos. Sin embargo, no son ellos de modo alguno los encargados de dictaminar qué es bueno y qué es malo: ser representante político requiere legitimidad política, pero ni remotamente autoridad moral».

Adela Cortina, *La ética de la sociedad civil*

- ¿Cuál es el papel de los representantes políticos en el sistema democrático?
- ¿Qué valores definen la actividad política?
- ¿Qué diferencia existe entre autoridad política y autoridad moral?

Doc. 9

«La participación y la desigualdad social están tan indisolublemente unidas que para que haya una sociedad equitativa y más humana falta un sistema político más participativo».

Crawford B. Macpherson, *La democracia liberal y su época*

- ¿Por qué es necesaria la participación?
- ¿Qué relación crees que guarda la participación y la igualdad?

4 La sociedad civil

4.1. Un espacio para la libertad

El orden social contiene una estructura más profunda y radical que el sistema político y el económico: la sociedad civil. Con este concepto nos referimos a ese ámbito de la vida humana en el que encontramos una densa red de asociaciones y organizaciones culturales, educativas, religiosas, lúdicas, de ayuda mutua, de defensa de intereses universales, etc. En esa esfera se comparten las creencias, valores y normas que dan sentido al resto de prácticas sociales. Dos características básicas definen esta esfera:

- El eje central de la sociedad civil es el carácter no coactivo, sino libre y voluntario de sus asociaciones y organizaciones. Es nuestra voluntad de ayuda mutua y nuestro compromiso con los demás lo que nos mueve a reforzar la sociedad civil, y no la búsqueda de beneficios o de poder.
- En esta esfera las personas colaboran para satisfacer determinados intereses comunes, que afectan a muchas personas. En algunos casos, esos intereses son grupales, como ocurre con los clubes deportivos y los sindicatos, mientras que en otros casos se defienden intereses generales, como sucede con las asociaciones cívicas humanitarias que trabajan en favor de la paz, del medio ambiente o de un desarrollo económico más justo.

Estos espacios de participación social carecen del poder político del Estado y del interés por el dinero (afán de lucro) como mecanismo motivador. Lo cual no impide que requieran de los servicios del Estado y que necesiten también de recursos económicos para alcanzar sus objetivos. La principal diferencia es la motivación personal: quien participa en alguna asociación de esta esfera sabe que solo el reconocimiento recíproco de los demás, la solidaridad y la cooperación le permitirán alcanzar los objetivos propuestos.

Al mismo tiempo, la sociedad civil es la base imprescindible para la formación de la opinión pública y el seguimiento y control del poder político y económico. Como espacio público libre de coacción, la sociedad civil es una plataforma para vigilar el funcionamiento del Estado y del mercado, para la denuncia de las injusticias y para hacer llegar al resto de la sociedad la voz de los intereses morales, que son los que afectan a todas las personas.

Doc. 10

«¿Qué es la sociedad civil? El espacio de asociación humana sin coerción, y también el conjunto de la trama de relaciones (formadas en nombre de la familia, la fe, los intereses y la ideología) que llenan este espacio».

Michael Walzer, «La idea de la sociedad civil», en Del Águila Tejerina, Rafael, *La democracia en sus textos*

- Haz un listado de grupos y asociaciones que configuran la sociedad civil.
- ¿Qué significa que la sociedad civil es un «espacio de asociación humana sin coerción»?
- ¿Por qué es necesario el compromiso para hablar de sociedad civil?

4.2. Dos visiones de la sociedad civil

El concepto de sociedad civil se utiliza para referirse a dos realidades diferentes:

- **La sociedad civil como mercado:** se entiende como sinónimo de «sector privado», donde individuos económicamente autosuficientes establecen lazos contractuales para alcanzar sus fines particulares. Todas las relaciones se explican desde el interés particular, por lo que los demás son percibidos como meros instrumentos o medios para mis objetivos egoístas. Las relaciones sociales se identifican con las relaciones comerciales.
- **La sociedad civil como «tercer sector»** (además del sector estatal y del económico): los individuos actúan orientándose por valores cívicos compartidos y las relaciones que la conforman se entienden desde el interés común. Ya no se trata de la estrategia (usar al otro como un medio al servicio de mis objetivos egoístas), sino de la solidaridad como mecanismo básico de coordinación de la acción.

Doc. 11

«La sociedad civil es aquella esfera de interacciones sociales no-estatal y no-económica, de base voluntaria [...] que se compone de las asociaciones, organizaciones y movimientos surgidos de forma más o menos espontánea, cuyo núcleo institucionaliza los discursos que permiten solucionar problemas de interés general, en el marco de espacios públicos más o menos organizados».

Jürgen Habermas, *Facticidad y validez*

- ¿Qué significa «espontaneidad» en el texto?
- Explica qué significa «problemas de interés general». ¿Puedes poner algunos ejemplos?

Pero la sociedad civil bien entendida, como espacio para la participación y para el desarrollo de las acciones libres y voluntarias, tiene elementos de ambas perspectivas. Es el terreno de la libre iniciativa privada, pero también el terreno de las acciones solidarias, del voluntariado y del altruismo.

Lo decisivo para saber si nos situamos en la esfera de la sociedad civil es saber si estamos ante un acuerdo libre y voluntario entre todos los participantes para actuar conjuntamente, es decir, si existe libertad e igualdad, o si estamos obligados por el poder legal o presionados por el poder económico. Es el consentimiento de todos los implicados en la actuación conjunta lo que determina la inclusión en esta esfera.

4.3. Hacia una economía ética

La economía consiste en el conjunto de actividades dirigidas a la satisfacción de las necesidades de los individuos y a la asignación de los recursos que son escasos. El sistema económico se encarga de la producción, distribución y consumo de bienes y servicios. La economía y las empresas (sus instituciones básicas) disponen de cierto poder y, por lo tanto, tienen cierta responsabilidad en el quehacer democrático.

Para Aristóteles (Grecia, 384-322 a.C.), la economía consiste en la recta administración de la casa (del patrimonio familiar) y distingue entre la economía propiamente dicha y la crematística: mientras que la economía tiene como finalidad el disfrute de los recursos para llevar una vida plena, la crematística es descrita como un vicio consistente en acumular riquezas, sin pensar en los demás.

Adam Smith (Reino Unido, 1723-1790), padre de la economía moderna y profesor de Filosofía Moral, subrayó la vinculación entre economía y ética. A su juicio, el mercado y la empresa son las instituciones económicas más importantes, pero su funcionamiento no puede explicarse atendiendo solo al interés individual, sino que más bien este interés debe integrarse en un marco de justicia social que permita a los individuos realizarse en sociedad.

Ya en nuestros días, el economista y filósofo Amartya Sen (India, 1933) nos habla de una economía puesta al servicio de las personas, de una economía que les permita desarrollar una libertad real y vivir así la vida que cada uno tenga razones para valorar.

La economía puede ser considerada como un fracaso cuando existen altos niveles de pobreza y desigualdad, cuando a pesar del crecimiento económico se genera desempleo y exclusión, cuando la contaminación está destruyendo los recursos de las futuras generaciones. Con estos resultados, el crecimiento económico nada tiene que ver con el progreso moral.

Una economía ética es aquella que actúa con vistas a lograr un orden social más equitativo y ecológico, donde todas las personas tengan las condiciones para realizar la vida que deseen. Pero no solo los mercados y las empresas «construyen la economía».

Nosotros, como ciudadanos, podemos contribuir a esta economía ética. Por ejemplo, comportándonos como consumidores responsables. Las personas tienen que consumir distintos bienes para no perecer. Pero cuando no consumimos para satisfacer necesidades básicas, sino para realizar deseos o caprichos, entonces estamos ante el fenómeno del consumismo.

Esta es una tendencia que se puede comprobar en todas las sociedades, en especial en el mundo desarrollado.

Doc. 12

«Tras el fracaso del socialismo comunista de los países del Este europeo, la economía de mercado capitalista ha quedado como la única opción viable de organización económica y, sin embargo, el sistema económico capitalista sigue suscitando críticas morales. No es fácil asumir que el egoísmo, la tendencia sistemática a la ganancia o el beneficio, la competencia y la actitud consumista estén libres de peligros para una convivencia justa y felicitante. Es muy dudoso que, tal como está organizada la economía, puedan resolverse los problemas globales del mundo, como el subdesarrollo, la pobreza, la destrucción del medio ambiente y el paro».

Jesús Conill, *Horizontes de economía ética*

- ¿Qué aspectos del sistema capitalista son una amenaza «para una convivencia justa y felicitante»?
- ¿Es posible un sistema económico ético? ¿Cómo?

ACTIVIDADES

16. ¿Qué relación crees que existe entre «representación» y «participación»? ¿Cuál crees que es más importante para la práctica democrática?

17. ¿Cómo crees que debería ser la sociedad civil para que cumpla una función adecuada o positiva entre el Estado y el mercado?

INVESTIGA

18. Busca ejemplos de participación de la sociedad civil en la práctica democrática, tanto desde las organizaciones cívicas y solidarias como desde las instituciones educativas, sanitarias y empresariales.

19. ¿Crees que puede existir una economía diferente a la actual? ¿Cómo debería ser?

5 El futuro de la democracia

Doc. 13

«Entendemos por "pueblo" un conjunto de ciudadanos que discrepan desde el punto de vista de sus intereses, de sus preferencias o de sus cosmovisiones, pero están unidos por el diálogo racional, por su empeño en intentar pensar y razonar conjuntamente. No les une únicamente la emoción, ni solo un foco puntual de interés, sino la amistad cívica, el debate público y la apuesta por el intercambio de opiniones, del que pueden obtener enriquecimiento mutuo y la forja de una voluntad común».

ADELA CORTINA, *¿Para qué sirve realmente la ética?*

- ¿Qué características debe tener un pueblo en la actualidad, según la autora?
- ¿Qué dificultades crees que suele haber para que un pueblo como el de nuestro país se comporte como un auténtico pueblo?

5.1. La desafección democrática

En la actualidad la democracia constituye el tema principal de la reflexión política. Aunque nadie discute que estamos frente a la mejor respuesta a la pregunta de cómo organizar nuestra convivencia, nuestra vida en común, su situación actual no está libre de problemas. Uno de los principales desafíos es, precisamente, la falta de participación, de implicación y afecto, por parte de los ciudadanos. Nos encontramos así ante el problema de la desafección.

La desafección democrática se expresa a través del desapego o alejamiento de los ciudadanos con respecto al sistema representativo, en la falta de interés por la política y en la desconfianza hacia los políticos y sus instituciones. Si bien los ciudadanos no dudan de la legitimidad del sistema democrático, del que no piensan prescindir, no se sienten emocionalmente vinculados ni comprometidos con la práctica política. Esta falta de afecto repercute en la participación electoral, así como en la necesaria implicación ciudadana en la vida pública. Produce, en suma, una ciudadanía pasiva. Las causas de esta situación nos remiten a diferentes factores, entre otros:

- La frustración por la mala gestión de algunos gobernantes, incapaces de solucionar los problemas que afectan a todos los ciudadanos.
- El descrédito de unos representantes políticos que, en muchos casos, están lejos de la necesaria honestidad y honradez que requiere la gestión pública, junto a la percepción de que la corrupción está generalizada y suele quedar impune.
- La insatisfacción por el incumplimiento de las expectativas depositadas en el sistema democrático, en la garantía de los derechos sociales y económicos por ejemplo: educación, sanidad, vivienda, etc.
- La percepción de que quienes tienen el poder para cambiar la realidad no son quienes elegimos. Por ejemplo, el Fondo Monetario Internacional.
- El colonialismo económico, que hoy se manifiesta a través de grandes empresas transnacionales capaces de imponer sus criterios al poder político.
- La falta de democracia interna de los partidos políticos que repercute tanto en su papel de principal canal de participación política, como en su función de selección de liderazgos.

Se resiente así el sentido último que tiene la democracia, puesto que parece romperse el débil vínculo que une a gobernantes y gobernados. Si el principio democrático se refiere a que todos los afectados por las leyes y las políticas públicas deben haber dado su consentimiento a las mismas, y a que cualquier ciudadano afectado por una decisión debe tener la misma posibilidad de influir en ella, este horizonte de sentido se ha debilitado enormemente.

La respuesta a esta situación ha sido la deriva hacia una democracia emotiva, donde las mayorías se forman por manipulación de los sentimientos de los electores por parte de los dirigentes políticos con el fin de conseguir sus votos. Mientras los ciudadanos se comporten como masa, como un conjunto de individuos aislados, incapaces de actuar conjuntamente, la situación solo puede empeorar. El reto para el futuro de la democracia consiste en superar esta democracia emotiva de masas e ir consiguiendo que los destinatarios de las leyes sean también sus autores, a través de la representación auténtica y de la participación de los afectados. Este es el camino para evitar que la desmoralización destruya nuestra sociedad democrática.

Parlamento Europeo, Estrasburgo, Francia. Para hacer frente a los problemas de nuestra época, necesitamos sistemas políticos cada vez más abarcantes, pero sin perder legitimidad democrática.

5.2. Democracia cosmopolita

Un nuevo reto para nuestros Estados democráticos lo constituye el carácter global de muchos de los problemas actuales. El nuevo escenario global en el que se mueven las democracias contemporáneas siembra muchas dudas acerca de si es posible o no poner en práctica una democracia auténtica. Porque parece que el verdadero poder no lo tienen los representantes elegidos democráticamente (diputados, senadores, concejales, etc.), sino otras personas (en gran medida los directivos de grandes bancos y de poderosas empresas transnacionales) que no han sido elegidas democráticamente. Por ello, necesitamos una democracia global, capaz de someter a los poderes económicos al imperio de la ley, puesto que los problemas ecológicos y de seguridad son problemas políticos globales. Pero ¿es posible una democracia real que funcione más allá de las fronteras estatales? ¿Es posible una democracia cosmopolita?

La idea de una democracia cosmopolita constituye una nueva meta para los ciudadanos democráticos y requiere de un nuevo modelo de democracia, en el que la deliberación y la toma de decisiones no estén limitadas por las fronteras del Estado-nación. Para ello debemos recuperar el núcleo moral universalista que legitima nuestras democracias y que se refiere al reconocimiento de cualquier persona como libre e igual.

Las fronteras de la democracia, según esta idea, tienen que venir definidas por la magnitud y extensión de los problemas y, por lo tanto, por la inclusión de todos los afectados. El único límite al reconocimiento de las diferentes y múltiples culturas debe ser la aceptación de los derechos humanos como núcleo moral de la democracia. En este sentido, de lo que se trata actualmente es de construir una ciudadanía cosmopolita basada en ese núcleo moral de la democracia. Se trata de construir un orden democrático mundial, capaz de ordenar los procesos económicos globales con el fin de fomentar el libre desarrollo de los pueblos, de sus culturas y formas de ser. Si las democracias del mundo se ponen de acuerdo en avanzar hacia esa meta, es probable que finalmente se consiga.

Doc. 14

«La democracia no es un estatus en el que pueda un pueblo cómodamente instalarse. Es una conquista ético-política de cada día, que solo a través de una autocrítica siempre vigilante puede mantenerse. Es más una aspiración que una posesión. Es, como decía Kant de la moral en general, una "tarea infinita" en la que si no se progresa, se retrocede; pues incluso lo ya ganado ha de re-conquistarse cada día. Requiere, en fin, la voluntad moral de la democracia. Esta voluntad se debilita y aun se extingue con facilidad, porque al hombre le cansa la pesada carga de la libertad política y, con frecuencia, hace entrega de ella a un "jefe" a cambio del "orden" y la "seguridad", para poder dedicarse tranquilamente a sus diversiones o a sus negocios, a la vida privada en suma».

José Luis López Aranguren, *Ética y política*

- ¿Por qué afirma el autor que la democracia es «una tarea infinita»?
- ¿Qué dificultades principales señala el autor para que una democracia pueda funcionar bien y de modo duradero?

Doc. 15

«Efectivamente, la transparencia es un ingrediente fundamental en una democracia consolidada y duradera, la luz que permite combatir la corrupción, porque esta no acarrea solo costes económicos, sino que afecta a la imagen misma del sistema democrático… La corrupción como gangrena del Estado de derecho es una amenaza para la democracia. Combatir la corrupción equivale a fortalecer el Estado de derecho y, por lo mismo, la democracia. Pero ¿cómo hacerlo? Hay que tener administraciones eficaces y funcionarios suficientemente remunerados, la existencia de una tradición cultural de respeto y de servicio al Estado es un factor importante».

Troy A. P. Davis, *A favor de una democracia mundial*

- ¿Qué significa en el texto «Estado de derecho» y qué relación tiene con la democracia?
- ¿Cómo definirías la corrupción? ¿Afecta solo a los políticos?
- ¿Por qué la corrupción es una «gangrena»?
- Explica las medidas propuestas para evitar la corrupción y añade las que creas conveniente.
- Busca en la red los informes sobre la corrupción que elabora Transparencia Internacional y fíjate en qué lugar ocupa España. ¿Va mejorando nuestra posición?

ACTIVIDADES

20. Explica las causas de la desafección democrática actual y pon ejemplos de ellas.

ARGUMENTA

21. ¿Estás de acuerdo en que la nuestra es una democracia emotiva? Explica tus razones.

22. Reúne los rasgos de una democracia cosmopolita en una redacción y expón tu criterio acerca de su realización en el futuro.

23. ¿Piensas que se está educando a los niños y jóvenes para que sean ciudadanos del mundo? Razona tu respuesta.

SABER HACER

1 Comentario de texto

«La política es el juego en el que todos ganan juntos o pierden juntos, donde se transforma el conflicto en cooperación o se destruye el ámbito mismo de lo público. ¿Qué es pues la libertad? La condición de que disfrutan los ciudadanos con el control de su destino común; obediencia a las leyes en cuya elaboración tienen participación efectiva [...]. ¿Qué es la igualdad? La condición de que disfrutan los ciudadanos que comparten la carga de la responsabilidad pública, que participan en la determinación del bien y los fines públicos, y que se tratan unos a otros con el respeto que proviene de saber que unos se pertenecen a los otros, compartiendo un destino común, y solo pueden ser libres creando comunidades participativas. No hay libertad sin igualdad, ni igualdad sin autonomía».

Benjamin R. Barber, *¿Qué es el capitalismo democrático?*

Cuestiones

1. ¿Qué título conviene a este fragmento?
2. ¿Qué significan «libertad» e «igualdad» en este fragmento?
3. Explica el sentido de la frase «No hay libertad sin igualdad, ni igualdad sin autonomía».

2 Comentario de texto

«Las cuestiones y los temas políticos que legítimamente pertenecen a los niveles de la comunidad local, el lugar de trabajo o la vecindad son aquellos que involucran a las personas en la determinación directa de las condiciones de la propia asociación. Los niveles nacionales de gobierno se deberían ocupar de los problemas colectivos o las cuestiones políticas que afectan a una población particular sin llegar a cruzar las fronteras de su territorio. En contraste, las cuestiones que legítimamente pertenecen a los niveles regionales de gobierno son aquellas que exigen mediación transnacional a causa de la interconexión de las decisiones y las consecuencias nacionales y porque las naciones en estas circunstancias suelen encontrar que son incapaces de alcanzar sus objetivos sin la colaboración transfronteriza. Por extensión, los temas que pertenecen al nivel global son aquellos que implican grados de interconexión e interdependencia imposibles de afrontar para las autoridades locales, nacionales o regionales. Los centros de decisión fuera de las fronteras nacionales serán legítimos cuando los niveles "inferiores" de toma de decisiones no puedan manejar y resolver satisfactoriamente cuestiones políticas transnacionales e internacionales».

David Held, *La democracia y el orden global*

Cuestiones

1. Describe los diferentes niveles en que se estructura la democracia cosmopolita según el autor. ¿Qué competencias tendría cada una de ellas?
2. ¿Dónde se situaría la Unión Europea?
3. Busca información sobre el principio de subsidiariedad y pon ejemplos de su aplicación.

3 Disertación

Estados correctos, fallidos y forajidos

Redacta la disertación siguiendo este guion:

- Busca información en diversas fuentes sobre las diferencias entre estos tres tipos de Estados.
- Trata de aclarar, en la medida de lo posible, qué criterios son más razonables para distinguir, por una parte, entre Estados correctos y Estados fallidos, y, por otra parte, entre Estados correctos o confiables y Estados forajidos.

Estado social y democrático de derecho

Nuestra Constitución declara que «España se constituye en un Estado social y democrático de derecho, que propugna como valores superiores de su ordenamiento jurídico la libertad, la justicia, la igualdad y el pluralismo político».

Prepara una disertación tratando de responder a estas preguntas:

- ¿Qué implicaciones tiene esta afirmación?
- ¿Crees que estos valores están garantizados en la práctica política diaria?
- ¿En qué aspectos tenemos que avanzar más para hacer realidad lo que dice la Constitución?
- ¿Hay algún otro valor –a tu juicio– que se debería mencionar?

4 Comentario de texto

«En el sentido más abstracto, sociedad civil puede considerarse como un agregado de instituciones, cuyos miembros participan en un conjunto de actividades no estatales –producción económica y cultural, vida doméstica y asociaciones de ayuda mutua–, y que aquí preservan y transforman su identidad ejerciendo toda clase de presiones o controles sobre las instituciones del Estado.

De esta manera sociedad civil y Estado deben convertirse en condición de una democratización recíproca. La sociedad debe convertirse en una espina clavada permanentemente en el flanco del poder político. Sin una sociedad civil segura e independiente de las esferas públicas, los objetivos de igualdad, libertad, planificación participativa y adopción conjunta de decisiones no serán más que eslóganes vacíos. Pero sin la función protectora, redistributiva y mediadora del Estado, las luchas por transformar la sociedad civil caerán en la dinámica del gueto, en la división y en el estancamiento, o generarán sus propias y nuevas formas de desigualdad y falta de libertad».

John Keane, *Democracia y sociedad civil*

Cuestiones

1. ¿Qué se entiende en el texto por «esferas públicas»?
2. Describe cómo propone Keane la relación entre sociedad civil y Estado.

5 Debate

¿Es necesario el Estado?

Formad dos grupos de cuatro o cinco componentes. Uno de los grupos prepara la respuesta afirmativa a la pregunta del título y el otro la negativa. Para eso plantead cuestiones como las siguientes:

1. ¿Qué argumentos son los más adecuados para justificar (o para rechazar) la existencia del Estado?
2. ¿Qué clase de Estado podemos considerar legítimo?
3. ¿Pueden tener otras organizaciones la misma legitimidad que el Estado? ¿Por qué?
4. ¿Hay algún aspecto en el que el Estado no pueda ser sustituido por otro tipo de organización? ¿Cuál?
5. ¿Es posible que otras organizaciones puedan cumplir más eficazmente algunas metas para las que se creó el Estado? ¿Cuáles?

Tras el debate entre los dos grupos, abrid un turno de palabra en el que intervengan todos los presentes.

PROYECTO FINAL. **Trabajo cooperativo**

Participación y democracia

- Estudiamos dos modos distintos de entender la democracia, presentes en la actualidad. Para ello hacemos dos grupos: cada uno se encargará de investigar sobre un modelo.
  En cada grupo, formamos equipos de cuatro o cinco personas y repartimos las tareas a realizar. Cada equipo se hará cargo de exponer un aspecto del modelo al grupo.
- Cada uno de los dos grupos ha de preparar una presentación multimedia que dure alrededor de quince minutos, y a continuación abrimos un coloquio entre todos para sacar conclusiones comunes a toda la clase. Escribimos las conclusiones en cartulinas y quedarán expuestas en el aula durante un tiempo.

	DEMOCRACIA ELITISTA	DEMOCRACIA PARTICIPATIVA
La democracia	Un procedimiento para la elección de élites políticas cualificadas.	Una forma de vida que corresponde a nuestra dignidad como seres humanos.
El Gobierno	Un Gobierno que únicamente rinde cuentas a los ciudadanos a través de las elecciones periódicas.	Se exige al Gobierno que rinda cuentas de manera constante y se facilita la participación activa de los ciudadanos en las instituciones clave de la sociedad.
Los partidos políticos	Competencia entre las élites de partidos políticos.	Partidos políticos democratizados y vinculados a programas políticos.
La administración	Administradores bien formados e independientes de los políticos.	Control de la actividad administrativa por parte de los ciudadanos.
Relación entre el Estado y la sociedad civil	Intervención mínima del Estado en la sociedad civil y en la vida privada. Fomento del libre mercado lo más extenso posible.	Garantía y participación del Estado en la efectiva realización de los derechos sociales, económicos y ecológicos. Estructuración democrática de la economía y de la sociedad civil.

16 Justicia social y derechos humanos

CONTENIDOS

1 La pregunta por la justicia social

2 Enfoques de la justicia

3 El contenido de la justicia: los derechos humanos

4 La utopía realista de los derechos humanos

PARA PENSAR JUNTOS

Leemos el diálogo de la página siguiente, debatimos sobre él y, después de estudiar esta unidad didáctica, respondemos estas cuestiones:

- Señala las concepciones de la justicia que aparecen en el texto y los personajes que las exponen.
- Redacta algún caso de vulneración de derechos humanos en tu entorno y lo que se puede hacer para corregir la situación.
- Busca información sobre la situación de nuestro país en el respeto a los derechos humanos y recoge en un dosier los casos que te parezcan más hirientes.
- ¿Cómo entiendes la expresión «todos tenemos la sangre roja y el corazón nos late a todos igual»?

Marcha por la justicia social en Detroit, Estados Unidos. Muchas personas se movilizan pacíficamente para exigir reformas, pero ¿hay una base filosófica para tales exigencias?, ¿esas aspiraciones son realistas o no lo son?

Cuando nos preguntamos en qué consiste una sociedad justa, enseguida nos percatamos de que son muchos los elementos que han de tenerse en cuenta si queremos hablar en serio de esta cuestión. Sin embargo, a lo largo de la historia se ha abierto paso una noción que hoy se considera imprescindible para considerar que una sociedad está en el camino de ser justa: la dignidad de la persona y los derechos humanos. Existen desacuerdos en torno a qué modelo de sociedad es el más justo posible, pero en la actualidad ya casi nadie duda de que, al menos, estamos seguros de que una sociedad que no respeta los derechos humanos es una sociedad injusta. La cuestión es: ¿En qué consisten los derechos humanos? ¿De qué modo podemos fomentarlos?

LA FILOSOFÍA EN TU VIDA

CARMEN.- Paco, ¿cómo se te ocurre hablarle así a Loles?

PACO.- Tú no la has visto cuando le he dicho que subiera al aula 2.10 y que me la abriera para recoger mi carpeta; me ha contestado que estaba sola en la conserjería y que no podía abandonarla, y que debo ser más cuidadoso.

JUAN.- Sales de clase como si huyeras y es raro el día que no te dejas algo.

PACO.- Bueno, ¿y qué? Ella es una conserje y está a nuestro servicio...

BELÉN.- ¡Eh, eh, para! Ella no es tu mayordomo, presta un servicio al instituto, no a ti. Además, tiene un trabajo que realizar, que no es ir a recoger lo que te has dejado en clase.

FERNANDO.- Tampoco le cuesta tanto, para lo que hacen los conserjes...

CONSUELO.- ¡Otro! Pues no sé cuáles son sus funciones, pero todas las mañanas están ya cuando llegamos, nos avisan cuando nuestros padres vienen a buscarnos, traen las cartas del instituto a clase para que las llevemos a casa, y en los recreos la conserjería parece una feria: la cola para las fotocopias llega hasta la puerta.

BRAHIM.- Y antes que nada, son personas, merecen ser tratadas con educación y respeto. Y bastantes de nosotros las tratan sin ninguna consideración: desobedecen sus órdenes y les hablan mal. Parece que piensan que son inferiores.

ANA.- Yo, cuando veo cómo los tratan, pienso en mi padre. Cuando mi madre estuvo ingresada en el hospital, mi padre buscó a una persona para que hiciera la comida, lavara y planchara la ropa. Antes de que llegara esta persona el primer día, mi padre nos echó un sermón en condiciones, acerca de lo agradecidos que teníamos que estar porque quisiera venir a ayudar y a mantener el orden en casa, y sobre el trato que debíamos darle para que se sintiera respetada. Qué no nos diría que mi hermano preguntó si es que no le iba a pagar. Mi padre se puso hecho una furia y nos preguntó qué nos habíamos creído, que si es que nosotros pensábamos que por el hecho de pagar teníamos derecho a todo, y que se sentía muy defraudado por nuestra actitud. En fin, miramos a mi hermano como para matarlo, y ahí terminó la charla.

CARMEN.- No se puede olvidar que las personas, sea cual sea el trabajo que realizan, el dinero que tienen, el puesto que ocupan en la sociedad o su

nivel de estudios, ante todo son eso, personas, y somos todos iguales. Nosotros no sabemos todavía qué vamos a ser en el futuro. ¿Nos gustaría que nos trataran como un felpudo? ¿Nos gustaría que alguien nos dijera que nuestros derechos dependen de nuestro nivel económico?

JUAN.- Además, ninguno de nosotros sabemos cómo nos va a ir, porque podemos tener nuestras expectativas, pero si nos viene una desgracia y no podemos realizarlas, tendremos que conformarnos con lo que podamos conseguir, y eso no nos hace menos dignos.

BELÉN.- Por supuesto que no. Hay gente con la que ya no salgo, porque llegan a un bar y tratan a los camareros como piltrafas, y siento mucha vergüenza.

CONSUELO.- Y cuando nos dicen que subamos las sillas de clase al final de la mañana para facilitar el trabajo a los limpiadores, ¿habéis visto la cara que ponen algunos? Parece que les estuvieran pidiendo un esfuerzo sobrehumano. Ya me gustaría verlos en la piel de un empleado que tiene que dejar limpia una planta del instituto en cuatro horas, como mucho.

BRAHIM.- La verdad es que somos bastante egoístas y muy poco cercanos a los sentimientos de los demás. Pero, eso sí, somos muy delicados en lo que nos afecta. Bueno, a lo mejor necesitamos tiempo para darnos cuenta de que todos tenemos la sangre roja y que el corazón nos late a todos igual.

PACO.- Pero ¿esto de respetar a las personas se logrará con el tiempo o más bien es algo utópico? Por cierto, ¿qué sabemos de las utopías?

Limpiabotas en Santiago de Chile.
Según Kant, cuando otra persona me presta un servicio la estoy tratando como un instrumento para el logro de mis fines, pero eso no me autoriza a despreciarla o humillarla: he de pagar su servicio y tratarla como a un igual, como alguien que tiene la misma dignidad que uno mismo.

1 La pregunta por la justicia social

1.1. Respeto a la igual dignidad: la base moral de la justicia social

Cuando observamos un orden social, podemos preguntarnos por su legitimación o justificación; podemos preguntarnos si se trata de un orden social justo o injusto. Porque no basta con que una sociedad asegure a sus miembros la supervivencia y la estabilidad, sino que además es preciso que las personas que participan en dicha sociedad mantengan la creencia racional –es decir, basada en razones– de que se trata de un orden social justo. Sin esta pretensión de justicia, la obligatoriedad de las normas se apoyaría únicamente en la coacción y la violencia, y antes o después serían desobedecidas, lo cual conduciría al desorden y a la ruptura de tal orden social.

La idea de justicia nos conduce al núcleo moral de toda relación interpersonal y de toda institución social: el reconocimiento de la igual dignidad de todas las personas. El término «dignidad» alude, siguiendo su raíz latina, a que todos los seres humanos tienen el mismo rango, idéntica categoría. La exigencia moral derivada de este reconocimiento recíproco consiste en que debemos tratar con igual consideración y respeto a todos los seres humanos. El filósofo Immanuel Kant (Alemania, 1724-1804) expresó esta idea en su segunda formulación del imperativo categórico: «Obra de tal modo que uses a la humanidad, tanto en tu persona como en la persona de cualquier otro, siempre al mismo tiempo como fin y nunca simplemente como medio».

Esta idea es la base de la noción de justicia que tenemos en la actualidad en gran parte del mundo, a pesar de que se cometan graves injusticias. Consideramos que las personas tienen un valor absoluto y por ello no se las debe instrumentalizar, no se las debe tratar como si fueran cosas. Las personas tienen –dice Kant– dignidad y no precio. Y esto es así porque toda persona ha de ser considerada como alguien capaz de llegar a ser autónomo, capaz de conducir su propia vida. En esta capacidad todos somos iguales y por ella nos hacemos merecedores de respeto.

1.2. De la ética a la política: el papel del derecho

De acuerdo con esta exigencia moral, una sociedad justa sería aquella en la que la política, la economía, la sanidad, la educación, las distintas profesiones y oficios, la banca, las empresas y, en general, el conjunto de actividades compartidas estuvieran al servicio de la igual consideración de todas las personas como seres capaces de llegar a ser libres, autónomos. Todos los bienes que estas prácticas sociales nos proporcionan: ingresos y riquezas, recursos y capacidades, derechos y deberes, etc., deberían distribuirse de forma tal que todas las personas tuvieran iguales oportunidades de vivir una vida digna. Desde este punto de vista, el orden social solo puede pretender ser justo cuando ha logrado, o puede lograr, la aceptación racional de todos sus miembros.

La exigencia moral de justicia como trato igual nos conduce a preguntarnos por las posibilidades de su realización práctica. En este punto interviene la política, que es el mecanismo necesario para poner en práctica las exigencias morales en las circunstancias concretas, que son siempre situaciones donde contamos con recursos escasos, y por ello suelen aparecer conflictos entre las personas.

Doc. 1

«Cuando nos enfrentamos, por ejemplo, a una hambruna atroz, parece natural protestar en lugar de razonar de manera elaborada sobre la justicia y la injusticia. Y, sin embargo, una calamidad sería cosa de injusticia tan solo si pudiera haber sido evitada, y particularmente si quienes pudieran haberla evitado han fallado».

AMARTYA SEN, *La idea de la justicia*

- ¿Por qué dice el autor que cuando en un país la gente sufre una hambruna lo natural es protestar en lugar de razonar? ¿Está afirmando el autor que razonar no es una respuesta adecuada a ese tipo de situaciones?
- ¿Qué diferencia establece el texto entre una injusticia y una calamidad? ¿Es correcto distinguir entre ambas cosas? ¿Por qué?
- ¿Qué característica fundamental tendrían las injusticias frente a otro tipo de calamidades?

El instrumento básico con que cuenta la política para la realización de la idea de justicia es el derecho. El término «derecho» puede tener distintos significados, pero los que aquí nos interesan son dos:

- **El derecho como sistema jurídico**, es decir, el conjunto de leyes de un Estado o de un organismo supraestatal, como la Unión Europea.
- **El derecho como exigencia legítima de la persona** para hacer algo o para recibir algún tipo de protección o ayuda: derecho a la libre expresión, a un juicio justo, a oportunidades educativas, a la asistencia sanitaria, etc.

El derecho, entendido como sistema jurídico, permite regular los derechos (exigencias legítimas), y de ese modo asegurar la convivencia pacífica y la realización del ideal de justicia. Pensemos, por ejemplo, en la necesidad de que existan unas normas de tráfico de obligado cumplimiento. Al obedecer esas normas legales, se respetan los derechos de los automovilistas y de los peatones. Sin ellas, nuestra vida en las calles y carreteras estaría en constante peligro y la circulación sería casi imposible.

El derecho (sistema jurídico) se entiende como un medio, como una técnica de gobierno que permite la implantación de un orden social. Por su parte, el Estado no es solo la autoridad que produce el derecho, sino también el garante de que ese derecho sea obedecido, para lo cual dispone de medios coactivos, como policía, tribunales, instituciones penitenciarias, etc.

La eficacia del derecho, como conjunto de normas legales, radica en su capacidad para ser obedecido: de una ley que se obedece siempre, decimos que es una ley eficaz, mientras que de otra que es poco o nada obedecida decimos que es una ley ineficaz. En cambio, cuando nos preguntamos por su validez, nos estamos preguntando si es justa o injusta. Por ello es conveniente distinguir entre:

- **derechos legales**, que son fruto del pacto social que da origen a la constitución, a las leyes ordinarias y a las decisiones judiciales, y
- **derechos morales**, que son anteriores al pacto social y remiten a la exigencia moral de justicia, es decir, a la igual dignidad de las personas.

Desde el punto de vista moral, los derechos legales podrían estar mal establecidos, incorrectamente distribuidos, sin respetar los derechos morales. Por eso puede darse el caso de que haya leyes injustas, aunque hayan sido correctamente promulgadas y aplicadas. Esta diferencia entre lo legal y lo legítimo debe explicarla una teoría de la justicia.

Doc. 2

«... A través de la relación entre el derecho, que siempre es positivo, y la ética, que no lo es, desembocamos otra vez en nuestro problema: la relación entre ética y política. Pues el derecho, el llamado "derecho político", en el sentido más amplio de la palabra, es siempre derecho administrativo, administración política (desde este punto de vista tiene pleno sentido el americanismo de llamar "administración" al gobierno). El derecho en tanto que pretensión es ético; pero en tanto positividad es político».

José Luis López Aranguren, *Ética comunicativa y democracia*

- Averigua qué significa la afirmación del texto «el derecho, que siempre es positivo, y la ética, que no lo es». ¿Crees que es importante esta diferencia entre derecho y ética? ¿Por qué?
- ¿Qué afirma el autor respecto a la relación entre la ética y la política? ¿Qué función desempeña el derecho en la relación entre ambas, según el autor?
- ¿Por qué dice el autor que el derecho político «es siempre derecho administrativo»?

ACTIVIDADES

INVESTIGA

1. ¿Qué elementos son necesarios para que un orden social concreto se pueda mantener a lo largo del tiempo?
2. ¿Cuál es la idea clave de la noción de justicia social en la actualidad?
3. ¿Cómo justifica Kant que las personas tienen una especial dignidad? ¿Qué capacidad es la que, según él, nos distingue frente a los demás seres?
4. ¿Qué papel desempeña la política para ir construyendo una sociedad más justa? ¿Y el derecho?
5. ¿Qué significados principales tiene el término «derecho»? Pon ejemplos de frases en las que se use este término con cada uno de esos dos significados.

ARGUMENTA

6. ¿Qué relación tiene el Estado con el derecho?
7. ¿Qué diferencia hay entre eficacia y validez del sistema jurídico y de cada ley en particular?
8. ¿Qué es lo que distingue los derechos legales de los derechos morales? ¿Puede haber leyes injustas a pesar de que cumplan todos los requisitos legales establecidos por el sistema jurídico? ¿Por qué?

La virtud de la justicia suele ser representada como una mujer con los ojos vendados (para garantizar la imparcialidad) que lleva en una mano una balanza (para sopesar las razones que aportan unos y otros) y en la otra mano una espada (para hacer cumplir la sentencia).

2 Enfoques de la justicia

Desde el punto de vista individual, «la virtud de la justicia consiste en la voluntad permanente de dar a cada uno lo suyo», siguiendo la definición clásica de Ulpiano (República romana, 170-228). Pero esta voluntad también puede exigirse del orden social, siempre y cuando aclaremos primero qué es lo que realmente le corresponde a cada cual. Según la respuesta que demos a esta pregunta, tendremos una concepción u otra de la justicia como ideal social. Veamos algunas de esas concepciones de justicia que la filosofía ha ofrecido a lo largo de la historia.

2.1. La justicia en Platón

Platón (Grecia, 427-347 a.C.) considera que la justicia en la *pólis* se alcanza cuando los tres grupos sociales principales cumplen el cometido que les corresponde:

- Los gobernantes han de cultivar las virtudes de la prudencia y la búsqueda permanente de la sabiduría (han ser filósofos), y de ese modo gobernarán rectamente.
- Los guardianes, encargados de velar por la defensa exterior y por el orden interno, han de cultivar sobre todo las virtudes militares, especialmente la valentía.
- Los artesanos y agricultores han de producir los bienes materiales que se necesitan para la subsistencia, cultivando la virtud de la templanza, es decir, la moderación en el consumo, porque de lo contrario, si cometen excesos, no se podría mantener a los otros dos grupos sociales.

En síntesis, Platón cree que la justicia social es la armonía resultante de que cada cual cumpla virtuosamente con la misión específica que le corresponda en la sociedad.

Vendimia en Francia.

El salario de quienes cuidan un viñedo tiene relación con la justicia distributiva (debe ser más alto que el de otros empleos más simples, pero más bajo que el de otros más complejos) y con la justicia conmutativa (ha de estar ajustado en proporción a los méritos de cada empleado).

2.2. La justicia como igualdad proporcional

Aristóteles (Grecia, 384-322 a.C.) distingue tres tipos de justicia:

- **Justicia distributiva**, se refiere a la igualdad o equilibrio en el reparto de las cargas y beneficios entre los miembros de la comunidad: honores, riquezas y otros servicios y bienes sociales, siempre bajo el criterio de un reparto proporcional al mérito de cada cual.
- **Justicia conmutativa**, relacionada con el intercambio de bienes y regida por la igualdad de valor. Si vendemos una casa, no es justo que se nos pague con un par de sandalias.
- **Justicia correctiva**, relativa al equilibrio o proporción entre el delito y su correspondiente castigo.

2.3. La justicia desde la ley natural

Posteriormente, ya en la Edad Media, santo Tomás de Aquino (Italia, 1225-1274) mantiene que la justicia consiste en cumplir dos tipos de leyes:

- **Ley natural**, que es la que nos muestra la razón y nos orienta a buscar el bien y evitar el mal.
- **Ley positiva**, que es la que establecen las autoridades y que debe estar basada en la ley natural, porque de lo contrario no sería una ley justa.

La idea de la igualdad natural de todos los seres humanos, que ya encontramos en la filosofía de los estoicos en la Antigüedad, se apoya ahora en la igual consideración de todas las personas como imagen de Dios e hijos suyos.

Esta teoría tiene en la actualidad muchos seguidores, especialmente entre creyentes cristianos, pero desde el punto de vista filosófico no parece suficiente para fundamentar una idea de justicia que pueda valer para todos en una sociedad abierta y pluralista, donde hay personas de toda clase de creencias e ideologías. Por otra parte, algunos filósofos han señalado que la naturaleza no constituye una buena orientación acerca de lo que se merece cada uno, porque lo natural se puede entender de maneras muy diversas, y algunas de esas interpretaciones justificarían la esclavitud y otras desigualdades que hoy consideramos injustas.

2.4. La justicia como maximización de la utilidad

Siguiendo el principio ético utilitarista de fomentar la mayor felicidad para el mayor número posible de personas, Jeremy Bentham (Reino Unido, 1748-1832) y John Stuart Mill (Reino Unido, 1806-1873) consideran que el contenido de la idea de justicia es la utilidad general. Entienden por «utilidad» una situación de mínimo dolor y máxima felicidad. Cuando se decide qué leyes y decisiones políticas deben llevarse a la práctica, un Estado debe hacer lo que sea más útil para la comunidad en su conjunto. Si sumamos los beneficios y restamos los costes de cada posible ley o decisión política, podemos hacer comparaciones y elegir la que ofrece un mejor resultado.

A esta concepción de la justicia se le han hecho algunas críticas:

- Hay muchas maneras de entender la felicidad, y por ello el Estado no debería imponer un mismo modelo de felicidad para todos, sino más bien garantizar unos mínimos para que cada cual busque la felicidad a su manera.
- El criterio de utilidad es indiferente a cómo se distribuyen los beneficios y las cargas entre la población. Por tanto, puede dar por justas grandes desigualdades entre las personas, ya que solo tiene en cuenta la suma total o la media estadística, como ocurre con la llamada «renta per cápita».
- No se concede ningún valor intrínseco a los derechos y libertades, que pueden sacrificarse en favor de una mayor suma final de la utilidad.

2.5. La justicia desde el liberalismo propietarista

Esta teoría, también llamada «libertaria» o «libertariana», ha sido defendida, entre otros, por Robert Nozick (EE. UU., 1938-2002). Mantiene que la justicia significa igualdad ante la ley y respeto a la propiedad. A partir de ahí, es el libre intercambio de bienes y servicios en el mercado el que establece toda distribución justa. Este punto de vista, que tiene su origen en la filosofía de John Locke (Reino Unido, 1632-1704), sostiene que las desigualdades sociales no deben verse como un impedimento para el desarrollo social, ni mucho menos como una injusticia. Por el contrario, constituyen el motor para el mayor bien de la comunidad, debido a la motivación y la competitividad que producen.

Según esta concepción, el Estado no debe realizar ningún tipo de redistribución de la riqueza para ayudar a quienes tienen menos recursos y posibilidades, puesto que así violaría los derechos de propiedad de las personas que pagan la mayor parte de los impuestos. Ayudar a los demás es una cuestión voluntaria, no una obligación de justicia. Pero esta posición ha recibido numerosas críticas, como veremos a continuación.

Doc. 3

«Los libertarios son partidarios de que los mercados estén libres de toda atadura, se oponen a que los regule el Estado. Pero el motivo de esta actitud suya no es la eficiencia económica, sino la libertad humana. Su doctrina central afirma que cada uno tiene un derecho fundamental a la libertad: el derecho a hacer lo que quiera con las cosas que se posea con tal que respeten los derechos de otros a hacer lo mismo [...]. No a la redistribución de la renta o el patrimonio. La teoría libertaria de los derechos descarta toda ley que requiera que unas personas ayuden a otras, incluidas las leyes que impongan impuestos para la redistribución de la riqueza. Por deseable que pueda ser que los más acomodados ayuden a los menos afortunados, subsidiando su asistencia sanitaria, sus viviendas o su educación, tal ayuda debería dejarse en manos de los individuos, no ordenarla el Estado. Según los libertarios, los impuestos redistributivos son una forma de coerción, incluso de robo».

MICHAEL J. SANDEL, *Justicia*

- ¿Qué enfoque de la justicia expone aquí Sandel? ¿Conoces algún autor que haya defendido estas ideas?
- ¿Por qué se oponen los autores a los que se refiere el texto a que las leyes impongan cierta redistribución de la riqueza?
- ¿Qué consecuencias crees que se producirían en la vida social de un país en el que se aplicasen estrictamente las ideas de esos autores?

ACTIVIDADES

9. ¿Qué diferencia hay entre considerar la justicia como una cualidad individual y como una cualidad social?
10. ¿Qué tipos de justicia distingue Aristóteles? ¿Puede haber más tipos de justicia?

ARGUMENTA

11. ¿Cómo sería una sociedad en la que se aplicase la teoría utilitarista?
12. ¿Cómo sería una sociedad libertaria?

Mina de carbón en Vietnam.

El trabajo infantil en las minas está considerado como una situación injusta, que debe ser erradicada.

Doc. 4

«El objetivo del igualitarismo político es una sociedad libre de dominación. Tal es la magnífica esperanza invocada por la palabra "igualdad": no más reverencias y besamanos, no más servilismo y obsequiosidad, no más temblores reverenciales, no más encumbramiento y poderío, no más amos, no más esclavos. No es la esperanza de la eliminación de las diferencias: no hay razón para que todos tengamos la misma cantidad de las mismas cosas. Cuando nadie posee o controla los medios de dominación, mujeres y hombres son iguales entre sí (para toda cuestión de importancia moral y política). Pero los medios de dominación se constituyen de manera diversa en sociedades diversas. La cuna, la sangre, la riqueza heredada, el capital, la educación, la gracia divina, el poder estatal: todo ello ha servido en una época u otra para que unos dominasen a otros. La dominación siempre es propiciada por un conjunto de bienes sociales dados».

MICHAEL WALZER, *Las esferas de la justicia*

- ¿Qué se entiende por «dominación» en este fragmento?
- ¿Considera el autor que la eliminación de la dominación es equivalente a borrar todas las diferencias entre las personas? ¿Por qué?

2.6. La noción de justicia en la tradición socialista

El «socialismo utópico»

A lo largo del siglo XIX y la primera mitad del siglo XX se desarrollan las concepciones de justicia social asociadas a las luchas del movimiento obrero contra las abusivas condiciones de trabajo de esa época. Así, los teóricos del llamado «socialismo utópico», como Henri de Saint-Simon (Francia, 1760-1825), Robert Owen (Reino Unido, 1771-1858), Charles Fourier (Francia, 1772-1837) y otros, elaboraron propuestas de reforma del sistema político y económico encaminadas al logro de una sociedad más justa, entendiendo por «justicia» el acceso de todas las personas a un empleo en condiciones laborales dignas, a la educación, a la asistencia sanitaria, a la pensión de jubilación, etc.

A esta corriente de pensamiento se la llamó «utópica», con un sentido negativo, como sinónimo de «ingenuo» o «irrealizable». Sin embargo, muchas de las propuestas de este tipo de socialismo no son utópicas en ese sentido peyorativo. Por ejemplo, algunas de ellas constituyen un claro precedente del cooperativismo, ya que incluyen un modelo de propiedad de los medios de producción: tierras, fábricas, etc., en el que los trabajadores son al mismo tiempo los propietarios de la institución en la que trabajan.

El anarquismo

Los principales autores anarquistas son: Pierre-Joseph Proudhon (Francia, 1809-1865), Mijaíl Bakunin (Rusia, 1814-1876), Piotr Kropotkin (Rusia, 1842-1921), Errico Malatesta (Italia, 1853-1932) y Diego Abad de Santillán (España, 1897-1983). En sus obras se propone un modelo de justicia social que pretende abolir el Estado, que para ellos es una manifestación más de las dominaciones injustas de unos hombres sobre otros, y organizar la sociedad como una federación de comunidades autogestionarias basadas en la libertad personal, la democracia interna, la solidaridad y el apoyo mutuo. Su ideal de justicia se puede sintetizar en la fórmula «productores libremente asociados».

El marxismo

Karl Marx (Alemania, 1818-1883) y Friedrich Engels (Alemania, 1820-1895) rechazaron la pretensión anarquista de abolir el Estado a corto plazo y en su lugar propusieron que la clase obrera se apoderase por un tiempo de esta «institución burguesa» y se sirviese de ella para avanzar hacia una nueva sociedad en la que el Estado ya no fuese necesario. Consideran que la historia de la humanidad ha sido hasta ahora una larga lucha entre explotadores y explotados, entre los poseedores de los medios de producción y quienes no poseen otra cosa que su fuerza de trabajo.

En esa larga historia, el marxismo distingue varias fases llamadas «modos de producción»: el comunismo primitivo, el esclavismo, el feudalismo y el capitalismo. Este último también está condenado a ser sustituido, tras la revolución que ha de liderar la clase obrera, por un nuevo modo de producción transitorio: el socialismo. Este se ha de caracterizar por un modelo de justicia que responde al siguiente principio: «Exigir de cada uno según su capacidad y dar a cada uno según su contribución». Posteriormente, cuando el Estado socialista haya conseguido la sobreabundancia de bienes, se supone que se alcanza una nueva y definitiva fase de la historia de la humanidad: el comunismo. En esta fase, el principio de justicia sería este otro: «Exigir de cada uno según su capacidad, dar a cada uno según su necesidad».

Por otra parte, en el pensamiento de Marx podemos destacar dos conceptos importantes:

- **Ideología.** En cada momento histórico del pasado siempre ha habido una clase social dominante que ha conseguido explotar a la clase dominada mediante la difusión de un conjunto de ideas engañosas que provocan la resignación y el conformismo, desactivando cualquier posibilidad de rebelión frente a la injusticia. Estas ideas proceden sobre todo de la religión, pero también de la filosofía, de la literatura y, en general de la cultura.
- **Alienación.** En el sistema capitalista, el trabajador se encuentra «alienado», es decir, ajeno a su verdadera realidad. No solo porque permanece engañado, sino también porque la clase dominante le arrebata gran parte del producto de su trabajo (la «plusvalía») y por ello el trabajador llega a encontrar su labor como algo ajeno a él, como una pesada y odiosa carga.

2.7. La justicia como equidad (*justice as fairness*)

El filósofo John Rawls (EE. UU., 1921-2002) sugiere que los principios que servirían para establecer una sociedad justa son aquellos que se alcanzarían como fruto de un acuerdo entre personas racionales y libres que no supieran qué lugar van a ocupar en la sociedad («velo de ignorancia»).

En esas circunstancias, probablemente acordarían estos dos principios, el primero de los cuales ha de tener prioridad sobre el segundo:

1. Cada persona ha de tener un derecho igual al esquema más extenso de libertades básicas iguales, que sea compatible con un esquema semejante de libertades para los demás. Esto incluye las libertades políticas iguales, la libertad de creencias y de expresión, las garantías procesales ante la detención y defensa en los tribunales, etc.
2. Las desigualdades sociales y económicas han de satisfacer dos condiciones:
   - deben estar ligadas a empleos y cargos abiertos a todos bajo condiciones de equitativa igualdad de oportunidades;
   - y deben estar dispuestas para el mayor beneficio de los miembros menos aventajados de la sociedad.

En ese experimento mental, que Rawls llama «posición original», las personas tratarían de asegurarse, en primer lugar, el máximo de libertades y derechos básicos, mientras que, a través del segundo principio, intentan corregir el resultado de la «lotería natural y social»: nadie elige las capacidades de nacimiento ni la clase social en la que viene al mundo. Por todo ello, considera justificado que el Estado se ocupe de redistribuir una parte de la riqueza que producimos entre todos.

2.8. La justicia como igual consideración a todos los afectados

Por su parte, Karl-Otto Apel (Alemania, 1922) y Jürgen Habermas (Alemania, 1929) ofrecen como criterio de justicia el principio discursivo, según el cual una acción, norma o institución será justa si los afectados por ella están dispuestos a otorgarle su consentimiento, tras un diálogo en condiciones de simetría. Se busca el acuerdo de todos los implicados en condiciones perfectas y simétricas de participación, sin presiones externas o internas. Por consiguiente, solo las normas –leyes, políticas públicas, etc.– que expresen intereses universalizables podrán pasar el filtro de la justicia.

Sanitarios madrileños concentrados frente al Ministerio de Sanidad para pedir una «sanidad pública equitativa, de calidad y universal».

Según la teoría de la justicia de la ética discursiva, los intereses de todos los afectados por las políticas públicas han de ser tenidos en cuenta a la hora de legitimar tales políticas.

ACTIVIDADES

ARGUMENTA

13. ¿Hay algunas características compartidas por las tres teorías de la tradición socialista?
14. ¿Estaría Rawls de acuerdo con Nozick en que el Estado no debe gastar parte de los impuestos en ayudar a las personas más desfavorecidas? ¿Por qué?
15. ¿Y los teóricos de la ética discursiva: estarían de acuerdo con Nozick en ese punto o no? ¿Por qué?

INVESTIGA

16. ¿Cómo entiende el socialismo utópico el concepto de justicia social? ¿Y el anarquismo? ¿Y el marxismo? ¿Y la teoría de Rawls? ¿Y la ética discursiva?
17. ¿En qué consiste la ideología para el marxismo?
18. ¿En qué consiste la alienación para el marxismo?
19. ¿A qué llama Rawls la «posición original»? ¿Qué sentido tiene esta situación imaginaria?
20. ¿En qué consiste el principio discursivo? ¿Qué sentido tiene este principio?

3 El contenido de la justicia: los derechos humanos

Doc. 5

«Considerando que la libertad, la justicia y la paz en el mundo tienen por base el reconocimiento de la dignidad intrínseca y de los derechos iguales e inalterables de todos los miembros de la familia humana; [...] la Asamblea General proclama la presente Declaración Universal de los Derechos Humanos como ideal común por el que todos los pueblos y naciones deben esforzarse, a fin de que tanto los individuos como las instituciones [...] promuevan [...] el respeto a estos derechos y libertades, y aseguren [...] su reconocimiento y aplicación universal».

Asamblea General de la ONU, Preámbulo de la Declaración Universal de los Derechos Humanos

- ¿Qué objetivo persigue la ONU al proclamar esta declaración?
- ¿A quiénes corresponde el esfuerzo de hacer realidad los derechos humanos?

Mercado en La Paz, Bolivia.

Entre los derechos económicos, sociales y culturales figura el de mantener la propia cultura en todo aquello que no atente contra los otros derechos humanos: el idioma, la vestimenta, las costumbres locales, etc.

3.1. ¿Derechos morales o derechos humanos?

A lo largo de la historia, la lucha por una sociedad más justa ha ido siempre asociada a la exigencia de reconocimiento de la igual dignidad de las personas. Por ejemplo, la lucha por la abolición de la esclavitud, por el voto de la mujer, por la desaparición de la discriminación racial, etc. En la actualidad, los derechos humanos constituyen el contenido mínimo que posee la idea de justicia como exigencia moral y política. La Declaración Universal de los Derechos Humanos de las Naciones Unidas del año 1948 es una expresión clara de aquello que universalmente se reconoce como justo, como lo que corresponde a cada persona por el simple hecho de serlo. Se los llama «derechos naturales», «derechos morales» y «derechos humanos» según el contexto en que se utilice la expresión, pero en todo caso se trata de aquellas capacidades que consideramos indispensables para llevar una vida digna.

La expresión «derechos morales» quiere destacar que se trata de unas exigencias anteriores a la legislación, previos al Estado y sus instituciones: las leyes los reconocen, no los crean. Cuando son recogidos en las constituciones políticas, reciben el nombre de «derechos fundamentales».

Pero es preferible la expresión «derechos humanos» porque se trata de derechos que convienen a las personas en cuanto tales, como seres humanos. Y también porque se han convertido en el mejor proyecto que la humanidad se ha propuesto de manera conjunta.

3.2. Tres generaciones de derechos humanos

En el proceso histórico por el que han ido siendo reconocidos y aceptados los derechos humanos, podemos distinguir tres fases:

1. Los derechos humanos de primera generación son los derechos civiles y políticos, que fueron reivindicados por la burguesía en las revoluciones liberales frente a las monarquías absolutistas de los siglos XVII y XVIII. Se trata del derecho a la vida, a pensar y expresarse libremente, a tener un juicio justo, a tener propiedades, a participar en el Gobierno, etc. Son aquellos derechos a los que se ha denominado también «libertades» y cuyo respeto constituye la clave de un Estado de derecho y de una sociedad abierta.
2. La segunda generación de derechos es la de los derechos económicos, sociales y culturales, cuyo descubrimiento fue tarea, principalmente, del movimiento obrero durante los siglos XIX y XX. Se trata de dotar de un apoyo real a las libertades, porque sin alimentación suficiente, sin vivienda, sin educación y sin medios para acceder a la cultura, sin protección ante la enfermedad, la ancianidad, el desempleo, etc., es pura hipocresía decir a una persona que es libre. Para que la libertad sea real, es preciso que la sociedad y el Gobierno pongan los medios necesarios para hacer posible una vida digna.
3. La tercera generación de derechos humanos la conforman aquellos derechos que hacen posible la existencia de las otras dos generaciones. No aparecen en la Declaración de 1948, sino que son formulados posteriormente en una serie de documentos de la ONU en diversos lugares y fechas.

Se trata del derecho a la paz, el derecho a vivir en un medio ambiente sano y el derecho al desarrollo de los pueblos. Es necesario un compromiso solidario internacional para su garantía y cumplimiento.

TRES GENERACIONES DE DERECHOS HUMANOS		
Derechos humanos	**Valor moral guía**	**Modelo de Estado**
Primera generación: civiles y políticos	Libertad	Estado de derecho
Segunda generación: económicos, sociales y culturales	Igualdad	Estado social de derecho
Tercera generación: paz, medio ambiente y desarrollo	Solidaridad	Orden cosmopolita

3.3. Los deberes humanos: asumir responsabilidades

Los derechos humanos constituyen exigencias legítimas que nos podemos hacer unos a otros, sea cual sea nuestro origen, estatus social o cultural, nivel de renta, religión, etc. En ese sentido, son también deberes, porque el derecho de cada uno implica el deber de los demás de respetarlo y de facilitar su disfrute.

Los derechos humanos no constituyen un listado cerrado y acabado. Se pueden ampliar y, de hecho, se habla ya de una cuarta generación de derechos humanos, referidos a nuevos ámbitos de problemas que nos afectan a todos, como la manipulación genética o la utilización tecnológica de los descubrimientos de las neurociencias: control del comportamiento, curación de nuevas enfermedades, mejoramiento humano, etc.

Para convertir estas exigencias de justicia en realidades existen dos rutas básicas en las que estamos implicados como ciudadanos y como personas:

1. La ruta de los poderes públicos se refiere a la responsabilidad de los Estados y se plasma en los esfuerzos para convertir los derechos humanos en derechos fundamentales dentro de las constituciones, y desde ahí en leyes y presupuestos que garanticen su cumplimiento.
2. La ruta de la sociedad civil, que corresponde a los ciudadanos a través de movimientos sociales y organizaciones cívicas solidarias, como, por ejemplo, Médicos sin Fronteras, Amnistía Internacional, Intermón-Oxfam, Cruz Roja, Acción contra el Hambre, Entreculturas, etc.

Se trata de dos vías complementarias y ambas exigen nuestra responsabilidad para impulsar el reconocimiento y plasmación de los derechos humanos y para denunciar su violación allá donde se produzca.

ACTIVIDADES

21. ¿Por qué es preferible hablar de «derechos humanos» en lugar de referirse a ellos como «derechos naturales» o «derechos morales»?
22. ¿Qué características tiene cada una de las generaciones de derechos humanos?

ARGUMENTA

23. ¿Existen los «deberes humanos» del mismo modo que hablamos de «derechos humanos»? Razona la respuesta.

Doc. 6

«Cuando se habla en los libros de filosofía moral de los enfermos o de quienes padecen alguna lesión o sufren alguna discapacidad, se los trata exclusivamente como individuos que pueden ser objeto de benevolencia por parte de los agentes morales, quienes parecen, en cambio, sujetos continua y constantemente racionales, con buena salud y que no padecen alteración alguna. De ahí que al pensar en la discapacidad se invita a pensar en los discapacitados como "ellos", diferentes de "nosotros", como un grupo de personas distintas y no como individuos como nosotros».

Alasdair MacIntyre, *Animales racionales y dependientes*

- ¿Cuál es la queja del autor en este fragmento?
- ¿Qué consecuencias tendría dejar de pensar en los enfermos y discapacitados como «ellos» y empezar a pensar que somos nosotros mismos?

Manifestación en favor del cuidado del medio ambiente en Kyoto, 1997.

Las organizaciones cívicas solidarias llevan a cabo actividades públicas para concienciar a la población sobre las injusticias y exigir a los poderes públicos las correspondientes reformas.

Cascos azules entregan alimentos a la población en Haití.

Los organismos de Naciones Unidas tienen la misión de ayudar a los refugiados y otras personas en apuros para que puedan superar los problemas que les aquejan.

4 La utopía realista de los derechos humanos

4.1. El valor de la utopía

Pensadores como Alasdair MacIntyre (Escocia, 1929) afirman que los derechos humanos no existen, que creer en ellos es «como creer en brujas y unicornios», como muestra el hecho de que, en su opinión, «en ninguna parte se cumplen». Para este autor, la noción de derechos humanos es una ficción moral que pretende proveernos de un criterio intersubjetivo de justicia, pero ese criterio es demasiado abstracto, y por ello resulta inútil e inservible para mejorar la sociedad. A lo sumo, podemos considerar los derechos humanos como una utopía, como un mero sueño imposible de convertir en realidad.

Pero la palabra «utopía» no solo tiene este significado negativo, equivalente a ficción o sueño imposible de realizar. Cuando Tomás Moro (Reino Unido, 1478-1535) inventa el neologismo «utopía» en su libro *La mejor república y la nueva isla de Utopía*, sigue una tradición de pensamiento donde la descripción de una sociedad ideal sirve para criticar la realmente existente, para averiguar las causas de la injusticia y ayudarnos a buscar soluciones. Moro escribe *Utopía* como un relato desde el que criticar la sociedad y el gobierno de su época, no como una sociedad que exista o pueda existir. Los precedentes más notables de este tipo de escritos los encontramos en Platón (*La República*) y San Agustín (*La ciudad de Dios*). Con posterioridad a la *Utopía* de Moro, se publicaron otras obras de este género: *La ciudad del sol*, de Tommaso Campanella (Italia, 1568-1639), *La nueva Atlántida*, de Francis Bacon (Reino Unido, 1561-1626), y *Nuevo mundo industrial y social*, de Charles Fourier (Francia, 1779-1837), entre otras.

En todas las épocas y culturas se encuentran referencias a sociedades y formas de vida con abundancia de recursos, sin desigualdades, en las que mujeres y hombres viven felices. El origen del pensamiento utópico no es otro que el deseo de cambio y transformación social derivado de la insatisfacción o desacuerdo con la sociedad en la que se vive. Las sociedades, sus costumbres, leyes e instituciones, son productos humanos, dependen de nuestra libertad y voluntad de acción, y como tales, son modificables, se pueden mejorar.

El pensamiento utópico se dirige hacia ese «debería ser», hacia el tipo de sociedad que derivaría de la razón, de nuestras ideas acerca del ser humano, de sus capacidades para alcanzar la justicia y el bien común. Al presentar un modelo alternativo de sociedad, lo que se pretende es ofrecer orientaciones para el cambio social y político, descubrir nuevas posibilidades que la realidad encierra y que hasta ahora no han sido utilizadas. No se trata de simples ficciones o fantasías, sino de la oferta de una nueva forma de entender lo que somos y lo que queremos ser: un horizonte desde el que criticar la sociedad existente.

Los derechos humanos se deben interpretar como una utopía realista puesto que no nos presentan una sociedad futura e ideal, sino las condiciones necesarias para que la dignidad humana pueda realizarse en la práctica. Desde esta concepción de los derechos humanos, el pensamiento utópico no puede dejar de ser un pensamiento crítico: nos sirve para criticar la injusticia presente en nuestras sociedades y para buscar alternativas de acción, nuevas posibilidades de cambio y mejora social.

ALGUNOS ANTECEDENTES DE LOS DERECHOS HUMANOS EN LA HISTORIA DEL PENSAMIENTO
En Grecia, siglo V a.C., algunos sofistas rechazan la esclavitud.
Estoicismo griego y romano: igual naturaleza de todos los humanos.
Cristianismo: igualdad como hijos de Dios.
San Agustín y santo Tomás de Aquino: hay derechos naturales comunes a todos.
Bartolomé de las Casas (siglo XVI): igual dignidad de los indígenas americanos.
Francisco de Vitoria y Francisco Suárez (siglo XVI): por derecho natural tenemos derechos básicos iguales.
Hugo Grocio y Samuel Pufendorf: igualdad basada en que somos racionales.
Hobbes, Locke, Rousseau y Kant: el Estado obtiene legitimidad solo si reconoce y protege ciertos derechos naturales.

4.2. Justicia cordial

Para avanzar en el logro de una sociedad más justa no es suficiente con tener razones para defender la justicia o para criticar situaciones injustas. También necesitamos desarrollar la sensibilidad para sentir las injusticias y ponernos en lugar del que sufre, del necesitado, del vulnerable. El respeto a los derechos humanos y nuestro compromiso con su desarrollo no sería posible sin la fuerza de nuestras emociones y sentimientos: además de razón, se precisa corazón.

Cuando se comete una injusticia contra uno mismo sentimos humillación y reaccionamos con ira, porque vemos atacada nuestra dignidad. Pero también sentimos indignación cuando observamos la injusticia cometida con otros. Estas emociones nos muestran que existe un reconocimiento real y universal de la dignidad de las personas.

También la compasión, que es la capacidad de alegrarse con otros y de sufrir con ellos, de compartir con otros nuestras penas y alegrías, es un sentimiento que todos los seres humanos poseen, sin el que la justicia carecería de fuerza alguna. Se trata de un sentimiento que se puede desarrollar por medio de la educación, desde edades muy tempranas, aprovechando la existencia en nuestro cerebro de las llamadas «neuronas espejo», encargadas de la empatía, de nuestra capacidad para reproducir las acciones de otras personas, incluso aunque no las hagamos y, con ello, de ponernos en el lugar de cualquier otra persona.

Estos sentimientos que nos hacen sensibles a lo que les ocurre a los otros constituyen la base emocional del valor de la solidaridad. Porque preocuparse por el bien de los demás, tener en cuenta al otro, sus intereses y derechos, no es únicamente una cuestión de generosidad racionalmente cultivada, sino también de experimentar el sentimiento de que somos *igualmente dependientes* unos de otros, que dependemos de la comunidad a la que pertenecemos, de que todos estamos «en el mismo barco». La dignidad de las personas no solo deriva de que somos capaces de lograr cierta autonomía, sino también de reconocer que somos interdependientes por la vulnerabilidad o fragilidad que a todos nos afecta. Por eso no hay verdadera justicia sin solidaridad con los débiles (antes o después lo somos todos), ni auténtica solidaridad sin una base de justicia.

Si en nuestra biología no existiera ninguna base para despertar la empatía y la compasión de unos por otros, entonces sería imposible cultivar ese sentimiento. Pero, como sabemos, estamos preparados biológicamente para cuidar y cooperar, para realizar acciones altruistas, estamos preparados para conmovernos. Todo depende de cuál de nuestras predisposiciones queramos alimentar, de cómo queremos educar. Aquí conviene recordar la lección de aquel jefe indígena que contaba a sus nietos cómo en las personas hay dos lobos, el del resentimiento, la mentira y la maldad, y el de la bondad, la alegría, la compasión y la esperanza. Terminada la narración, uno de los niños le preguntó: «Abuelo, ¿cuál de los lobos crees que ganará?». Y el abuelo contestó: «El que alimentéis».

Educar moralmente significa ayudar a extraer lo mejor de las personas, desarrollar sus capacidades para pensar y para sentir, para utilizar la razón moral, pero también para desarrollar los sentimientos morales que nos acerquen a los demás y nos permitan llevar adelante unos y otros una vida autónoma, una vida justa y feliz.

Sentimientos, valores y normas conforman un saber moral que todos poseemos. La tarea de la educación moral es convertir este saber en una capacidad, en un recurso moral para actuar. En suma, en un capital ético.

Doc. 7

«Los derechos humanos constituyen una utopía realista en la medida en que no proponen más imágenes engañosas de una utopía social que promete la felicidad colectiva, sino que fundan el ideal de una sociedad justa en las instituciones de los estados constitucionales. Sin duda, esta idea de la justicia que pretende trascender todo contexto introduce también una tensión problemática con las realidades sociales y políticas. Esta tensión entre idea y realidad, que se manifestó en la realidad misma cuando los derechos humanos fueron traducidos en derecho positivo, nos confronta hoy con el reto de pensar y actuar de forma realista sin traicionar el impulso utópico».

JÜRGEN HABERMAS, *La constitución de Europa*

- ¿A qué se refiere el texto con la expresión «imágenes engañosas»?
- ¿Qué significa que la idea de justicia trasciende todo contexto?
- Explica en qué consiste la tensión entre idea y realidad.

ACTIVIDADES

INVESTIGA

24. ¿Qué tiene que ver el pensamiento utópico con la perspectiva crítica?

25. ¿Qué exigencias de justicia conforman el núcleo moral del pensamiento utópico? ¿Se refieren siempre a todas las personas, al margen de su país, cultura o religión?

ARGUMENTA

26. ¿Por qué el cumplimiento de los derechos humanos es una utopía pero realista?

1 Comentario de texto

«Frente al utilitarismo, propone Rawls una distribución de *bienes primarios*, que atiende a un criterio de equidad: lo que decidirían personas libres e iguales ignorando su "lotería natural y social". Las instituciones de una sociedad democrática, para ser justas, deben pertrechar a sus miembros de esos bienes básicos (derechos y libertades básicas, libertad de movimiento y expresión, ingresos y riqueza, bases sociales del autorrespeto, etc.), que les permitirán elegir sus planes de vida. Obviamente, las teorías de la justicia se elaboran en condiciones de escasez de recursos, que son las que por el momento siempre ha habido y se presume que habrá. Hecho por lo cual, importa distribuir de forma que todos los ciudadanos, libres e iguales, puedan gozar de unos mínimos básicos. Que, en realidad, si se comparan con la actual distribución social, son máximos casi utópicos. Sobre todo, si además de pensar a escala nacional, se piensa a escala mundial, que es lo propio de la sociedad global. El Estado social se ve obligado a considerar a sus ciudadanos como "ciudadanos sociales", es decir, a proteger sus derechos civiles y políticos, económicos, sociales y culturales. Esto "merece" cualquier ciudadano».

ADELA CORTINA, *Ética de la razón cordial*

Cuestiones

1. ¿Qué título conviene a este fragmento?
2. ¿Cómo definirías con tus palabras los «bienes básicos»? ¿Para qué sirven?
3. Averigua qué significa la expresión «bases sociales del autorrespeto». ¿Consideras que tal cosa es realmente uno de los bienes básicos que todos necesitamos? ¿Por qué?
4. Haz un listado de los bienes que consideras que todos deberían tener para poder llevar una vida digna. Define qué significa para ti «vida digna».
5. ¿Cuál sería el mínimo que todos deberían tener de estos bienes? ¿Habría un máximo? ¿Cómo lo establecerías?

2 Comentario de texto

«La Asamblea General de la Naciones Unidas proclamó en el año 2000 lo que se ha dado en llamar los Objetivos de Desarrollo del Milenio y los ratificó en 2005. El primero de ellos consiste en "erradicar la pobreza extrema y el hambre"... El objetivo concreto consiste, según se dice, en reducir la pobreza extrema a la mitad entre 1990 y 2015 y conseguir su erradicación en 2025. Un propósito bien modesto porque da por sentado que más de ocho millones de personas seguirán muriendo cada año, dado que son demasiado pobres para sobrevivir. Como si fuera un fenómeno inevitable, como si se tratara de una catástrofe natural. Pero no, se trata de un producto social, del que somos, por lo tanto, responsables».

ADELA CORTINA y GUSTAVO PEREIRA (eds.), *Pobreza y libertad*

Cuestiones

1. ¿Qué relación crees que guarda la pobreza con las tres generaciones de derechos humanos?
2. ¿Cuál es la diferencia entre un fenómeno natural y uno social?
3. ¿Por qué somos responsables de esta situación?
4. ¿Qué teorías de la justicia pueden ayudarnos a pensar una solución?

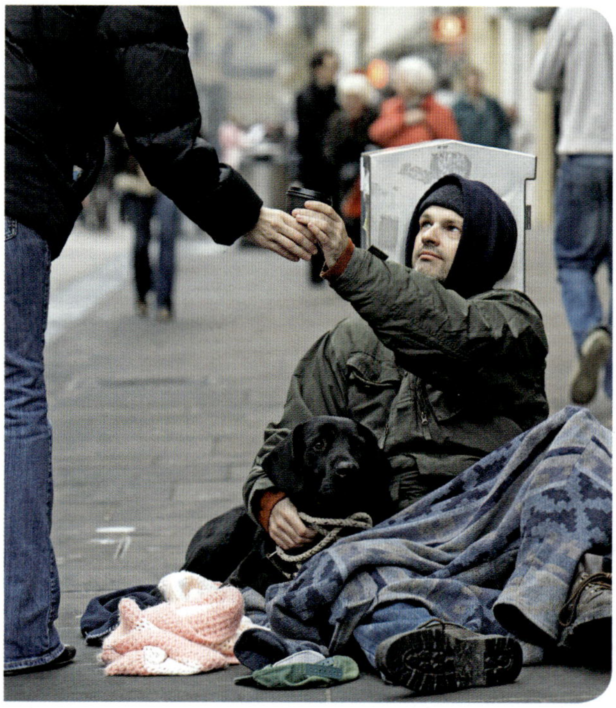

3 Disertación

Justicia global: los Objetivos de Desarrollo de las Naciones Unidas para el Milenio

Redacta una disertación siguiendo este guion:

- Busca en qué consisten los Objetivos del Milenio y relaciónalos con las tres generaciones de derechos humanos.
- Explica en qué sentido puede hablarse desde estos objetivos de una justicia global.
- Busca en la red las críticas que han recibido los Objetivos del Milenio y también los argumentos para su defensa.
- Argumenta acerca de cuál creemos que es la situación actual respecto a su cumplimiento y qué deberíamos cambiar para mejorar este panorama.
- Explica cuál es la situación española respecto a estos objetivos.
- ¿Qué papel cumplen las organizaciones cívicas y solidarias?
- ¿Y las multinacionales?

4 Debate

¿Está justificada la tortura en alguna ocasión?

«Piense en una bomba que va a estallar a cierta hora. Imagine que usted es el jefe de la rama local de la CIA. Captura a un presunto terrorista; usted cree que tiene información acerca de un dispositivo nuclear que estallará en Manhattan ese mismo día. Usted sospecha incluso que es él quien ha puesto la bomba. El reloj corre, y se niega a admitir que es un terrorista o a decir dónde está la bomba. ¿Estaría bien torturarlo hasta que diga dónde está la bomba y cómo se desactiva?».

Michael J. Sandel, *Justicia*

Formad grupos a favor y en contra de justificar la tortura en algunos casos como el expuesto.

1. Escribimos los argumentos basándonos tanto en las consecuencias como en los derechos y deberes recogidos en la carta de derechos humanos.
2. Buscamos en la red documentos e informes de la Organización de Naciones Unidas sobre la tortura. Resumimos sus argumentos.
3. Buscamos en internet los informes más recientes de Amnistía Internacional sobre la violación de los derechos humanos. ¿Cuál es la situación de España?

PROYECTO FINAL. **Trabajo cooperativo**

El impulso utópico

- Leemos y comentamos en clase el texto siguiente tratando de responder entre todos a la siguiente pregunta: ¿Las situaciones de injusticia son una motivación y un impulso para buscar soluciones nuevas a los problemas sociales?

«De ahí que la experiencia de violaciones de la dignidad humana haya desempeñado en muchos casos, y pueda desempeñar aún, una función creativa: ya sea ante las insoportables condiciones de vida y la marginación de las clases sociales empobrecidas; o ante el trato desigual de mujeres y hombres en el lugar de trabajo, o la discriminación de extranjeros y minorías raciales, religiosas, lingüísticas o culturales; o también ante la terrible experiencia de mujeres jóvenes provenientes de familias inmigrantes que tienen que liberarse ellas mismas de la violencia de códigos de honor tradicionales; o, por último, ante la brutal expulsión de inmigrantes ilegales y solicitantes de asilo. A la luz de tales retos históricos específicos, diferentes aspectos del significado de la dignidad humana surgen desde la plétora de experiencias de lo que significa ser humillado y herido profundamente».

Jürgen Habermas, *La constitución de Europa*

- Hacemos equipos de cuatro personas. Cada equipo busca información sobre alguna de las más importantes utopías que han existido a lo largo de la historia y prepara un resumen que será expuesto más adelante a los demás equipos.
- Cada equipo compara la descripción de la utopía que ha resumido con las violaciones de la dignidad humana (las recogidas en el texto y otras semejantes) y argumenta si en esa sociedad utópica se produciría alguna de tales violaciones o no. El resultado de la comparación se añade al resumen del equipo.
- Cada equipo expone ante el resto de la clase la utopía que ha resumido y las conclusiones a las que llegó en el punto anterior.
- Terminadas las intervenciones de los equipos, debatimos entre todos en torno a las siguientes preguntas: ¿Son útiles las utopías o son perjudiciales? ¿Pueden desempeñar una función positiva en el mundo actual? ¿Tiene sentido llamar «utópicas» a propuestas de nuevas soluciones para los problemas sociales que sean innovaciones responsables y éticas?

17 La estética filosófica y la creación artística

CONTENIDOS

1. El ser humano como animal simbólico
2. La cuestión de la belleza
3. El arte y la creación artística
4. Algunos hitos en la historia de la estética
5. Tres manifestaciones artísticas

PARA PENSAR JUNTOS

Leemos el diálogo de la página siguiente, debatimos sobre él y, después de estudiar esta unidad didáctica, respondemos estas cuestiones:

- ¿Estás de acuerdo con las finalidades que Juan propone para el aula de cine? Razona tu respuesta.
- ¿Consideras que el cine es un arte? ¿Por qué?
- En el diálogo aparecen algunos criterios para juzgar la belleza en el cine. Di quién los propone, explícalos y pon ejemplos de películas que conozcas en los que se respeten y películas en las que no.
- ¿Qué opinión te merece la afirmación de Belén acerca de la función moral del arte? Pon ejemplos que ilustren tu respuesta.

Aunque la creación de obras bellas no esté al alcance de todos, apreciar y disfrutar la belleza es una característica específica de los seres humanos.

En nuestra vida cotidiana nos orientamos con mucha frecuencia por la belleza. Cuando compramos ropa o calzado, cuando escuchamos música, cuando elegimos una novela o vamos al cine, lo hacemos siempre pensando en que lo elegido en cada caso sea bello, o al menos, que nos guste. En las páginas que siguen vamos a reflexionar sobre qué es la belleza, sobre la creación artística y sobre el sentido de la educación estética. También nos plantearemos las características de algunas manifestaciones artísticas tradicionales, así como de las más vanguardistas.

LA FILOSOFÍA EN TU VIDA

CARMEN.- Chicos, la directora nos ha propuesto en la reunión de delegados organizar un aula de cine en el centro. Se ha aprobado casi por unanimidad, nos tenemos que encargar de ponerla en marcha nosotros, que somos los mayores y, según ella, los que más sabemos de arte en el instituto.

PACO.- ¡Esa mujer es incansable! ¿Y por qué tenemos que hacerlo nosotros?

BELÉN.- Ya te lo ha dicho Carmen, Paco; no gruñas.

CARMEN.- Ella se encargará de conseguir las películas que programemos, incluso de traer a algún experto para que nos aconseje. Tenemos que hacer una proyección al mes, por lo menos, los viernes por la tarde, que es cuando no estudiamos y no hacemos nada de provecho.

PACO.- ¡Hombre que no!, ¡dormir la siesta hasta las ocho, por lo menos!

FERNANDO.- Ya vale, Paco. Es una oportunidad para aprender a apreciar el cine.

PACO.- ¡Como si eso se aprendiera! El cine se ve, te gusta o no te gusta, y ya está.

CONSUELO.- ¡Paco, no digas más simplezas! Descansa y cállate un rato.

JUAN.- Bueno, lo primero que tenemos que decidir es qué pretendemos con el aula; si queremos entretener, o aprender, o disfrutar, o valorar la calidad de unas películas sobre otras.

ANA.- Yo creo que antes tenemos que saber qué público va a asistir. Si solo alumnos, si alumnos y padres; si alumnos, padres y profesores; o si va a estar abierta a todo el que quiera.

BRAHIM.- Seguramente alumnos, padres y profesores, porque es la única manera de mantener el orden y el control en las instalaciones.

CARMEN.- Sí, yo creo que estará cerrada para personas ajenas al centro.

FERNANDO.- Bien, pues ya tenemos la primera premisa. Ahora podemos acordar si será solo proyectar o si habrá también diálogo después.

CONSUELO.- Pues yo creo que será mejor si hay diálogo, porque a veces se nos pasan detalles y aspectos, y el diálogo nos los pone de manifiesto, ¿no os parece?

JUAN.- Sí, desde luego. Y ahora vamos con mi pregunta: ¿Qué queremos conseguir?

CARMEN.- Pues yo creo que un poco de todo lo que has dicho antes, ¿no? Tenemos que seleccionar películas que atraigan público, y que, al mismo tiempo, nos enseñen cosas de la vida y nos despierten emociones y sentimientos constructivos.

BELÉN.- Yo pienso que el cine, como todas las artes, tiene una función en nuestra vida, que es hacernos mejores, ya sea porque es bello o porque denuncia la fealdad del mundo.

FERNANDO.- Tampoco hay que ser tan moralista…

ANA.- Yo no creo que Belén esté siendo moralista, más bien pienso que está diciendo una verdad como una casa, aunque haya personas que no estén de acuerdo.

CARMEN.- Pero esas personas tendrán que explicarse, porque las obras que han sido consideradas bellas a lo largo de la historia no están a merced del gusto del primero que llegue, sino que hay criterios para valorarlas como se ha hecho.

BRAHIM.- Pues sí, pero ya se sabe que para gustos, los colores, es decir, que cada uno tiene el suyo. Yo, sin embargo, estoy de acuerdo con Belén y pienso que hay buen cine y mal cine, les guste a quienes les guste uno y otro.

CONSUELO.- A ver, Brahim, pon un ejemplo de uno y de otro para que veamos lo que quieres decir, si no te importa.

BRAHIM.- Pues una buena película es, por ejemplo, *Los chicos del coro*, por varias razones: está bien dirigida, bien interpretada, bien ambientada y tiene un buen guion, es realista y da para pensar a partir de ella. Y una mala película es cualquiera de los *Rambos* que hay por el mundo, porque en ellos se sobrevalora a un presunto héroe, que no lo es, no hay trabajo de actores ni de director, el guion es infumable, y no nos enseña nada, más que violencia y simplismo.

PACO.- ¡Bueno, lo que vamos a discutir en los diálogos si seguimos por ahí! Porque cada uno tenemos nuestros gustos y preferencias.

JUAN.- Sí, Paco, pero hay gustos que merecen palos…

Los animales disponen de sistemas de comunicación que, en ocasiones, son bastante complejos. Pero esos sistemas solo se componen de señales: el aullido del lobo es una señal que puede indicar peligro, hambre, etc.

1 El ser humano como animal simbólico

El ser humano se ha entendido a sí mismo tradicionalmente como el «animal racional» o el «animal político». Estas dos definiciones proceden de Aristóteles (Grecia, 384-322 a.C.) y se refieren a características indiscutibles del ser humano: la capacidad para usar la razón-lenguaje (*lógos*) y el carácter social de su existencia. Sin embargo, Ernst Cassirer (Alemania, 1874-1945) amplió estas definiciones, considerando que hay que definir al ser humano no tanto por sus características físicas o por sus potencialidades, sino por su obra. Así nace la comprensión del hombre como «animal simbólico».

1.1. Signo, señal y símbolo

Se trata de tres conceptos muy relacionados entre sí, pero no hay un acuerdo general sobre las diferencias que se deben establecer entre ellos. Siguiendo a Charles Sanders Peirce (EE. UU., 1839-1914), entendemos que un signo es «algo que representa a otro algo para alguien». Por ejemplo, la palabra «árbol» (algo) representa a la cosa árbol (otro algo) para los hablantes del español (para alguien). En todos los signos se pueden diferenciar dos planos: el significado (lo representado, la cosa árbol) y el significante (el representante, la grafía «á-r-b-o-l» o los sonidos «ár-bol»), entre los cuales se establece una relación convencional que se suele denominar «significación» o «sentido». Así pues, lo específico de un signo es representar a otra realidad distinta de la suya propia. Por eso, la señal y el símbolo son casos o tipos de signos, es decir, dos formas de representar que, según Cassirer, se caracterizan así:

- Una señal es un signo en el que la relación entre el significado y el significante viene dada de forma natural o física y tiene cierta estabilidad, es decir, no cambia fácilmente. Una señal es un indicador natural de algo. Por ejemplo, el humo es indicador natural de la existencia de fuego o el croar es señal de la rana, así como el lenguaje de los animales está formado básicamente por señales.
- Los símbolos, por el contrario, forman parte del ámbito humano. Son signos que apuntan a un significado con el que no tienen relación natural e inmediata. Por ejemplo, la paloma es símbolo de la paz, aunque este animal no es un indicador natural de comportamientos pacíficos. Los símbolos no son arbitrarios, pero tienen mucha más flexibilidad que las señales, por lo que su significado puede cambiar con el tiempo. Son realidades materiales y sensibles que están dotadas de una significación otorgada por la sociedad en la que surgen. Finalmente, los símbolos carecen de significado de forma aislada, por lo que precisan estar situados en un contexto para ser significativos.

Los seres humanos construimos símbolos. La corona de hojas de laurel es, desde la Antigüedad, el trofeo que se entregaba a deportistas, militares o poetas como reconocimiento a sus méritos. Hoy, una persona «laureada» es aquella que ha recibido un premio.

1.2. El universo simbólico

Si se puede caracterizar al ser humano como «animal simbólico» es porque su actividad básica y fundamental en cuanto habitante del mundo es construir símbolos. Esa es la manera humana de estar en el mundo y la totalidad de los símbolos producidos es lo que solemos denominar «cultura». Por eso el mundo propio del ser humano no es el físico, biológico o natural, sino más bien el conjunto de los símbolos que ha ido construyendo a lo largo de la historia. El mundo humano es una gran red de símbolos que surgen de las vivencias, experiencias, necesidades, conocimientos, proyectos, etc., unos de carácter más personal y otros heredados de las generaciones que nos precedieron.

Cassirer diferencia tres formas simbólicas básicas que conforman la cultura o universo simbólico humano:

- **El mito.** Es la primera expresión de la capacidad simbólica humana. Antes de disponer de los conceptos o palabras que constituyen el lenguaje, los seres humanos dispusieron de «imágenes míticas», una especie de metáforas que están en la base del lenguaje desarrollado, es decir, del lenguaje proposicional, tal y como lo conocemos y usamos en la actualidad.
- **El lenguaje.** No se trata solo de un conjunto de etiquetas colocadas sobre las cosas. El lenguaje humano no es un mero mecanismo, pues permite que hagamos una síntesis mental de las cosas, es decir, que realicemos un proceso de selección, clasificación y organización de las percepciones que es la base de nuestro conocimiento. Así, obtenemos una visión peculiar del mundo, pues reemplazamos el fluir continuo de las percepciones sensibles por el «nombre» que le asignamos a cada cosa concreta. En este sentido, el simbolismo del lenguaje está estrechamente ligado al simbolismo de la ciencia. En efecto, la ciencia supone una organización del mundo en la que se buscan estructuras universales (las leyes científicas) que ordenen y expliquen cada caso particular. Las leyes que la ciencia establece son formas abstractas de organización y formalización del mundo.
- **El arte.** Se trata de una manera de organizar el mundo y de estructurar la experiencia que, a diferencia del lenguaje o de la ciencia, se refiere a las apariencias sensibles. Pues el arte no solo usa símbolos verbales, como los conceptos lingüísticos y científicos, sino «símbolos intuitivos»: colores, figuras, melodías, formas, imágenes, ritmos, etc. El arte no conceptualiza el mundo (como el lenguaje) ni pretende encontrar las causas de los fenómenos (como la ciencia), más bien nos descubre las formas de las cosas, concretándolas en la «obra de arte». Por eso el artista puede ser caracterizado como un auténtico descubridor.

Construir una casa puede ser una cuestión meramente técnica o incluir un componente artístico. La Casa Batlló, de Antoni Gaudí, es un ejemplo de cómo el arte usa símbolos intuitivos, en este caso, volúmenes, formas y colores.

Doc. 1

«El lenguaje y la ciencia son abreviaturas de la realidad; el arte, una intensificación de la realidad. El lenguaje y la ciencia dependen del mismo proceso de "abstracción", mientras que el arte se puede describir como un proceso continuo de "concreción". En nuestra descripción científica de un objeto comenzamos con un gran número de observaciones que, a primera vista, no son más que un conglomerado suelto de hechos dispersos; pero, a medida que caminamos, estos fenómenos singulares tienden a adoptar una forma definida y a convertirse en un todo sistemático. [...] El arte no admite este género de simplificación conceptual y de generalización deductiva; no indaga las cualidades o causas de las cosas, sino que nos ofrece la intuición de sus formas. Tampoco es esto, en modo alguno, una mera repetición de algo que ya teníamos antes. Es un descubrimiento verdadero y genuino. El artista es un descubridor de las formas de la naturaleza lo mismo que el científico es un descubridor de hechos o de leyes naturales».

ERNST CASSIRER, *Antropología filosófica*

- ¿Qué características diferencian la actividad artística repecto al lenguaje y a la ciencia?
- ¿Se puede hablar de «descubrimiento» en el arte? ¿Por qué?

ACTIVIDADES

1. Explica con tus propias palabras la definición del ser humano como «animal simbólico».
2. ¿Cuáles son las principales diferencias entre «señal» y «símbolo»? Busca ejemplos para distinguirlos lo más claramente posible.
3. ¿De qué tipo son los símbolos que forman la cultura?

ARGUMENTA

4. ¿Por qué se puede decir que los seres humanos tenemos un «universo simbólico»?

Un objeto bello se aprecia más. Además de la utilidad, la originalidad y la armonía de formas y de colores confieren un valor añadido a los objetos cotidianos.

2 La cuestión de la belleza

2.1. ¿A qué llamamos «belleza»?

- **Una cualidad valiosa.** El término «belleza» es definido en el diccionario como «propiedad de las cosas que hace amarlas, infundiendo en nosotros deleite espiritual». Desde este punto de vista, la belleza es una cualidad valiosa que descubrimos en ciertas realidades, una cualidad que valoramos positivamente. Por eso no tendría sentido afirmar, por ejemplo: «Esta película es bella, por tanto, nadie debería verla»; por el contrario, cuando afirmamos que algo tiene belleza, implícitamente estamos reconociendo que ese algo ha provocado en nosotros una experiencia gratificante, y también que los demás pueden disfrutar de una experiencia similar.
- **Un valor con pretensiones de universalidad.** La belleza es un tipo de experiencia humana que se presenta en todos los grupos culturales, aunque los criterios de belleza suelen ser distintos para cada grupo. Sin embargo, cada modo de entender la belleza tiene pretensiones de universalidad, es decir, no se conforma con ser un concepto de belleza propio de un grupo particular, sino que pretende que los demás grupos humanos reconozcan que ese modo de entender la belleza es válido, que es equivalente a otros. Por ejemplo, es evidente que un grupo de rockeros no comparte los mismos criterios de belleza musical que un grupo de aficionados a la sinfonía clásica, pero eso no impide que cada grupo reconozca en gran medida la belleza del otro género musical y, por ello, nada impide que los rockeros escuchen con gusto algunas sinfonías y que los sinfonistas acudan con gusto a algunos conciertos de rock.
- **Se necesita aprendizaje para apreciar la belleza.** ¿Qué hay de cierto en el famoso dicho «sobre gustos no hay nada escrito»? Si se acepta que, en cuestiones de belleza (no tanto en cuestiones de comidas, bebidas, deportes y otras muchas cosas en las que sí parece adecuado), el criterio subjetivo del gusto de cada cual es el único que cuenta, entonces no tiene sentido aprender a apreciar la belleza de un buen paisaje, o la de una buena sinfonía, o la de una obra maestra de la pintura o del cine. Pero en realidad no da lo mismo saber apreciar la belleza de ciertas cosas que no saber apreciarla. Gran parte de lo que aprendemos en la escuela, el instituto y la universidad es una serie de criterios objetivos de belleza.

Grupo estadounidense de rock Kiss. Se necesita aprendizaje y educación del gusto estético para poder disfrutar y apreciar la belleza que hay en algunas manifestaciones artísticas. En el fondo, en todo ser hay belleza, aunque no todos sepamos descubrirla.

2.2. Algunas reflexiones sobre la belleza

- **Uno de los trascendentales del ser.** Desde la Antigüedad grecolatina arranca una tradición filosófica que considera que el concepto central para entender todo cuanto existe es el concepto de ser, y que el ser tiene cuatro atributos que van unidos a él de modo inseparable y que pueden sustituir al concepto mismo de ser (por eso se los llama «propiedades trascendentales»): la unidad, la verdad, la bondad y la belleza. En otras palabras: todo ser es uno, verdadero, bueno y bello. Por ejemplo, un pájaro es un ser, y simplemente por el hecho de existir ya posee los cuatro atributos trascendentales: es uno, verdadero, bueno y bello. Podríamos replicar que hay seres, incluidos algunos pájaros, que no necesariamente son buenos y bellos. Pero los defensores de la filosofía del ser responderían que, en principio, todos los seres son esencialmente buenos y bellos, y que si en ocasiones nos parecen malos o feos es por causas accidentales, que en realidad no tienen nada que ver con su esencia. ¿Qué valor puede tener este modo de ver la belleza en la actualidad? Podríamos señalar al menos dos aspectos interesantes de esta teoría: por un lado, nos recuerda que en todas las cosas se puede encontrar algo de belleza, aunque a primera vista no lo parezca; y por otro lado, nos invita a buscar la belleza en conexión con otras cualidades que también son importantes para encontrar un sentido a la experiencia humana.

- **La belleza se relaciona sobre todo con la forma.** La belleza no se manifiesta hablando de ella, sino experimentando cosas bellas; por ejemplo, músicas, paisajes, pinturas, poemas, etc. La belleza es algo que se percibe, que se impone a través de una determinada forma que nos emociona (aunque ya hemos señalado que es preciso aprender a apreciar la belleza, aprender a percibirla en los objetos). La forma bella suele caracterizarse por una cierta armonía o equilibrio entre las partes y el todo, la disposición en que se encuentran las partes y el conjunto da lugar a una grata experiencia, que invita a reconocer que estamos ante algo bello.
- **La belleza no está reñida con la utilidad.** Los seres humanos buscamos la belleza en todas las cosas y nos sentimos mejor cuando estamos rodeados de belleza. Por eso no es de extrañar que también se haya intentado expresar la belleza en los objetos más simples de la vida cotidiana, como, por ejemplo, la ropa, los cubiertos, la vajilla, los muebles, los edificios, los libros, etc. En la actualidad, este aspecto se ha desarrollado mucho a través del fomento del diseño como una de las bellas artes.
- **La belleza tiene un carácter simbólico.** Los objetos bellos, sin dejar de ser algo concreto, nos invitan a ir más allá para adentrarnos en una experiencia de sentido en la que aparecen significados compartidos, ideales de vida buena, narraciones en las que esos objetos tienen su lugar, etc. Por ejemplo, cuando entramos en una catedral gótica en pleno día, y miramos cómo la luz del sol entra por las vidrieras, tal vez nos sintamos sobrecogidos por un sentimiento en el que se mezclan esos elementos visuales con la alegría de la luz y el colorido, con la admiración a los anónimos artistas medievales, con el recuerdo de ciertos relatos religiosos, etc.

Este carácter simbólico es lo que explica que los objetos bellos mantengan permanentemente el interés de las personas que los perciben: podemos contemplarlos una y otra vez sin que se agote su capacidad expresiva, porque siempre encontramos algo nuevo en ellos, siempre suscitan experiencias nuevas y nos retan a encontrarles nuevas facetas y significados que anteriormente nos habían pasado desapercibidos.

- **La percepción de la belleza rompe con la rutina y la fugacidad.** En ocasiones, la experiencia de la belleza nos hace sentirnos transportados a una dimensión intemporal, como si el tiempo se hubiera detenido; una experiencia de plenitud de sentido que puede dejar una huella profunda.

Doc. 2

«La estética es la rama de la filosofía que se ocupa de las artes y de otras situaciones que comportan experiencia estética y valor estético. Una parte sustancial del trabajo en estética ha sido empleada en tratar de especificar la naturaleza de la experiencia o respuesta estética. Uno de sus factores es el placer, la satisfacción o cosas semejantes. El segundo es la experiencia: la respuesta que buscamos tiene que consistir en un modo de atender al objeto mismo. En el caso de la música habrá de ser una respuesta a los modelos de sonido percibidos; en el caso del cine, una respuesta a la experiencia de ver algo en la pantalla. Si alguien meramente describe para mí una pieza de música o una secuencia de imágenes, yo no me encuentro por ello en posición de dar ese tipo de respuesta que es peculiarmente relevante para el valor estético. El tercer factor en la respuesta estética se considera con frecuencia que es "el desinterés". La idea que hay tras ello es que la experiencia placentera de atender a algo en la percepción no tendría que consistir en gozar de una cosa solo porque cumpliese una función definida, o que colmase un deseo o elevase a un nivel superior».

JAMES CARGILE,
Enciclopedia Oxford de Filosofía

- ¿Qué elementos principales se han señalado como ligados a la experiencia estética?
- ¿Te parece acertada esta descripción de la experiencia estética? ¿Por qué?

ACTIVIDADES

5. ¿Qué significa que la belleza tiene «pretensiones de universalidad»?
6. ¿Por qué es importante aprender a apreciar la belleza?

INVESTIGA

7. Busca ejemplos que dejen claro que la belleza no está reñida con la utilidad.

El arte clásico busca habitualmente la creación de objetos bellos. Además, lo hace con la pretensión de que el objeto artístico guste a cualquier persona mínimamente educada y sensible a la belleza.

Algunas manifestaciones artísticas no tienen como objetivo principal la belleza. Esta película pone en primer plano la existencia vacía, deprimente e insustancial de los personajes que aparecen en ella.

3 El arte y la creación artística

3.1. ¿El arte siempre busca la belleza?

A menudo se ha dicho que la ciencia busca la verdad, que la ética se ocupa del bien y que el arte persigue la belleza. Sin embargo, cabe la posibilidad de que el arte no siempre pretenda expresar la belleza, sino que a veces, sobre todo en el caso del arte contemporáneo, trata de expresar otras cosas, como, por ejemplo, el terror, la fealdad, el desprecio, etc. Por otra parte, no deberíamos identificar la belleza únicamente con el arte, puesto que también encontramos belleza en la naturaleza, en la ciencia y en otras realidades ajenas a la actividad artística.

3.2. Orígenes del término «arte»

Los filósofos griegos, y especialmente Aristóteles, distinguieron entre dos tipos de acción humana: por un lado, la *práxis*, que se refiere únicamente al comportamiento humano voluntario por el cual nos vamos haciendo mejores o peores personas. Por otro lado, la *póiesis*, que es el tipo de acción que da lugar a algún producto, a algún objeto más o menos perdurable: un mueble, una casa, una escultura, pero también un poema (el término «poesía» procede, precisamente, del griego *póiesis*, que significa «actividad productiva»). Observemos que la mayor parte de nuestra conducta como seres humanos tiene ambas dimensiones (por ejemplo, si preparo café para mis amigos, el aspecto de *póiesis* lo tenemos en que hay un producto visible de mi acción: las tazas en la mesa con el café recién hecho; pero al mismo tiempo hay un aspecto de *práxis*: el gesto amistoso y hospitalario hacia otras personas).

La virtud intelectual propia de la *práxis* es la *phrónesis*, la prudencia, mientras que la virtud correspondiente a la *póiesis* es la *tekhne*, palabra que significa al mismo tiempo «arte» y «técnica». Así pues, para la mentalidad griega, y también romana posteriormente, el término «arte» se usaba para referirse a cualquier actividad humana sometida a reglas, incluyendo la medicina, la agricultura, la caza, la pesca, la escritura, etc.

La distinción que hoy hacemos entre el arte como una actividad especial, relacionada con la expresión de la belleza, y la técnica como una actividad encaminada a la producción de todo tipo de objetos no existía en la Antigüedad, ni tampoco en la Edad Media. Esa distinción empezó a establecerse en el siglo XVIII, especialmente en las obras de algunos filósofos alemanes.

3.3. Arte, creatividad y fases de la actividad creativa

En la mentalidad moderna se ha consolidado la distinción entre la actividad artística (característica de las llamadas «bellas artes» y que se supone que expresa un alto grado de creatividad) y el resto de las actividades humanas. Lo que hoy en día llamamos «arte» abarca una gran cantidad de actividades diversas (poesía, relato, pintura, escultura, arquitectura, música, cine, etc.), y sin duda todas ellas tienen en común la dimensión creativa. Pero ¿en qué consiste la creatividad? ¿Es la creatividad una característica exclusiva de las actividades artísticas o también forma parte de otros tipos de actividades humanas?

En el estudio de la creatividad se han distinguido varias fases. A comienzos del siglo XX, el matemático y filósofo Henri Poincaré (Francia, 1854-1912), sobre la base de su experiencia personal en la resolución de cuestiones científicas, distinguió cuatro fases en la resolución creativa de problemas:

- **Preparación:** consiste en informarse bien de los antecedentes, circunstancias y todo tipo de datos relacionados con la cuestión que se intenta resolver. En el caso de una obra de arte que pretenda ser realmente original, el artista tendrá que tener en cuenta cómo se han hecho otras obras anteriores para no repetir los mismos esquemas.
- **Incubación:** esta fase es inconsciente. El investigador o el artista se plantean ciertos interrogantes respecto al problema que desean resolver creativamente y a continuación se dedican a otras tareas cotidianas como dormir, pasear, cocinar, etc. Mientras realizan estas otras tareas, el inconsciente sigue buscando una solución creativa al problema.
- **Iluminación:** de repente, como si se encendiera una luz en la mente, el investigador o el artista perciben con claridad una posible solución creativa. Poincaré relata que la clave para la solución de un problema de matemáticas le vino a la mente en el momento de subir a un autobús, al cabo de unos quince años en los que había tratado de resolverlo, sin éxito, en diversas ocasiones. La interpretación que hizo Poincaré del proceso mental que acompaña a la creatividad es que la fase de incubación es fundamental, puesto que la iluminación no puede llegar hasta que el inconsciente haya llevado a cabo una búsqueda de la mejor solución posible al problema planteado.
- **Verificación:** una vez que la iluminación ha tenido lugar, es preciso hacer las comprobaciones oportunas para ratificar que la solución que se ha encontrado es adecuada y original. Si estas comprobaciones tienen un resultado positivo, el proceso creativo ha culminado con éxito, y entonces se puede divulgar el descubrimiento o mostrar al público la obra de arte ya terminada. En caso contrario, el autor tendrá que continuar buscando una solución creativa regresando a las fases de preparación e incubación.

Diversos artistas y creadores en general han comentado que la creatividad depende en gran medida del trabajo que realizamos en las fases de preparación e incubación, que son la base para que pueda aparecer el fogonazo de inspiración de la fase de iluminación. En tiempos antiguos, este fenómeno de una repentina iluminación mental se atribuía a las Musas (término griego del que proceden las palabras «música» y «museo»), las divinidades encargadas de inspirar a los seres humanos para realizar descubrimientos y actos creativos. Es significativa la anécdota del científico griego Arquímedes que, tomando un baño en su casa, de repente encontró la solución a una cuestión de física: el principio que explica que ciertos cuerpos floten y otros se hundan (el «principio de Arquímedes»). Fue tal su alegría que saltó de la bañera gritando «¡Eureka!» («¡Lo encontré!»).

La importancia de las fases de preparación e incubación queda expresada en la frase «la creatividad es un 1% de inspiración y un 99% de transpiración»: lo más importante es ese 99% de trabajo previo, puesto que sin él es imposible que llegue la inspiración, lo que hemos llamado «iluminación».

Desde este punto de vista, la genialidad puede que esté al alcance de cualquier persona que se esfuerce lo suficiente como para encontrar soluciones creativas a los problemas (tanto en el terreno científico como en el artístico y técnico) y no depende exclusivamente (como se creyó durante siglos) de poseer unos talentos especiales y extraordinarios.

TIPO DE ACCIÓN	VIRTUD	LA IMPORTANCIA RECAE EN...
Práxis	*Phrónesis* (prudencia)	La acción misma
Póiesis	*Tekhne* (arte, técnica)	El producto de la acción

Doc. 3

«... La inspiración es decididamente la hermana del trabajo diario. Estos dos contrarios no se excluyen, como todos los contrarios que constituyen la Naturaleza. La inspiración obedece, como el hambre, como la digestión, como el sueño. Hay sin duda en el espíritu una especie de mecánica celeste, de la que no hay que avergonzarse, sino sacar el partido más glorioso, como los médicos de la mecánica del cuerpo. Si se quiere vivir en una contemplación terca de la obra de mañana, el trabajo diario servirá a la inspiración, como una escritura legible sirve para iluminar el pensamiento, y como el pensamiento tranquilo y poderoso sirve para escribir legiblemente...».

CHARLES BAUDELAIRE, *El arte romántico. Consejos a los jóvenes literatos*

- ¿Qué relaciones establece el autor entre la inspiración y el trabajo diario?
- ¿Qué significa la expresión «la inspiración obedece»?
- Explica las comparaciones que se hacen en el texto.

ACTIVIDADES

RELACIONA

8. ¿Qué relaciones se pueden establecer entre la belleza y el arte?
9. ¿Encuentras alguna relación entre el arte y la técnica? ¿Se puede ser un artista excelente sin técnica? ¿Se puede ser un buen técnico sin arte?

OPINA

10. De las cuatro fases del proceso creativo, ¿cuál te parece la más importante? ¿Por qué?

4 Algunos hitos en la historia de la estética

La cerámica griega de figuras en tonos rojos sobre fondo negro es un estilo contemporáneo de Platón. En ella podemos ver tanto la crítica platónica a los artistas como la indudable belleza de estos objetos.

4.1. Platón

Para Platón (Grecia, 427-347 a.C.) lo «verdaderamente real» son las esencias puramente racionales de las cosas, a las que denominó «Ideas». En el caso de un caballo, la auténtica realidad es la Idea o esencia de caballo, y no el caballo que podemos percibir por los sentidos. Todo lo que podemos captar mediante los sentidos no es más que una copia imperfecta de las esencias o Ideas, pues, por ejemplo, este caballo nació y morirá, mientras que la Idea de caballo es perfecta y eterna.

Desde esta perspectiva, Platón no valoró positivamente a los artistas, ya que se limitan, según él, a copiar las cosas que encuentran en la naturaleza. La obra del artista resulta ser una copia de la copia de las Ideas. Por esta razón, en su obra *La República*, aconseja que, tras colmarlos de premios y honores, se destierre a los artistas de la ciudad, ya que son «productores de sombras» que confunden respecto a la verdadera realidad, que es la Idea.

Sin embargo, en los diálogos *Fedro* y *El banquete*, encontramos una función muy importante y positiva que se le atribuye a la Belleza. No hay que confundir la belleza de un cuerpo o de una cosa con la esencia o Idea de Belleza. Cualquier cosa sensible es bella porque imita la esencia o Idea de Belleza. Es decir, la Belleza auténtica es una y única, mientras que las cosas sensibles son bellas en la medida en que copian o reflejan esa Belleza. Por eso, el amor a las cosas bellas es un primer paso para llegar a conocer la verdadera realidad de la Belleza, que es puramente racional. Según Platón, conocer la idea de Belleza es una meta de la educación del ciudadano.

4.2. Immanuel Kant

Alexander Gottlieb Baumgarten (Alemania, 1714-1762) fue el primero en usar la palabra «estética» desligada de su origen griego (*aísthesis*, «sensación»), aplicándola, como hacemos actualmente, a la experiencia de la belleza. Pero fue Kant (Alemania, 1724-1804) quien consagró este significado, asignándole un lugar fundamental en su filosofía. Kant parte de que las sensaciones agradables o desagradables dependen no tanto de las cosas externas que percibimos, sino de la sensibilidad de cada uno. Por eso es tan importante la educación del gusto estético. Así, distingue dos sentimientos: el de «lo bello» y el de «lo sublime». Se trata de dos sentimientos agradables, pero de un modo muy diferente en cada caso.

Volcán Tungurahua, en Ecuador. A pesar del enorme peligro que entraña, nadie puede negar la atracción y la fascinación que nos produce contemplar un volcán en erupción. Esta es la experiencia estética de «lo sublime».

La experiencia de lo bello es placentera, de goce, porque se alcanza una unidad entre el sujeto (que contempla una cosa bella) y el objeto (la cosa contemplada). Es decir, en la experiencia de lo bello, el objeto de contemplación parece tener un sentido pleno del que forma parte el sujeto que lo contempla. Kant dice que es una experiencia estética «alegre y sonriente».

La experiencia estética de lo sublime puede ocurrir de dos maneras: cuando contemplamos algo desmesurado (por ejemplo, las pirámides de Egipto, la cúpula de San Pedro en el Vaticano o un enorme precipicio) y cuando experimentamos algo terrible, especialmente si se trata de fenómenos naturales (una tormenta, un huracán o una erupción volcánica). Estas dos maneras de experimentar lo sublime son tan abrumadoras que nos desbordan, pero por eso representan una experiencia estética.

4.3. Johann Christoph Friedrich Schiller

J. C. F. Schiller (Alemania, 1759-1805) es conocido como autor literario del Romanticismo alemán. Pero sus *Cartas sobre la educación estética del hombre* iniciaron una nueva comprensión de la estética. Nos presenta esta disciplina como el instrumento para superar la contradicción entre razón y sentimientos. Tal contradicción se había forjado durante la Ilustración.

Schiller no rechaza la Ilustración, pero quiere reorientarla. Se propone recuperar la unidad racional-sentimental de las personas mediante la educación de la humanidad en un proceso de ennoblecimiento y recuperación de la autenticidad de lo humano. La educación del gusto estético no es meramente accesoria y ornamental, pues educando en la belleza se logrará una humanidad más íntegra, auténtica y libre.

Marinetti publicó en 1909 el *Manifiesto futurista*, con el que se inician los denominados «movimientos vanguardistas» del siglo xx en todas las manifestaciones artísticas.

4.4. La estética de las vanguardias

Se entiende por «vanguardismo» (del francés, *avant-garde*) un conjunto de autores y obras que aparecen a principios del siglo XX y que tienen en común la experimentación y la innovación en el arte como forma de ruptura con la tradición. Filippo Tommaso Marinetti (Italia, 1876-1944) lideró uno de los primeros movimientos vanguardistas con la publicación en 1909 del *Manifiesto futurista*.

Se suele hablar de dos etapas o «dos vanguardias»:

- **Primera vanguardia.** Surge en las primeras décadas del siglo XX con la serie de cambios de la época: la Segunda Revolución Industrial, la publicación de la *Teoría de la relatividad* de Einstein y la *Interpretación de los sueños* de Freud, la difusión de la fotografía, el nacimiento del cine, etc. Nace la imagen del artista bohemio, incomprendido, que quiere escandalizar al público. Su capital artística fue París, con las exposiciones internacionales denominadas «Salones de París». Los movimientos impresionistas, el fauvismo, el cubismo, el expresionismo, el dadaísmo, el surrealismo y el constructivismo son tendencias artísticas de esta etapa.
- **Segunda vanguardia.** Comienza tras la Segunda Guerra Mundial y la crisis en que quedó sumida Europa. La capital mundial del arte se desplaza a Nueva York. Se produce una aceleración de los cambios en las tendencias artísticas, se integran nuevos medios y técnicas gracias a las nuevas tecnologías y se generaliza la multidisciplinariedad del artista y de su obra. Las segundas vanguardias producen obras atractivas para el gran público, lo que facilitará la ampliación del «mercado del arte». Tendencias significativas de esta etapa son el informalismo, el *Arte Povera*, el minimalismo, el *Pop Art*, el arte conceptual, *Happening*, *Body Art* y *Land Art*.

Doc. 4

«Considero aquella [la cultura estética] como el instrumento más eficaz para la educación del carácter y al mismo tiempo como lo que puede conservarse con total independencia de la acción política y, por consiguiente, sin la ayuda del Estado. Y es aquí y ahora [...] donde el arte y el gusto ofrecen su mano educadora a los hombres y prueban su influencia ennoblecedora. Las artes de lo bello y lo sublime animan, ejercitan y refinan la facultad de la sensación, elevan el espíritu desde los placeres groseros de la materia hasta la complacencia pura en meras formas y lo acostumbran a introducir espontaneidad en sus goces. Sin embargo, el verdadero refinamiento de los sentimientos siempre consistirá en que se los haga partícipes de la naturaleza superior del hombre y de la parte divina de su ser, de su razón y de su libertad».

FRIEDRICH SCHILLER, *Cartas sobre la educación estética del hombre*

- ¿Qué beneficios se obtienen de la educación estética de las personas, según el texto?
- ¿Piensas que es importante tu educación estética? ¿Por qué?

ACTIVIDADES

11. ¿Por qué motivos rechazó Platón a los artistas?

12. ¿Por qué se denominó «vanguardias» a ciertos movimientos artísticos del siglo xx?

INVESTIGA

13. Aporta ejemplos que sirvan para diferenciar entre «lo bello» y «lo sublime».

Pinturas prehistóricas en la cueva de Chauvet, en Vallon Pont d'Arc, sureste de Francia.

La pintura es la manifestación artística de la que tenemos muestras más antiguas. Realizadas con técnicas y materiales rudimentarios, la belleza de las pinturas rupestres nos sigue fascinando.

Doc. 5

«Pienso que una vida dedicada a la música es una vida bellamente empleada, y es a eso a lo que he dedicado la mía».

LUCIANO PAVAROTTI

«El arte es el perpetuo movimiento de la ilusión».

BOB DYLAN

«La música nunca puede ser mala, digan lo que digan del *rock and roll*».

ELVIS PRESLEY

«La gente, cuando grita en un concierto, no te aclama a ti, sino a las canciones. Las canciones no son como las películas, que las ves 2 o 3 veces. Una canción la escuchas 40, 50 o 60 veces si te gusta, y luego entra a formar parte de tu vida. Esa vida es la que gritan las personas en el concierto».

The Edge (U2)

- Infórmate sobre quién es el autor de cada una de estas frases y coméntalas brevemente.
- ¿Con cuál de ellas te identificas más? ¿Por qué?

5 Tres manifestaciones artísticas

Tradicionalmente se ha hablado de seis bellas artes: arquitectura, pintura, escultura, música, danza y literatura. Los griegos antiguos distinguían entre artes mayores o superiores y artes menores. Las artes mayores son aquellas de las que podemos disfrutar mediante los sentidos superiores. Estos eran, para ellos, la vista y el oído, porque no precisan entrar en contacto físico con el objeto para poder percibirlo. Las artes mayores correspondientes serían: arquitectura, pintura, escultura y música.

En la actualidad esta clasificación ha sido superada en buena medida. La aparición de nuevos materiales y nuevas tecnologías ha propiciado la ampliación de ese listado. El caso más claro es el de la cinematografía, que se suele denominar «séptimo arte». Pero también se podrían añadir la fotografía, las artes decorativas o el arte popular.

A continuación nos vamos a referir a tres manifestaciones artísticas, probablemente las más universales y antiguas.

5.1. Literatura

Suele entenderse por «literatura» aquella manifestación artística que pretende crear belleza tomando como instrumento o materia básica la palabra o el lenguaje en general. Esto es posible gracias a la combinación de dos funciones del lenguaje, según las definió Roman Jakobson (Rusia, 1896-1982):

- **Función estética o poética.** Esta función aparece cuando el lenguaje llama la atención del receptor sobre todo por su forma.
- **Función expresiva o emotiva.** Es la función que hace posible que el emisor de un mensaje pueda exteriorizar actitudes, sentimientos, gustos, preferencias, etc.

Pero, además, la literatura se vale de figuras literarias, es decir, de maneras no convencionales de usar las palabras, como, por ejemplo, la aliteración, la perífrasis o la metáfora. En las figuras literarias, las palabras pueden conservar su significado convencional y ordinario, pero están dispuestas de forma especial en la frase o aparecen cargadas con un matiz significativo que las convierte en particularmente expresivas de los sentimientos que el autor quiere comunicar.

Así se puede profundizar en la belleza de estos versos de Miguel Hernández:

Yo quiero ser llorando el hortelano
de la tierra que ocupas y estercolas,
compañero del alma, tan temprano.

Naturalmente, las funciones del lenguaje y las figuras literarias no se encuentran exclusivamente en las obras literarias, aunque en ellas tienen una importancia muy especial.

5.2. Pintura

Es la expresión artística de la que tenemos muestras más antiguas, desde la pintura rupestre de Altamira y las decoraciones corporales de algunas culturas de la Polinesia hasta las muestras contemporáneas. Se puede definir como el arte de representar gráficamente, mediante pigmentos, a personas, animales o cosas sobre una superficie de materiales muy distintos.

La pintura utiliza los llamados «signos plásticos», que son aquellos signos que nos permiten reconocer el objeto representado, pero revestido de elementos creativos: el marco, la textura, los colores, la composición, la forma, el trazo, etc. Así, nuestro retrato al óleo sería un signo plástico, a diferencia de la fotografía de nuestro carnet de identidad.

Como manifestación artística, la pintura requiere de ciertos conocimientos técnicos, que han dado lugar a las diferentes técnicas pictóricas: al temple, al fresco, acuarela, óleo, témpera, etc. En cada caso es preciso preparar y usar los pigmentos de una manera diferente. Se puede decir lo mismo del soporte que se vaya a utilizar: papel, tela, yeso, madera, un muro, etc. Sin embargo y como es obvio, solo con los conocimientos técnicos no se puede componer una obra de arte pictórica. El gusto estético, la educación, el ensayo y experimentación previos, la creatividad e incluso la genialidad del pintor son también determinantes.

No podemos olvidar que la pintura no consiste solamente en la reproducción absolutamente fiel de los objetos que se representan. Es necesario tener presente que se trata de una visión del pintor y, por lo tanto, hay siempre un elemento interpretativo de la realidad representada en la pintura, incluso en los estilos más realistas.

5.3. Música

A diferencia de la literatura o la pintura, que tienen una dimensión preferentemente espacial, la música es una modalidad artística eminentemente temporal. En efecto, la música se puede definir como el movimiento organizado de los sonidos a través del tiempo. No debemos confundir, pues, la música con la partitura. Esta es una forma de asegurar la transmisión y la repetibilidad de una música dentro de ciertos límites, pues cada intérprete aporta matices diferentes aun ejecutando la misma partitura. Los sonidos que componen la música se combinan de acuerdo con tres principios básicos:

- **Melodía.** Es una sucesión de sonidos de altura diferente (grave, medio, agudo) que tienen algún sentido musical. Para muchos es el elemento más importante de la música, aunque lo que para alguien puede tener pleno sentido (ser una melodía) para otra persona puede resultar incomprensible.
- **Armonía.** Es la forma de encadenar diferentes sonidos (notas) o de superponerlos, de manera que se perciben de forma simultánea. La forma de construir distintas combinaciones produce efectos diferentes en el oyente. Pero el resultado está sujeto a variaciones históricas y culturales. Lo que para un oyente occidental actual puede resultar agradable o tranquilizante, podría ser enervante para un chino del siglo XIII.
- **Ritmo.** Para algunos autores, este es el único principio realmente imprescindible en la música (siendo muy importante también en poesía, danza y artes escénicas). Se entiende por «ritmo musical» el movimiento organizado y repetitivo de los sonidos a lo largo de una secuencia temporal. Cada ritmo se caracteriza, sobre todo, por la duración y la intensidad de los sonidos, pero también por el pulso, el compás y el acento.

Naturalmente, estos tres principios no son leyes inalterables. Arnold Schönberg (Austria, 1874-1951) comenzó a componer usando combinaciones libres de notas, sin respetar los principios tradicionales de melodía y armonía. Este fue el comienzo de la música atonal, antecedente de la música dodecafónica, en la que se usan doce sonidos de la escala sin repetir ninguno hasta que no se hayan producido todos los demás. Schönberg es, por eso, uno de los máximos representantes de la vanguardia musical en el siglo XX.

Doc. 6

«La pintura es una poesía que se ve sin oírla; y la poesía es una pintura que se oye y no se ve; son, pues, dos poesías o, si lo prefieres, dos pinturas, que utilizan dos sentidos diferentes para llegar a nuestra inteligencia. Porque si una y otra son pintura, pasarán al común sentido a través del sentido más noble, que es el ojo; y si una y otra son poesía, habrán de pasar por el sentido menos noble, es decir, el oído».

LEONARDO DA VINCI

- Explica con tus propias palabras en qué consiste la identificación entre pintura y poesía que propone el autor de este texto.

ACTIVIDADES

ANALIZA

14. ¿Qué es lo que caracteriza cada una de las tres manifestaciones artísticas que hemos estudiado?

15. Busca ejemplos de literatura, pintura y música que sirvan para comprender las características que las definen.

Representación de *Hipólito y Aricia*, de Rameau, en la ópera Garnier de París. Muchos expertos han considerado la ópera como la obra de arte total, pues en ella se conjugan literatura, música, canto, danza, escenografía, decoración, etc.

SABER HACER

1 Comentario de texto

«Habermas distingue entre 1) enunciados que pueden ser verdaderos o falsos y se refieren a un mundo *objetivo*, a un estado de cosas exterior al sujeto hablante y oyente; 2) normas de acción, referidas a un mundo social, al que hablante y oyente pertenecen como personas, y que son construidas por los seres humanos *intersubjetivamente*; la existencia de tales normas resulta indispensable porque permite organizar la vida social respondiendo a expectativas mutuas; las normas son correctas si pueden ser aceptadas por todos los afectados por ellas; 3) expresiones de *subjetividad* del hablante, que no pretenden ser verdaderas ni tampoco correctas, sino auténticas. Estos tres tipos de formulaciones abren la existencia de tres mundos, que son el de la ciencia, el de la ética y el del arte. El universo del arte es el de la autorrealización personal, el de la expresión auténtica de la subjetividad, imposible de verificar. Cada uno de estos mundos representa una dimensión ineliminable del ser humano personal y social. Cada uno de ellos responde a una necesidad humana específica».

ADELA CORTINA,
Ética y estética, historia de una complementación

Cuestiones

1. Lee el texto con atención y ponle título.
2. ¿Cuáles son los tres mundos de los que habla el texto? ¿Hay alguno que te parezca más importante que los demás? ¿Cuál? ¿Por qué?
3. ¿Qué relación existe entre cada mundo y el tipo de enunciados de los que habla el texto? Busca ejemplos de enunciados de cada uno de esos tipos.
4. ¿En qué se parecen y en qué se diferencian los tres mundos de los que habla el texto?
5. Si se acepta que el arte no aspira a la verdad ni a la corrección moral, ¿significa eso que el artista tiene derecho a cometer inmoralidades, a mentir o a no ser veraz?

2 Comentario de texto

«Sería ir demasiado lejos el querer definir la filosofía platónica como absolutamente "antiartística" y pretender que ella hubiera negado completamente al pintor y al escultor la facultad de contemplar las Ideas; porque así como Platón distingue en todos los aspectos de la actividad humana, y especialmente de la filosofía, entre un modo verdadero de ejercitarla y uno falso, entre uno recto y uno no recto, cuando habla de las artes figurativas, contrapone a los representantes –tan fuertemente criticados– de la *mimetiké tékhne*, que solo saben imitar la apariencia sensible del mundo corpóreo, a aquellos artistas que [...] tratan de hacer valer la Idea en sus obras».

ERWIN PANOFSKY,
Idea. Contribución a la historia de la teoría del arte

Cuestiones

1. ¿Qué título le pondrías a este texto?
2. ¿Es el arte una mera imitación de los objetos que encontramos en nuestro entorno? ¿Por qué?
3. ¿Se puede considerar la fotografía como una manifestación artística? ¿Por qué?
4. ¿Es lo mismo imitar la naturaleza que crear una obra artística?
5. ¿Qué significa la expresión «aquellos artistas que tratan de hacer valer la Idea en sus obras»? ¿Conoces algún caso?

3 Comentario de texto

«Quizás una de las características más relevantes del arte del presente siglo, con respecto al de etapas anteriores, sea el fenómeno de ruptura. Siempre se ha insistido en apuntar que el arte de principios del siglo XX supone una ruptura con respecto a todo lo anterior. [...]

Una de las metas esenciales de todos los artistas de principios de siglo fue incorporar lo experimental –tan característico de los ámbitos científicos– al mundo del arte. De manera continua tanto pintores como escultores rechazaron de pleno la imitación y se refugiaron, cada vez más, en la audacia que comportaba experimentar con materiales, técnicas y configuraciones nuevas».

LOURDES CIRLOT,
Las claves de las vanguardias artísticas en el siglo XX

Cuestiones

1. ¿Qué características de las vanguardias se destacan en el texto?
2. ¿Qué puede significar «experimentar» cuando se trata de manifestaciones artísticas?
3. ¿Por qué crees que los vanguardistas rechazaron la imitación?
4. ¿Crees que es posible crear o descubrir belleza en las manifestaciones artísticas vanguardistas?
5. ¿Es posible que algunos artistas acepten los criterios vanguardistas por las consecuencias económicas que comportan?

4 Disertación y debate

Las siguientes preguntas pueden servir de guía para elaborar disertaciones y organizar debates en el aula sobre estos dos temas:

¿Cómo se reconoce una obra de arte?

Considera las siguientes cuestiones antes de escribir o debatir sobre este tema:

- ¿Es arte solo lo que encontramos en las galerías de arte, en los museos, en las salas de exposición, etc.?
- Cuando disfruto intensamente de la contemplación, ¿estoy ante una obra de arte?
- ¿Solo es arte lo que me gusta o lo que le gusta a una mayoría?
- Si una obra me hace pensar críticamente y/o cambiar mi forma de actuar, ¿es arte?
- Cuando una obra no tiene éxito en su momento, ¿es arte?
- Si una obra expresa sentimientos, ¿es una obra de arte?
- Un objeto natural bello (un árbol, un animal, etc.) ¿puede considerarse una obra de arte?
- Una obra de arte ¿ha de tener una cotización muy alta en el mercado?
- ¿Es posible que algo sea bello pero que no sea arte?
- ¿Es posible realizar una obra de arte a partir de algo feo, malo, desagradable o inmoral?
- ¿Cuál es la diferencia entre una obra de arte y un producto artesano?
- ¿Es posible que los artesanos produzcan obras de arte?
- ¿Es necesario tener conocimientos técnicos para producir una obra de arte?
- ¿Qué consideras primordial en una obra de arte, la técnica del artista o la inspiración del autor?
- ¿Es necesario que la obra de arte provoque sentimientos agradables en el espectador?
- ¿El diseño (de muebles, de interiores, de ropa, etc.) puede producir obras de arte?

Las manifestaciones artísticas

Literatura. Buscad un poema, un párrafo breve de una novela, de una obra de teatro o de cualquier otra obra literaria. Leedlo en voz alta en clase y explicad las razones que os han llevado a seleccionarlo. Debatid brevemente a propósito de cada intervención.

Pintura. Desde lo que hemos estudiado en este tema, comparad las siguientes manifestaciones pictóricas: las pinturas rupestres de Altamira, el retrato de Carlos IV de Goya, el autorretrato de Van Gogh y cualquiera de las versiones de *El grito*, de Edvard Munch. Investigad qué características de la pintura y del arte en general se encuentran en cada una y en qué consiste su carácter de obras maestras de la pintura.

Música. Escuchad la sexta sinfonía (*Pastoral*) de Beethoven. Puede hacerse en clase o en casa. Si no es posible escucharla entera en clase, reproducid, al menos, los movimientos 4 y 5. Tratad de identificar los fenómenos naturales que se reflejan en esos pasajes y los sentimientos y emociones que provocan. A continuación, intentad hacer lo mismo con la sinfonía de cámara n.º 1 de Schönberg. Dialogad sobre las diferencias encontradas.

Vincent van Gogh, Autorretrato. Museo Van Gogh, Ámsterdam.

Edvard Munch, *El grito*. Galería Nacional, Oslo.

PROYECTO FINAL. **Trabajo cooperativo**

Seminario sobre arte contemporáneo

- En grupos de tres o cuatro componentes, realizamos una breve investigación sobre las distintas corrientes que se han mencionado en esta unidad didáctica a propósito de las vanguardias del siglo XX: *Arte Povera*, *Pop Art*, impresionismo, cubismo, *Land Art*, fauvismo, cubismo, dadaísmo, surrealismo, etc.
- Cada grupo se encargará de profundizar en una de las corrientes: buscará información sobre su origen, los autores adscritos a ella y sus características más importantes. Luego seleccionará un máximo de tres obras de arte (correspondientes a la corriente artística en la que se ha trabajado) en las que se reflejen, de la forma más clara posible, las características que se hayan encontrado.
- Cada grupo expone los resultados de su trabajo ante toda la clase, en el formato que desee (presentación electrónica, cartulinas con texto y fotografías, etc.).
- Todos los miembros de la clase participamos en un debate final en torno a las cualidades artísticas de cada corriente. Las conclusiones a las que lleguemos en dicho debate serán recogidas por alguna persona voluntaria y se enviarán a todos por correo electrónico.

18 Filosofía de la empresa y de las organizaciones

CONTENIDOS

1 Una sociedad de organizaciones

2 Filosofía de la empresa

3 La empresa ciudadana

4 Ética de la empresa y de las organizaciones

PARA PENSAR JUNTOS

Leemos el diálogo de la página siguiente, debatimos sobre él y, después de estudiar esta unidad didáctica, respondemos estas cuestiones:

- Cuenta alguna situación cercana de pérdida de trabajo y las consecuencias que ha tenido para la persona afectada y para las personas de su entorno.
- ¿Estás de acuerdo con lo que afirma Brahim sobre el trabajo de sus compatriotas en España? Razona la respuesta y pon ejemplos.
- ¿Qué concepciones de la empresa aparecen reflejadas en el diálogo? ¿Quiénes defienden cada una y cómo lo hacen?
- Busca algún código ético de una empresa de tu localidad y analiza su contenido en relación con el funcionamiento de la misma.
- ¿Puede la solidaridad suplir a la justicia, como sugiere Belén?
- ¿Tiene para ti el estudio el valor que le da Brahim en su última intervención? ¿Por qué?

Centro comercial en Berlín.
Las empresas y otras organizaciones son creadas por los ciudadanos para ofrecer los bienes y servicios que la sociedad demanda.

Las empresas son las instituciones sociales que han cobrado mayor protagonismo en el mundo moderno. La mayor parte de la economía contemporánea está en manos de las empresas, y cuesta imaginar un futuro en el que las empresas no tengan un papel importante que desempeñar. El hecho de que sean instituciones con ánimo de lucro puede ser motivo de desconfianza para muchas personas, pero, al mismo tiempo, es preciso reconocer que el afán de lucro no es su única característica ni la más esencial. Las empresas suelen proporcionar bienes y servicios que la sociedad necesita. Si lo hacen bien, merecen su recompensa y si lo hacen mal, deben rectificar o desaparecer. La filosofía lleva ya muchos años dedicando una parte de sus reflexiones a la empresa como un tipo de institución que forma parte de la realidad social de nuestra época.

LA FILOSOFÍA EN TU VIDA

PACO.- ¿Os habéis dado cuenta de que Ana está hoy más callada y seria de lo habitual? Yo creo que le pasa algo.

BELÉN.- Mirad, por ahí viene. Ana, dice Paco que te ha notado muy seria. ¿Pasa algo?

ANA.- Pues sí. Anoche nos dijo mi padre que ayer reunieron en su empresa a los empleados y les dijeron que van a cerrar, que la situación económica es muy mala y que ya no pueden resistir más. Estuvimos levantados hasta muy tarde hablando del tema y luego no hemos dormido; mis padres han estado hablando toda la noche. Ya veremos lo que es de nosotros.

FERNANDO.- ¡Uf! La verdad es que las cosas están mal. Yo escuché las noticias el otro día y dijeron que han cerrado miles de empresas en los últimos años.

BRAHIM.- Pues entre mis compatriotas la situación es aún más grave. Nuestros padres siempre tienen sueldos más bajos y más horas de trabajo que los trabajadores españoles. Pero ahora muchos han tenido que volver a nuestro país, porque el trabajo escasea, los sueldos bajan aún más y los precios se mantienen e incluso suben. Y les resulta imposible seguir aquí.

ANA.- Yo no me explico lo de mi padre, porque su empresa es de productos básicos, de los que siempre se consumen, y los precios no han bajado.

CARMEN.- Pues querrán ganar más dinero, o cerrar la empresa para no asumir pagos pendientes y luego abrir otra; o habrán estado despilfarrando y se habrán endeudado con los bancos. Por mucho que nos fastidie, el objetivo de las empresas es ganar dinero.

BELÉN.- Pues yo no estoy de acuerdo.

CARMEN.- ¡Toma, ni yo! Pero así es.

JUAN.- No, no es así. Bueno, sí es así, pero no debería serlo. Mi padre siempre nos dice que un buen empresario es un trabajador a tiempo completo, porque, incluso cuando descansa, está pensando en qué iniciativas tomar para mejorar su empresa, los niveles y la calidad de sus productos, la comercialización, los beneficios y, por tanto, la vida de sus trabajadores.

FERNANDO.- ¡Tu padre es un romántico, Juan! Llega el primero a su trabajo, gasta con cargo a la empresa lo estrictamente imprescindible, paga a sus trabajadores en su momento y vosotros vivís con lo necesario y nada más…

ANA.- De romántico nada. Su padre es responsable y tiene más miras que su solo beneficio. Le importan los demás y hace lo que puede para que estén bien. ¿Esa no es una obligación de los que tienen más responsabilidad?

BRAHIM.- Pues yo creo que sí. El otro día fui con mi madre al banco –ya sabéis que ella no se explica bien en castellano– y había un cartel con un código de normas éticas que el banco se compromete a cumplir con los clientes; lo leí y casi me desmayo: es precioso, pero falso.

CONSUELO.- Pues pasa lo mismo que con la contaminación del río. Los empresarios de la zona dicen que ellos controlan los vertidos. Solo les falta añadir que somos los demás los que contaminamos las aguas. Y todos tienen, eso sí, declaraciones de compromiso con el cuidado del medio ambiente.

CARMEN.- Lo que yo no me explico es qué hacen nuestros gobernantes. Alguien tendrá que poner límite a la injusticia económica y social, a los abusos contra los trabajadores y clientes, al daño al medio ambiente…

BELÉN.- Hasta que el límite llegue, si es que llega, Ana, tú cuenta con nosotros. Ya sabes que estamos todos contigo y con tu familia para lo que necesitéis.

ANA.- Os lo agradezco, de verdad.

BRAHIM.- No nos lo agradezcas. Y vamos a ponernos a estudiar, que es una buena manera, si no la única, de idear nuevos modos de vida y de labrarnos un porvenir mejor.

1 Una sociedad de organizaciones

Doc. 1

«Una organización es un grupo humano compuesto por especialistas que trabajan juntos en una tarea común. En tanto creación humana, está pensada para que dure, tal vez no eternamente, pero sí durante un período considerable. La sociedad actual en todos los países desarrollados se ha convertido en una sociedad de organizaciones, en la cual la mayoría de las tareas sociales, si no todas, son hechas por y en una organización: la empresa de negocios y el sindicato obrero; las fuerzas armadas y el hospital; escuelas y universidades, etc.».

PETER F. DRUCKER, *La sociedad postcapitalista*

- ¿Qué entiende el autor por «organización»? ¿Qué importancia concede el autor a las organizaciones en el mundo contemporáneo?
- ¿Existen todavía tareas sociales que no son realizadas por organizaciones? En caso afirmativo, ¿puedes poner ejemplos?

Las empresas tienen que hacer compatible la producción de bienes con el cuidado del medio ambiente. Un buen ejemplo son las empresas vinícolas españolas, como el grupo Matarromera.

1.1. La empresa en el contexto de los desafíos éticos de nuestra época

La idea de justicia y su concreción en los derechos humanos nos permite definir, como diría José Ortega y Gasset (España, 1883-1955), cuál es «la altura moral de nuestro tiempo» y, de esta forma, nos ofrece un criterio para identificar y denunciar las injusticias existentes. En contextos globales como los actuales, con la interdependencia de los conflictos y de las posibles soluciones, es necesario destacar el papel que tienen y pueden tener las instituciones, entendidas como acuerdos sociales creados para la solución de problemas humanos básicos. En lo que respecta a la economía, y a la empresa como su institución básica, estos desafíos pueden sintetizarse en los tres siguientes:

- **Transformación del orden económico:** debemos ser capaces de superar una economía claramente injusta que condena a la pobreza a millones de personas, genera grandes desigualdades sociales, crea inseguridad y guerras, y amenaza con destruir los recursos del planeta.
- **Respeto y mejora del equilibrio ecológico:** el aumento de la equidad debe realizarse dentro de los límites ecológicos. El planeta está amenazado si seguimos con el actual ritmo de producción y consumo. Los problemas actuales de cambio climático, escasez de agua, contaminación, enfermedades, etc., son un síntoma evidente del deterioro medioambiental.
- **Instauración de una gobernanza global:** en un mundo global las consecuencias de la actividad económica afectan a todos los habitantes del planeta sin excepción, tanto a las generaciones presentes como a las futuras. Por ello es necesaria una gobernanza global, es decir, un sistema de gobierno a escala mundial que sea capaz de hacer frente a los problemas de la guerra, la miseria y el deterioro ecológico. Ha de ser una gobernanza que incluya la responsabilidad no solo de los Estados, sino también de las organizaciones que componen la sociedad civil, incluyendo las empresas.

En este contexto se debe entender la empresa actual: se espera de ella una aportación sustancial al desarrollo y al logro de un mundo más justo y ecológicamente sostenible. Porque si la empresa pretende alcanzar el respaldo de la sociedad, la legitimación de su existencia y de su libertad, esta legitimación solo puede obtenerla a cambio de aportar soluciones satisfactorias a los problemas sociales más urgentes.

1.2. El papel de las instituciones

Las personas tenemos la capacidad de organizarnos, de aunar nuestros esfuerzos para aumentar nuestras capacidades y conseguir de forma coordinada determinados bienes sociales básicos, como pueden ser la paz, la seguridad, la educación, la salud, la adecuada gestión de los recursos públicos, etc. Todo esto no podríamos conseguirlo de forma individual. Para alcanzar estos bienes se crean las instituciones, que se basan en acuerdos sociales estables sobre ciertos valores y normas que deben regular la conducta y posibilitar así la acción conjunta. El Estado, la Universidad, el hospital, la empresa, la Administración regional y municipal, etc., son ejemplos de este tipo de instituciones.

La responsabilidad de conseguir los bienes sociales básicos se distribuye entre las personas individuales y las instituciones: tenemos una responsabilidad compartida. Pero, a diferencia de las personas, cuya existencia no necesita legitimación, las instituciones precisan justificarse mediante el logro de los bienes sociales que se supone que aportan. Y en el caso de que no aporten los bienes que les corresponden, la sociedad tiene derecho a reclamárselos, y puede llegar a retirarles su confianza.

Podemos distinguir entre las instituciones, como acuerdos sociales, y las organizaciones, como concreciones de estos acuerdos en el mundo social. Por ejemplo, si decimos que «la empresa es un tipo de institución social de nuestro tiempo», no nos estamos refiriendo a ninguna organización concreta, sino al concepto general de empresa como una clase especial de instituciones que tiene sus propios valores y normas (distintos, por ejemplo, de la institución familiar y de la institución estatal), aunque en la realidad cotidiana existan algunas organizaciones que se presentan como empresas pero que no se comportan de acuerdo con esos valores; en otras palabras: existen organizaciones que no responden al sentido de la institución a la que dicen pertenecer. Igual que hay parejas casadas que no respetan la institución del matrimonio porque no se comportan conforme a lo que significa esta institución, también hay, desgraciadamente, organizaciones que no respetan la institución de la empresa. Pertenece al sentido de la empresa como institución no engañar a sus clientes, pero si una determinada empresa lo hace, estará incumpliendo el acuerdo social que le otorga credibilidad y, al final, perderá la confianza de sus clientes y desaparecerá.

1.3. El origen de la empresa moderna

La empresa tal y como hoy la conocemos tiene su origen en la Modernidad, en los inicios de la expansión comercial que siguió a los grandes descubrimientos geográficos y permitió el comercio a escala mundial. Anteriormente, la actividad económica estuvo ligada a las instituciones tradicionales: la familia, la política y la religión. Sin embargo, con la aparición del sistema económico capitalista, que sustituyó progresivamente al sistema feudal anterior, la economía se convirtió en un ámbito específico cada vez más autónomo, es decir, que obedece leyes propias. Según el sociólogo y filósofo Max Weber (Alemania, 1864-1920), el capitalismo forma parte de un amplio proceso histórico de racionalización, que consiste en que progresivamente se van sustituyendo las formas de vida basadas en la tradición por nuevas formas de organización social basadas en un ordenamiento racional, predecible y que tiene en cuenta el libre acuerdo de los afectados por dicho ordenamiento.

En el *Manifiesto comunista* de 1848, el filósofo Karl Marx (Alemania, 1818-1883) reconoce que el capitalismo propicia un enorme crecimiento económico y un progreso social revolucionario. El capitalismo, frente al feudalismo y el Antiguo Régimen, crea un espacio de libertad en el que las empresas compiten entre sí, de modo que los precios de sus productos y servicios se ven obligados a mantenerse relativamente bajos, lo que permite su acceso a un mayor número de consumidores.

Así pues, la empresa moderna nació en el contexto del sistema capitalista, que se pretende incompatible con los monopolios y que exige tomar en serio la razón y la libertad, de manera que permita avanzar hacia una racionalización ética, que incluye la necesidad de las reformas oportunas para que desaparezcan las injusticias y dominaciones.

Doc. 2

«A la altura moral de nuestro tiempo, el progreso económico ha de ser a la vez técnico y social: progreso en la mejora de las condiciones materiales de vida y en una regulación de la cooperación productora y la distribución que se acerquen lo más posible a la realización de los ideales de libertad, justicia, igualdad y paz».

ADELA CORTINA, *Ética aplicada y democracia radical*

- ¿Qué significa la expresión «altura moral de nuestro tiempo»?
- ¿Cómo entiende la autora el progreso económico?
- ¿Crees que la economía debe estar al servicio de ciertos ideales éticos o más bien debe seguir sus propias reglas al margen de esos ideales? ¿Por qué?

ACTIVIDADES

INVESTIGA

1. ¿Cuáles son los principales retos que tiene planteados el sistema económico actual, y la empresa como institución básica de tal sistema, en el contexto global de nuestra época?
2. ¿Cuáles son los principales compromisos que toda empresa concreta debería cumplir para ser fiel al sentido que tiene la institución empresa? Por ejemplo: uno de estos compromisos es el de no engañar a los clientes.
3. ¿Cuál es el contexto histórico en el que aparece la empresa moderna?

ARGUMENTA

4. Distingue entre la «institución en general» y las «organizaciones concretas».
5. ¿Qué se entiende por «gobernanza global»? ¿Es ya una realidad o por el momento es solo un proyecto?
6. ¿En qué sentido se dice que las personas y las instituciones tenemos una «responsabilidad compartida»?

Parque empresarial Cuatro Torres Business Area, en Madrid.

Si en la Edad Media los edificios representativos eran los castillos, los monasterios y las catedrales, en la actualidad los edificios emblemáticos son los rascacielos de las empresas.

2 Filosofía de la empresa

2.1. El sentido de la empresa

La empresa constituye la unidad organizativa básica de la actividad económica. Las empresas proporcionan los medios necesarios para que distintas personas se coordinen y cooperen, con el objetivo de producir y distribuir bienes y servicios. La finalidad de la empresa consiste en satisfacer necesidades humanas a través del uso eficiente de los recursos disponibles, esto es, a través de la creación de valor.

Por ejemplo, una empresa de fabricación de muebles transforma la madera en mesas, sillas, etc., que van a tener un valor de mercado. Otro ejemplo: una agencia de viajes transforma los proyectos de viaje de los clientes en oportunidades concretas de transporte, alojamiento, etc.

El éxito o el fracaso de una empresa en esta generación de valor depende de su competitividad, es decir, de que sea capaz de atraer y mantener a los clientes utilizando sus recursos de una forma eficiente, de manera que ofrezca una buena relación calidad-precio y así pueda competir con empresas rivales que ofrecen bienes y servicios parecidos. La «filosofía empresarial» define la forma en que cada empresa decide cómo utilizar sus recursos y cómo coordinar los diferentes grupos que la componen: trabajadores, clientes, accionistas, proveedores, etc.

Durante mucho tiempo se ha pensado, y todavía hay muchas personas que lo piensan, que la actividad empresarial nada tiene que ver con la justicia, ni con valor moral alguno. Se trataría, supuestamente, de una actividad meramente privada, donde el dinero es el único fin que se persigue y donde los recursos, incluidos los humanos, son los medios para el logro de ese fin único.

Esta es una visión amoral de la empresa, que la presenta únicamente como una herramienta para el lucro de los propietarios o accionistas, que supuestamente pueden disponer a su voluntad de los recursos que la sociedad les ha proporcionado. Hacer negocios, oímos por doquier, implica olvidarse de la moral y limitarse a la maximización del beneficio. Desde este punto de vista, la empresa parece no tener nada que ver con la ética.

Sin embargo, nuestro lenguaje moral cotidiano desmiente esta visión amoral de la empresa. Constantemente decimos que «no hay derecho» a que la empresa despida a trabajadores cuando tiene altos beneficios, que «es injusto» que se engañe a los clientes de tal o cual modo, que «es inmoral» el daño que se está causando al medio ambiente por parte de determinadas empresas, que los empresarios «no deberían» sobornar a los políticos para conseguir un negocio, etc.

Disponemos de un saber moral que nos permite denunciar las malas prácticas de las empresas. Sobre este saber moral apoyamos nuestra confianza en las empresas que hacen bien las cosas y en sus productos y servicios. Este saber moral nos recuerda que el fin último de la actividad empresarial es la satisfacción de necesidades humanas, y que el afán de lucro, de beneficio económico, es solo el medio específico propio de este tipo de instituciones. Pero no debemos confundir el fin con los medios.

Hay otros intereses legítimos en juego, como un salario justo o la calidad del producto, por ejemplo, y la finalidad de la empresa es satisfacerlos todos por igual.

La producción de bienes y servicios se ha convertido en una actividad muy compleja, basada en conocimientos técnicos cada vez más sofisticados.

2.2. Concepciones de la empresa

Nadie pone en duda que el objetivo de la empresa es conseguir el máximo beneficio posible. «Beneficio» –del latín *bene facere*– significa «hacer o producir bienes». Pero dependiendo de *qué* entendamos por «bienes», de *cómo* se producen y *para quién* se destinan, tendremos concepciones muy diferentes de la empresa y estrategias empresariales muy distintas.

- **La concepción unitaria de la empresa.** Mantiene que por «beneficio» debe entenderse la cuenta de resultados, esto es, las ganancias netas que se obtienen al final del balance anual para los propietarios o accionistas de la empresa. Para este modo de pensar, el beneficio significa únicamente «ganar dinero» y, por tanto, insiste en que apartarse de este objetivo solo puede conducir a «malgastar» y, en definitiva, al fracaso de la empresa. Esta visión parte del supuesto de que solo existe un interés legítimo en la empresa: el de los propietarios o accionistas, y que cualquier otro tipo de intereses no es responsabilidad de la empresa, sino de otras instituciones, como, por ejemplo, el Estado, a cuyos fines contribuye la empresa con el pago de impuestos.

- **La concepción dual de la empresa.** Incluye entre sus responsabilidades a los trabajadores. Se entiende que el éxito de la empresa depende de los acuerdos que se alcancen entre propietarios y trabajadores, de los equilibrios entre rentas y salarios. La empresa se entiende así como un conflicto entre los intereses de una parte y los de la otra: se supone que si ganan los empresarios, pierden los trabajadores, y viceversa.

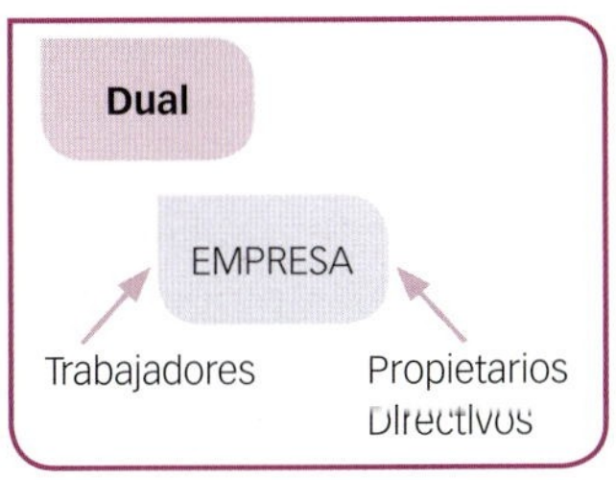

- **La concepción plural de la empresa.** Mantiene que se trata de una institución socioeconómica donde convergen diferentes grupos de personas, con intereses diferentes, pero que saben, o deberían saber, que únicamente la cooperación y el diálogo de todos ellos logrará integrar todos estos intereses en el objetivo común que debe definir cada empresa. Esos grupos son, además de los propietarios y de los trabajadores, los clientes, los proveedores, los competidores, las autoridades públicas, la población donde radica la empresa, etc.

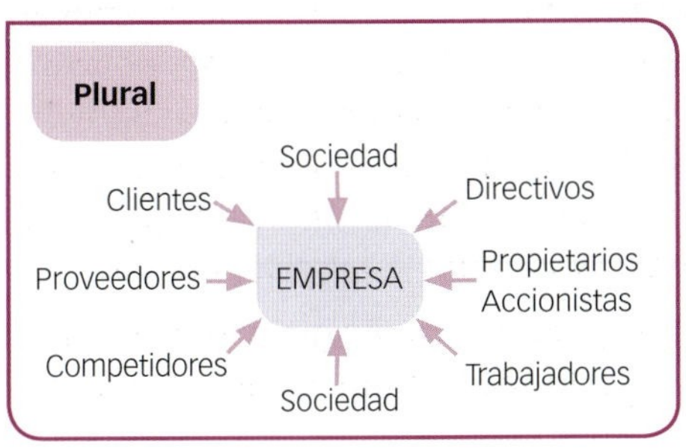

Grupos de interés en la empresa

ACTIVIDADES

INVESTIGA

7. ¿Cuál es la finalidad de las empresas como instituciones sociales que son?
8. ¿En qué consiste la llamada «filosofía empresarial»?

ARGUMENTA

9. ¿El afán de lucro ha de ser necesariamente el fin de la empresa o puede ser considerado como un medio para el logro de otros fines? ¿Por qué?
10. Distingue entre las concepciones de empresa unitaria, dual y plural. ¿Cuál de estos tres modelos de empresa es más adecuado en los tiempos actuales? ¿Por qué?
11. ¿De qué depende el éxito o el fracaso de una empresa? ¿Qué consecuencias tiene tal éxito o fracaso en las personas que tengan relación con ella?

Las empresas inteligentes ponen los medios para procurar que sus empleados encuentren agradable el puesto de trabajo.

2.3. Del diálogo a la confianza

El sentido de la empresa debe enmarcarse en esta última concepción plural de empresa, que entiende su actividad como «un juego de suma positiva» donde todos los grupos implicados, incluido el medio ambiente, pueden ganar. Desde esta comprensión, el objetivo es «crear valor compartido» para todos los grupos de afectados por la actividad de la empresa; a estos grupos se los conoce como *stakeholders*, que se traduce como «grupos de interés», es decir, grupos que tienen un interés especial en que la empresa funcione: accionistas, empleados, clientes, etc. Se trata de pensar y gestionar la empresa desde la idea del acuerdo o consentimiento posible de todos estos grupos, considerados como interlocutores válidos. Esto no implica necesariamente que los propietarios o accionistas tengan que renunciar a una parte de los beneficios, porque, al funcionar con mayor competitividad y eficiencia, el resultado puede ser un incremento de las ventas y, por tanto, también los accionistas pueden salir ganando. La competitividad no depende solo de factores como la innovación tecnológica o la imagen de marca. También depende de la capacidad de colaborar entre los diferentes grupos afectados por la empresa, es decir, de la confianza que sea capaz de generar entre ellos.

Por otra parte, si los distintos grupos de afectados no se benefician de la actividad empresarial, el resultado será la inestabilidad institucional, el aumento de los conflictos y, en consecuencia, de los gastos de coordinación externos e internos (gastos de tiempo y de dinero que han de emplearse en poner de acuerdo a las partes enfrentadas), y con todo ello se multiplicarán las dificultades para conseguir el éxito económico.

Doc. 3

«Cultura empresarial: un modelo de presupuestos básicos, inventados –descubiertos y desarrollados por un grupo dado, a medida que aprende a tratar problemas de adaptación externa e integración interna–, que ha funcionado lo bastante bien para ser enseñado a sus miembros como la forma correcta de percibir, pensar y sentir en relación con esos problemas».

Edgar H. Schein, *La cultura empresarial y el liderazgo. Una visión dinámica*

- ¿Qué elementos forman parte, según el autor, de la cultura empresarial?
- ¿Qué relación observa el autor entre los problemas y la cultura empresarial?
- Haz una búsqueda en internet de la expresión «cultura empresarial» y selecciona tres ejemplos de empresas concretas que exponen su particular cultura empresarial; recoge esos ejemplos en un documento de trabajo y coméntalos señalando en cada uno de ellos algunos de los elementos que expone el autor en este fragmento.

2.4. Carácter, cultura e identidad de la empresa

Al hablar de carácter solemos pensar únicamente en las personas, sin percatarnos de que también las organizaciones e instituciones adquieren unos hábitos y acaban incorporando un carácter que puede ser percibido por sus miembros y por el público externo. A través de las decisiones que toma una empresa cada día, se va forjando su propio carácter moral, que puede ser atractivo o repulsivo: ese carácter será una pieza clave en la construcción de una buena o mala reputación.

Ese carácter moral de la organización se expresa en los valores que fomenta, tanto los positivos como los negativos. Los valores positivos constituyen significados compartidos que dan sentido y cohesión al conjunto de actividades que realiza la organización. Podemos referirnos a dichos valores como aquellas cualidades que hacen que la empresa sea atractiva y merezca la confianza de todas las personas implicadas en ella. Tales valores son los que hacen que todos sus grupos de interés se comprometan y confíen en ella como algo propio, que no la consideren como un mero instrumento externo. A diferencia de las normas, que prescriben una determinada conducta como obligatoria, los valores nos orientan en la acción dejando abierto un vasto abanico de posibilidades, nos permiten orientar y modificar la conducta de los diferentes implicados y afectados por la actividad empresarial.

En la empresa no solo se manejan valores económicos –como eficacia, eficiencia, competitividad, etc.– y valores jurídicos –como legal, ilegal, obligatorio, etc.–. También, y sobre todo, intervienen valores morales como el respeto, la honestidad, la reciprocidad, la confianza, etc., sin los cuales no es posible llevar a cabo acciones conjuntas. Si somos capaces de explicitar e integrar los valores morales con el resto de valores presentes en la organización, se puede disponer de una plataforma firme para la creación de una cultura, generar un buen carácter de la empresa y de ese modo orientar y motivar la conducta de sus miembros. De esta forma se puede conseguir una mejora de las capacidades de las que se dispone y lograr una mayor coordinación entre los miembros de la empresa, y entre esta y su entorno.

La construcción del carácter empresarial culmina en la consolidación de una cultura empresarial. Esto es un proceso dinámico. Por una parte, constituye un reflejo de la sociedad en la que se encuentra la empresa; pero, por otra parte, la empresa crea y construye su propia cultura, añadiendo incluso valores nuevos a la sociedad en la que se encuentra.

Si, por ejemplo, la empresa apuesta por mantener el empleo de calidad, debe incorporar este valor a su gestión cotidiana y a sus políticas y procedimientos. De esta forma, ese valor se incrusta en su cultura y conforma su carácter, dando lugar a una identidad propia, que la diferencia de otras empresas.

2.5. Un proyecto común

La gestión de la cultura empresarial tiene como objetivo desarrollar un proyecto común que, apoyándose en los valores básicos que definen la empresa, haga posible que todos sus miembros puedan identificarse con esos valores. Solo así se puede lograr la capacidad de innovación y la creatividad que exige la supervivencia en un mercado cada vez más diferenciado y complejo.

Una cultura empresarial bien definida debe evitar en lo posible tanto las «subculturas», entendidas como grupos diferentes dentro de una organización, con pautas distintas de comportamiento, como las «contraculturas», como valores y formas de comportamiento en oposición abierta a los valores establecidos por la organización.

2.6. Valores éticos para la empresa

La empresa se enfrenta en la actualidad a una serie de retos relacionados con la creciente complejidad y globalidad de los contextos económicos, y también se ve afectada por unas exigencias de justicia social y medioambiental de las que debe responder. Por ello resulta cada vez más importante que se comprometa con unos valores morales como núcleo básico de su cultura empresarial.

Estos valores deben definir las relaciones entre todos los grupos de afectados que componen la empresa. Una lista de estos valores podría ser la siguiente:

1) Honestidad.
2) Justicia.
3) Respeto.
4) Responsabilidad.
5) Transparencia.
6) Sostenibilidad.
7) Participación.
8) Diálogo.
9) Cooperación.
10) Solidaridad.

Son valores que cada empresa debe concretar respetando su filosofía, según la forma en que desea gestionar las relaciones con sus grupos de interés. De ahí que sea importante que esta definición se realice atendiendo a todos los grupos implicados, contando con su participación. Estos valores deben conformar el núcleo de la cultura empresarial y orientar todas las decisiones y actuaciones de la empresa. Solo así es posible hablar del carácter (*éthos*) o ética de la empresa.

Doc. 4

«Cultura empresarial: conjunto de normas, valores y formas de pensar que caracterizan el comportamiento del personal en todos los niveles de la empresa, así como en la propia presentación de la imagen de la empresa».

SANTIAGO GARCÍA ECHEVARRÍA,
Introducción a la economía de la empresa

- ¿Qué elementos forman parte, según el autor, de la cultura empresarial?
- ¿De qué modo crees que se podrían detectar los principales rasgos de la cultura empresarial de una empresa concreta? ¿En qué detalles habría que fijar la atención para saber cómo es la cultura empresarial de una empresa en un momento dado?
- ¿Qué importancia crees que puede tener la cultura empresarial de una empresa de cara a su propia supervivencia y crecimiento? ¿Por qué?
- Conforme a la definición de «cultura empresarial» que presenta el autor, ¿cómo crees que se podría cambiar la cultura empresarial de una empresa concreta?

ACTIVIDADES

INVESTIGA

12. ¿En qué consisten los grupos de interés de la empresa? ¿Cuáles son los principales? ¿Qué significa considerar a estos grupos como «interlocutores válidos»?

13. ¿Cómo se construye el carácter moral de las empresas? ¿Cómo se construye la cultura y la identidad de las organizaciones?

14 ¿Qué tipos de valores es necesario tener en cuenta en nuestros días para que las empresas funcionen adecuadamente? ¿Por qué se necesita el compromiso con esos valores?

15. ¿Qué son las subculturas y las contraculturas en el contexto de las organizaciones?

3 La empresa ciudadana

3.1. Empresa y derechos humanos

La violación de los derechos humanos por parte de muchas de las empresas transnacionales ha llevado a la promulgación de regulaciones internacionales que, sin una coacción legal –solo posible en el interior de cada Estado–, permiten identificar las malas prácticas empresariales, reparar el daño causado y evitar que vuelva a ocurrir. Estas regulaciones internacionales son el resultado de acuerdos entre los Gobiernos, organismos internacionales y empresas, y vienen a expresar cuál debe ser la contribución de las empresas al desarrollo mundial, entendido de manera no meramente económica. Estas regulaciones expresan lo que se espera de la contribución de las empresas al desarrollo bien entendido.

Una de las declaraciones más importantes es la realizada por el Consejo Económico y Social de la ONU, aprobada en 2003, y que lleva por título Normas sobre la Responsabilidad de las Empresas Transnacionales y Otras Empresas Comerciales en la Esfera de los derechos humanos. Esta declaración reconoce que «aunque los Estados tienen la responsabilidad primordial de promover y proteger los derechos humanos, asegurar que se cumplan, respetarlos y hacerlos respetar, las empresas transnacionales y otras empresas comerciales, en su calidad de órganos de la sociedad, también tienen la responsabilidad de promover y proteger los derechos enunciados en la Declaración Universal de los Derechos Humanos».

En estas normas encontramos bien definida la responsabilidad de las corporaciones empresariales respecto al desarrollo, con aspectos como:

- el derecho a la igualdad de oportunidades y a un trato no discriminatorio;
- los derechos de los trabajadores, incluyendo una remuneración digna que les garantice un nivel de vida adecuado para ellos y sus familias, y que les permita mejorar;
- los derechos de libre asociación y de negociación colectiva;
- la prohibición de sobornos;
- las obligaciones en materia de protección del consumidor, de protección del medio ambiente, etc.

3.2. Responsabilidad social de la empresa

El término «responsabilidad» se refiere a la capacidad que tenemos los seres humanos de responder o justificar ante los demás lo que se dice o se hace. Somos responsables cuando tenemos varias posibilidades de elección y nos decidimos por alguna de ellas, y de esa decisión debemos responder ante nosotros mismos y ante los demás. No pedimos responsabilidad cuando no existen alternativas, es decir, cuando una persona o institución no ha podido elegir, cuando no ha actuado con algún margen de libertad. También la empresa debe responder de las decisiones que toma, de cómo hace o deja de hacer las cosas y del porqué. De esta respuesta depende su legitimación, su aceptación social.

En la actualidad las empresas son bastante conscientes de que deben asumir esta responsabilidad, puesto que son observadas constantemente por una sociedad civil cada vez más sensible y bien informada, que a menudo les pide cuentas de su comportamiento. En el caso de la Unión Europea, se

Doc. 5

«La empresa se propone otros objetivos más allá de la búsqueda del beneficio, más allá de la cuenta de resultados, como crear clientes, satisfacer sus necesidades, o garantizar la creatividad económica. Se intenta así encontrar un principio de moralidad que se base en las características de la organización moderna: hacer productivo el esfuerzo humano por medio de la organización, de tal manera que el esfuerzo personal organizado produzca beneficios sociales».

JESÚS CONILL, *Horizontes de economía ética*

- ¿Qué título le pondrías a este fragmento?
- ¿Qué otros objetivos, además de la búsqueda del beneficio, tiene la empresa moderna, según el autor?
- Si una empresa de nuestra época se plantea como objetivo únicamente la búsqueda de beneficio, ¿se estará comportando como una empresa moderna o más bien como otra cosa? Razona la respuesta.

La marca francesa de cosméticos L'Occitane-en-Provence desarrolla programas solidarios en países de África como Burkina Faso, donde se cultiva la manteca de karité, que utiliza en sus fórmulas.

ha desarrollado toda una serie de directrices y orientaciones para nuestras empresas. Una de estas directrices es el *Libro Verde sobre la Responsabilidad Social de las Empresas*, una publicación en la que la UE define la Responsabilidad Social Empresarial (RSE) como «la integración voluntaria, por parte de las empresas, de las preocupaciones sociales y medioambientales en sus operaciones comerciales y en sus relaciones con sus interlocutores».

Que la RSE sea voluntaria no significa que sea arbitraria, ni que sea un capricho o un adorno para dar buena imagen, sino que debe entenderse como un compromiso público libremente asumido desde la convicción ética de que así debe actuar. Como repiten las diversas directrices que se han elaborado sobre esta responsabilidad social, la finalidad de la misma es «reconciliar los intereses y las necesidades de las distintas partes de manera aceptable para todos», consiguiendo así una estrategia de medio y largo plazo para que se pueda integrar la eficiencia con la justicia. En suma, se trata de integrar todos los intereses legítimos que están en juego, de promover el desarrollo de manera sostenible, con más y mejores empleos, con una mayor cohesión social y con respeto al medio ambiente.

3.3. Responsabilidad ecológica

La responsabilidad ecológica puede definirse como la responsabilidad de la empresa por la protección, atención y mejora de su entorno natural. Este compromiso ecológico forma parte de la responsabilidad social e implica reconocer públicamente que el medio ambiente no es algo «externo», no es algo ajeno a la propia actividad empresarial, sino al contrario: todos vivimos en constante interacción con el medio ambiente, y la empresa no es una excepción.

Desde el punto de vista moral, el respeto al medio ambiente viene exigido por razones de justicia: hemos de ser justos con las demás personas que comparten el medio ambiente con nosotros en la actualidad, y también hemos de ser justos con las generaciones futuras. Esto último es lo que se llama «justicia intergeneracional». A menudo ocurre que la obtención de los beneficios empresariales suele ser inmediata (cuando la empresa marcha bien se benefician los accionistas, los trabajadores, los clientes, etc.), pero los costes ecológicos no siempre son evidentes de inmediato; en muchos casos, esos costes se manifestarán mucho tiempo después y en lugares lejanos. Esto es lo que ocurre, por ejemplo, con la llamada «lluvia ácida»: el humo de una fábrica de aquí puede provocar un desastre ecológico en otro país al cabo de varias semanas, cuando las partículas contaminantes se precipiten al suelo, mezcladas con la lluvia.

El filósofo Hans Jonas (Alemania, 1903-1993) expresó nuestro deber ecológico mediante el imperativo categórico siguiente: «Actúa siempre de forma que los efectos de tu acción no sean destructivos para las posibilidades futuras de vida». Aplicado a la actividad empresarial, podríamos obtener el siguiente principio de actuación: «La empresa debe actuar siempre de modo que satisfaga las necesidades actuales sin afectar la capacidad de las generaciones futuras para satisfacer sus necesidades».

Asumiendo este principio, una empresa que quiera dar razón de su responsabilidad ecológica debe adoptar básicamente dos posiciones:

- Integrar el cuidado del medio ambiente en la actividad diaria de la empresa, como parte de su carácter, de su cultura y de su identidad empresarial.
- Comprometerse públicamente con el medio ambiente, puesto que solo de esta forma puede convertirse en un factor de innovación y de reputación para la empresa.

Doc. 6

«La confianza es directamente proporcional a la capacidad de las empresas para hacer públicas y justificar discursivamente sus decisiones y acciones».

DOMINGO GARCÍA-MARZÁ, *Ética empresarial: del diálogo a la confianza*

- ¿Crees que la confianza es necesaria para el funcionamiento de la empresa? ¿En qué sentido?
- Pon ejemplos de la confianza que presuponemos al comprar un producto o al trabajar en una empresa.
- Explica la relación que existe entre la confianza y la justificación de lo que la empresa hace o deja de hacer.

ACTIVIDADES

INVESTIGA

16. ¿Cómo surgieron y por qué las regulaciones internacionales en materia de derechos humanos para las empresas? ¿Cuál es la más destacable de esas regulaciones internacionales?

17. ¿Cómo define la Unión Europea la RSE? ¿Qué significa decir que el compromiso de las empresas con los principios de la RSE es voluntario?

18. ¿Qué razones hay para exigir que las empresas se preocupen del medio ambiente? ¿Qué consecuencias tendría dejar de hacerlo?

ARGUMENTA

19. ¿Tienen las organizaciones responsabilidad, del mismo modo que la tenemos las personas? ¿Por qué?

20. ¿Cómo hay que interpretar el imperativo categórico de Jonas aplicado a la empresa?

Ratones clonados. La clonación es uno de los temas científicos cuyas consecuencias sobre la acción personal y social son objeto de debate.

4 Ética de la empresa y de las organizaciones

4.1. Tareas para una ética empresarial

La ética empresarial es un conjunto de reflexiones encaminadas a orientar en la toma de decisiones prudentes y justas para llevar a cabo los fines propios de la empresa. Cuando la empresa alcanza cabalmente esos fines, obtiene legitimidad social. La empresa ética es consciente de que únicamente puede alcanzar credibilidad social y generar confianza teniendo en cuenta en sus decisiones a todos los grupos de implicados en la marcha de la empresa. La credibilidad social y la confianza entre sus miembros son valores imprescindibles para que se pueda mantener la continuidad de la empresa. Este mismo planteamiento puede aplicarse a cualquier tipo de institución –hospital, Universidad, Ayuntamiento, etc.–. Por ello es importante realizar las siguientes tareas:

1. Determinar la finalidad o sentido de la institución, es decir, el bien social que la define y del que depende su credibilidad o legitimación social. En el caso de la empresa, como hemos comentado anteriormente, ese bien social consiste en la creación de riqueza (bienes y servicios) para la satisfacción de las necesidades humanas.
2. Definir los valores que deben caracterizar la institución para que esta se pueda forjar un buen carácter, de manera que sea una institución «alta de moral», capaz de ejercer sus derechos y asumir sus responsabilidades en la producción de los bienes sociales que se esperan de ella.
3. Precisar las normas, las políticas y los procedimientos que posibiliten la realización de esos valores y potencien las buenas prácticas, así como aquellos que impidan o dificulten las malas prácticas.
4. Concretar los principios morales que deben regir en la comunicación, la participación y la toma de decisiones en cualquier nivel de la organización.

Para gestionar una empresa de manera realmente ética es preciso que todos los grupos implicados en ella dialoguen en serio y alcancen acuerdos.

4.2. La ética empresarial no es mera cosmética

La idea de una empresa ética tiene como horizonte de actuación, como guía para sus decisiones y acciones, el acuerdo al que pueden llegar todos los grupos implicados y afectados por su actividad. Sin embargo, este criterio moral también puede utilizarse como mera y simple cosmética para vender más o, lo que es peor, para ocultar situaciones claramente injustas, de explotación y desprecio hacia las personas y el medio ambiente.

Para distinguir claramente entre ética y cosmética, y de ese modo avanzar en la gestión de la confianza, la empresa debe mostrar en todo momento que actúa desde el compromiso convencido, y no desde la simple estrategia comercial. Este es el objetivo del conjunto de procedimientos que conforman los sistemas de gestión de la ética en la empresa. Entre los mecanismos instituidos para el cumplimiento de los valores y normas morales en la empresa, podemos distinguir los siguientes:

- **Código ético:** es un documento en el que la organización manifiesta explícitamente los compromisos adquiridos en relación con los principios y valores éticos que considera más relevantes. Se trata de una presentación pública de la responsabilidad social y ecológica que la empresa pretende asumir.

- **Memorias de responsabilidad social:** son informes anuales en los que la propia organización recoge información objetiva y verificable acerca de los avances logrados por ella en temas de responsabilidad social y medioambiental. Una guía internacionalmente aceptada para la elaboración de estas memorias es el *Global Reporting Iniciative* (GRI). En muchos casos, las memorias de responsabilidad social señalan iniciativas de mejora que deberán ponerse en marcha para ser consecuentes con los compromisos adoptados en el código ético.
- **Auditorías éticas:** son informes realizados por expertos en ética ajenos a la empresa, a petición de esta. En las auditorías éticas se expone un análisis detallado y verificable de aquello que la empresa comunica a la sociedad, mostrando la diferencia entre lo que dice y lo que hace la empresa. Estas auditorías pueden mostrar cuáles son las fortalezas y debilidades de la empresa desde el punto de vista ético, y de este modo pueden ponerse en marcha medidas encaminadas a corregir los fallos y a mantener los aciertos.
- **Comités de ética:** son pequeños grupos formados por personas que representan a los diferentes colectivos afectados por la empresa (directivos, trabajadores, clientes, proveedores, etc.) que se encargan de hacer un seguimiento de cómo se está aplicando el código ético y las recomendaciones que se hayan recogido en las memorias de responsabilidad social y en las auditorías éticas. Los comités de ética –que surgieron inicialmente en los hospitales, pero hoy existen en todo tipo de organizaciones– son un espacio de participación y de diálogo que puede aconsejar sobre posibles soluciones en casos problemáticos que plantee cualquier persona relacionada con la empresa y que tenga interés en el cumplimiento del código ético.

La apuesta ética por el desarrollo sostenible, en su triple dimensión económica, social y ecológica, es un elemento esencial para la continuidad y la buena marcha de la empresa, siempre y cuando esa apuesta sea públicamente anunciada y se manifieste en los hechos.

4.3. La ética en la toma de decisiones de la empresa

Desde la perspectiva ética, la empresa y las demás instituciones sociales deben contribuir a la creación de una sociedad cada vez más justa. En esta tarea, a la hora de tomar decisiones, la ética nos puede ayudar para determinar la posible moralidad de las mismas, para saber si estamos avanzando o retrocediendo en la gestión de una empresa responsable.

Para este fin, cada decisión puede ser examinada respondiendo a las preguntas siguientes:

1. ¿Esta decisión respeta lo que establecen las leyes del Estado y los acuerdos internacionales? ¿Está de acuerdo con lo establecido en el código ético de la organización?
2. ¿La decisión reconoce y tiene en cuenta los intereses legítimos de todos los grupos implicados?
3. ¿La decisión puede hacerse pública? ¿O más bien sería bochornoso para la empresa que tal decisión llegase a ser conocida por el público?

Kant denominó «principio de publicidad» el criterio que está expresado en esta última pregunta: «Si una decisión no puede hacerse pública, generalmente es porque se trata de una decisión inmoral». En la actualidad llamamos «transparencia» a este criterio, y se entiende en relación con que todos los grupos implicados puedan llegar a conocer la decisión tomada.

Doc. 7

«En un primer momento, las empresas tienden a adoptar una declaración de principios, un código de conducta o un manifiesto donde señalan sus objetivos y valores fundamentales, así como sus responsabilidades hacia sus interlocutores. A continuación estos valores deben traducirse en medidas en toda la empresa, desde las estrategias a las decisiones cotidianas.

Esto las obliga a añadir una dimensión social y ecológica a sus planes y presupuestos, evaluar los resultados en estos ámbitos, crear comités consultivos locales, realizar auditorías sociales o medioambientales y establecer programas de formación continua».

COMISIÓN EUROPEA, *Libro Verde sobre la Responsabilidad Social de las Empresas*

- ¿Qué iniciativas suelen tomar las empresas socialmente responsables?
- ¿A qué se refiere el documento con la expresión «añadir una dimensión social y ecológica»?

ACTIVIDADES

INVESTIGA

21. ¿En qué consiste la ética empresarial?
22. ¿Cuáles son las principales tareas que es preciso realizar para desarrollar la ética empresarial?
23. ¿Qué tipo de iniciativas pueden poner en marcha las empresas para tomar en serio la ética empresarial?
24. ¿En qué consiste el principio de publicidad de Kant? ¿Por qué es importante en la toma de decisiones éticas por parte de las empresas?

SABER HACER

1 Comentario de texto

«La empresa se configura como la institución central en la que se decide el éxito o fracaso de la asignación de recursos de un país, de manera que la fuerte interdependencia entre los entornos empresariales y la propia acción singular de la empresa tiene que reflejarse lo más real y diferenciadamente posible en el cálculo económico empresarial. El éxito depende de una acertada y eficiente coordinación de los entornos empresariales, de sus capacidades con las capacidades de la empresa, de las instituciones singulares. Es por lo que hoy se habla de estrategia, de la forma de integrar entornos y empresas, por un lado, y de los costes de coordinación como costes de transacción, por el otro. De la adecuada coordinación entre el orden económico y social, que define el entorno, y el orden empresarial depende el éxito de la economía.

Una de las características innovadoras de las nuevas concepciones económico-empresariales es la que se deriva de que la empresa se encuentra en una situación de permanente adaptación organizativa, con todo lo que ello implica de evaluar adecuadamente la forma en la que se adapta a las situaciones cambiantes de sus entornos, esto es, sus estrategias y los diseños de las mismas».

SANTIAGO GARCÍA ECHEVARRÍA,
Introducción a la economía de la empresa

Cuestiones

1. ¿Qué título le pondrías a este fragmento?
2. ¿Sugiere el autor que la empresa es una institución que tiene mucha o poca importancia para el funcionamiento de un país moderno? ¿En qué se basa tu respuesta a la pregunta anterior?
3. ¿Qué significa que la empresa influye en la asignación de recursos de un país?
4. ¿Por qué la empresa debe tener en cuenta en su estrategia los entornos económicos, sociales y culturales que la envuelven?
5. ¿Qué significa en el texto «adaptación organizativa»? ¿A qué se debe adaptar la empresa?
6. ¿Podría convertirse la ética en un factor de innovación para la empresa? ¿En qué consistiría? Pon algunos ejemplos.

2 Comentario de texto

«Estamos ya en condiciones de aclarar esta confusión terminológica entre ética empresarial y responsabilidad social de la empresa. La ética empresarial se ocupa de las condiciones de posibilidad de la credibilidad y confianza que nos merece la empresa, de su legitimidad. La ética es la encargada de presentar los criterios de validez moral, esto es, los criterios de lo que es correcto, justo o moral, en el ámbito de la empresa. Por su parte, la responsabilidad social corporativa define el conjunto de decisiones, acciones y políticas que conforman la respuesta que ofrece la empresa ante las demandas y exigencias de sus correspondientes grupos de intereses. Esto es, concreta el grado de aproximación y cumplimiento del horizonte ético del diálogo y del acuerdo posible de todos los grupos, aspectos que constituyen las bases éticas de la confianza. No debemos confundir los criterios de actuación con las conductas a las que estos puedan dar lugar».

DOMINGO GARCÍA MARZÁ, *Ética empresarial: del diálogo a la confianza*

Cuestiones

1. ¿Qué significa en el texto que la ética empresarial es un horizonte de actuación?
2. ¿Por qué la responsabilidad social se relaciona con la respuesta que la empresa es capaz de dar ante sus grupos de intereses?
3. ¿Crees que la apuesta ética de la empresa, por ejemplo, su compromiso con el empleo, debe ser siempre pública?
4. ¿Por qué la confianza depende de esta relación entre la ética empresarial y la responsabilidad social de la empresa?

3 Reflexión/argumentación

Empresa y medio ambiente

Argumenta qué ventajas puede aportar a una empresa una gestión comprometida con la protección y mejora del medio ambiente. Separa estas ventajas en tres apartados: en sus relaciones con el Estado, con el mercado y con la sociedad.

ESTADO	MERCADO	SOCIEDAD

4 Disertación

Responsabilidad social y código ético

- **Escribe una redacción sobre la responsabilidad social de las empresas, buscando en la red las siguientes declaraciones:**
  - Declaración tripartita de principios sobre las empresas multinacionales y la política social de la OIT.
  - Líneas Directrices para las Empresas Multinacionales de la OCDE.
  - Pacto Global de Naciones Unidas.
  - Objetivos del Milenio.
  - Global Reporting Iniciative

A partir de estas lecturas, reflexiona sobre cuál es el comportamiento actual de las empresas en general: ¿Cuál es su responsabilidad en el desarrollo social y ecológico de las sociedades en las que operan? ¿Cuál es su aportación para un mundo más justo?

- **Busca en la red cinco empresas que tengan en su página web un código ético y redacta una disertación que contenga un comentario crítico de cada caso: ¿Hay indicios de que se toman en serio el código o más bien se trata de una mera cosmética?**

PROYECTO FINAL. Trabajo cooperativo

El compromiso ético de las empresas

- Leemos y discutimos en clase los diez criterios de la tabla siguiente, que sirven para evaluar el compromiso ético de las empresas.
- Formamos equipos de cuatro personas y, de acuerdo con estos principios, buscamos en la red casos de buenas y malas prácticas empresariales. Cada equipo expone sus conclusiones en carteles y se abre un debate con el resto de los equipos en el que comentamos dichas conclusiones y qué se puede hacer para mejorar la situación.
- Un pequeño grupo de voluntarios hará una síntesis de las aportaciones y la enviará por correo electrónico a todos los miembros del grupo de clase.

RESPETO Y FOMENTO DE LOS DERECHOS HUMANOS	No discriminación por razón de sexo, raza, credo. Políticas activas de participación de la mujer y minorías. Relación con países que incumplen los derechos humanos, etc.
CONDICIONES LABORALES	Tipo de trabajo y desarrollo personal. Seguridad e higiene en el trabajo. Programas de formación. Empleabilidad. Participación de los trabajadores en la empresa, etc.
PROCESOS DE PRODUCCIÓN Y VENTA	Materiales y clases de energía que se utiliza. Calidad de los productos o servicios y posible utilización posterior. Política de subcontratación. Marketing y publicidad, etc.
RELACIÓN CON EL MEDIO AMBIENTE	Política definida y pública ante la conservación, protección y mejora del medio ambiente. Realización y posterior cumplimiento de auditorías externas. Evaluación, control y prevención de la actividad sobre el medio ambiente.
POLÍTICA INFORMATIVA	Transparencia y publicidad en las decisiones directivas. Auditorías éticas. Criterios públicos de calidad. No utilización discriminatoria de imágenes o símbolos, etc.
CONSECUENCIAS PARA EL TERCER MUNDO	Tipo de relación/ayuda con los países o regiones en vías de desarrollo. Continuidad y reinversión de los beneficios. Preservación de la identidad cultural, etc.
CONTRIBUCIÓN A LA PAZ	Fabricación, transporte y venta de armas. Comercio con países beligerantes. Relaciones con empresas militares, etc.
RELACIONES CON EL SISTEMA ADMINISTRATIVO (ESTADO)	Subvención a partidos políticos. Sobornos a jueces. Blanqueo de dinero, etc.
CONTRIBUCIÓN AL DESARROLLO LOCAL Y/O REGIONAL	Empleo. Ayuda a organizaciones y estructuras de la sociedad civil. Colaboración con especialistas y equipos locales. Obras sociales y ayuda en los problemas del medio ambiente.
PARTICIPACIÓN EN LOS PROCESOS DE EDUCACIÓN, CULTURA, ARTE, ETC.	Colaboración en programas de formación e integración de la juventud. Recuperación de las tradiciones, creación artística, etc.

Dirección de arte: José Crespo González.

Proyecto gráfico: Estudio Pep Carrió.
Fotografía de cubierta: Antonio Fernández.

Jefa de proyecto: Rosa Marín González.
Coordinación de ilustración: Carlos Aguilera Sevillano.
Jefe de desarrollo de proyecto: Javier Tejeda de la Calle.
Desarrollo gráfico: Raúl de Andrés González, y Jorge Gómez Tovar.

Dirección técnica: Jorge Mira Fernández.
Subdirección técnica: José Luis Verdasco Romero.

Coordinación técnica: Julio del Prado Martínez.
Confección y montaje: Jorge Borrego Luque y Luis González Prieto.
Corrección: Cristina Durán González y Nuria del Peso Ruiz.
Documentación y selección fotográfica: Rebeca Crespo Cano.

Fotografía: J. Jaime / IES Santa Teresa de Jesús; J. Lathion; J. Lucas; J. M.ª Escudero; J. V. Resino; Krauel; Michele di Piccione; R. Manent; A. G. E. FOTOSTOCK / Hughes Hervé, The Granger collection, SCIENCE PHOTO LIBRARY, Michael Obert, Javier Larrea, Dr. Tim Evans, Ton Koene, P. Plailly / E. Daynes, Eric Baccega, Jose Luis Pelaez, Martin Shields, Dallas John Heaton, Zoonar / K Niehus, Christophe Boisvieux, Masakazu Watanabe / Afl, Álvaro Leiva, Simon Potter, RFcompany, FOTOSEARCH RM,Tom Tracy, B.&C. Alexander, Gary Crabbe, Superstock, Dennis MacDonald, Larry Landolfi, Geoff Cloke, Dinga, Michael Freeman, Kitchin & Hurst, Stefano Paterna, Erwn Wodicka, Dinodia, Heike Schulz, VisionsBotanical, Paolo Siccardi, Glowimages, Gianni Tortoli, Jim West, Yoko Aziz, Image Source, Science Photo Library, Huntstock, Florian Kopp / imageBROKER, Mikerl Bilbao; ALBUM / Universal History Archive / Universal Images Group, WARNER BROS. PICTURES / BOLAND, JASIN, FILMS DU CAROSSE / ARTISTES ASSOCIES, akg / North Wind Picture Archives, Picture-alliance / dpa / dpa / dpaweb, Erich Lessing, akg-images, Lebrecht, Prisma, Oronoz; CONTIFOTO / VANDYSTADT / B. Buffet-ZOOM; CORDON PRESS / SYGMA / D. Aubert, Jean Clottes, Orban, S. Cailleux, CORBIS / Stefano Carofei / Vatican Pool. / Alessandra Benedetti, Free Agents Limited / Dallas and John Heaton, Christophe Vander Eecken, Hemis / Bruno Morandi, Alain Nogues, Nigel Pavitt / JAI, Andrew Brusso, Morandi Bruno, Hugh Sitton, Moodboard, In Pictures / Richard Baker, Dinodia, DLILLC; COVER / Quim Llenas; EFE / Airbus Industrie / ZUMAPRESS / lafototeca.com, Robert Duyos / ZUMA Press / lafototeca.com, Shawn Thew / EFE / Neswcom / lafototeca.com, Darek Delmanowicz, Jaume Sellart, J. J. Guillén, Claudio Peri, Alberto Martín / EFE / Newscom / lafototeca.com, Lavandeira, AFP / EPA / C. Cazalis, AP PHOTO / Qi Heng; EFE / SIPA-PRESS / Jacques Moatti, Mohammed El Dakhakhany, Ozturk, Probio America, Romuald Meigneux, COURTESY SOTHEBY'S; GARCÍA-PELAYO / Juancho; GETTY IMAGES SALES SPAIN / Caiaimage / Sam Edwards, Brand New Images, AFP / Alain Jocard, John R. Foster, esenkartal, Thinkstock; HIGHRES PRESS STOCK / AbleStock.com; ISTOCKPHOTO / Getty Images Sales Spain, MUSEUM ICONOGRAFÍA / J. Martin; PAISAJES ESPAÑOLES; PHOTO RMN; SCALA GROUP / Foto Scala, Firenze - su concessione Ministero Beni e Attività Culturali, Fotografica Foglia - su concessione Ministero Beni e Attività Culturali; Colegio Profesional de Fisioterapeutas; Bodega Emina, Grupo Matarromera; Hermano Lobo Digital; DGT; BIBLIOTECA NACIONAL DE ESPAÑA / Laboratorio Biblioteca Nacional; Cortesía de Apple / APPLE; D.I.M. STUDIO; J. E. Casariego; MATTON-BILD; MUSEO DEL LOUVRE, PARÍS; NASJONALGALLERIET, OSLO; UNITED NATIONS; ARCHIVO SANTILLANA

Avda. de los Artesanos, 6
28760 Tres Cantos, Madrid
Printed in Spain

ISBN: 978-84-680-1717-4
CP: 413003
Depósito legal: M-12279-2015